Imanuel Klotz · Goethes Lebens im Rhythmus von sieben Jahren

Imanuel Klotz

Goethes Leben im Rhythmus von sieben Jahren

Von Moses zu Goethe

AUGUST VON GOETHE LITERATURVERLAG

FRANKFURT A.M. • WEIMAR • LONDON • NEW YORK

Die neue Literatur, die – in Erinnerung an die Zusammenarbeit Heinrich Heines und Annette von Droste-Hülshoffs mit der Herausgeberin Elise von Hohenhausen – ein Wagnis ist, steht im Mittelpunkt der Verlagsarbeit. Das Lektorat nimmt daher Manuskripte an, um deren Einsendung das gebildete Publikum gebeten wird.

Bibliografische Information der Deutschen Nationalbibliothek
Die Deutsche Nationalbibliothek verzeichnet diese Publikation in der Deutschen Nationalbibliografie; detaillierte bibliografische Daten sind im Internet abrufbar über http://dnb.d-nb.de.

Lektorat: Gerrit Koehler
Einband: Alfred Kon

Websites der Verlagshäuser der Frankfurter Verlagsgruppe:

www.frankfurter-verlagsgruppe.de
www.frankfurter-literaturverlag.de
www.frankfurter-taschenbuchverlag.de
www.publicbookmedia.de
www.august-goethe-literaturverlag.de
www.fouque-literaturverlag.de
www.weimarer-schiller-presse.de
www.deutsche-hochschulschriften.de
www.deutsche-bibliothek-der-wissenschaften.de
www.haensel-hohenhausen.de
www.prinz-von-hohenzollern-emden.de

Gedruckt auf säurefreiem, alterungsbeständigem Papier, hergestellt aus chlorfrei gebleichtem Zellstoff (TcF-Norm).

Printed in Germany

ISBN 978-3-8372-1449-9
ISBN 978-0-85727-205-8

1. Auflage: 2014
2. überarbeitete Auflage: 2015

Ein Unternehmen der Holding
FRANKFURTER VERLAGSGRUPPE AKTIENGESELLSCHAFT
In der Straße des Goethehauses/Großer Hirschgraben 15
D-60311 Frankfurt a/M
Tel. 069-40-894-0 / Fax 069-40-894-194
E-Mail lektorat@frankfurter-literaturverlag.de

Inhalt

Absicht

Die Schlange als Bild für das Wirken des Geistes ist seit alten Zeiten bekannt. Klassisch beschreibt das Alte Testament eine doppelte Wirkung: die am Boden kriechende Schlange tötet und die aufgerichtete eherne Schlange heilt und erlöst. Moses hat sie aufgerichtet, sichtbar gemacht und den Monotheismus eingeführt. In unserer Zeit hat sie Goethes Dichten und Denken als Sinnbild der Freiheit weiterentwickelt und ihr Wirken im Rhythmus von sieben Jahren sichtbar gemacht. Moses hatte sie an einer Fahnenstange aufgehängt und wer sie anblickte, wurde geheilt. Goethe baut mit der Schlange eine Brücke über den Strom und wer darüber schreitet, betritt das Reich des Geistes und der Freiheit; er wird neu geboren. Das Überschreiten und neu geborenwerden zeigt anthroposophische Goetheforschung als gangbaren Weg der inneren Entwicklung auf. Was den Einzelnen aufrichtet, wirkt sich auch sozial aus. Neue Formen des Gemeinschaftslebens werden möglich, denn Heilkraft wird freigesetzt, die z.B. die global grassierende Stehl – und Lügensucht als verkappte Kleptomanie diagnostiziert und überwindet. Vor allem aber bringt die geistige Macht der Schlange das selbständige Denken der Individualität des Menschen in Bewegung, sodass Ideale, die an sich selbstverständlich sind, erneuert werden, wie z.B. die altpersischen Gebote:

„nicht lügen - keine Schulden machen - nicht undankbar sein."

Goethe kommentiert: „eigentlich enthält das erste Verbot die beiden andern und alle übrigen, die doch eigentlich nur aus Unwahrheit und Untreue entspringen; und daher mag der Teufel im Orient bloß unter der Bezeichnung des ewigen Lügners angedeutet werden." (West-östlicher Divan) Goethe erkennt, dass sich in unserer Zeit ein neuer Sündenfall eingeschlichen hat, ein ahrimanischer Sündenfall, der global mit Korruption, Lüge und Diebstahl unterschwellig unsere Kultur untergräbt und zusammenstürzen lassen will. So wie bei den Israeliten unerkannt die feurigen Schlangen Menschen vernichten, so würden heute - blieben sie unerkannt - ahrimanische Wirkungen die Freiheit des Geistes im Menschen aushöhlen und die geistigen Errungenschaften der abendländischen Kultur, die doch zum Segen der Menschheit dienen, im „Nichts“ verschwinden lassen. In der vorliegenden Publikation wird gezeigt, wie Goethe den ahrimanischen Sündenfall erkennt, die Brücke über den Abgrund baut und wie das Überschreiten der Brücke zur Wiedergeburt aus dem Geiste führt.

Angeregt wurde der Verfasser zu dieser Arbeit durch drei Lehrer: 1. Karl König, der als Arzt und Heilpädagoge zusammen mit einer Gruppe junger Freunde eine Bewegung zur sozialen Erneuerung ins Leben gerufen hat, die unter dem Namen „Camphill“ bekannt ist, deren innerstes Anliegen in der von Goethe als „Turmgesellschaft“ beschriebenen Menschenbildung dichterisch vorweggenommen wurde. 2. Friedrich Benesch, der den Wahrheitsgehalt akademischer Naturwissenschaften mit religiöser Innigkeit erfasst und in der Bewegung für religiöse Erneuerung, die als „Die Christengemeinschaft“ bekannt ist, in Form einer anthroposophischen Theologie lebendig macht. 3. Diether Lauenstein, der als Indologe, Philosoph und Theologe Begriffe schmiedet, in denen der Geist Fichtes lebt und die Individualität eines jeden Menschen zur Selbstfindung führt. Diese sehr verschiedenen Individualitäten haben mir einen Weg des Lernens gezeigt, auf dem Anthroposophie zur Suche von Goethes Mission im Sinne einer anthroposophische Goetheforschung führt.

Imanuel Klotz, Heiligenberg, 22. August 2013

Von Moses zu Goethe

1. Reinkarnation und Wiedergeburt

Der Gedanke von Reinkarnation und Karma lässt uns auf den Menschen als ein Wesen hinschauen, das vor diesem Erdenleben schon einmal auf der Erde gelebt hat und später, nach diesem Erdenleben, wieder einmal auf der Erde leben wird. Dieser Gedanke ist schon lange durch indische und buddhistische Überlieferungen populär geworden, jedoch in einer eigentlich unpopulären Art, weil da nicht die dynamische, vorwärtsstrebende Kraft kultiviert wird sondern Ideale der Verneinung, des Aussteigens aus dem „Rad“ der Wiederverkörperung. Dagegen kommt es heute im Abendland auf die kulturerneuernde Wirkung an die in dieser Idee vorhanden ist. Heute kann der Gedanke von Reinkarnation und Karma aus neuzeitlichen Wurzeln Lebenskräfte holen, was mit Dichtern und Denkern wie Lessing, Goethe, Rudolf Steiner und vielen anderen schon angefangen hat.

Gotthold Ephraim Lessing (1729–1781) fühlte sich aus der Vernunft des allgemeinen Menschenverstands heraus gedrängt zu denken, dass Geschichte nur Sinn macht, wenn der Mensch, indem er durch wiederholte Erdenleben wandert, aus den verschiedenen Kulturen und Kulturepochen immer wieder etwas Neues erlernt, andere Erfahrungen macht, und sich dadurch in seinem geistigen Wesen entwickelt. Das ist bereits ein vorwärts strebendes Ideal. Auch Johann Wolfgang von Goethe (1749–1832) war vom Gang durch wiederholte Erdenleben überzeugt. Er war in die Mysterien von Reinkarnation und Karma ganz innerlich eingedrungen, hatte sehr markante Erfahrung gemacht, konnte sie aber zunächst nur andeuten und musste sie – ohne viel Gehör zu finden – stehen lassen. Seine Art durch das Leben zu gehen entfaltet jedoch das Wesen der Biografie; sie eröffnet den Blick auf das karmische Prinzip der

Zeitgestalt, das in den Siebenjahresepochen waltet. Dann kommt als nächstes Rudolf Steiner (1861–1925), der durch geschulte übersinnliche Wahrnehmungsfähigkeit bestrebt ist, den Geist des Menschen im Licht von Reinkarnation und Karma als das zentrale Thema unserer Kultur zu erkennen und als Lehre auszugestalten die er als die eigentliche Weisheit des Menschseins, als Anthroposophie, darstellt. Dadurch werden uns nun weiter Schritte im Erforschen und Fruchtbarmachen dieser Idee ermöglicht.

In mehreren Schriften, wie zum Beispiel „Theosophie" und in vielen Vorträgen hat er diese Thematik von vielen Seiten behandelt und auch über konkrete Lebensläufe vieler Menschen so gesprochen dass deren Geist zutage tritt und deren Gang durch wiederholte Erdenleben aufgezeigt werden konnte. So hat er auch über frühere Erdenleben Goethes gesprochen und besonders eine griechische Inkarnation hervorgehoben, in der diese Individualität als Plastiker und Philosophenschüler Platos gelebt hat. Dann ging er noch einen Schritt weiter und hat auf eine Inkarnation dieser Individualität im alten Ägypten hingewiesen. Hier tauchte dann die Frage auf ob die in Goethe inkarniert gewesene Individualität zuvor in dem als Moses bekannten Führer der alten Israeliten verkörpert gewesen sei, der in den ägyptischen Mysterien unterrichtet worden war und dann die gesamte Religion des Monotheismus begründet hat. Nun ist Steiner zwar konkret gefragt worden wie es sich mit Moses und Goethe verhält, worauf er geantwortet habe: *„ja, Goethe ist Moses"*, mehr hat er dazu zunächst nicht gesagt. Das war 1912. Aber in Vorträgen aus dem Jahre 1916 spricht er über „Das Karma des Berufes des Menschen in Anknüpfung an Goethes Leben" und da weist er darauf hin, dass es im Leben eines jeden Menschen eine gewisse gesetzmäßige Gliederung des Schicksals gibt, das sich aus Strömungen zusammensetzt die aus früheren Erdenleben kommen und gleichzeitig zukünftige Erdenleben vorbereiten. Das alles kann als die Biographie durchziehender Prozess verfolgt werden. Diesen Hinweisen nachgehend erschließt uns Goethe das Wesen des biographischen Werdeganges des Menschen als eine Zeitgestalt in der fortwährend passiert, was mit jenem „Stirb und Werde“ zu tun hat, indem altes Karma abgebaut, umgewandelt wird und als neues Karma fortwirkt.

Jene Frage, ob es ein und dieselbe Individualität ist, die in Goethe und Moses verkörpert war, wurde von Johannes Gottfried William Schröder (4. März 1870 bis 21. November 1942) gestellt, der von 1911 bis 1922 als Leiter der Anthroposophischen Arbeit in Bremen tätig war, bei dem Rudolf Steiner anlässlich seiner in Bremen gehaltenen Vorträge wohnte. Steiners Antwort kann als Ermutigung zur Erforschung von Reinkarnation und Karma in der Biographie des Menschen angesehen werden, wobei uns Goethes Lebenslauf führen kann.

Wilhelm Meisters Lehrjahre als Produkt der Involution

Diejenige Instanz im Menschen die sich wiederverkörpert, kann einfach als „Geist“, als Ich-Seele und höheres Ich bezeichnet werden. In einem öffentlichen Vortrag, in dem Steiner einmal über das eigentliche Anliegen der Anthroposophie spricht, charakterisiert er den Prozess, durch den sich das „Ich“ im Menschen während des gegenwärtigen Erdenlebens erneuert. Er formuliert: *„Das ist es, worauf die Geisteswissenschaft* (Anthroposophie) *die Seele hinlenken will: dass sich aus dem menschlichen Ich im Laufe des Lebens ein zweites Ich ausgestaltet ... “*[1] Damit ist gemeint, dass es ein erstes Ich gibt, das aus einem früheren Erdenleben kommt, aus dem sich im Laufe des Lebens ein neues Ich ausgestaltet, auf das es im gegenwärtigen Leben ankommt, aus dem sich dann dasjenige ergibt, was in einem folgenden Erdenleben wiedergeboren wird. Involution nennt Steiner den Prozess, der sich von Jugend an im Leben des

---

1 Steiner, Rudolf, „Ergebnisse der Geisteswissenschaft“, Vortrag vom 5. Dezember 1912, GA 62, Verlag der Rudolf Steiner-Nachlassverwaltung Dornach 1960, Seite 169.

Menschen abspielt, durch den aus dem ersten Ich, das der Mensch sich aus früherem Erdenleben mitbringt, das zweite Ich hervorgeht, von dem Steiner dann erkennt: „... *und wenn man dieses in unserem Ich gestaltete zweite Ich genauer ins Auge fasst, dann wird man sehen, dass es so in sich kräftebegabt ist, dass wir etwa sein ganzes Wesen damit charakterisieren können, dass wir sagen: Dieses Ich trägt die Kräfte in sich, um einen neuen, einen anderen Menschen zu gestalten als den, durch welchen es selbst herangebildet ist.*"[2] Damit ist eigentlich auf eine dreifache Ichhaftigkeit gedeutet. Das erste Ich kommt aus einem früheren Erdenleben, das zweite Ich entsteht innerhalb des gegenwärtigen Erdenlebens von Jugend an, das aber auch das dritte Ich hervorbringt das dann in einem zukünftigen Erdenleben als erstes Ich wiedergeboren werden wird. Desto älter der Mensch ist, desto deutlich ist der Prozess des Hervortretens der neuen Ichhaftigkeit wirksam. Betrachten wir einleitungsweise hierzu einen Aspekt, der in Goethes Roman „Wilhelm Meisters Lehrjahre" auftaucht. Auch Nebenumstände müssen dabei berücksichtigt werden, die sich nachher als wesentlich dazugehörig entpuppen werden.

Eine erste Fassung des Meister-Romans dichtet Goethe zwischen 1777 und 1785 unter dem Titel „Wilhelm Meisters theatralische Sendung". Als Fragment wird sie zunächst liegen gelassen und knapp zehn Jahre später 1794 wird die zweite Fassung in Angriff genommen. Etwa gleichzeitig mit der Niederschrift beginnt Goethes Freundschaft mit Schiller, der gerade die Zeitschrift „Die Horen" herausgibt und am 23. August 1794 fragt ob Goethe seinen „*Roman nicht nach und nach darin erscheinen lassen*" möchte. Goethe antwortet:„*Leider habe ich meinen Roman wenige Wochen vor Ihrer Einladung an Unger gegeben ...*"[3] Er fährt fort: *die Schrift ist schon so lange geschrieben, daß ich im eigentlichsten*

2 Ebenda

3 Goethe an Schiller, 27. August 1794

Sinne jetzt nur der Herausgeber bin“ Er sieht sich jedoch bei der bevorstehenden Produktion vor Schwierigkeiten, für die er sich Schillers Hilfe erbittet, der davon sagt: „*Seinen Roman will er mir bandweise mitteilen; und dann soll ich ihm allemal schreiben, was in dem Künftigen stehen müsste, und wie es sich verwickeln und entwickeln werde. Er will dann von dieser antizipierenden Kritik Gebrauch machen, ehe er den neuen Band in den Druck gibt.*“ Goethe schickt Schiller sodann die ersten Teile mit der Bemerkung: “*Leider werden Sie die beiden ersten Bücher nur sehen, wenn das Erz ihnen schon die bleibende Form gegeben; demohngeachtet sagen Sie mir Ihre offene Meinung, sagen Sie mir, was man wünscht und erwartet. Die folgenden werden Sie noch im biegsamen Manuskript sehen und mir Ihren freundschaftlichen Rat nicht versagen.*“

Tatsächlich wandern nun die Manuskripte der folgenden sechs Bücher, in die der Roman gegliedert wird, zuerst zu Schiller und dann zum Verleger Unger nach Berlin. Auf diese Weise schaut Schiller in jeden einzelnen Teil dieses Werkes für sich hinein, denkt darüber nach, erörtert manche Fragen, macht zurückhaltende Vorschläge, erwägt gelinde Ergänzungen oder Variationen und begleitet das Werk mit einer aktiven Anteilnahme bis zu seiner Vollendung im Jahre 1796. Er bekommt den ungeheuren Aufwand, die Sorgen und Nöte Goethes mit und spürt die Schaffensgewalt, die man als bloßer Leser so gar nicht sehen kann. Wenn Goethe sagt, „Wilhelm Meisters Lehrjahre“ „*ist unter allen meinen Arbeiten, die ich jemals gemacht habe, die obligateste und in mehr als einem Sinn die schwerste*“, die auch zu den „*inkalkulabelsten Produktionen*“ gehöre, zu dem ihm „*fast selbst der Schlüssel fehlt*“, dann können wir eine geheimnisvolle Tiefe ahnen, die Schiller unmittelbar erlebt, dessen Zeugnisse daher zu Rate zu ziehen sind.

Wilhelm Meister

Wilhelm Meister beginnt seinen Lebensweg in dem Glauben, sich gut genug zu kennen, um zu wissen, dass er Anlagen hat, die zum Dichten und Schauspielen taugen und zu einem tätigen Leben in der Kunst entwickelt werden können, wo er es zur Meisterschaft bringen kann. Er macht sich auf den Weg und muss erleben, daß er sich ungenügend beurteilt, sein Ziel nicht findet und sich selbst immer wieder verfehlt. Sein Suchen erfolgt im Umkreis eines außerordentlich bunten Lebens inmitten von Bürgerlichen und Adeligen, Kaufleuten, Seiltänzern und Schauspielern, Kindern und Alten, lebenslustigen und lebensmüden Personen. All dies konkrete Leben formt Goethe zu einem Stoff, den er seinen Wilhelm auskosten und erfahren lässt, wie lange Zeit seinem Suchen ein Irren und Sich-nicht- Finden beschieden ist. Symptomatischer Weise lässt Goethe ihn die ganze Zeit herumreisen. Er will aber selbstverständlich mehr als nur ein buntes Reiseleben schildern und bekennt einmal, *„daß der ganze Roman durchaus symbolisch sei, daß hinter den vorgeschobenen Personen durchaus etwas Allgemeines, Höheres verborgen liege.“*[4]

Zu diesem Höheren tastet sich Schiller vor, wovon er in einer Reihe von Briefen berichtet. Er sagt, Meister *„sammelt sozusagen den Geist, den Sinn, den inneren Gehalt von allem ein, was um ihn herum vorgeht, verwandelt jedes dunkle Gefühl in einen Begriff und Gedanken, spricht jedes Einzelne in einer allgemeinen Formel aus, legt uns von allem die Bedeutung näher und indem er dadurch seinen eigenen Charakter erfüllt, erfüllt er zugleich aufs Vollkommenste den Zweck des Ganzen“*. *„In ihm wohnt ein reines und moralisches Bild der Menschheit, an diesem prüft er jede äußere Erscheinung derselben … Sein Gemüt ist zwar ein treuer, aber doch kein bloß passiver Spiegel der Welt … es liegt dabei keine Willkür der spielenden Einbildungskraft, sondern eine schöne, moralische Freiheit zum Grunde …* (Meisters) *Wert liegt in seinem Gemüt, nicht in seinen Wirkungen, in seinem Streben, nicht in seinem Handeln; daher muss ihm sein Leben sobald er einem andern davon*

4 Gespräch mit Friedrich von Müller vom 22. Januar 1821

Rechenschaft geben will, so gehaltleer vorkommen". (637) Diese gewisse „Leere" hat damit zu tun, dass Wilhelm nichts nach außen, sondern immer nur nach innen produziert. Zum Beispiel verfügt er deshalb über gar keine Menschenkenntnis, was ihm Aurelie mit den Worten vorhält: *„…ich habe nicht leicht jemanden gesehen, der die Menschen, mit denen er lebt, so wenig kennt, so von Grund aus verkennt, wie Sie. Erlauben Sie mir, es zu sagen: wenn man Sie Ihren Shakespeare erklären hört, glaubt man, Sie kämen eben aus dem Rate der Götter, und hätten zugehört, wie man sich daselbst beredet, Menschen zu bilden; wenn Sie dagegen mit Leuten umgehen, seh ich in Ihnen gleichsam das erste, groß geborne Kind der Schöpfung, das mit sonderlicher Verwunderung und erbaulicher Gutmütigkeit Löwen und Affen, Schafe und Elefanten anstaunt, und sie treuherzig als seines gleichen anspricht, weil sie eben auch da sind und sich bewegen…"* Wilhelm erwidert: *„Ich habe von Jugend auf die Augen meines Geistes mehr nach Innen als nach Außen gerichtet, und da ist es sehr natürlich, daß ich den Menschen bis auf einen gewissen Grad habe kennen lernen, ohne die Menschen im mindesten zu verstehen und zu begreifen."*[5]

Nach außen hin erscheint Wilhelm als *„das erste, groß geborne Kind der Schöpfung*", während er im Inneren, im Bereich der Dichtkunst, wie einer erscheint, der im Rate der Götter sitzt und bei der Schöpfung der Menschen teilnimmt. Diese Götterweisheit erlebend, glaubt Wilhelm, er sei selber zum Dichter berufen was auch Goethe glaubt, als er das Fragment „Wilhelm Meisters theatralische Sendung" dichtet. Der Titel zeugt von dieser Sendung. Es stellt sich aber im Laufe der Zeit heraus, dass in Wilhelm eine ganz andere Meisterschaft verborgen ist, bei dem es gar nicht um ein poetisches Dichten geht, sondern um eine Tätigkeit, die zwar dem Dichten ähnelt, die an sich aber einen psychologischen Verdichtungsprozess

5 Wilhelm Meisters Lehrjahre, 4. Buch, 16. Kapitel; Münchner Ausgabe Bd 5, Seite 257

ausmacht, der sich durch die ganze Biographie erstreckt. Einen solchen Verdichtungsprozess gibt es gemäß anthroposophischer Menschenkunde im Leben eines jeden Menschen. Es handelt sich um einen außerordentlich geheimnisvollen Vorgang, der unsere Lebenserfahrungen im Bereich der Sinne, sowohl des Denksinnes, als auch der Gefühls - und Willenssinne sowie der Vererbung aufnimmt und zu einem Keim verdichtet und konzentriert, aus dem eine neue Ichhaftigkeit hervorgeht. Involution nennt Rudolf Steiner diesen inneren Prozess und sagt, dass die Mystiker ihre Aufmerksamkeit auf diesen geistigen Keim im Menschen gerichtet haben und von einem geistigen Menschen im Menschen sprechen, der da hervorgebracht wird. So, wie man in den Reifejahren fortpflanzungsfähig wird und nach außen einen neuen Menschen hervorbringen kann, ebenso entsteht im Sinne eines Mysteriengeheimnisses ein geistiger Mensch im Menschen. Rudolf Steiner sagt: „*das geht so vor sich, dass wir das, was von außen an uns herantritt, in uns aufnehmen, in uns verarbeiten, und nicht nach außen drängen wie bei der Fortpflanzung, sondern dass wir das, was wir so durchleben, immer intensiver und intensiver in uns selbst konzentrieren, es immer intensiver sozusagen seines Charakters als Außenwelt entkleiden und zum Inhalt unseres eigenen Ichs machen... Wir vernichten gleichsam mit unserm Anschauen, mit unserm vorstellungsmäßigen Erinnern dasjenige, was wir erleben, nehmen es aber dafür in unser Ich herein. Unser Ich wird ein fortwährend anderes...*“[6] Mit dieser Beschreibung muss Schillers oben angeführte Charakterisierung der Dichtergestalt Wilhelm Meisters verglichen werden. Schiller sagt: Meister „*sammelt sozusagen den Geist, den Sinn, den inneren Gehalt von allem ein, was um ihn herum vorgeht, verwandelt jedes dunkle Gefühl in einen Begriff und Gedanken, spricht jedes Einzelne in einer allgemeinen Formel aus, legt uns von allem die*

6 Rudolf Steiner, „Ergebnisse der Geistesforschung“ (GA 62), Vortrag vom 5. Dezember 1912

Bedeutung näher und indem er dadurch seinen eigenen Charakter erfüllt, erfüllt er zugleich aufs Vollkommenste den Zweck des Ganzen“, wobei es nicht auf ein nach außen hervorzubringendes Produkt ankommt. Das entspricht dem von Steiner beschriebenen involutiven Sammeln und Verdichten der Erfahrungen. Dass daraus der Keim zu einem neuen Menschen im Menschen gebildet wird, hat Schiller so zwar nicht gesagt, er weist jedoch immer wieder auf das moralisch – Menschheitliche hin, das Meisters Wirksamkeit zugrunde liegt. Er meint, der Roman sei auch dadurch charakterisiert, „*dass er Maschinen* (Wirk-Prinzipien) *hat, die in gewissem Sinne die Götter oder das regierende Schicksal darin vorstellen. Der Gegenstand forderte dieses. Meisters Lehrjahre sind keine bloß blinde Wirkung der Natur, sie sind eine Art von Experiment. Ein verborgen wirkender höherer Verstand*“[7]

Mysterium des Menschen im Menschen

Meisters Werdegang gipfelt am Schluss des Romans darin, dass ihm als dem „*ersten groß geborenen Kind der Schöpfung*“ seine eigene Kindesnatur gespiegelt wird, die er in dem Knaben „Felix“, der sein eigener Sohn ist wiedererkennt. Das aber kann als Bild für das gewahr werden des Menschen im Menschen genommen werden. Diesem Höhepunkt der Dichtung entspricht Rudolf Steiners Erkenntnis von der Involution die hier noch einmal angeführt sei und dazu führt „*dass sich aus dem menschlichen Ich im Laufe des Lebens ein zweites Ich ausgestaltet, dessen Wesen gerade darin besteht, dass es sich um so voller, um so intensiver fühlt, je unabhängiger es sich fühlen kann von dem, was seit der Jugend herangewachsen ist. Und wenn man dieses in unserem Ich gestaltete zweite Ich genauer ins Auge fasst, dann wird man sehen, dass es so in sich kräftebegabt ist, dass wir etwa sein ganzes Wesen damit charakterisieren können, dass wir sagen: Dieses Ich trägt die*

---

7 Schiller an Goethe, 8. Juli 1896

Kräfte in sich, um einen neuen, einen anderen Menschen zu gestalten als den, durch welchen es selbst herangebildet ist.“

Dieses Mysteriengeheimnis hat Goethe am Schluss seines Romans nicht explizit ausgeführt. Schiller vermisst daher eine genauere Beschreibung der Idee oder der Intention, die mit dem Ganzen verbunden ist. Was am Schluss des Romans zum Begriff Lehrjahre und Meisterschaft im Romantext erklärt wird sei zu beschränkt. Goethe antwortet: *„Der Fehler, den Sie mit Recht bemerken, kommt aus meiner innersten Natur, aus einem gewissen realistischen Tick, durch den ich meine Existenz, meine Handlungen, meine Schriften den Menschen aus den Augen zu rücken behaglich finde. So werde ich immer gerne inkognito reisen, das geringere Kleid vor dem bessern wählen und in der Unterredung mit Fremden oder Halbbekannten den unbedeutendern Gegenstand oder doch den weniger bedeutenden Ausdruck vorziehen, mich leichtsinniger betragen, als ich bin, und mich so - ich möchte sagen: - zwischen mich selbst und zwischen meine eigene Erscheinung stellen... Es ist keine Frage, daß die scheinbaren, von mir ausgesprochenen Resultate viel beschränkter sind als der Inhalt des Werks, und ich komme mir vor wie einer, der, nachdem er viele und große Zahlen übereinander gestellt, endlich mutwillig selbst Additionsfehler machte, um die letzte Summe - aus Gott weiß was für einer Grille - zu verringern.*

Ich bin Ihnen wie für so vieles auch dafür den lebhaftesten Dank schuldig, daß Sie noch zur rechten Zeit auf so eine entscheidende Art diese perverse Manier zur Sprache bringen. Und sollte mir´s ja begegnen, wie denn die menschlichen Verkehrtheiten unüberwindliche Hindernisse sind, daß mir doch die letzten bedeutenden Worte nicht aus der Brust wollten, so werde ich Sie bitten, zuletzt mit einigen kecken Pinselstrichen das noch selbst hinzuzufügen, was ich - durch die sonderbarste Naturnotwendigkeit gebunden - nicht auszusprechen vermag“[8]

Wie ein geistiges Geländer hat Goethe Schillers Anteilnahme empfunden, so dass er gegen Ende des Romans, am 7. Juli 1796, dem Freund bekennt: „*...so werden Sie auch Ihren eigenen Einfluss darauf nicht verkennen, denn gewiss ohne unser Verhältnis hätte ich das Ganze kaum, wenigstens nicht auf diese Weise, zustande bringen können ...*“

Schiller erlebt, wie Goethe mit dem Mysterium der Involution als Prozess der Menschwerdung des Menschen vertraut ist, denselben dichterisch darstellt und deswegen zuletzt sagt: „*So viel ist indes gewiss, der Dichter ist der einzig wahre Mensch, und der beste Philosoph ist nur eine Karikatur gegen ihn.*“[9] In der Wilhelm Meister Dichtung entdeckt Schiller Quellkräfte der Menschwerdung und spricht vom „*schönsten Glück meines Daseins, daß ich die Vollendung dieses Produkts erlebte, daß sie noch in die Periode meiner strebenden Kräfte fällt, daß ich aus dieser reinen Quelle noch schöpfen kann...Wie lebhaft habe ich bei dieser Gelegenheit erfahren, daß das Vortreffliche eine Macht ist, daß es auf selbstsüchtige Gemüter auch nur als eine Macht wirken kann, daß es dem Vortrefflichen gegenüber keine Freiheit gibt als die Liebe.*

Ich kann Ihnen nicht beschreiben, wie sehr mich die Wahrheit, das schöne Leben, die einfache Fülle dieses Werks bewegte...Es steht da wie ein schönes Planetensystem“.[10]

Schillers Anteilnahme an der Entstehung der Meister-Dichtung ist nicht nur ein Zusatz, der auch fortbleiben könnte, sondern ein integrierter Bestandteil. Sie beruht auf dem einzigartigen Verstehen Schillers, das damit erklärt werden kann, dass Schiller selber, in sich, eine gewisse halbbewusste Ahnung der in jedem Menschen

---

8 Goethe an Schiller, 9. Juli 1796

9 Schiller an Goethe, 7. Januar 1795

10 Schiller an Goethe, 2. Juli 1796

sich vollziehenden Involution spürt und daher den älteren Dichterfreund in seinen Beschreibungen verstehend zu begleiten vermag. Ein jüngerer Mensch wäre dazu niemals in der Lage, könnte es nicht sein. Das außerordentliche Glück, das Schiller beim Zustandekommen der Meister-Dichtung empfindet, beruht zweifellos auf der Ahnung der in ihm selber regsamen Involution die sich im Verlauf des Lebens bildet und erst in dem Alter, in dem Schiller sich befindet, die entsprechende Nähe zu Goethes Alter haben kann. Diese Anteilnahme ist von der Lebensepoche abhängig, was zunächst einmal schematisch angedeutet sei:

Die Involution gestaltet aus, was bei den von außen wahrgenommenen Inhalten ins Innere des „Ich“ hereingenommen und verdichtet wird wodurch der innerer Mensch hervortritt. Wenn wir dieses Hervortreten mit der zunehmenden Höhe eines im Bau begriffenen Turmes vergleichen, so ist die Turmhöhe des in den Vierzigerjahren lebenden Goethe notgedrungen höher als die des in den Dreißigerjahren lebenden Schillers. So wenig man einem Mitmenschen die Jahre neidet, um die er älter ist als man selber, so wenig kann man ihm die entsprechende Reife der Involution neiden; im Gegenteil: gerade die unterschiedlichen Stufen des Hervortretens des inneren Menschen können bei der konkreten Begegnung erlebt werden. Die innere Anteilnahme offenbart einen Zusammenklang des menschheitlichen Elementes, das in der Involution waltet. Schiller erlebt, dass es *„dem Vortrefflichen gegenüber keine Freiheit ... als die Liebe“* gibt, und dabei findet eine gewaltige, gegenseitige Förderung statt. So eine Förderung gibt es auch für das allererste Stadium der Involution, die im Jugendalter beginnt. Hier ist nur erst der Geisteskeim vorhanden. Der „Turm“ ruht auf den Fundamenten der Kindheit.

Meiner Meinung nach kann man sagen, Goethe hat das soziale Prinzip der voranschreitenden Involution in der Meister-Dichtung dargestellt. Die Menschen, die sich hier in Form von Dichtergestalten zusammenfinden, welche in den entsprechenden Lebensepochen stehen und den höheren Zusammenklang erleben, werden als *„Turmgesellschaft"* zusammengefasst. Eine der wesentlichen Charakterisierungen derselben ist die, dass sich so eine Verbindung gleichsam ad hoc bildet und auch wieder auflöst. Das entspricht der Tatsache, dass es altersmäßig vorgegebene Stufen der Ausgestaltung gibt, die man erreicht und dann wieder verlässt weil man weiter steigt. Der Zusammenklang zwischen den verschiedenen Stadien erfolgt in biografischen Stufen die erreicht und wieder verlassen werden. In einer Gesellschaft, die es sich zur Aufgabe macht, das Kommen und Gehen solcher Stufen zu beachten, die Menschen darauf aufmerksam zu machen, dass es sie überhaupt gibt und sie fördert und bildet, hat Goethe „Turmgesellschaft" genannt. Die Art, wie das in seiner Beschreibung bewusst gemacht und gepflegt wird hat er zwar in Anlehnung an Gebräuche der Freimaurer dargestellt, sich jedoch nur an das Ehrwürdige Äußere solcher Gebräuche angelehnt. Eigentlich hat er nur das Resultat der ganz bestimmten Begegnungen für die Jugend in Form solcher kultischen Strukturen zusammengefasst. Aber der Verlauf der Kräfte, welche die Involution im einzelnen Menschen bewirken wächst in Stufen geht gleichsam durch mehrere Stockwerke des „Turmes" dieser „Turmgesellschaft".

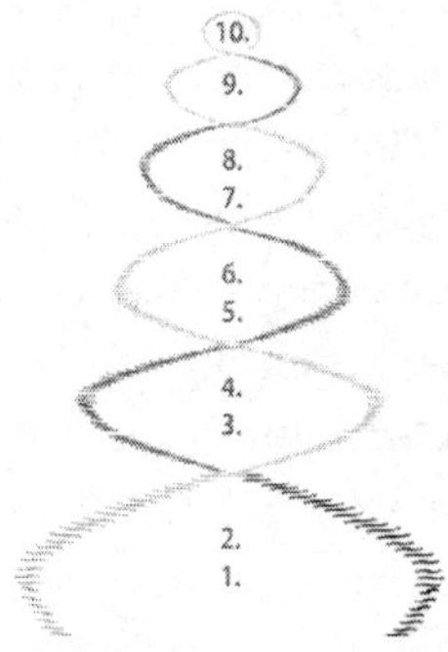

Der Involutionsturm mit 10 Ebenen entsprechend zehn Jahrsiebten.

Am Anfang ist das „Ich" da, in der Mitte ist es in neuer Weise da und am Ende noch einmal anders, aber immer ist es die Ichhaftigkeit um die es geht die ihre innere Natur immer wieder wirksam werden lässt und die hervortretende Natur des Menschen immer wesensgemäßer erscheinen lässt. Wenn man diese Aufeinanderfolge Evolution nennt wird dieser Begriff wohl anders gefasst als das üblich ist, wenn man vom untergeordneten Geschöpf zu immer komplizierteren aufsteigt. Dieses Werden kann aber in den vorgenannten Begriff der Involution integriert werden.

Die Lebenszeit des Menschen, die mit der Geburt beginnt, ist von einer alten Weisheit in Epochen gegliedert worden, in denen zuerst die alten Stufen der Evolution wiederholt werden, dann die gegenwärtig zu erstrebende Evolutionsphase durchlebt und danach zukünftige Stufen der Evolution vorbereitet werden. Diesen gesamten Verlauf hat eine uralte Weisheit mit Planetennamen bezeichnet, die noch heute in unseren Wochentagen in der einen oder anderen Sprache erkennbar sind. Da gehören zusammen Saturn und Samstag (Saturday), Sonne und Sonntag, Mond und Montag, Mars und Dienstag (mardi), Merkur und Mittwoch (mercredi), Jupiter und Donnerstag (Tor), Venus und Freitag (Freya). In diesem Sinne können auch die Epochen des Lebenslaufes als Saturnepoche, Sonnenepoche, Mondepoche, Marsepoche usw. angesehen werden.

Während der ersten sieben Jahre, die als Saturnepoche bezeichnet werden, entwickelt der Mensch den physischen Leib; in den zweiten sieben Jahren, der Sonnenepoche, wird der Lebenskräfteleib oder Ätherleib entwickelt, wobei die Wachstumskräfte in Fortpflanzungskräfte übergehen. In den nächsten sieben Jahren, der Mondepoche, wird der Seelenleib oder Astralleib entwickelt und danach wird in den sieben Jahren der Marsepoche das Ich geboren. Diese Ich-Geburt geht dann eigentlich in eine Wiedergeburt über, die etwas so umfassendes ist, dass sie in drei Epochen verläuft, welche dem Merkur zugeordnet werden. So sind das fünfte, sechste und siebte Jahrsiebt drei Merkurepochen, die zwischen dem 28. und

35., 35. und 42., 42. und 49. Lebensjahr durchgemacht werden können. Danach wird Jupiter zum Regenten von zwei Jupiter- Epoche zwischen dem 49. und 56. sowie 56. und 63. Lebensjahr – achtes und neuntes Jahrsiebt, denen dann noch eine zehnte Epoche zwischen dem 63. und 70. Lebensjahr folgt, die als eine Venus-Epoche bezeichnet werden kann.

Planetarische Evolution & Epochen der Biographie	**Schaffensepochen der Münchner Ausgabe (MA) mit den Faust-und Wilhelm Meister Dichtungen**	**Die Wesensglieder des Menschen**
1. Jahrsiebt Saturn-Epoche	**1. – 2. - 7. Lebensjahr** (untersinnliche Erdenkräfte)	Physischer Leib
2. Jahrsiebt Sonnen-Epoche	**7. - 9. -14. Lebensjahr** (übersinnliche Erdenkräfte)	Lebensleib / Ätherischer Leib
3. Jahrsiebt Mond-Epoche	**14. - 16. - 21. Lebensjahr** (unter- und übersinnliche Kräfte des Planetensystem)	Seelenleib/ Astralleib
4. Jahrsiebt Mars-Epoche	**21. - 23. - 28. Lebensjahr** Jugend-Faust 1. Schaffensepoche MA Bd.1	Empfindungs-seele
5. Jahrsiebt I. Merkur-Epoche	**28. - 30. - 35. Lebensjahr** Wilhelm Meisters theatralische Sendung 2. Schaffensepoche (MA) Bd.2	Verstandes- und Gemütsseele
6. Jahrsiebt II. Merkur-Epoche	**35. - 37. - 42. Lebensjahr** Faust, ein Fragment 3. Schaffensepoche (MA) Bd.3	Bewusst-seins-Seele
7. Jahrsiebt III. Merkur-epoche	**42. - 44. - 49. Lebensjahr** Wilhelm Meisters Lehrjahre 4. Schaffensepoche (MA) Bd.5	Geistselbst
8. Jahrsiebt I. Jupiter-epoche	**49. - 51. - 56. Lebensjahr** Faust I. Teil 5. Schaffensepoche (MA) Bd.6	Lebensgeist
9. Jahrsiebt II. Jupiter-Epoche	**56. - 58. - 63. Lebensjahr** Wilhelm Meisters Wanderjahre 6. Schaffensepoche (MA) Bd. 17	Geistes-mensch
10. Jahrsiebt Venusepoche	**63. - 65. - 70. Lebensjahr** West-östlicher Divan	

Planetarische Evolution der Wesensglieder des Menschen in der Biographie

Die Schlange

Die Involution tritt in Goethes dichterischem Leben hervor, jedoch als etwas, was er nicht in dem Sinne erkennt wie Schiller es gerne gehabt hätte und Goethe war sich im Klaren dass da etwas von ihm nicht aufgedeckt wurde, was aber dennoch durch sein dichterisches Vermögen auftaucht.

Dasjenige aber, worüber Goethe sich im Klaren war ist der Prozess des Reifens und Ausreifens. Involution und Ausreifen sind zwar verwandt aber keinesfalls identisch. Das Ausreifen hat Goethe gut gekannt und in seinem dichterischen Vorgehen verschiedentlich dargestellt: *„So hatte ich selbst gegen die Dichtkunst ein eignes, wundersames Verhältnis, das bloß praktisch war, indem ich einen Gegenstand der mich ergriff, ein Muster das mich aufregte, einen Vorgänger der mich anzog, so lange in meinem innern Sinn trug und hegte, bis daraus etwas entstanden war, das als mein angesehen werden mochte, und das ich, nachdem ich es jahrelang im Stillen ausgebildet, endlich auf einmal, gleichsam aus dem Stegreife und gewissermaßen instinktartig, auf das Papier fixierte. Daher denn die Lebhaftigkeit und Wirksamkeit meiner Produktionen sich ableiten mag."*[11] Das Ausreifen der Erlebnisse lässt das Erlebte und Erfahrene zu etwas werden, *„das als mein angesehen werden mochte"*. Was er selbst dazu tut, ist, dass er es in seinem *„innern Sinn trug und hegte*". Nicht hat er sich die Inhalte ausgedacht oder überlegt, vielmehr hat er gewartet, bis etwas ausgereift war, um es dann instinktartig auf das Papier zu fixieren. Diesen Vorgang betrachtet er als Naturvorgang. *„Ich war dazu gelangt, das mir inwohnende dichterische Talent ganz als Natur zu betrachten, um so mehr als ich darauf gewiesen war, die äußere Natur als den Gegenstand derselben anzusehen."*[12]

---

11 Goethe, „Konfession des Verfassers" aus der Farbenlehre, MA 10, Seite 903.

12 Goethe, „Dichtung und Wahrheit", 16. Buch, FA I, 14, Seite 732. 13

Das Ausreifen vergleicht Goethe mit dem Naturvorgang, der sich bei Schlangen abspielt, wenn sie sich häuten. Schlangen häuten sich ja von Zeit zu Zeit, schlüpfen aus ihrer Haut heraus und bilden eine neue, in der sie dann weiterleben und nach einiger Zeit sich wieder eine neue Haut bilden, aus der das Tier wiederum herausschlüpft und dann wieder eine neue bildet usw. Goethe vergleicht seine Art des Dichtens mit dem Ablegen von Schlangenhäuten. Als er eine seiner ersten Dichtungen in gedruckter Form anschaut, kommt sie ihm wie so eine abgelegte Schlangenhaut vor: *„es dünkt einen sonderbar wenn man die alt abgelegten Schlangenhäute auf dem weißen Papier aufgezogen findet"*, schreibt der fast 30-jährige Dichter am 14. Mai 1779 an Frau von Stein. Das ergibt sich, weil Goethe seine konkreten Erlebnisse und Erfahrungen die sich ihm im Laufe seines Lebens ergeben, nicht nur vergisst und wieder erinnert, sondern sie ganz bewusst nur halb absinken lässt, sie aber im Auge behält und dann beobachten kann wie sie im an sich unterbewussten Seelenleben - und zwar vom Astralleib und vom Ätherleib – umgewandelt werden. Indem er sie dann ablegt, befreit er sich in gewisser Weise fortwährend von sich selber.Auf diese Weise sind seine Dichtungen nicht ausgedachte oder überlegte Inhalte sondern von der Natur im Menschen ausgereifte Produkte. Seinen feindseligen Kritikern gegenüber macht er das geltend. Als ein Freund ihm sagt:

Die Feinde sie bedrohen dich,
Das mehrt von Tag zu Tage sich,
Wie dir doch gar nicht graut!

antwortet er:

„Das seh ich alles unbewegt.
Sie zerren an der Schlangenhaut
Die jüngst ich abgelegt.
Und ist die nächste reif genung

Abstreif ich die sogleich,
Und wandle neu belebt und jung
Im frischen Götterreich."[13]

Mit *„Schlangenhaut"* meint er keine leere Metapher, sondern eine im Bild erfasste verdichtete Naturwirksamkeit im Menschen, die sich in seiner Produktivität niederschlägt. In diesem Sinne interessiert er sich auch ganz konkret für Schlangen. Daniel Falk (1786–1826) berichtet von einer kleinen Episode: Einmal saß der 60-Jährige *„vor einem kleinen Gartentische; vor ihm ... stand ein langgehalstes Zuckerglas, worin sich eine kleine, lebendige Schlange munter bewegte, die er mit einem Federkiele fütterte und täglich Beobachtungen über sie anstellte. Er behauptete, dass sie ihn bereits kenne und mit dem Kopf näher zum Rande des Glases komme, sobald sie seiner ansichtig werde. Die herrlich verständigen Augen! fuhr er fort. Mit diesem Kopf ist freilich manches unterwegs ..."* Dann kam seine Frau, die fand, sie ist *„ein so garstiges Ding ... ein so unangenehmes Tier. Mir graut jedesmal wenn ich es nur ansehe. Schweig du, gab ihr Goethe zur Antwort ... Arme Schlange! Sie vernachlässigen dich! Sie sollten sich deiner besser annehmen! Wie sie mich ansieht! Wie sie den Kopf emporstreckt! Ist es nicht, als ob sie merkte, dass ich Gutes von ihr mit euch spreche? Armes Ding! Wie das drinnen steckt und nicht heraus kann, so gern es auch wollte! Ich meine zwiefach: Einmal im Zuckerglas und einmal im Hautfutteral, das ihr die Natur gab."*[14]

Mit jeder Dichtung wird im Leben Goethes ein Stück Vergangenheit wiedergeboren und im Verlauf des ganzen Lebens wird dabei auch die von der Involution erneuerte Ausgestaltung des Ich wiedergeboren. Beides ist ähnlich, aber verschieden. Versuchen

13 Diese und die zwei folgenden Strophen aus „Zahme Xenien" VI, MA, Band 13, 1, Seite 220. 14

14 Goethe an Frau von Stein, Gesprächsaufzeichnung von Johann Daniel Falk, 14. Juni 1809, AA 22, Seite 554f, WA-dtv Band 97, Seite 37.

wir nun auch im Leben von Moses die Schlange im Zusammenhang mit der Wiedergeburt zu entdecken.

2. Von der Wiedergeburt bei Moses

Moses lebt ca. vor 3000 Jahren. Damals kannte man die Schlange als ein Bild für geistige Wirkungen sehr gut weil es noch Hellsichtigkeit gab. Moses verfügte noch in einem vollen Maße über das alte Hellsehen, was ansonsten bereits im Schwinden begriffen war. Damals hat man hellseherisches Vermögen u.a. in dem Bild von Hörnern zum Ausdruck gebracht und in diesem Sinne Moses mit einem Widdergehörn dargestellt.

Moses, Plastik von Michelangelo

Die zeitliche Einteilung von Moses Leben wird uns im Neuen Testament übersichtlich erklärt. In der Apostelgeschichte wird in der Rede des Stephanus ein umfassender Rückblick auf das ganze Alte Testament gegeben und dabei Moses Leben in drei Mal 40 Jahre gegliedert.

1. Erster Abschnitt: „*Moses ward gelehrt in aller Weisheit der Ägypter und war mächtig in Werken und Worten. Da er aber 40 Jahre alt war, gedachte er zu sehen nach seinen Brüdern, den Kindern von Israel.*“ (Acta 7, 22, 23)
2. Zweiter Abschnitt: Moses wurde angefeindet und floh zu dem Priesterweisen Jethro in Midian und hütete seine Herden in der Wüste. Er heiratet eine Tochter Jethros; „*...daselbst zeugte er zwei Söhne. Und über 40 Jahre erschien ihm in der Wüste an dem Berge Sinai der Engel des Herrn in einer Feuerflamme im Busch...*“(7, 29, 30)
3. Dritter Abschnitt: Moses kehrte zurück nach Ägypten um die Israeliten aus dem Land herauszuführen. Er führt sie nun durch die Wüste in das von Gott vorgegebene Land Kanaan. Während die ersten beiden 40 Jahre im Alten Testament auf wenigen Seiten berichtet werden, wird die Wüstenwanderung in vielen Einzelheiten in mehreren Büchern beschrieben. Hier wird der Monotheismus entwickelt, die Zehn Gebote gegeben und die gesamte jüdische Kultur mit dem Brauchtum eingerichtet. Dabei kommt nun immer wieder das Bild der Schlange vor. Das Alte Testament spricht in Bildern und nur teilweise in Gedanken, die wir heute unmittelbar verstehen können. Zu den Bildern, die auch geistige Kräfte vorstellen gehört auch das der Schlange, und so wie Goethe in dem Bild der Schlange eine geistige Kraft spürt, die in seinem Seelenleben wirksam ist, war das in den alten Zeiten bei allen Menschen der Fall. Moses wusste jedoch damit in besonderer Art umzugehen.

Die Aufrichtung der ehernen Schlange

Moses führt die Israeliten aus Ägypten heraus durch die Wüste wobei Krisen durchgemacht werden und von einer derselben heißt es: „*Unterwegs aber verlor das Volk den Mut, es lehnte sich gegen Gott und gegen Mose auf: Warum habt ihr uns aus Ägypten heraufgeführt? Etwa damit wir in der Wüste sterben? Es gibt weder*

Brot noch Wasser. Dieser elenden Nahrung sind wir überdrüssig. Da schickte der Herr Giftschlangen unter das Volk. Sie bissen die Menschen und viele Israeliten starben. Die Leute kamen zu Mose und sagten: Wir haben gesündigt, denn wir haben uns gegen Gott und gegen dich aufgelehnt. Bete zum Herrn, dass er uns von den Schlangen befreie. Da betete Mose für das Volk. Der Herr antwortete Mose: Mache dir eine eherne Schlange und hänge sie an einer Fahnenstange auf! Jeder, der gebissen wird, wird am Leben bleiben, wenn er sie ansieht. Mose machte also eine Schlange aus Kupfer und hängte sie an einer Fahnenstange auf. Wenn nun jemand von einer Schlange gebissen wurde und zu ihr aufblickte blieb er am Leben." (4.Moses21, 5-9)

„Erkannt gebannt" lautet ein Sprichwort. Wer Seelische Not leidet, dem ist geholfen wenn er weiß wo sie herkommt. Ergeht es so auch den Israeliten? Indem Moses die eherne Schlange an eine Fahnenstange hängt kann jeder sie sehen und erkennen dass sie ihn in Not gebracht hat. Haben aber die Leute nicht schon vorher gewusst dass es Schlangen sind die sie beißen?

Michelangelo hat die Szene gemalt wodurch er uns hilft zu verstehen was gemeint ist. Er unterscheidet zwei Gruppen von Menschen; die auf der linken Bildhälfte blicken zur Schlange hin richten sich auf sehen sie und werden geheilt. Die Menschen der anderen Gruppe auf der rechten Bildhälfte blicken nicht hin, richten sich nicht auf, sehen die eherne Schlange nicht und werden von anderen Schlangen überwältigt. Ihre Leiber sind wie verknotet oder verklumpt. Die eherne Schlange ist gelb, die bedrohliche Schlange hingegen grün gemalt. Wir haben es demnach mit zwei verschiedenen Schlangen zu tun. Es gibt zwei Arten von geistigen Kräften. Wir werden sie unten genau unterscheiden. Hier sei vorerst vermerkt, dass die eine irdisch-unterirdisch und die andere überirdisch-luftig ist. Die Überirdische sei vorerst einfach als Luftschlange bezeichnet, die Michelangelo eben grün malt, die

Michelangelo, die Aufrichtung der ehernen Schlange

andere unterirdische, die auch als eherne Schlange oder kupferne Schlange bezeichnet wird, ist gelb. Die Luftschlange wird in zwei verschiedenen Positionen gezeigt; ganz oben im Bild ist sie der aufgehängten Schlange zugewendet, unten hingegen presst sie die nicht erkennenden Menschen zusammen. Sie hat mit dem Erkennen zu tun. Man kann sie auch als Erkenntnisschlange bezeichnen. Die andere hingegen nehmen wir als Willensschlange. Die Israeliten wissen gleich dass ihre Not von einer Schlangenkraft kommt, können sie aber nicht identifizieren, können mit ihrer Erkenntnisschlange nicht die Willensschlange ausmachen. Anders ausgedrückt, sie können ihr Erkenntnisvermögen nicht auf die Willenskräfte richten und da wirkt sich die Erkenntnisschlange verheerend aus. Indem Moses aber die eherne Willensschlange aus dem Unterirdischen ins Überirdische hebt, ist ein Bild für das gegeben, was erkannt werden soll: das Wollen. Wer Moses folgt, sich aufrichtet, und die oben erkennbar gemachte Schlange sieht, kann verstehen und Heilung finden. Für den ist die grüne Schlange hoch oben in der Luft – von der rechten Seite kommend – regsam. Was erkennt sie aber? Einerseits ist sie der Willensschlange zugewandt, vielleicht aber auch dem Kind, das derselben zuwinkt.

Wir können weiter gehen und fragen was Michelangelo uns dazu noch mitteilt. Er malt nämlich noch das Kind das auf der Schulter des Mannes sitzt der in vorderster Reihe steht und der ehernen Schlange am nächsten ist. Dieses Kind winkt mit der linken Hand der Schlange zu und mit der rechten deutet es auf die Stirn des Mannes. Das ist eine Geste die wohl das Erkennen des Mannes mit der Schlange verbindet. Das denkende Erkennen ist ja sozusagen hinter der Stirn im Gehirn lokalisiert das durch die Sinne wahrnimmt und die Schlange erkennt. Wer aber ist das Kind? Im Alten Testament wird es hier nicht genannt. Im Johannesevangelium aber wird die Aufrichtung der ehernen Schlange mit dem Geisteswesen verknüpft das die Bibel „Menschensohn" nennt. Mit diesem Namen bezeichnet sich Christus selber. Dieser Name kann aber auch so genommen werden, dass er das geistige Wesen bedeutet, das es in jedem

Menschen gibt. Es ist dann der Aspekt der Ich-Natur den Goethe als erstes groß geborenes Kind bezeichnet hat, ein Geisteskind.

Als Goethe „Wilhelm Meisters Lehrjahre" dichtet und dieses Kind eigentlich als den Höhepunkt alles Erreichten hinstellt – was man jedenfalls so sehen kann – dichtet er nichts von der Schlange, welches Motiv sich nicht in die Lehrjahre eingliedern lässt. Gleichzeitig aber dichtet er das Märchen von der schönen Lilie und der grünen Schlange. Hier taucht Michelangelos grüne Schlangenfarbe auf. Die Meister – und die Märchendichtung können so gesehen werden dass sie sich ergänzen. Die Lehrjahre zeigen wie das Geisteskind zustande kommt und das Märchen zeigt die grüne Schlange, die das Zusammenkommen der „Eltern" des Geisteskindes vermittelt.

Bild oder Metapher?

Die Sprache die Dichter wie Goethe benützen ist die gleiche Sprache die auch in der alten Menschheit erlebt wird und sich in Bildern ausdrückt,.

Die Menschen früher Zeiten lebten mit der Außenwelt in einer ungetrennten Einheit und eine Art Nachklang dieser Einheit erlebt ein Dichter wie Goethe immerfort. Im Allgemeinen erläutert Steiner dazu: „*Die Menschen früher Zeiten trennen das eigene menschliche Seelen-Erleben noch nicht von dem Naturleben ab. Sie stellen sich nicht als ein besonderes Wesen neben die Natur hin; sie erleben sich in der Natur, wie sie in derselben Blitz und Donner, das Treiben der Wolken, den Gang der Sterne, das Wachsen der Pflanzen erleben. Was die Hand am eigenen Leibe bewegt, was den Fuß auf die Erde setzt und vorschreiten läßt, gehört für den vorgeschichtlichen Menschen einer Region von Weltenkräften an, die auch den Blitz und das Wolkentreiben, die alles äußere Geschehen bewirken. Was dieser Mensch empfindet, läßt sich etwa so aussprechen: Etwas läßt blitzen, donnern, regnen, bewegt meine Hand, läßt meinen Fuß vorwärts schreiten, bewegt die Atemluft in mir, wendet meinen Kopf. - Man muß, wenn man eine derartige Erkenntnis ausspricht, sich solcher Worte bedienen, welche auf den ersten Eindruck hin übertrieben scheinen können. Doch wird nur durch das scheinbar übertrieben klingende Wort die richtige Tatsache voll empfunden werden können. Ein Mensch, welcher ein Weltbild hat, wie es hier gemeint ist, empfindet in dem Regen, der zur Erde fällt, eine Kraft wirkend, die man gegenwärtig «geistig» nennen muß, und die gleichartig ist mit derjenigen, die er empfindet, wenn er sich zu dieser oder jener persönlichen Betätigung anschickt.*" Dann weist Steiner auf Goethe hin in dem dieses Welterleben sogar in seiner konkreten Art, wie er die Natur erlebt, wieder zu Vorschein kommt, freilich auf einer höheren, vom Denken getragenen Art. Er fährt fort:

Von Interesse kann es sein diese Vorstellungsart, bei Goethe in dessen jüngeren Jahren, wiederzufinden, naturgemäß in jener Schattierung welche sie bei einer Persönlichkeit des achtzehnten Jahrhunderts haben muss. Man kann in seinem Aufsatz, ´Die Natur` lesen: „„Sie (die Natur) *hat mich hereingestellt, sie wird mich auch herausführen. Ich vertraue mich ihr. Sie mag mit mir schalten. Sie wird ihr Werk nicht hassen. Ich sprach nicht von ihr. Nein, was wahr ist und was falsch ist, alles hat sie gesprochen. Alles ist ihre Schuld, alles ihr Verdienst.""*

So wie Goethe spricht, kann man nur sprechen, wenn man das eigene Wesen innerhalb des Naturganzen fühlt und man dieses Gefühl durch die denkende Betrachtung zum Ausdruck bringt. Wie er dachte, empfand der Mensch der Vorzeit, ohne dass sich sein Seelenleben zum Gedanken bildete. Er erlebte noch nicht den Gedanken; dafür aber gestaltete sich in seiner Seele, anstatt des Gedankens, das Bild (Sinnbild)... Das Gedankenleben entsteht für den Menschen in einer bestimmten Zeit; es bringt das vorherige Erleben der Welt in Bildern zum Erlöschen... Man wird allmählich erkennen, dass im Laufe der Menschheitsentwicklung eine Umwandlung der menschlichen Organisation stattgefunden hat. Es gab eine Zeit, in der die feinen Organe in der menschlichen Natur noch nicht ausgebildet waren, welche ermöglichen, ein inneres abgesondertes Gedankenleben zu entwickeln; in dieser Zeit hatte dafür der Mensch die Organe, die ihm sein Miterleben mit der Welt in Bildern vorstellten.

Wenn man dieses erkennen wird, wird ein neues Licht fallen auf die Bedeutung des Mythus einerseits und auch auf diejenige von Dichtung und Gedankenleben andererseits. Als das innerlich selbständige Gedanken-Erleben auftrat, brachte es das frühere Bild-Erleben zum Erlöschen. In ihm lebt aber nur ein Ast des alten Bild-Erlebens fort, das sich im Mythus seinen Ausdruck geschaffen hatte. In einem anderen Aste lebte das erloschene Bild-Erleben weiter, allerdings in abgeblasster Gestalt, in den Schöpfungen der Phantasie, der Dichtung. – Dichterische Phantasie und gedankliche Weltanschauung sind die beiden Kinder der einen Mutter, des alten Bild-Erlebens, das man nicht mit dem dichterischen Erleben verwechseln darf.“[15]

Das ist die Mission großer Dichter dass sie uns bis heute die geistige Kraft erleben lassen die für die alten Zeiten im Bilderleben gegeben war. Wer Dichter wie Goethe, Novalis, Shakespeare, Dante, Homer - um nur diese Repräsentanten stellvertretend für andere zu nennen – mit dem entsprechenden Bewusstsein liest, kann sich von ihnen auf die „Schlange“ aufmerksam machen lassen die Moses an der Fahnenstange aufgehängt hat und dadurch die Ursachen mancherlei Nöte erkennen die ihm das Leben schwer machen.

Dazu kommt nun bei Goethe, dass er dieses Welterleben auch in der Sphäre der Sinneserfahrungen erlebt, was in unsere Kultur etwas Neues ist. Vielleicht kann man sagen, dass der Philologe Burdach geahnt hat, dass das, was noch Moses in der alten Form des

---

15 Steiner, Rudolf, „Rätsel der Philosophie“, Seite 39, GA 18 Verlag der Rudolf Steiner-Nachlassverwaltung
Dornach / Schweiz 1968

Bildes erlebt, in Goethes Faust wiedergefunden werden kann. Burdach vergleicht Goethes Faust mit Moses. In Abhandlungen über „Faust und Mosis“[16] stellt er mit Moses ein Parallelbild dem Faust Goethes an die Seite. So wie Moses den Israeliten, bahne Goethe uns Heutigen die Zukunft an. Nach Burdach trägt Goethes Faust das *„ragende Siegeszeichen seiner (*Goethes*) naturwissenschaftlichen Lebensarbeit*“ und *„stirbt auf der Höhe eines titanischen Lebens, von Gott gerufen, von Gott bestattet; er sieht das Land der Verheißung zum Greifen vor sich, aber er selbst kommt nicht hinein, und im Scheiden denkt er nicht mehr an sich, sondern der kommenden Geschlechter*“, denen er die Zukunft erschließt. Goethe Streben geht gemäß Burdach *„nach dem Begreifen der Grundlagen des Menschen, seines Ursprungs, und seiner Entwicklung* (und) *vollständigen Ausbildung der eigenen Individualität als eines vom Weltgeist zum Führer und Lehrer berufenen Gestalters und Deuters künstlerischer Menschenwahrheit*“.[17] Burdach hat in Moses den faustischen Aspekt im Auge, wir haben oben – anknüpfend an Wilhelm Meister – den mystischen Aspekt angedeutet.

16 Konrad Burdach, Faust und Mosis. I. II. III., Sitzungsberichte der königlich preußischen Akademie der Wissenschaften vom 2. Mai und 11. und 25. Juli 1912.

17 Ebenda

3. Unter- und übersinnliche Kräfte im Menschen

Die Kräfte, die den ganzen Lebenslauf des Menschen durchziehen und im Bild der Schlange verfolgt werden können stellen eine Art Urpolarität dar die Steiner mit dem Sammelbegriff unter - und übersinnlich bezeichnet.

„Es gibt keine Möglichkeit, den Menschen wirklich zu erfassen, wenn man nur von dem Gegensatze ausgeht: Sinnliches und Übersinnliches. Es handelt sich vielmehr um das Folgende. Um uns herum breitet sich die Sinneswelt aus und die Welt, in der wir arbeiten, die Welt, in der auch unser soziales Leben liegt; die breiten sich um uns herum aus. Wollen wir einmal schematisch diese ausgebreitete Welt durch diese Linie darstellen (siehe Zeichnung waagerechte Linie). Ein vollständiges Bild von dem, was eigentlich in der Welt vorliegt, bekommen Sie nur, wenn Sie sich vorstellen: über dieser Linie liegen Kräfte, übersinnliche Kräfte (rote Pfeile). Diese übersinnlichen Kräfte nimmt man nicht mit den gewöhnlichen Sinnen und auch nicht mit dem Verstande, der an die gewöhnlichen Sinne gebunden ist, wahr. Man nimmt nur dasjenige wahr, was im Bereiche dieser Linie liegt.

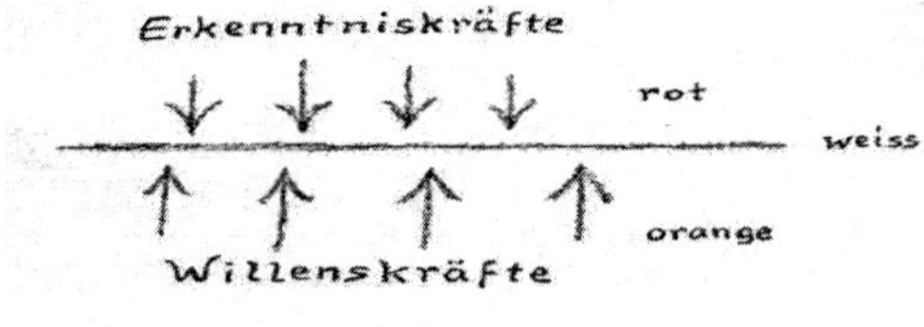

Aber es gibt auch unter dieser Linie Kräfte. Wir sprechen eigentlich nur dann vollständig von dem Nichtsinnlichen, von dem Geistigen, wenn wir von übersinnlichen und von untersinnlichen Kräften sprechen. Also wir müssen uns vorstellen, daß außerdem hier (orange Pfeile) die untersinnlichen Kräfte liegen.

Also, wir haben die Sinneswelt, die übersinnlichen Kräfte und die untersinnlichen Kräfte. Der Mensch selbst, wenn er leiblich vor Ihnen steht, wohin gehört er? Dasjenige, was leiblich vor Ihnen steht, das gehört ganz in diese Linie herein. Aber in das, was in die Linie hereingeht beim Menschen, wirken auf der einen Seite übersinnliche, auf der anderen Seite untersinnliche Kräfte. Der Mensch ist die Resultante zwischen übersinnlichen und untersinnlichen Kräften. Welche Kräfte der Menschennatur sind nun übersinnliche, welche Kräfte der Menschennatur sind untersinnliche? Übersinnlich sind alle mit dem Erkennen zusammenhängenden Kräfte; alles das, was wir aufbringen für das Erkennen, ist übersinnlich. Und es sind das dieselben Kräfte, die auch unseren Kopf formen, unser Haupt formen. So daß wir sagen können: Die übersinnlichen Kräfte sind die Erkenntniskräfte.

Nun wirken in den Menschen hinein auch die untersinnlichen Kräfte. Was sind denn das für Kräfte? Das sind die Willenskräfte. Alle Willenskräfte, alles Willensartige in der Menschennatur ist untersinnlich.

Nun werden Sie ja nahe liegend haben die Frage: Ja, woher kommen denn diese untersinnlichen Kräfte, diese Willenskräfte? – Das sind dieselben Kräfte wie die Kräfte des Planeten, also hier für uns die Kräfte der Erde. In der Tat, in unseren Menschen wirken fortwährend herein die Kräfte der Erde. Und das, was zusammenhängt mit diesen Kräften des Planeten, mit diesen Kräften der Erde, das sind die Kräfte, die willensartiger Natur sind. Die Kräfte, die erkenntnisartiger Natur sind, die kommen uns aus der Peripherie der Welt, die ergießen sich gleichsam von außen, von außerhalb des Planeten auf uns herab. Die Kräfte, die willensartiger Natur sind, dringen in uns ein von dem Planeten aus. So leben in uns die Kräfte unseres eigenen Erdenplaneten. In dem Augenblick, wo wir mit der Geburt ins Dasein treten, sind in uns wirksam die Kräfte des Erdenplaneten.

Die Frage entsteht: In welcher Verteilung sind sie in uns wirksam? Da ist wiederum ein beträchtlicher Unterschied zwischen dem ersten Lebensabschnitt, der ersten Lebensepoche, der zweiten und der dritten, bis zum siebenten Jahre, bis zum vierzehnten Jahre, bis zum einundzwanzigsten Jahre. Dasjenige, was in uns willensartig wirkt bis zum siebenten Lebensjahre, das wirkt ganz aus dem Inneren des Planeten heraus. Es ist sehr interessant, geisteswissenschaftlich zu verfolgen, wie in alledem, was in dem Kinde bis zum siebenten Jahre wirksam ist, kraften die Kräfte des Innersten der Erde. Wollen Sie die Kräfte des Erdeninneren in ihrer Offenbarung kennen lernen, dann studieren Sie alles dasjenige, was im Kinde vorgeht bis zum siebenten Jahre, denn das sind diese Kräfte des Erdeninneren. Es ist ganz und gar eine falsche Methode, hineinzugraben in die Erde, um die Kräfte des Erdeninneren zu finden. Da finden Sie nur die Erdensubstanzen. Die Kräfte, welche in der Erde wirksam sind, die offenbaren sich in dem, was sie vollbringen an dem Menschen bis zu seinem siebenten Lebensjahre hin.“

„Und wiederum vom siebenten bis zum vierzehnten Lebensjahre wirken im Menschen die Kräfte des Luftkreises, also auch noch dasjenige, was zur Erde gehört, die Kräfte der Atmosphäre. Aber die sind vorzugsweise wirksam in alldem, was sich im Menschen ausbildet zwischen dem siebenten und dem vierzehnten Lebensjahr. Dann ist der wichtigste Abschnitt vom vierzehnten bis zum einundzwanzigsten Jahr. Da geht, ich möchte sagen, das Untersinnliche in das Übersinnliche über. Da bildet sich eine Art Ausgleich zwischen dem Unter- und dem Übersinnlichen. Da wirken die Kräfte des ganzen Sonnensystems …“

„Was ist nach dem einundzwanzigten Lebensjahre? Bis zum einundzwanzigsten Jahre haben wir in der geschilderten Weise gezehrt von der Erde und ihrem Planetensystem. Was da die Erde in uns hineinorganisiert hat, von dem haben wir gezehrt. Nunmehr, wenn wir einundzwanzig Jahre alt geworden sind, müssen wir von uns selber zehren. Da müssen wir nach nach das wiederum heruafholen, was

wir aus den Kräften des Planeten und des Planetensystems in unseren Organismus hinuntergeführt haben ... Wir müssen den Menschen dahin bringen, daß er eine starke, bewusste Kraft entwickelt, dasjenige, was er in der Jugend in sich aufnimmt, im späteren Alter wie durch eine elementare Erinnerung wiederzuerleben."[1]

Goethes Dichtergestalten „Faust" und „Wilhelm Meister" können uns lehren, wie dieses Zurückgreifen auf Jugend und Kindheit im Sinne der „elementaren Erinnerung" erfolgen kann.

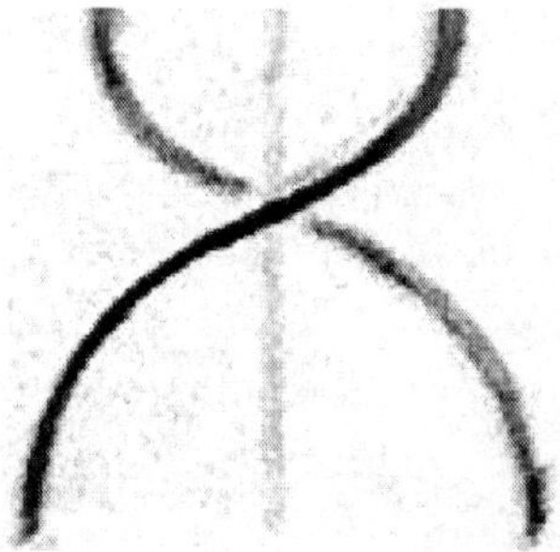

1 Steiner, Rudolf, „Soziales Verständnis aus geisteswissenschaftlicher Erkenntnis", Vortrag vom 4. Oktober 1919, GA 191. Rudolf Steiner Verlag, Dornach/Schweiz 1983, Seite 35 ff.

II. KINDHEIT UND JUGEND

SATURNEPOCHE

4. Anthropomorphismus, Siebenjahresepochen und Freiheit

Zunächst entsteht die Frage, ob die Kinder während der ersten sieben Jahre die Erden-Willenskräfte in irgendeiner Form erleben und welche Bedeutung das hat. Der Schweizer Psychologe Jean Piaget (1896-1980) hat durch gezielte Experimente die Denkart des Kleinkindes untersucht und sichtbar gemacht. Ohne Rücksicht darauf zu nehmen, ob wir heute so etwas für möglich oder unmöglich, richtig oder falsch ansehen, hat er einfach festgehalten, was sich beobachten lässt, und fasst zusammen: *„Der kindliche Animismus besteht in einer Tendenz, die Dinge als lebendig und absichtsvoll aufzufassen. Lebendig ist anfangs jedes Objekt. Die brennende Lampe, der wärmende Ofen, der scheinende Mond usw.“*[2] Er findet, dass das Kleinkind zwischen der Welt der Dinge und dem eigenen Sein kaum, zunächst gar nicht unterscheidet, sondern alles gleichartig nimmt. „Objekte“, denen man gegenübersteht, kennt das Kleinkind nicht in der Art, wie wir es als Erwachsene erleben. Ihm erscheinen die Gegenstände als wollende Wesen, wie es selbst eines ist. Die Dinge können, ebenso wie es selbst, etwas ergreifen oder tun: Die Lampe will brennen und leuchten, der Ofen Wärme ausstrahlen, der Mond leuchtet dem Spaziergänger auf seinem Weg und begleitet ihn. In solchen Formen beginnt sich für das zweijährige Kind zu entfalten, was für uns Außenwelt ist, für das Kleinkind aber eine allumfassende Ganzheit von Selbst und Welt ausmacht. Dann aber geht diese umfassende Ganzheit zurück. Piaget fährt fort: *„Später*

2 Piaget, Jean, „Theorien und Methoden der modernen Erziehung“, Fischer Tb., Seite 172 f.

wird dieses Leben auf bewegliche Dinge und schließlich auf Körper beschränkt, die sich von selbst zu bewegen scheinen, wie Sterne und Wind.“ So *„wissen die Wolken, dass sie ziehen, weil sie den Regen und besonders die Nacht mit sich bringen. Noch später ... wissen die Wolken nun nichts mehr, ‚weil der Wind sie treibt‘, aber hinsichtlich des Windes muss man genau unterscheiden: Er weiß nichts wie wir, ‚weil er ja keine Person ist‘, aber ‚er weiß dass er weht, weil ja schließlich er selbst weht!‘ Die Gestirne sind ganz besonders intelligent: Der Mond folgt uns bei unseren Spaziergängen und kommt mit uns zurück, wenn wir umkehren“.* Die Frage, *„was er denn angesichts zweier Spaziergänger machen sollte, die in entgegengesetzter Richtung wandern – genügt bei Siebenjährigen – um sie zu der Einsicht zu führen, dass die Bewegungen des Mondes bloß scheinbar sind.“*

Piaget glaubt, dass diese Phänomene *„aus einem Mangel an Unterscheidung zwischen dem Ich und der Außenwelt“* resultieren und *„eine Verwirrung oder Nichttrennung von innerer oder subjektiver Welt und physischem Universum“* ausdrücken. Er kann diese Denkart nicht als richtig ansehen, erkennt aber, dass sie am Anfang des Lebens als ein charakteristisches Element des kleinkindlichen Alters auftritt, dann schrittweise zurückgeht und gegen das siebte Jahr hin von selbst dahinschwindet. Es handelt sich also um ein Phänomen des ersten Jahrsiebts. – Indem Steiner, wie oben angeführt, formuliert: *„Wollen Sie die Kräfte des Erdeninneren in ihrer Offenbarung kennen lernen, dann studieren Sie alles dasjenige, was im Kinde vorgeht bis zum siebenten Jahre, denn das sind diese Kräfte des Erdeninneren“*, und Piaget das getan hat, ergibt sich aufgrund seiner Studien, dass das Walten der untersinnlichen Erdenkräfte den kleinkindlichen Anthropomorphismus bedingt.

Warum aber klingt diese Denkart nach sieben Jahren ab? Steiner verknüpft das – so merkwürdig es auch zunächst erscheint – mit dem Unterschied der Geschwindigkeit, mit der sich die Natur im Jahreslauf entwickelt, und mit der sich ein Kind im Jahreslauf entwickelt. Nur am allerersten Anfang des Lebens sei die Geschwindigkeit vom Jahreslauf und der menschlichen Entwicklung gleich. Das sei bereits in der Embryonalzeit der Fall. Zu den neun Monaten der Embryonalzeit werden noch die ersten drei Monate nach der Geburt hinzugerechnet, und in diesen zwölf Monaten erweise sich die Entwicklungsgeschwindigkeit des Menschen mit der des Jahreslaufs als übereinstimmend. Auch in der darauffolgenden Zeit des ersten Lebensjahres, ungefähr bis die Milchzähne herauskommen, verlaufe die Entwicklung im Menschen noch im Gleichklang mit dem Jahreslauf.[3] Gerade in der Bildung der Milchzähne arbeite im Menschen noch das die Natur dirigierende Weltenall. Dann aber – erkennt Steiner – *„tritt etwas anderes ein. Dann arbeitet in ihm* (im Menschen) *in einem Zeitraume nach der Geburt, der siebenmal größer ist, diejenige Kraft, die aus ihm heraus die zweiten Zähne treibt. Da geht etwas vor sich, was wir jetzt nicht mit dem Weltenlauf in einen Zusammenhang bringen können, sondern was mit etwas zusammenhängt, was sich dem Weltenlaufe entzieht, was aus dem Innern des Menschen heraus wirkt … Dasjenige, was da als bleibende Zähne herauskommt, das stellt eine innere menschliche Weltenordnung in die äußere hinein. Da haben wir die erste Ankündigung des Freiseins darin zu sehen, dass der Mensch etwas vornimmt, was sich ganz deutlich zeigt in seiner Abhängigkeit vom Weltenall dadurch, dass es den Zeitenlauf des Weltenalls einhält auch im Innern des Menschen, dass der Mensch dann aber das verlangsamt in sich, dass er demselben Prozess eine andere Geschwindigkeit gibt, eine siebenmal so kleine Geschwindigkeit gibt. Daher dauert sie eben siebenmal länger.*“[4]

---

3 Karl König hat den inneren Bezug des ersten Lebensjahres zum Kalenderjahr in seinen Aufsätzen über „Die ersten drei Jahre des Kindes“ ausgearbeitet.

4 Steiner, Rudolf, „Entsprechungen zwischen Mikrokosmos und Makrokosmos“, Vortrag vom 11. April 1920, GA 201, Rudolf Steiner Verlag Dornach, 1987, Seite 45.

Die Verlangsamung des Jahreslaufs um das Siebenfache ergibt den Zeitraum, der eben als „Siebenjahr" oder „Jahrsiebt" bezeichnet werden kann. Sie befreit vom Eingebundensein in den Jahreslauf, löst den Menschen aus der Natur heraus und wird von Steiner, wie angeführt, als erste Ankündigung der Freiheit angesehen.

Freiheit fängt also mit der Herauslösung des Kindes aus der Natur an, die es zunächst aber erleben muss. Sie wird umso vollständiger veranlagt, desto intensiver der Anthropomorphismus erfahren wird und dann mit entsprechendem Gefühlsbewusstsein abgelegt werden kann. Wenn man ihn seitens der Pädagogik nicht beachtet, wird die hier mögliche Erfahrung des Kindes aus Unkenntnis nicht ernstgenommen, dadurch verwischt, vermindert und statt entfaltet zu werden, nur verstümmelt.

Dasjenige, worauf es ankommt, ist der spätere Erwerb der Freiheit und einer aus Freiheit gewollten Wiedereingliederung des Menschen in die Natur. Auch diese Eingliederung wird bereits im ersten Jahrsiebt vorbereitet, indem es nicht nur die Verlangsamung, sondern auch einen siebenmal schnelleren Entwicklungsaspekt gibt. Steiner weist auf eine siebenmal schnellere Geschwindigkeit unseres willensgetragenen Gedankenlebens hin, durch das sich der Ausgleich der Verlangsamung ankündigt. Da *„ist"* – so formuliert er – *„in der Tiefe der Seele eines jeden Menschen etwas, was er sich nicht zum Bewusstsein bringt, was aber in dem ganzen Empfinden, in der ganzen Seelenstimmung wirkt, was alles färbt, was wir in unserem subjektiven Innenleben haben. … Wenn Sie nicht so organisiert wären … wenn Sie mit ihren Gedanken wirklich dem äußeren Lauf der Welt folgen würden, wenn Sie da nicht viel schneller vorwärtsgingen, siebenmal schneller als der äußere Weltenlauf … dann würden Sie sich so in der Welt seelisch gestimmt finden, dass ihnen niemals Ihre eigene Meinung wertvoller wäre als die Meinung eines andern …"*[5] Die Untugend dieser Seelenverfassung ist evident, bleibt aber gesund,

5 Ebenda.

wenn sie dem Ausgleich dient. Darin liegt ihr eigentlicher Wert. Dieses Eigene taucht in berechtigter Form als Idealität auf. Das aber geschieht nicht erst durch das denkerische Vermögen der Jugend, sondern kommt schon im ganz kleinen Kind im Spiel zum Vorschein. Wenn das Kind im ersten Jahrsiebt spielt, kommt eine Verbindung mit der Welt zum Vorschein, die zum Wesen der Individualität dieses Menschen gehört, gewöhnlich nur nicht so leicht erkannt wird. Bei Goethe ist das aber handgreiflich. Für ihn taucht die Art seines späteren Welterkennens im Alter des sechsjährigen Knaben auf. Man ist freilich geneigt, das als Besonderheit nur zu sehen, was es auch ist, aber nicht nur: Das Prinzip einer gewissen Welt-Verbundenheit lebt im kleinkindlichen Spiel immer auf. Johann Wolfgang Goethe drückt das in dem Bedürfnis aus, eines Sonntagmorgens bei Sonnenaufgang Räucherkerzchen zu entzünden, um *„sich dem großen Gott der Natur, dem Schöpfer und Erhalter Himmels und der Erden … unmittelbar …* (zu) *nähern“*. Das sieht wie eine kausale Tat aus. Wesentlich ist, dass die Causa dieses Spielens nicht in der Gegenwart, sondern in der Zukunft liegt und in der Gegenwart nur angekündigt wird. Diese Wirkung denkt sich der Knabe so, dass der alte Goethe formuliert: *„Der Gott, der mit der Natur in unmittelbarer Verbindung stehe, sie als sein Werk anerkenne und liebe, dieser schien ihm der eigentliche Gott, der ja wohl auch mit dem Menschen wie mit allem übrigen in ein genaueres Verhältnis treten könne, und für denselben eben so wie für die Bewegung der Sterne, für Tages- und Jahreszeiten, für Pflanzen und Tiere Sorge tragen werde. Einige Stellen des Evangeliums besagten dieses ausdrücklich. Eine Gestalt konnte der Knabe diesem Wesen nicht verleihen; er suchte ihn also in seinen Werken auf, und wollte ihm auf gut alttestamentliche Weise einen Altar errichten. Naturprodukte sollten die Welt im Gleichnis vorstellen, über diesen sollte eine Flamme brennen und das zu seinem Schöpfer sich aufsehnende Gemüt des Menschen bedeuten. Nun wurden aus der vorhandnen und zufällig vermehrten Naturaliensammlung die besten Stufen und Exemplare herausgesucht; allein wie solche zu* *schichten und aufzubauen sein möchten, das war nun die Schwierigkeit. Der Vater hatte einen schönen rotlackierten goldgeblümten Musikpult, in Gestalt einer vierseitigen Pyramide mit verschiedenen Abstufungen, den man zu Quartetten sehr bequem fand, ob er gleich in der letzten Zeit nur wenig gebraucht wurde. Dessen bemächtigte sich der Knabe, und baute nun stufenweise die Abgeordneten der Natur übereinander, so daß es recht heiter und zugleich bedeutend genug aussah. Nun sollte bei einem frühen Sonnenaufgang die erste Gottesverehrung angestellt werden; nur war der junge Priester nicht mit sich einig, auf welche Weise er eine Flamme hervorbringen sollte, die doch auch zu gleicher Zeit einen guten Geruch von sich geben müsse. Endlich gelang ihm ein Einfall, beides zu verbinden, indem er Räucherkerzchen besaß, welche wo nicht flammend doch glimmend den angenehmsten Geruch verbreiteten. Ja dieses gelinde Verbrennen und Verdampfen schien noch mehr das was im Gemüte vorgeht auszudrücken, als eine offene Flamme. Die Sonne war schon längst aufgegangen, aber Nachbarhäuser verdeckten den Osten. Endlich erschien sie über den Dächern; sogleich ward ein Brennglas zur Hand genommen, und die in einer schönen Porzellanschale auf dem Gipfel stehenden Räucherkerzen angezündet. Alles gelang nach Wunsch, und die Andacht war vollkommen.*“[6]

Der Knabe geht mit dem Licht der Sonne, der Glut der Räucherkerzchen und ihrem duftenden Rauch wie ein Priester mit Räucherwerk und Kerzen an einem Natur-Altar um. Kündigt sich hier nicht der Erfinder der Farben- und Lichtlehre an, der im hohen Alter – im Buch des Parsen des „West-östlichen Divans“ verkündet:

„Werdet ihr in jeder Lampe Brennen
Fromm den Abglanz höhern Lichts erkennen,
Soll euch nie ein Mißgeschick verwehren
Gottes Thron am Morgen zu verehren.“[7]

---

6 Goethe, „Dichtung und Wahrheit“, FA I, Band 14, Seite 51 f.
7 Goethe, „West-östlicher Divan“, MA 11.1.2, Buch des Parsen, Seite 113.

Im Kindesalter übt sich der Knabe spielend, *„Gottes Thron"* am Morgen zu verehren. Kinder sind der Weisheit mächtig, die dann erst lebenslang entwickelt und im hohen Alter verkündet werden kann. Darin steckt eine allgemeine Bedeutung. – Eingehend auf die Frage, ob nun die besondere Art von Spieltätigkeit, die das Kind vor dem Zahnwechsel ausübt, eine Bedeutung für das ganze Menschenleben hat, erklärt Steiner: *„Man ist durch die mannigfaltigste Betrachtungsweise dahin gebracht worden, das Menschenleben lediglich so aufzufassen, als wenn jedes folgende Zeitalter die Wirkung des vorangehenden wäre. Das ist nicht der Fall. Gibt man sich einer unbefangenen Beobachtung hin, so findet man, daß die eigentlichen Früchte derjenigen Lebensbetätigung, die im ersten Spiel auftritt, erst in den Zwanzigerjahren herauskommen. Was wir uns im Spiel von der Geburt bis zum Zahnwechsel erwerben, was da traumhaft vom Kinde dargelegt wird, das sind Kräfte der jetzt noch ungeborenen Geistigkeit des Menschen … So wie das Kind im Spiel die Dinge zusammenstellt – was es auch immer zusammenstelle –, so stellt man, wenn auch nicht mit äußeren Dingen, sondern nur mit Gedanken, mit Bildern, im Traume die Bilder zusammen, wenn"* man ins vierte Jahrsiebt kommt. *„Wie die keimbildende Kraft in der Pflanze im Blatt und im Blütenblatt zurücktritt und erst wiederum in der Frucht erscheint, so erscheint dasjenige, was da im Kinde angewendet und aufgewendet wird, erst wiederum etwa vom 21. oder 22. Jahre beim Menschen als der nun selbständig im Leben Erfahrungen sammelnde Verstand."* Man könne durchaus das Individuelle des kindlichen Spielens im ersten Jahrsiebt als etwas begreifen, was *„in irgend einer Weise im besonderen Charakter des selbständigen Urteilens des Menschen nach dem 20. Jahre wieder"* auftritt, *„das heißt, die Menschentypen nach dem 20. Jahre sind verschieden in Bezug auf ihr selbständiges Urteilen, so wie die Kinder verschieden sind beim Spiel vor dem Zahnwechsel."*[8] Die individuelle

8 Steiner, Rudolf, „Die Erneuerung der pädagogisch-didaktischen Kunst durch Geisteswissenschaft", GA 301, Rudolf Steiner Verlag

Verschiedenheit bezieht sich nicht etwa auf eine absolute Einzelheit des subjektiven Individuums, sondern auf etwas Typisches oder Typologisches. Das aber entspricht zum Beispiel auch der Art, wie die Menschen denken, an den Weltanschauungen teilhaben, der sie zugeneigt sind, ob sie Idealisten werden oder Realisten, Materialisten sein möchten oder den Spiritualismus lieben und so weiter. Das alles sind Arten des Denkens, denen es gemäß ist, von Menschentypen zu sprechen. Sie kündigen sich im ersten Jahrsiebt an und können ab dem vierten Jahrsiebt konkret in Selbsterfassung begriffen werden.

Es ist dem heutigen Menschen zunächst kaum bewusst, dass in ihm eine gewisse objektive Denkart veranlagt ist. Deswegen übernimmt er stillschweigend die hergebrachte Art zu denken, die heute, akademisch orientiert, materialistisch ist und weithin völlig unreflektiert als einzig mögliche angesehen wird. Man neigt aber nur deshalb dazu das zu glauben, weil das Herausgelöst-sein aus dem ursprünglich anthropomorphistischen Zusammenhang mit der Welt verborgen bleibt. Wir vergessen den Anthropomorphismus der Kindheit und denken zunächst, das gewisse Abgelöst-sein müsse schon immer so gewesen sein. Dieses Abgelöst-Sein hat sich aber erst ergeben und gleichzeitig die zum Erkennen nötige erste Ankündigung der Freiheit. Diese Ankündigung entsteht durch die Distanz gegenüber den Objekten der Sinneswelt; sie ist ein erlebtes ´Nichts-Wissen`, das erst zu dem vielen Fragen des Kindes führt und dann im Erwachsenen das Verlangen zu Forschen zu Erkennen und Wissen zu erwerben hervorruft. Die biographisch zugrundeliegende Ablösung aber hat sich auch historisch in der Kulturgeschichte vollzogen, als nämlich das alte Bild-Erleben verdämmerte. Zuvor war den Menschen das abgesonderte Gedankenleben gar nicht möglich, worauf oben hingewiesen wurde. Die historische Ablösung kommt gemäß Steiner durch eine Weiterentwicklung des Gehirns zustande. Er sagt davon: *„Man wird allmählich erkennen, dass im Laufe*

Dornach/Schweiz 1977, Seite 206 f.

der Menschheitsentwicklung eine Umwandlung der menschlichen Organisation stattgefunden hat. Es gab eine Zeit, in der die feinen Organe in der menschlichen Natur noch nicht ausgebildet waren, welche ermöglichen ein inneres abgesondertes Gedankenleben zu entwickeln; in dieser Zeit hatte dafür der Mensch die Organe, die ihm sein Miterleben mit der Welt in Bildern vorstellen."[9] Heute aber kann die Wiedereingliederung in die Natur aufs Neue und zwar bewusst, auf höherer Ebene wieder errungen werden, und zwar frei vermittelt von der Denkart an der man von Geburt an Anteil hat. Unter Wahrung der inzwischen gewonnenen Freiheit wird das entwickelt. Das ist dann der Werdegang in der Biographie, auf dem Goethe uns vorangeht. Im Anschluss an den Hinweis auf das alte Bild-Erleben deutet Steiner in diesem Sinne auf Goethe und sagt: „*Von Interesse kann es sein, diese Vorstellungsart* (des bildhaften Erlebens) *bei Goethe, in dessen jüngeren Jahren, wiederzufinden, naturgemäß in jener Schattierung, welche sie bei einer Persönlichkeit des achtzehnten Jahrhunderts haben muß. Man kann in Goethes Aufsatz «Die Natur» lesen: Sie (die Natur) hat mich hereingestellt, sie wird mich auch herausführen. Ich vertraue mich ihr. Sie mag mit mir schalten. Sie wird ihr Werk nicht hassen. Ich sprach nicht von ihr. Nein, was wahr ist und was falsch ist, alles hat sie gesprochen. Alles ist ihre Schuld, alles ihr Verdienst.*[10] - Dies Denken ordnet Goethe einer bestimmten Entwicklungsstufe seines Naturerkennens zu. Er sagt: „*Ich möchte die Stufe damaliger Einsicht einen Komparativ nennen, der seine Richtung gegen einen noch nicht erreichten Superlativ zu äußern gedrängt ist.*"[11] Der

---

9 Steiner, Rudolf, „Rätsel der Philosophie", GA 18, Verlag der Rudolf Steiner-Nachlassverwaltung Dornach / Schweiz, 1968, Seite 38 f.

10 Hier zitiert Steiner in „Rätsel der Philosophie" wie oben angegeben, aus dem Aufsatz „Die Natur".

11 Goethe an Kanzler von Müller, vom 24. Mai 1828. Das Zitat ist entnommen: „J.W.Goethe Naturwissenschaftliche Schriften",

Superlativ besteht dann in der Entwicklung der Metamorphosen – und Farbenlehre, die er im Wesentlichen im sechsten und siebten Jahrsiebt erforscht. Der Komparativ hingegen liegt im fünften Jahrsiebt und der Positiv - die Ausgangsbasis - im vierten Jahrsiebt. Wir werden unten zeigen, dass Goethe diese Ausgangsbasis im Spiegel der Philosophie Spinozas in sich entdeckt.

Diese Entwicklungen werden von den grundlegenden Willens- und Erkenntniskräften getragen, die sich bis ins dritte Jahrsiebt mehr oder weniger von selber entwickeln und dann im Element der ausgereiften Freiheit gewollt werden können.

Zusammenfassung vom ersten Jahrsiebt

Raum und Zeit sind die Grundlagen der menschlichen Existenz, in die sich jeder Mensch am Anfang des Lebens eingliedert, durch die Aufrichtung und weitere Ausformung des Leibes in den Raum und durch die Verlangsamung und Beschleunigung der Zeit um das Siebenfache in die Zeit. Einzig und allein durch die volle Ausbildung beider Wesenszüge unserer Existenz, der leiblich-räumlichen und der biographisch-zeitlichen, wird Entwicklung voll ermöglicht, die andernfalls immer verstümmelt bleiben muss.

Goethe hat im Verlauf seines Lebens immer wieder versucht, den Werdegang zu erfassen, der zur vollen Menschwerdung führt.

Urworte Orphische

In seiner Autobiographie "Dichtung und Wahrheit" schildert er den Anfang seines Lebens mit dem Bekenntnis zum kosmischen Ursprung seiner Individualität. *"Am 28. August 1749, Mittags mit dem Glockenschlage zwölf, kam ich in Frankfurt am Main auf die Welt. Die Konstellationen waren glücklich; die Sonne stand im Zeichen der Jungfrau, kulminierte für den Tag; Jupiter und Venus blickten*

---

herausgegeben von Rudolf Steiner, erschienen im Rudolf Steiner Verlag Dornach/Schweiz, 1982, Seite 63.

sie freundlich an, Merkur nicht widerwärtig; Saturn und Mars verhielten sich gleichgültig. Nur der Mond ... widersetzte sich..."[12]. Goethe befindet sich, als er das schreibt, im neunten Jahrsiebt, in dem er seine Naturforschungen im Wesentlichen ausgeführt und das Schicksal seines Naturerkennens erfüllt hat. Auf diese Weise kann er mit der astronomischen Aussage eine weit gestreckte Lebenserfahrung verbinden. Einige Jahre später fasst er im zehnten Jahrsiebt seine naturwissenschaftliche Lebensarbeit in den Heften ZUR MORPHOLOGIE zusammen und anlässlich dieses Überblicks tritt ihm seine eigene Art zu denken noch deutlicher vor Augen. Jetzt verallgemeinert und präzisiert er den kosmischen Ursprung der Individualität des Menschen, was er in den berühmten fünf Stanzen der URWORTE ORPHISCH festhält und in den Heften zur Morphologie veröffentlicht.

12 MA 16, Seite 13.

URWORTE ORPHISCH

ΔΑΙΜΟΝ – INDIVIDUALITÄT

Wie an dem Tag, der Dich der Welt verliehen,
Die Sonne stand zum Gruße der Planeten,
Bist alsobald und fort und fort gediehen,
Nach dem Gesetz wonach Du angetreten.
So mußt Du sein, Dir kannst Du nicht entfliehen,
So sagten schon Sibyllen, so Propheten;
Und keine Zeit und keine Macht zerstückelt
Geprägte Form die lebend sich entwickelt.

ΤΥΧΗ – ZUFALL

Die strenge Grenze doch umgeht gefällig
Ein Wandelndes, das mit und um uns wandelt;
Nicht einsam bleibst Du, bildest Dich gesellig,
Und handelst wohl so wie ein andrer handelt:
Im Leben ist's bald hin- bald wiederfällig,
Es ist ein Tand und wird so durchgetandelt.
Schon hat sich still der Jahre Kreis geründet,
Die Lampe harrt der Flamme die entzündet.

ΕΡΟΣ – LIEBE

Die bleibt nicht aus! - Er stürzt vom Himmel nieder,
Wohin er sich aus alter Öde schwang,
Er schwebt heran auf luftigem Gefieder
Um Stirn und Brust den Frühlingstag entlang
Scheint jetzt zu fliehn, vom Fliehen kehrt er wieder,
Da wird ein Wohl im Weh, so süß und bang.
Gar manches Herz verschwebt im Allgemeinen,
Doch widmet sich das Edelste dem Einen.

ΑΝΑΓΚΗ – NOTWENDIGKEIT
Da ists denn wieder wie die Sterne wollten:
Bedingung und Gesetz und aller Wille
Ist nur ein Wollen, weil wir eben sollten,
Und vor dem Willen schweigt die Willkür stille;
Das Liebste wird vom Herzen weggescholten,
Dem harten Muß bequemt sich Will' und Grille.
So sind wir scheinfrei denn nach manchen Jahren
Nur enger dran als wir am Anfang waren.

ΕΛΠΙΣ – HOFFNUNG
Doch solcher Grenze, solcher ehrnen Mauer
Höchst widerwärt'ge Pforte wird entriegelt,
Sie stehe nur mit alter Felsendauer!
Ein Wesen regt sich leicht und ungezügelt:
Aus Wolkendecke, Nebel, Regenschauer
Erhebt sie uns, mit ihr, durch sie beflügelt,
Ihr kennt sie wohl, sie schwärmt durch alle Zonen;
Ein Flügelschlag – und hinter uns Äonen![13]

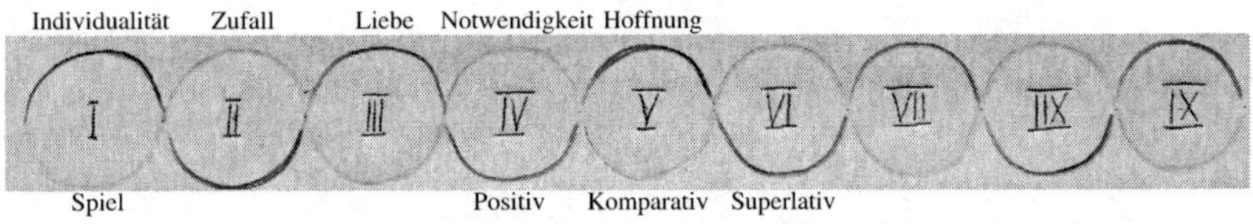

Die Entwicklungsstufen der Denkart vom individuellen Spiel im 1. Jahrsiebt zur Verstandes-Erfahrung im 4. Jahrsiebt als Positiv, im 5. Jahrsiebt als Komparativ, im 6. Jahrsiebt als Superlativ.

13 „Uworte Orphisch" MA Band 12, Seite 91.

DIE SONNENEPOCHE

5. Übersinnliche Erkenntniskräfte im zweiten Jahrsiebt

Das zweite Jahrsiebt kündigt sich mit dem Zahnwechsel an. Piaget hat in Studien über „Das Kind von sieben bis zwölf"[14] beobachtet, dass die Kinder beginnen, im Sinn heutiger Denkgewohnheiten logisch zu denken, was sich im Verhalten beim Spiel, in der Schule und im Leben überhaupt zeigt. Hellseherisch erkundet, beruht diese Veränderung im Vorstellungsvermögen darauf, dass einige Wachstumskräfte, die bis zum Zahnwechsel im Leib gewirkt und die Zähne hervorgebracht haben, nun vom Leib frei werden und im Seelenleben auftauchen. Intelligenz erscheint so als leibfrei gewordene Wachstumskraft. Das sind geistige Ätherkräfte.

In dem Moment, in dem diese Ätherkräfte sich vom Leib lösen und im Seelenleben aufsteigen, können die oben schon erwähnten Kräfte aus der Luft über die Atmung in das Kind einwirken. Sie wirken unter anderem auf das Gefühlsleben und erwecken Gefühle für Freundschaft und Liebe. Intelligenz und Liebe sind die beiden neuen Fähigkeiten in der geistigen Entwicklung des Kindes im zweiten Jahrsiebt.

Beide sollten sich wie zwei Geschwister Hand in Hand entfalten, aber der hier nötige Begriff von Liebe wird heute kaum oder gar nicht berücksichtigt. Seelisch sind es zarte Liebesblüten, die schrittweise als Gottesliebe, Naturliebe und allgemeine Menschenliebe bis hin zur sexuellen Liebe aufgehen, die alle unter den Begriff der Sexualreife gehören, die dadurch als etwas ganz anderes als die sogenannte frühkindliche Sexualität erscheint. Dieser Sexualbegriff ist meines Wissens heute noch nicht ausgebildet. Er hängt mit der Wirkung zusammen, welche die Luftgeistigkeit auf die Wachstumskräfte ausübt.

---

14 Ebenda.

Wenn ein Teil der Wachstumskräfte leibfrei wird, bleibt ein anderer Teil mit der Leiblichkeit verbunden. Auf diese noch leibgebundenen Ätherkräfte wirken nun die aus der Luftgeistigkeit kommenden Kräfte und rufen die Wandlung von Wachstumskräften in Fortpflanzungskräfte hervor. Diese Wandlung vollzieht sich in Form eines Kampfes, denn die Wachstumskräfte stemmen sich gegen die aus der Luft über die Atmung kommenden Wirkungen und werden durch eine Art Kampf zur Metamorphose sozusagen überwältigt oder gezwungen. Das ist auch der Hintergrund dafür, dass die Kinder an Kampfspielen wie Ritterkämpfen oder Ähnlichem eine helle Freude haben. Da leben sie aus, was innerlich in ihnen vorgeht. Die Atemluft aber ist die Quelle dafür. Steiner formuliert: *„... bevor der Zahnwechsel eingetreten ist, kann das, was eigentlich das Atmen mit uns will, nicht zur Tätigkeit kommen im menschlichen Organismus. Dann aber tritt ein Kampf ein der noch Wachstumskräfte gebliebenen Kräfte gegen das Eindringen dessen, was aus dem Atmungsprozesse heraus in den Menschen eindringt. Denn das erste große Bedeutsame, das in leiblicher Beziehung als eine Folge des Atmungsprozesses auftritt, das ist die Geschlechtsreife.*

Diesen Zusammenhang zwischen dem Atmen und der Geschlechtsreife durchschaut ja die Naturwissenschaft noch nicht. Er ist aber durchaus vorhanden. Wir atmen eigentlich dasjenige ein, was uns geschlechtsreif macht, was uns aber auch im weiteren Sinne die Möglichkeit gibt, mit der Welt in ein Verhältnis des liebenden Umfangens zu treten. Das atmen wir eigentlich ein.“[15]

Diese Aspekte der kindlichen Entwicklung sind leibliche und geistige Vorgänge, die im ganzen zweiten Jahrsiebt geschützt werden wollen, damit sie sich zutragen können. Deswegen ist es höchst beachtenswert, dass Goethes zweites Jahrsiebt von dem merkwürdigen Zufall begleitet wird, dass einen Tag nach seinem siebten

---

15 Steiner, Rudolf, „Menschenwerden, Weltenseele und Weltengeist“, Vortrag vom 7. August 1921, GA 206, Verlag der Rudolf Steiner-Nachlassverwaltung Dornach/Schweiz, 1967, Seite 100.

Geburtstag ein Krieg ausbricht, der sieben Jahre währt, der auch unter der Bezeichnung „Siebenjähriger Krieg“ in die Geschichte eingegangen ist und diese ganze Kindheitsepoche gleichsam begleitet. Friedrich II., König von Preußen, hat mit einem Überfall auf Sachsen diesen gegen Österreich gerichteten Krieg begonnen, der dann große Teile Europas bewegt. Preußen war mit einigen kleinen deutschen Fürstentümern und vor allem mit England im Bunde, und Österreich mit Frankreich, Russland und Schweden. Das historische Zerwürfnis Europas färbt nun auch die Großfamilie des Dichterknaben, indem sein Vater preußisch und sein Großvater österreichisch gesinnt waren; das hatte große Auswirkungen auf sein zweites Jahrsiebt. Vordergründig gab es Streit in der Großfamilie, was für den Knaben sehr beeinträchtigend wirkte; aber das im siebten Jahr beginnende und im 14. Jahr aufhörende Kriegsgeschehen hatte für ihn die Nebenwirkung, diese Epoche gegenüber dem ersten und dritten Jahrsiebt abzugrenzen, und das wirkte sich zweifellos für das Selbst-Erleben strukturierend aus. Besser wäre freilich, wenn kulturelle Einschnitte wie Schulanfang und Konfirmation als Elemente der Abgrenzung hätten wirken können.

In seiner Seelenverfassung macht sich im zweiten Jahrsiebt ein Lerneifer geltend, der umso auffallender ist, als ihm das Lernen im ersten Jahrsiebt zwar keine Mühe macht, aber – wie er sagt – seine innere Entwicklung beeinträchtigt. Jetzt hingegen, im zweiten Jahrsiebt, kann er nicht genug lernen und will immer noch mehr, als ihm geboten wird. Das Auswendiglernen pflegt er zielstrebig und hat, wie er sagte, *„von Kindheit auf die wunderliche Gewohnheit, immer die Anfänge der Bücher und Abteilungen eines Werkes auswendig zu lernen“*.[16] An Sprachen lernte er Latein und Griechisch, was von ihm gefordert wurde, auf eigenen Wunsch noch etwas Hebräisch und von den neueren Sprachen Englisch, Französisch und Italienisch. Um das zu beleben, denkt er sich eine Familie mit

16 Goethe, „Dichtung und Wahrheit“, FA I,14; Seite 174.

sechs bis sieben Geschwistern aus, von denen einer als Musikus Italienisch, ein Handeltreibender Englisch, ein Theologiestudent Lateinisch, noch ein anderer Französisch spricht und alle miteinander, jeder in seiner Sprache, korrespondieren, sodass der sonst trockene Stoff durch produktive Fantasie des Knaben belebt und in einen übergreifenden Zusammenhang gebracht wird. Auch das kunstvolle Tanzen wird gepflegt. Der Vater hatte ihn und seine Schwester selbst unterwiesen. Das Taktgefühl ist seinen Gliedern angeboren. Als er Klavier spielen soll, lernt er einen Lehrer kennen, der für alle Finger der rechten und linken Hand Spitznamen erfindet, womit die schwarzen und weißen Tasten sowie die Töne mit Namen bildlich anschaulich gemacht werden. Der Unterricht wirkt dadurch wie ein „humoristischer Springbrunnen", wenn die Finger als Däumerlinge, Deuterlinge, Krabler, Zabler und die Töne als Fakchen, Gakchen, Fiekchen und so weiter Diener und Männchen machen, sodass Notenlesen anschaulich, lebendig und von Fantasie durchdrungen wird.[17] Leider war der Lehrer aber nur klug, denn er benützte diese imaginären Spiele, um Schüler anzulocken; wenn das gelungen war, war ihm die weitere Durchführung zu anstrengend, und er ließ sie fallen.

Der Bereich des Spielens hat in der Zeit des zweiten Jahrsiebts eine ganz eigene, völlig andere Bedeutung als im ersten Jahrsiebt. Aber auch hier kündigt sich etwas Zukünftiges an, das mit dem sozialen Stellenwert zu tun hat, den ein Mensch später anstrebt, was oftmals mit dem Beruf zu tun hat. Bei Goethe ist es das Dichten, das im zweiten Jahrsiebt noch nicht geboren ist, sich aber ankündigt, und zwar sogleich am Anfang der zweiten Lebensepoche. Er besitzt ein Puppenspiel und versammelt Freunde, mit denen er sich übt und wie ein kleiner Theaterdirektor anleitet. Dabei erfindet er Märchen, die jedoch nur den besten Freunden erzählt werden. Als Beispiel führt er das „Knabenmärchen, der neue Paris" an. Der alte Goethe

17 Darüber berichtet Goethe im IV. Buch von „Dichtung und Wahheit".

hat es gedichtet, möchte aber auf Inspirationen hinweisen, die er als Siebenjähriger empfängt. Es zeigt den Knaben in Form kindlichen Spielens, mit Degen im Gürtel, sich unter Geistwesen wie dem Gott Merkur, Sylphiden und einer Nymphe aufhaltend, der eine Freundin findet, um die es ihm zu tun ist. *„Und alles war doch erst heut oder gestern geschehen. Sie* (die Freunde) *mußten sich daher mehr selbst betrügen, als ich sie zum besten haben konnte. Und wenn ich nicht nach und nach, meinem Naturell gemäß, diese Luftgestalten und Windbeuteleien zu kunstmäßigen Darstellungen hätte verarbeiten lernen, so wären solche aufschneiderische Anfänge gewiß nicht ohne schlimme Folgen für mich geblieben.*

Betrachtet man diesen Trieb recht genau, so möchte man in ihm diejenige Anmaßung erkennen, womit der Dichter selbst das Unwahrscheinlichste gebieterisch ausspricht, und von einem jeden fordert, er solle dasjenige für wirklich erkennen, was ihm, dem Erfinder, auf irgend eine Weise als wahr erscheinen konnte."[18]

Die Worte *„Luftgestalten"* und *„Windbeuteleien"* deuten auf das Element „Luft". In der Luft ist die Geistigkeit verborgen, die in der Entwicklung des Kindes im zweiten Jahrsiebt ebenso wichtig ist wie die im ersten Jahrsiebt aus dem Erdeninneren in die Entwicklung des Kleinkindes einstrahlenden Kräfte. Jetzt sind es eben geistige Kräfte der Luft und der Atmosphäre, die den Übergang von Wachstum in Fortpflanzung bewirken und gleichzeitig Gefühle für Freundschaft und Liebe erwachen lassen.

18 Goethe, „Dichtung und Wahrheit", FA I,14, Seite 59, 2. Buch.

6. Luftimaginationen – die neue Isis

Die Luftgeistigkeit, auf die Goethe in seinem Knabenmärchen hinweist, die im Kindesalter des zweiten Jahrsiebts die Wirkung entfaltet, dass die Gefühle von Freundschaft und Liebe erwachen und in leiblicher Hinsicht die Sexualreife hervorrufen, diese Luftgeistigkeit ist in alten Zeiten, als es noch Hellsichtigkeit gab, von den Kindern in imaginativer Weise in Form von Luftimaginationen und Lichtimaginationen erlebt worden. Das war aber nur im zweiten Jahrsiebt der Fall und hörte gegen Ender der Kindheit auf erlebt zu werden. Die Geistigkeit aber, die wirksam war, taucht ins Innere der Kinder unter, verschwindet und taucht nach der Sexualreife im Bewusstsein wieder auf. Dadurch wurde in den Jugendlichen und dann in den Erwachsenen überhaupt etwas vom Geist der vorpubertären Jungfräulichkeit weiterhin erlebt und in diesen Regungen des Seelenlebens ist dan das zweite Ich gleichsam zur Welt gekommen.

„Dieses Reifwerden des Menschen, das ist heute – man kann sagen, seit den Zeiten, da Osiris tot ist für die äußere Welt – fast ein physischer Vorgang. Es war nicht bloß ein physischer Vorgang damals, als Osiris lebte. Nein, es war ein seelischer Vorgang. Der Knabe erlebte im vierzehnten, fünfzehnten Jahre – Sie wissen, wir haben ja schon von andern Erlebnissen gesprochen in dieser Reifezeit –, er erlebte nicht nur, daß seine Stimme sich änderte, sondern dasjenige, was heute nur in die Stimmlage hineingeht, wenn wir so sagen dürfen, was sich in die Stimmlage hineindehnt aus den sexuellen Essenzen des Organismus. Nicht wahr, wir müssen ja auf solche Dinge der Wahrheit gemäß hindeuten: es wird einfach der Stimmapparat durchzogen von den Sexualessenzen des Organismus; was sich da heute nurmehr in die Stimmlage hineinpreßt, das preßte sich in jenen alten Zeiten auch in die Gedanken, in die Vorstellungswelt des Jünglings hinein. Heute mutiert die Stimme; dazumal mutierten auch die Gedanken, weil ja noch die alte imaginative Zeit da war. In dieser Zeit hatte der kindliche Knabe vor

dem Reifwerden gewisse Imaginationen. Heute sind nur spärliche Reste, aber spärliche Reste fast bei allen Kindern in zartem Alter vorhanden. Man gibt nur nicht acht darauf oder redet sie den Kindern aus als törichtes Zeug, aber in alten Zeiten war das ganz lebendig, und jeder Mensch wußte, daß das Kind so bis zum neunten, zehnten Jahre hin Imaginationen hat, Imaginationen von geistigen Vorgängen der Luft.

In der Luft gehen fortwährend geistige Vorgänge um uns herum vor sich. Die Luft ist nicht nur dasjenige, was die physische Wissenschaft beschreibt, sondern es gehen geistige Vorgänge vor sich. Diese geistigen Vorgänge, wesentlich also Vorgänge der ätherischen Welt, nahmen die Kinder in vollen Imaginationen wahr bis zum Reifealter. Und wenn das Reifealter eintrat, nicht nur für die Stimme, sondern für das Vorstellungsleben, so fühlte der Mensch etwas in sich – es war allerdings dasjenige, was aufschoß aus den Kräften, die man gewöhnlich physiologisch die Sexualkräfte nennt, – es fühlte der Mensch in sich etwas, von dem er sagte: was ich als Kind gesehen habe durch die Imaginationen im Luftraume, das lebt jetzt in mir auf, das ist Anschauung, das lebt in mir. – Das ging vor. Der Mensch wurde sich

bewußt, daß er aus dem Luftraume etwas in sich aufgenommen hat. Vorher hat er es draußen gesehen, jetzt spürt er es in sich selber.

Bei weiblichen Wesen war es so in diesen alten Zeiten, daß sie vor der Reifezeit auch in Imaginationen wahrnahmen dasjenige, was im Luftraume draußen war. Aber nach der Reifezeit war dasjenige, was bei den Knaben bloß in dem Spüren einer Änderung des Vorstellungslebens auftauchte, nun wie ein Aufsteigen sogar noch innerer Imaginationen: Menschenbild war es, was das weibliche Wesen in sich immer wieder und wiederum imaginativ wahrnahm. Und da sagte es sich wiederum: Was ich jetzt imaginativ wahrnehme, ist dasselbe, was ich als Kind vor der Reife draußen im Weltenraume als imaginative Bilder erlebt habe. – Beide Geschlechter, nur in verschiedener Weise, erlebten es, daß sie eigentlich wußten, seelisch wußten: In mir wird etwas geboren, was der Weltenraum in mir befruchtet hat.

Da haben Sie eine noch konkretere Gestalt der Osiris-Isismythe: Es ist die Weltenweisheit, insofern sie aus dem Luftraume gewonnen wird, aber in organischem Zusammenhang ist mit dem Menschen, den tieferen Schichten des Menschengeistes …“[19]

Der Einfluss der Weltweisheit auf die im Kindesalter sich entwikkelnde Seele des Menschen bewirkt eine geistige Hüllenbildung, die ein Isis-Geheimnis bedeutet. Sie muss geschützt werden. Zu diesem Schutz gehört dazu, dass Anfang und Ende dieser zweiten Epoche markant erlebt und dadurch abgegrenzt werden. Sie ist etwas Wertvolles, das eben einen geschützten Rahmen braucht, denn sie ist die geistige Hülle für das zweite Ich, das dann im Jugendalter heranreifen soll. Raffael hat das Herniedersteigen der Gottesmutter aus der Luftgeistigkeit in der Sixtinischen Madonna gemalt, die das Kind zur Erde trägt. So wie diese Mutter das Kind in der Luft und in den Wolken umfängt,

19 Steiner, Rudolf, „Mysterienwahrheiten und Weihnachtsimpulse“, Vortrag vom 5. Januar 1918, frei formuliert, GA 180, Rudolf Steiner Verlag Dornach / Schweiz, 1980,

wird das zweite Ich von der Weltweisheit empfangen und im 3. Jahrsiebt ausgetragen und geboren. Es gibt aber auch das entgegengesetzte Madonnabild, das Mutter und Kind im Dunkel von Höhlen zeigt. Leonardo da Vinci hat es in der Felsgrottenmadonna gemalt. Sie deutet auf das erste Ich, wogegen Raffael die Geburt des zweiten Ich malt.

Raffaels Sixtinische Madonna

Leonardo da Vincis Felsgrottenmadonna

Der Bereich der Luft-Geistigkeit liegt den alten Griechen besonders nahe, in dem sie die olympischen Götter unter der Ägide von Zeus, Hera, Athene, Aphrodite usw. vorstellen. Das Element der Schönheit ist dabei überall ein Haupt-Ideal, das dann direkt von der mythischen Gestalt der Helena repräsentiert wird. Helena wird als das Urbild der Schönheit vorgestellt, was in Wendungen wie „die schönste Frau der Welt" ausgedrückt wurde. Schönheit und Liebe sind die Schlüsselbegriffe. Auch Helena repräsentiert eine im Element der Luft geborene Geistigkeit, die in den Gefühlen der Sehnsucht, des Verlangens, der Hoffnung, aber auch des Zweifels und der Verzweiflung usw. lebt. Liebe und Hass gehören ja zueinander, und beide ranken sich auch um das antike Bild der Helena herum.

Hier sind tiefe Geheimnisse zu ergründen, denen Goethe lebenslang durch seine Faust-Dichtungen nachstrebt. Aber geboren ist dieses Bestreben im zweiten Jahrsiebt.

7. Helena und Faust in Goethes zweitem Jahrsiebt

Helena lernt der Dichterknabe schon als Fünf- oder Sechsjähriger in Homers „Ilias" kennen. Er findet das Buch in der Bibliothek des Pfarrers Stark, seines Großonkels, der eine mit französischen Kupferstichen illustrierte Ausgabe besitzt, deren Bilder ihm so nachdrücklich im Gedächtnis bleiben, dass er sich die homerischen Helden lange Zeit nicht anders als diese Kupferstiche vorstellen kann, was er später beklagt, weil es die Fantasie beeinträchtigt. Auch war besagte Ausgabe unvollständig, und der Knabe ergänzt das Fehlende bei dem römischen Schriftsteller Virgil.[20] Diese Einzelheiten zeugen davon, dass er Helena wirklich kennt. Dazu kommt, dass mythische Motive damals auch in der Malerei eine große Rolle spielen, wo der Knabe ebenfalls dem Motivkomplex der Helena begegnet sein muss, denn er ist in dem Metier der Gemäldemotive bewandert: *„Ich hatte mir schon früher bei Gemälde-Liebhabern, besonders aber auf Auktionen, denen ich fleißig beiwohnte, den Ruhm erworben, dass ich gleich zu sagen wisse, was irgend ein historisches Bild vorstelle, es sei nun aus der biblischen oder der Profangeschichte oder aus der Mythologie genommen."*[21] – Auch dürfte er Helenas Sagenumkreis im Puppenspiel und im Volksbuch, anknüpfend an Faust, erlebt haben.

Helena und ihre Geburtsgeschichte verbinden die Mythen mit der Luft-Geistigkeit, die wir auch in Bildern, die dem Reich der Vogelwelt entnommen sind, ausgedrückt finden: Flügel und Federn, das Legen und Ausbrüten von Eiern und so weiter sind die Bild-Sprache von der Art, wie die Luftgeistigkeit auf den Menschen wirkt. Es ist

20 „Dichtung und Wahrheit" I. Teil.
21 „Dichtung und Wahrheit" I. Teil, 3. Buch, FA I,14, S. 100.

das frühe, vorpubertäre Erwachen der Liebe, das in der mythischen Bildsprache mit der griechischen Helena zu tun hat, die aus einem Ei geboren wird, das von der Königin Leda gehütet und gewartet wird. Nach anderen mythischen Überlieferungen soll der Göttervater Zeus, der von den Griechen mit einer in der Luft waltenden Zeugungskraft verbunden wird, mit der Königin Leda Helena gezeugt haben. Der trojanische Königssohn Páris raubt dann Helena für sein Beilager; Goethe hingegen, der neue Paris, trachtet nach Helena als Urbild der geistigen Schönheit.

Leda mit dem Schwan, römisches Relief. Britisches Mueseum

Das hier abgebildete römische Relief aus dem Britischen Museum zeigt die Königin Leda, die von Zeus in Schwanengestalt befruchtet wird. Das ist eine Imagination von der Einwirkung der Kräfte, die durch die Luftgeistigkeit in den werdenden Menschen einstrahlen. Diese Wirkungen haben auch mit der Atmung zu tun. Man beachte, dass die Berührung des Schwans da stattfindet, wo das Atemzentrum sitzt.

Im Spiegel Helenas bildet sich Goethes Erlebnis der Schönheit im zweiten Jahrsiebt zu einem Keim der Entwicklung aus, der dann stufenweise ausreifen will. Kunst, Leben und Liebe sind keimhaft in diesem Helena-Ideal enthalten, dem „Der neue Paris“ auf der Spur ist. Sie ist der eigentliche Keim, aus dem Goethes Faust-Dichtergestalt hervorgehen wird. Auch wenn Helena erst spät in seinem Faust-Schaffen ausgearbeitet wird, so liegen die Keime zu diesem Schaffen doch im zweiten Jahrsiebt. Im hohen Alter erklärt er, dass sein Faust von frühester

Jugend an Helena sucht, was dem Dichter aber eben erst im hohen Alter voll bewusst wird. Er deutet an, dass seine Suche nach Helena von Anfang an der Faust-Dichtung zugrunde liegt. *„Helena"* – so sagt der 77-jährige Dichtergreis in einem Brief an Wilhelm von Humboldt vom 22. Oktober 1826 – ist *„eine meiner ältesten Konzeptionen, sie ruht auf der Puppenspiel-Überlieferung, dass Faust den Mephistopheles genötigt, ihm die Helena zum Beilager heranzuschaffen. Ich habe von Zeit zu Zeit daran fortgearbeitet, aber abgeschlossen konnte das Stück nicht werden als in der Fülle der Zeiten, da es denn jetzt seine volle 3000 Jahre spielt, von Trojas Untergang ..."*[22] Desgleichen schreibt er an Sulpiz Boisserée: *„Die Helena ist eine meiner ältesten Konzeptionen, gleichzeitig mit Faust ..."*[23], und ein Jahr später, ebenfalls an Boisserée: *„Sie gelangen* – mit Helena – *unmittelbar bis zu der Achse auf der das ganze Stück* (Faust) *dreht"*[24], und an Christian Gottfried Nees von Esenbeck am 24. Mai 1827: *„Wie ich im Stillen langmütig einhergehe werden sie an der dreitausendjährigen Helena sehen, der ich nun auch schon sechzig Jahre nachschleiche"* – mit Helena dringen wir vor *„bis zu der Achse, auf der das ganze Stück dreht"*.[25]

Im Laufe des zweiten Jahrsiebts kann sich im Kinde die Schönheit zum Ideal steigern. Das wird jedenfalls in Goethes Lebenserfahrung zu einem Höhepunkt. Er beruht darauf, dass die Leiblichkeit des Kindes, kurz bevor es in die Pubertät kommt, in einer ideellen, höchsten Schönheit gesehen werden kann. Das ist nicht eine theoretische, sondern leibliche, sozusagen gottgegebene höchste Schönheit, die für eine lebendig empfundene Ästhetik essenziell ist. Als Goethe später bei Denis Diderot (1713–1784) der Ansicht begegnet, dass der Mensch nur in der mittleren Epoche seines Lebens schön

---

22 Goethe an Wilhelm von Humboldt, 22. Oktober 1826, AA 21, Seite 708.

23 Goethe an Sulpiz Boisserée, 22. Oktober 1826, Seite 710.

24 Goethe an Sulpiz Boisserée, 19. Januar 1827, ebenda Seite 716.

25 Goethe an Nees von Esenbeck, 24. Mai 1827, ebenda Seite 744.

sei, weil Kindheit und Alter nur schlecht die menschliche Gestalt zeigten, erwiderte er: „*Nur äußerst kurze Zeit kann der menschliche Körper schön genannt werden, und wir würden, im strengen Sinne, die Epoche noch viel enger als unser Verfasser begrenzen. Der Augenblick der Pubertät ist für beide Geschlechter der Augenblick, in welchem die Gestalt der höchsten Schönheit fähig ist; aber man darf wohl sagen, es ist nur ein Augenblick! Die Begattung und Fortpflanzung kostet dem Schmetterlinge das Leben, dem Menschen die Schönheit, und hier liegt einer der größten Vorteile der Kunst, daß sie dasjenige dichterisch bilden darf, was der Natur unmöglich ist, wirklich aufzustellen. So wie die Kunst Zentauren erschafft, so kann sie uns auch jungfräuliche Mütter vorlügen, ja es ist ihre Pflicht. Die Matrone Niobe, Mutter von vielen erwachsnen Kindern, ist mit dem ersten Reiz jungfräulicher Brüste gebildet. Ja in der weisen Vereinigung dieser Widersprüche, ruht die ewige Jugend, welche die Alten ihren Gottheiten zu geben wußten.*“[26] Das aber ist in dem Schönheitsideal der Helena verborgen.

An sich liegt das Schönheits-Ideal in der Natur des reifen Kindesalters. Die Art, wie es für Goethe gegeben war, ist gegen Ende seiner Kindheit förmlich verschattet worden, als er sich zu intensiv mit der französischen Theatralik auseinandersetzt.

8. Französische Talentverschiebung

Im Januar 1759 – Goethe ist neun Jahre alt – dehnt sich der Kriegsschauplatz des Siebenjährigen Krieges auf Frankfurt aus. Vier Jahre lang werden in Frankfurt französische Truppen einquartiert, und ein französischer Königsleutnant, Graf Thoranc, quartiert sich von Januar 1759 bis Mai 1761 in Goethes Elternhaus ein. Besucher kommen und gehen, und die Zeitereignisse werden im elterlichen Haus des Dichterknaben hautnah miterlebt. Dabei macht er

26 Goethe, „Diderots Versuch über die Malerei“, 1.Teil, MA 7, Seite 532.

einen markanten Eigenwillen geltend. Die Franzosen richten sich in Frankfurt ein Theater ein, das der Knabe mit Hilfe eines vom Großvater geschenkten Abonnements eifrig besucht und sich in Windeseile in die französische Sprache wie in eine zweite Muttersprache einlebt. Er hatte einige wenige Unterrichtsstunden in dieser Sprache erhalten und lauscht nun, gestützt auf seine Kenntnisse in Latein und Italienisch, auf den Klang des Französischen, erfasst leicht *„ihre Bewegung, ihren Akzent, den Ton und was sonst von äußern Eigentümlichkeiten"* gegeben ist. Sodann liest er auch französische Theatraliker und hat *„Racine und Molière ganz und von Corneille einen großen Teil durchzuarbeiten die Anhaltsamkeit gehabt"*.[27] Racine war damals der „Abgott der Franzosen" und auch sein Abgott geworden, wie er bekennt. Dazu kommt noch eine Freundschaft mit einem wohl gleichaltrigen, französischen Knaben, dem Sohn einer Schauspielerin, wodurch auch das eigene Sprechen betätigt und ausgebildet wird. Weiter kommt dazu, dass er sich auch für die Theorie der französischen Theatralik interessiert, die sich in der Drei-Einheiten-Lehre niederschlägt: *„Ich las zunächst Corneille's Abhandlung über die drei Einheiten, und ersah wohl daraus, wie man es haben wollte; warum man es aber so verlangte, ward mir keineswegs deutlich."*[28] Die Undeutlichkeit wird durch Streitereien der Franzosen über diese Materie vermehrt, und der Knabe verwickelt sich in Gedanken, aus denen er sich zunächst nicht zu befreien vermag: *„Durch alles dies ward ich verworrener als jemals, und nachdem ich mich lange mit diesem Hin- und Herreden, mit diesen theoretischen Salbadereien des vorigen Jahrhunderts, gequält hatte, schüttete ich das Kind mit dem Bade aus, und warf den ganzen Plunder desto entschiedener von mir …"* In dieser Seelenverfassung, die er sich selbst zubereitet hat, geht Johann Wolfgang nun durch den Höhepunkt des zweiten Jahrsiebts.

27 Goethe, „Dichtung und Wahrheit", FA I,14, 3. Buch, Seite 101.
28 Ebenda, Seite 121.

Halten wir die Formulierung fest, so *„schüttete ich das Kind mit dem Bade aus“*.[29] Die französische Theatralik hat Goethes eigenes ästhetisches Grundgefühl verschattet, was er aber erst zehn Jahre später in Straßburg erkennt.

Der im zweiten Jahrsiebt gelernte Gehalt mit den Einflüssen der Weltweisheit, die früher als Luftimaginationen erfahren wurde, was heute durch Erzählungen metamorphosiert werden muss, ist an sich geistiger „Brennstoff“ einer Erleuchtung, die im dritten Jahrsiebt entflammt wird, was aber im gewöhnlichen Leben heute noch nicht recht zur Geltung kommt, sondern verflacht. Kostbare Möglichkeiten sind zu „Tand und Tändeleie“ verurteilt. Wenigstens hat Goethe diese Worte in der zweiten Stanze der „Urworte Orphisch“ benützt. In der dritten Strophe weist er hingegen auf das höhere Wesen der Liebe hin.

> ΕΡΟΣ
> Die bleibt nicht aus! – Er stürzt vom Himmel nieder,
> Wohin er sich aus alter Öde schwang,
> Er schwebt heran auf luftigem Gefieder
> Um Stirn und Brust den Frühlingstag entlang
> Scheint jetzt zu fliehn, vom Fliehen kehrt er wieder,
> Da wird ein Wohl im Weh, so süß und bang.
> Gar manches Herz verschwebt im Allgemeinen,
> Doch widmet sich das edelste dem Einen.

---

29 Ebenda.

MONDEPOCHE

9. Der Geisteskeim im dritten Jahrsiebt

Wir kommen jetzt zum dritten Abschnitt, den Steiner als den wichtigsten ansieht, *„vom vierzehnten bis zum einundzwanzigsten Jahr. Da geht, ich möchte sagen, das Untersinnliche in das Übersinnliche über. Da bildet sich eine Art Ausgleich zwischen dem Unter- und dem Übersinnlichen …"*[30] Diesen Ausgleich fassen wir nun genau ins Auge. Die beiden Kräfte gehen nun nicht mehr von der Erde aus, sondern vom Planetensystem, was Steiner mit folgenden Worten einleitet: *„Aber man kann diese Dinge noch vertiefen. Unter denjenigen Sternen, die als Planetensystem die Erde umgeben, sind die vornehmlichsten, wie Sie ja wissen, die Sonne und der Mond. Und indem wir nach und nach vom vierzehnten Lebensjahre an, also in der dritten Lebensepoche des Menschen hineinwachsen in einen Zustand, durch den wir abhängig werden vom Planetensystem, werden wir zwar auch abhängig von den anderen Gliedern des Planetensystems, von Merkur, Mars und so weiter, aber wir werden vorzugsweise abhängig von Sonne und Mond … Der Physiker erzählt einem sehr schön, daß der Mond eine Art Schlacke sei, daß die Sonne irgend etwas wie ein glühender, brennender Weltenkörper sei, der eine Korona hat, der Strahlungen seines Feuers hinaussendet in die Welt; so dass ungefähr der Mensch die Vorstellung hat, wenn er da so wandern könnte langsam oder schnell und an die Sonne herankäme, so würde er in einen Glutkörper hineinkommen. Ich habe Ihnen schon öfter gesagt, das ist nicht der Fall; sondern die Wahrheit ist, daß dort, wo die Sonne ist, ein Hohlraum ist, ein Nichts ist, und daß nur von der Oberfläche der Sonne aus das Licht strahlt. In Wahrheit ist dort nichts wo man vermutet, daß etwas Physisches ist; denn das Sonnenwesen ist durchaus übersinn-*

30 Ebenda.

lich, wie das Mondenwesen untersinnlich ist. Dieses Übersinnliche und Untersinnliche des Planetensystems, wie sie konzentriert sind in Sonne und Mond, die beginnen also zu wirken auf die menschliche Organisation von dem vierzehnten Lebensjahr an ungefähr. Sie wirken erstens auf die Organisation des Menschen insofern, als das Mondenhafte mehr verwandt ist dem weiblichen Element, allem Weiblichen in der Welt, das Sonnenhafte mehr verwandt ist dem Männlichen in der Welt. Aber sie wirken auch so dass der Mensch in alledem, was er erkenntnismäßig entwickelt, in alledem, was er so entwickelt, daß er denkt, ein Sonnenhaftes hat, in alledem, was er will, in allen Impulsen des Wollens, ein Mondenhaftes hat. Sonne und Mond sind nicht nur da draußen im kosmischen Raume, Sonne und Mond sind in uns. Und insofern wir denken, sind wir Sonnenwesen, insofern wir wollen, sind wir Mondenwesen. Besser gesagt: Insofern wir in uns Organe ausbilden, die die Vermittler des Denkens sind, wirken zur Ausbildung dieser Organe von unserem vierzehnten Jahre an die Sonnenkräfte, das Übersinnliche; insofern wir Organe ausbilden, die das Wollen vermitteln, wirken in uns vom vierzehnten Jahre an die Mondenkräfte, das Untersinnliche."[31]

Goethe beschreibt die Synthese einmal: *„Die Sonne kommt, ein Prachterscheinen / der Sichelmond umklammert sie / Wer konnte solch ein Paar vereinen …"*[32] Zwischen beiden entsteht nun der Keim, aus dem später – *„das erste, groß geborene Kind"* hervorgehen wird. Der Keim ist zuerst vollkommen unterbewusst.

Der Ursprung des zweiten Ichs in Goethes Frankfurter Gretchentragödie

Goethe leitet seine Jugendschilderungen in „Dichtung und Wahrheit" mit einer seltsamen Liebesgeschichte ein, die wir zwar nicht

31 Ebenda, Vortrag vom 5. Oktober, Seite 65 f.

32 Goethe, „West-östlicher Divan", MA 11.1.2; Buch Suleika, Seite 73.

wörtlich, aber doch bezüglich der entscheidenden Motive mit Zitaten wiedergeben möchten.

Der Jüngling begegnet am Beginn seiner Reifejahre als 14-jähriger seinem Freund Pylades, mit dem er bereits im Knabenalter befreundet war und dem er auch „Der neue Paris. Knabenmärchen" erzählt hatte. Stolz darauf, in Johann Wolfgang einen genial begabten Freund zu haben, hatte Pylades einem anderen Kameraden von dessen Gedichten erzählt, was dieser aber nicht glaubt und zweifelt, dass ein junger Mensch von 14 Jahren so zu dichten vermag. Einst begegnen sich aber alle drei bei einem Spaziergang. Pylades will Goethes frühes Talent unter Beweis stellen: Der Zweifler darf sich ein Thema aussuchen, das sofort aus dem Stegreif gedichtet werden muss. Es sollte ein Liebesbrief in Versen sein, den ein verschämtes, junges Mädchen einem jungen Mann schreibt, dem sie ihre Neigung mitteilen möchte. Johann Wolfgang setzt sich abseits auf eine Bank, denkt sich, *„wie artig es sein müßte, wenn irgend ein hübsches Kind"* ihm *„wirklich gewogen wäre"*[33], und so gelingt ihm ein Liebesgedicht, das den Zweifler in Verwunderung und den Freund in Entzücken versetzt. Der Zweifler aber, in dessen Taschenkalender das Gedicht in der Eile geschrieben wurde, macht mit seinen Kumpanen einen *„sehr lustigen Gebrauch davon"*. Die *„Liebesepistel …* (wurde) *nämlich mit verstellter Hand abgeschrieben, und … einem eingebildeten jungen Mann zugeschoben … der nun in der festen Überzeugung stehe, ein Frauenzimmer, dem er von fern den Hof gemacht, sei in ihn aufs äußerste verliebt, und suche Gelegenheit ihm näher bekannt zu werden"*. Dieser wollte sich nun auch durch Verse erkenntlich zeigen, die er bei Pylades' Kumpanei bestellt, die wiederum Goethe bittet, sie zu dichten. Er tut es, weil – wie er sagt – eine gewisse Bosheit und Schadenfreude einen Kitzel darstellt, von dem kein Alter ganz frei ist. Auch diese

33 Dieses Zitat und die folgenden aus „Dichtung und Wahrheit", FA I,14, Seite 182 ff.

Verse erfüllen ihren Zweck, denn alsbald gibt der Liebhaber zum Dank ein Essen für die ganze Kumpanei, zu dem der Dichterjüngling, „*der sich so vortrefflich als poetischer Sekretär erwiesen*" hat, selbstverständlich eingeladen wird. Bei einer frugalen Mahlzeit mit trinkbarem Wein dreht sich die Unterhaltung „*fast gänzlich um die Verhöhnung des gegenwärtigen, freilich nicht sehr aufgeweckten Menschen, der nach wiederholter Lesung des Briefes nicht weit davon war zu glauben, er habe ihn selbst geschrieben*". Aber der Dichterjüngling verbringt damit einen recht verdrießlichen Abend und wird nur durch eine unerwartete Erscheinung wiederbelebt. Als es an Wein fehlt und die Magd krank ist, die ihn hätte holen sollen, wird ein Mädchen gerufen, das mit einem der Herren verwandt ist, um einige Flaschen zu besorgen. Gretchen, wie sie heißt, ist jedoch „*von ungemeiner, und wenn man sie in ihrer Umgebung sah, von unglaublicher Schönheit*". Als sie fortging, wirkte ihre Gestalt „*von der Rückseite fast noch zierlicher. Das Häubchen saß so nett auf dem kleinen Kopf, den ein schlanker Hals gar anmutig mit Nakken und Schultern verband. Alles an ihr schien auserlesen, und man konnte der ganzen Gestalt* (als sie fortging) *um so ruhiger folgen, als die Aufmerksamkeit nicht mehr durch die stillen, treuen Augen und den lieblichen Mund allein angezogen und gefesselt wurden*". Dies war nun der „*erste bleibende Eindruck den ein weibliches Wesen*" auf den Jüngling gemacht hatte. Um sie länger in Augenschein zu nehmen, ging er in den langen protestantischen Gottesdienst, den sie besucht. Bald ergab sich dann eine Gelegenheit zu intimerer Bekanntschaft.

Goethe erzählt weiter: „*Man hatte jenen eingebildeten Liebenden, dessen poetischer Sekretär ich geworden war, glauben gemacht, der in seinem Namen geschriebene Brief sei wirklich an das Frauenzimmer abgegeben worden, und zugleich seine Erwartung aufs äußerste gespannt, daß nun bald eine Antwort darauf erfolgen müsse. Auch diese sollte ich schreiben, und die schalkische Gesellschaft ließ mich durch Pylades aufs inständigste ersuchen, allen meinen Witz aufzubieten und alle meine Kunst zu verwenden, daß dieses Stück recht zierlich und vollkommen werde. – In Hoffnung meine Schöne wiederzusehen, machte ich mich sogleich ans Werk, und dachte mir nun alles was mir höchst wohlgefällig sein würde, wenn Gretchen es mir schriebe. Ich glaubte alles so aus ihrer Gestalt, ihrem Wesen, ihrer Art, ihrem Sinn herausgeschrieben zu haben, daß ich mich des Wunsches nicht enthalten konnte, es möchte wirklich so sein, und mich in Entzücken verlor, nur zu denken, daß etwas Ähnliches von ihr an mich könnte gerichtet werden. So mystifizierte ich mich selbst.*" Als er dann seinen Brief dem Kameraden vorliest, der ihn in Empfang nehmen soll, ist auch Gretchen dabei, und es schien ihm gar zu auffällig, wie ihre Züge in dem Schreiben hervorschimmern. Der Kamerad bekundet großen Beifall und bittet nur noch, einige kleine Stellen abzuändern. Er muss eilig fort und lässt den jungen Dichter mit Gretchen allein. Sie aber macht ihm nun Vorhaltungen, einen anderen Unbekannten so zum Besten zu haben, tadelt das Unterfangen, vergegenwärtigt ihm, wie er als angesehener und gebildeter Mensch, dem es an nichts fehlt, sich hier nur schaden könne. Er pflichtet ihr bei, hebt aber hervor, dass es ihm nun doch gerade an demjenigen fehle, was mit einem solchen Schreiben gewährt sein könnte. Er schob ihr das Blatt zu, und, da sie ihm auch zugetan war und eine sozusagen schickliche Gelegenheit da war, es zu bekennen, setzt sie ihren Namen unter die Liebesepistel, die damit zum Kleinod seines eigenen Herzensanliegens geworden war. Er geriet in einen Zustand, von dem der alte Goethe sagt: „*Die ersten Liebes-Neigungen einer unverdorbenen Jugend nehmen durchaus eine geistige Wendung. Die Natur scheint zu wollen, daß ein Geschlecht in dem andern das Gute und Schöne sinnlich gewahr werde. Und so war auch mir durch den Anblick dieses Mädchens, durch meine Neigung zu ihr, eine neue Welt des Schönen und Vortrefflichen aufgegangen.*"[34]

---

34 Ebenda, Seite 188.

Die Goetheforschung hat in Frankfurt kein Mädchen namens Gretchen gefunden, zweifellos wird auch nimmermehr eins zu finden sein, wenn Gretchen ein Dichtername ist, der aus der Faust-Dichtung stammt und neben der tatsächlichen eine geistige Wirklichkeit zum Ausdruck bringt. Dieses Geistige aber ist ein Rätsel, auf das Goethe hinweist, indem er einfügt, er *mystifiziere* sich hier selbst.

In dieser mystischen Innerlichkeit entsteht, ganz im Verborgenen, das 2. Ich oder der neue Mensch, in dem das Reifen erst anfängt, und zuerst notwendigerweise völlig unausgereift ist: Er lebt in dem Element der Liebe, die aber hier nur als geistige Liebe in Betracht kommt. Ihm wird nun mit Spott und Schadenfreude eine sinnliche Liebschaft untergeschoben, und er wird dann bei der Unterhaltung noch obendrein verhöhnt, weil er nicht aufgeweckt ist und bei *„wiederholter Lesung des Briefes nicht weit davon war zu glauben, er habe ihn selbst geschrieben."* Das ist ein Etwas, was an sich hinter dem Ich-Bewusstsein verborgen ist und erst viel später durch die Wiedergeburt in der Lebensmitte bewusst werden kann. Da wir Heutigen diese Wiedergeburt zu allermeist noch nicht wirklich erleben, kennen wir – von wenigen Ausnahmen abgesehen – dieses „Ich" eigentlich nicht. Wir können Goethes Schilderung auf den für unsere heutigen Verhältnisse nicht bekannten, völlig unbekannten inneren Menschen beziehen, den dennoch jeder Mensch als einen Menschen im Menschen hervorbringt, wenn er ins Reifealter kommt. Das ist ein Wesen, das eben in der Tat erst jetzt zu leben anfängt und durch den Vorgang der „Involution" zu reifen beginnt. Er ist kein Mensch aus Fleisch und Blut, sondern ein geistiger Mensch, der auch in manchen Märchen und Sagen beschrieben wird. Oftmals wird er nur als Spätentwickler bezeichnet, der lange Zeit im Hintertreffen ist, zuletzt aber alle anderen überholt. So einen „Helden" schildert zum Beispiel Otfried Preußler in seinem Kinderbuch „Die Abenteuer des starken Wanja", der lange Jahre scheinbar, aber nur scheinbar wie ein Faulenzer auf dem Ofen liegt, Sonnenblumenkerne isst und nichts anderes tut als warten, der aber nur wie ein geistiger Embryo wartet und im Ausreifen begriffen ist, bis er selbst denken und handeln kann. Ein anderes Beispiel liegt in der Parzival-Sage vor: Jung Parzival zieht als Tor in die Welt hinaus. Seine Mutter hat ihm gesagt, er möge alle Menschen freundlich grüßen, was er auch befolgt und immer treuherzig hinzufügt: *„Meine Mutter hat gesagt, ich soll grüßen …“* In diesem Sinne betritt er mit unerhörter Kindlichkeit, die wie Torheit erscheint, die Welt, womit aber nur angedeutet wird, dass es sich um den noch nicht ausgereiften inneren Menschen handelt, der, wenn er seine Reife erlangt haben wird, alle anderen an Stärke, Mut und Weisheit überragen wird.

Jene Geschichte hat Goethe im hohen Alter gedichtet, die aber dennoch seine wirkliche erste Liebe beleuchtet. Damals fand im April 1764 in Frankfurt eine Kaiserkrönung statt, und das Mädchen, mit dem er damals verbunden war, nennt er nur Gretchen; ihr eigentlicher Name war zweifellos ein anderer. In der Faust-Dichtung aber repräsentiert Gretchen etwas, was auch auf seine erste Liebe zu beziehen ist: Gretchen ist nicht nur ein Mädchen aus Fleisch und Blut, sondern auch die geistige, jungfräuliche Empfänglichkeit für den Geisteskeim, den sie wie eine Seelenmutter aufnimmt, die sich am Ende des zweiten Jahrsiebts im jungfräulichen Gewand absoluter Schönheit im Sinne Helenas bildet, die dann aber verurteilt ist unterzugehen. Die Art, wie sich dieser Untergang in Goethes Leben vollzieht, ist nun eben von der verwirrten französischen Theatralik überschattet. Das kommt auch in der Faust-Dichtung zum Vorschein. Als Faust sein Gretchen sieht, wie sie eben aus der Kirche kommt, schätzt er sie sofort als sein Liebchen und Bett-Schätzchen ein, das er haben will, sodass Mephisto ihm vorhält: *„Ihr sprecht schon fast wie ein Franzos …“*

Viereinhalb Jahre von der Pubertät bis zum ersten Mondknoten

Die Kaiserkrönung Josephs II. findet im April 1764 in Frankfurt statt. Kaiserkrönungen wurden seinerzeit immer in Frankfurt durchgeführt. Ihr kompliziertes Zeremonienwesen erklärt Johann Wolfgang seinem „Gretchen“, die er durch die diversen Feierlichkeiten herumführt. Der erste und einzige Kuss, den sie ihm auf die Stirn gibt, geschieht noch dazu auf dem Höhepunkt der Feierlichkeiten. Danach werden beide durch missliche Umstände voneinander getrennt und sollten sich nicht wiedersehen, was eine schrecklich-schmerzliche Tragödie auslöst. Der Jüngling wird krank, und danach resultiert eine höchst negative Nachwirkung, die Goethe als *„hypochondrischen Dünkel“* bezeichnet. Das Selbstbewusstsein ist herabgemindert, was sich als Hypochondrie äußert, und ersetzt den Mangel durch Dünkel, das heißt durch ein eingebildetes Vermögen. Er fühlt sich verwirrt und setzt nun alle Hoffnungen auf das bevorstehende Jurastudium in Leipzig, wo er sich aber anderen Studien widmen möchte, von denen er sich eine Entwirrung seines Inneren verspricht. *„Die heimliche Freude eines Gefangenen, wenn er seine Ketten abgelöst und die Kerkergitter bald durchgefeilt hat, kann nicht größer sein, als die meine war, indem ich die Tage schwinden und den Oktober herannahen sah“*[35], um im Herbst 1765 aufbrechen zu dürfen. Er findet jedoch an der Universität keineswegs die erhoffte innere Klärung. Nach einem halben Jahr aber regt sich Ostern 1766 abermals eine Neigung, jetzt zu Anna Katharina Schönkopf, der Tochter seines Wirtes. In Briefen spricht er von seiner ersten Liebe, als Autobiograf aber sagt er, er habe seine Neigung zu Gretchen auf ein Ännchen übertragen. Er hat als Jüngling tatsächlich das erste Erwachen seiner Neigung aus dem Auge verloren.

Johann Wolfgang versucht, der neuen Freundschaft eine geistig-moralische Seite abzugewinnen. Davon sei angeführt, was er seinem etwa zehn Jahre älteren Freund Ernst Wolfgang Behrisch in einem Brief erzählt. Er konnte einmal – was sehr selten möglich war – mit Anna Katharina mehrere Stunden allein verbringen und

35 Ebenda, Seite 265.

versucht, sein geistiges Glück zu genießen: *„Gerechter Himmel, welche Freude, sich allein mit seiner Geliebten zu sehen, vier Stunden lang. Sie vergingen, ohne daß auch nur einer von uns beiden es bemerkte … Wie glücklich mich diese vier Stunden machten!"* – Dann machte er Verse:

„Welche Freude, Gott, wie eine Flamme zu brennen,
Ein tugendhaftes Feuer, das sich niemals in Laster verwandeln kann.
Welche Wollust! Wenn zitternd in meinen Armen,
Der Busen meines Mädchens meinen Busen wärmt!
Unaufhörliche Küsse fließen von ihren Lippen,
In heiliger Umarmung zeigt sich eine starke Tugend.
Wenn ich dann, ganz hingerissen, in niemals gefühlter Begeisterung
Mein Mädchen! sage und sie Mein Liebster! sagt,
Wenn dann mein Herz, heiß von Liebe und Tugend,
Schreit: Kommt, ihr Engel! Kommt! Seht und beneidet mich nicht …"[36]

Die Beziehung zwischen den beiden entwickelt sich jedoch gar nicht so erfreulich. Neben glücklichen Momenten steigen in Johann Wolfgang Zweifel und Missmut auf. Er spürt eine unbegründete Eifersucht, was die Liebschaft sehr belastet. Auch sein dichterisches Talent will sich nicht recht entfalten, sodass sich schlechte Launen wegen *„misslungenen poetischen Versuchen"* einstellen. Unsicher, ob er überhaupt dichterisches Talent hat, bedrängt ihn *„Urteilsungewißheit"*. Darunter leidet nun die Liebschaft so, dass sie anfängt, in gegenteilige, unschöne Züge umzuschlagen. Er nennt das die *„böse Sucht … die uns verleitet, aus der Quälerei der Geliebten eine Unterhaltung zu schaffen und die Ergebenheit eines Mädchens*

36 FA II, 1 Goethe an Behrisch 12. Oktober 1766, Seite 622.

mit willkürlichen und tyrannischen Grillen zu beherrschen".[37] – So legte Goethe in *„Dichtung und Wahrheit"* die Oberfläche des Problems dar. Der Jüngling sieht jedoch, dass er sich alles nicht richtig vorstellt: *„Das arme Kind (Annette) dauerte mich wirklich, wenn ich sie so ganz ohne Not von mir verletzt sah. Ich stellte mir ihre Lage, die meinige und dagegen den zufriedenen Zustand eines andern Paares aus unserer Gesellschaft so oft und so umständlich vor, daß ich endlich nicht lassen konnte, diese Situation, zu einer quälenden und belehrenden Buße, dramatisch zu behandeln."*[38] Nun beginnt er, seine eigene Lage dichterisch zu beleuchten, macht nach dem Muster von Schäferspielen das Drama „Die Laune des Verliebten", das er im Februar 1767, knapp ein Jahr nachdem er das Haus Schönkopf betreten hat, in Angriff nimmt und etwas über ein Jahr später, im April 1768 fertig wird. Damit stellt sich sein dichterisches Talent ein. Goethe schildert das mit den Worten: *„Und so begann diejenige Richtung, von der ich mein ganzes Leben über nicht abweichen konnte, nämlich dasjenige was mich erfreute oder quälte, oder sonst beschäftigte, in ein Bild, ein Gedicht zu verwandeln und darüber mit mir selbst abzuschließen, um sowohl meine Begriffe von den äußeren Dingen zu berichtigen, als mich im Innern deshalb zu beruhigen. Die Gabe hierzu war wohl Niemand nötiger als mir, den seine Natur immerfort aus einem Extreme in das andere warf. Alles was daher von mir bekannt geworden, sind nur Bruchstücke einer großen Konfession …"*[39]

Es kommt jetzt darauf an, ins Auge zu fassen, wie er die Liebschaft sowohl in der ersten als auch in der zweiten Liebe durchleuchtet. Das Drama handelt von einem jungen Mann, der aus unbegründeter Eifersucht seine Geliebte mit launischen Grillen tyrannisiert, womit sich Johann Wolfgang den ersten Teil einer Selbst-Diagnose

37 Goethe, FA I, 14 Dichtung und Wahrheit, 7. Buch, Seite 310.
38 Ebenda, Seite 311.
39 Ebenda, Seite 309.

stellt. Er erkennt, dass seine Eifersucht gegenüber Anna Katharina unbegründet ist. Wo ist aber der Grund? Wir können denken, dass nicht das Ich-Bewusstsein im jungen Goethe eifersüchtig ist, sondern – so merkwürdig das vielleicht auch scheinen mag – der innere Mensch im Menschen. Wenn das so sein sollte, muss er auch eine „Geliebte" haben können. Wer aber könnte die „Geliebte" dieses geistigen Menschen im Menschen sein? Das ist seine eigene Mutter, die eine Seelenmutter ist. Das ist keine sinnliche, sondern eine geistige Gestalt, die der Träger der Empfänglichkeit ist. Diese Selbst-Zeugung geht durch die zunehmende Involution vonstatten, die eben erst anfängt. Aber die geistige Seelenmutter wird eigentlich sogleich zur geistigen Braut; sie aber geht in der Pubertät unter, was sich eben hinter dem Namen Gretchen verbirgt. Das ist der geistige Entwicklungskomplex des heutigen Menschen. Wenn er ins Physisch-Sinnliche herunterrutscht, entsteht die „unsinnliche" geistige Pathologie des Ödipus-Problems. Sie stellt ein geistiges Schicksalsproblem des heutigen Menschen dar, das sich dem jungen Goethe in der „Laune des Verliebten" in einer allerersten Ahnung als „unbegründete Eifersucht" zu erkennen gibt. Man kann dieses Problem auch so anschauen, dass sich die geistige und die sinnliche Liebe vermischen. Schon das erste Erahnen des Problems ist ein Auftakt zur Gesundung, der immerhin zu dem doch nicht unbeträchtlichen Erfolg führt, dass er und Anna Katharina die Liebschaft in Freundschaft umwandeln, sodass das Verhältnis beider unbeschwert, heiter und völlig entspannt wird.

Die zweite Hälfte der Gesundung beginnt – so paradox es klingt – mit der bekannten, großen Krankheit. Während für Anna Katharina mit der Umwandlung von Liebe in Freundschaft alles in Ordnung ist, ist das für den Dichterjüngling eben keineswegs der Fall. Die Vermischung der sinnlichen und geistigen Liebe ist ein gewaltiges Problem, das noch lange nicht bewältigt ist. Beide Liebesweisen „brennen" in ein und derselben Liebesflamme, und mit dem Erlöschen der personal-sinnlichen Liebe würde auch die geistige Flamme erlöschen, und das darf nicht sein. Deswegen trauert der Jüngling der Liebschaft nach. Seinem Freund Ernst Wolfgang Behrisch, dem er sich mit seinen intimen Sorgen anvertraut, schreibt er: „*... es sind heute zwey Jahre daß ich ihr zum erstenmal sagte, daß ich sie liebte, zwey Jahre Behrisch, und noch. Wir haben mit der Liebe angefangen, und hören mit der Freundschafft auf. Doch nicht ich. Ich liebe sie noch, so sehr, Gott so sehr ...*“[40] Aber die jungfräulich-geistige Reinheit der ersten Liebesblüte ist nicht mehr herstellbar. Der Jüngling empfindet die Ausweglosigkeit und ahnt eine innere Katastrophe. Im nächsten Brief an Behrisch berichtet er von einer geistigen Untergangsstimmung: „*... und ich gehe nun täglich mehr Bergunter. 3 Monate noch Behrisch, und danach ist's aus. Gute Nacht ich mag davon nichts wissen.*“[41] Damit prophezeit er sich eine große Krise. Schuldbewusst peinigt und züchtigt er sich mit Abhärtungsmaßnahmen wie Kaltbaden und nur kühl zugedecktem Schlafen auf hartem Lager, nimmt noch dazu eine unbekömmliche Diät zu sich und löst damit eine „*Verschwörung und Revolution*“ des Organismus aus. Eines Nachts wacht er mit heftigem „*Blutsturz*“ auf – wie man das damals nannte – und schwankt mehrere Tage zwischen Leben und Tod. Es ist die erste von drei Krisen, die Johann Wolfgang mehrmals an den Rand des Todes führen.

Lockerung der Wesensglieder

Die unmittelbare Folge der ersten Krise zeigt sich in Symptomen, die auf eine Lockerung der Wesensglieder deuten. Das wirkt sich so aus, dass zwischen dem seelischen Innenleben und der physischen Wirklichkeit eine Art Zwischenraum entsteht, der das Seelenselbst von der äußeren Welt etwas abhebt. Goethe erfährt das Leben fortan wie auf einem „Isolierschemel“, indem alles mit Abstand empfunden wird. Gewisse Symptome weisen auf diese konstitutionelle

---

40 Goethe an Behrisch, FA II, 1, Seite 123.
41 Ebenda, Seite 124.

Wesensveränderung hin. Die Briefe legen beredtes Zeugnis davon ab. Am 28. August 1768, seinem 19. Geburtstag, fährt er zurück nach Frankfurt und schildert dem Freund Ernst Theodor Langer, Mitglied der Herrenhuter Brüdergemeinde, mit dem er religiöse Gespräche geführt hat und nun Briefe wechselt, was für eine umwälzende Veränderung sich in seinem Wesen vollzogen hat: „*... meine Herzensangelegenheiten! Was die für eine Tour genommen? Wenn ich es selbst wüßte, so wollte ich es Ihnen sagen; aber ich begreife mich selbst nicht. So kalt, ruhig, wie man nur am Morgen ... nach einer wohldurchschlafenen Nacht seyn kann, ist jtzo meine Seele, still, ohne Verlangen, ohne Schmerz, ohne Freude, und ohne Erinnerung. Seht Langer, ich erinnere mich Eurer nicht mehr als man sich eines Menschen erinnert, den man zum ersten und letztes Male im Concert oder beim Souper gesehen hat. Ich weiß, daß ich Euch liebe; und doch kann ich es nicht fühlen, ich muß mir es erst sagen. Und so geht mir's mit allem.*“[42] Der Lebenskräfteleib, der an sich das Seelenleben stramm an den physischen Leib bindet, ist gelockert, sodass die unmittelbare Wirklichkeit immer nur nach einer gewissen seelischen „Atempause“ an ihn herantreten kann. An diesen Zustand muss sich der Jüngling erst gewöhnen. In den alten Mysterien wurde so eine Lockerung künstlich hervorgerufen.

Johann Wolfgang schaut sich, als er nach Frankfurt zurückgekehrt ist, die Briefe an, die er von Leipzig aus nach Hause, insbesondere an seine Schwester, geschrieben hat und entdeckt, dass er in Leipzig in eine große Krise geraten war. Plötzlich wird er trotz kränklichem Zustand gewaltig zu neuerlichem Dichten inspiriert: „*Ich werde lesen, nachdenken und schreiben. Es lebe die Feder! Wieviel Briefe, wieviel Verse wird es dann regnen*“[43], und zwei Wochen später: „*... Vorige Woche machte ich ein Nachspiel, von einem Akt*

42 Ebenda, Goethe an Langer 8. September 1768, Seite 124 f.

43 Ebenda, Goethe an Langer, 9. November 1768, Seite 673.

in Versen ...“[44] Dieses Nachspiel heißt „Die Mitschuldigen“. Wir müssen es genau beachten.

Es handelt von der Liebschaft einer Wirtstochter namens Sophie, die vor viereinhalb Jahren zwei Liebhaber hatte: Söller und Alcest. Söller ist ein Taugenichts, den Sophie heiratet, Alcest hingegen ein Edler, den sie leer ausgehen lässt. Das Drama macht zeitliche Angaben, die genau zu Goethes eigenen Liebschaften passen. Er schreibt das Drama im November 1768 und genau vor viereinhalb Jahren, im April 1764, als die Kaiserkrönung in Frankfurt stattfand, liebt er sein Gretchen und verliert sie. Zwei Jahre später verliebt er sich noch einmal in Katharina Schönkopf, was nun zweieinhalb Jahre her ist. Diese zeitlichen Angaben macht Schöller gegenüber Sophie geltend.

> *„Genug du bist nun mein. – Ist es nicht vierthalb Jahr,*
> *Daß Herr Alcest dein Freund und hier im Hause war?*
> *Wie lange war er weg? Zwei Jahre denk ich – drüber.*“[45]

Hier hängt das zentrale Problem mit dem dichterischen Talent Goethes zusammen. Von seinem vierzehnten bis achtzehnten Lebensjahr stockte die Entfaltung seines Talents. Bis zur Entstehung des Dramas „Die Laune des Verliebten" war es während zweier Jahre ganz untergraben und danach taucht es langsam auf um mit der Abfassung der „Die Mitschuldigen" nach 4 1/2 Jahren erst vollständig wirksam zu sein.

In diesem Talent waltet ein großer, spiritueller Reichtum der Goethe während seines zweiten Jahrsiebts aus der Weltweisheit zugeflossen ist die in der Luftgeistigkeit waltet. Im Drama heißt diese Weisheit „Sophie". Als Goethe diese Weisheit mit ins Jugendalter nimmt wirkt sich die französische Talentverschiebung in

---

44 Ebenda, Goethe an Langer vom 24. November, Seite 145.
45 Goethe, „Die Mitschuldigen“, MA I.1, Seite 345.

Verbindung mit der Not, in die er mit der Gretchenliebe gerät als Unterdrückung seines Talents aus. Er kann es nicht gleich wirksam machen. Die Befähigung dafür beruht eigentlich auf der Vererbung, die er für sein Dichten seiner Mutter verdankt. Sagt er doch: „Vorn Vater hab ich die Statur, des Lebens ernstes Führen, Vorn Mütterchen die Frohnatur und Lust zu fabulieren." Dieses ererbte Potential ist auch ein Reichtum, den wir jedoch im Gegensatz zu dem spirituellen Reichtum der Weltgeistigkeit mit Geldmünzen vergleichen können. Über diesen „Reichtum verfügt der edle Alcest, Söller hingegen entbehrt ihn. Er ist nur im Besitz des spirituellen Reichtums, ist mit Sophie verbunden, kann diesen aber ohne das Talent nicht schätzen. Er missachtet seine Sophie. Söller entspricht Goethes Zustand, mit der Weisheit verbunden zu sein sie aber nicht wirksam machen zu können. Das eigentliche Talent ist zur Untätigkeit verurteilt. Das entspricht der Urteilsungewissheit Goethes der in Leipzig zweifelt, ob er überhaupt zum Dichter geboren sei.

Man kann sich vorstellen, dass er sich mit Gewalt der mütterlichen Anlagen bemächtigen will um sein Talent rege gebrauchen zu können. Das entspricht Söllers Vorhaben, sich Alkests Geld zu bemächtigen, es zu stehlen. Goethe vergleicht den talententerbten Zustand Söllers mit dem Ungeschick eines Diebes und lässt Söller als Dieb von der Verwandtschaft von Dichter und Dieb sagen:

Mich machte die Natur nun freilich viel geringer
(als einen wirklichen Dieb)
Mein Herz ist allzu leicht, zu plump sind meine Finger.
Und doch kein Schelm zu sein, wird heutzutage schwer,
Das Geld nimmt täglich ab, und täglich braucht man mehr.
Doch ists ein schlechtes Ding um halbe Bösewichter.
Ich seh's man wird zum Dieb geboren wie zum Dichter;
Und pfuscht nur einer drein so fühlt er wie der Blitz,
Die Peitsche der Kritik, die Rute der Justiz.[46]

---

46 Ebenda, Seite 354.

Goethe hat seine eigenen Dichtungen nie ausgelegt, und auch in Bezug auf „Die Mitschuldigen" weist er nur im Allgemeinen auf die Gretchentragödie hin, mit der dieses Drama zu tun hat. In der Goetheforschung wird vor allem betont, dass „Die Mitschuldigen" eine Übung des jungen Poeten in der Gattung der „Farce" sei. Man versucht zwar, Goethes Hinweise einzubeziehen, sieht sich aber vor die Schwierigkeit gestellt zu vereinen, dass gleichzeitig ein Erproben in der Gattung „Farce" und ein schwergewichtiges psychologisch-soziales Problem durchdrungen werden. Conrady, der den sozialen Hintergrund zu berücksichtigen sucht, kommt damit nicht klar und meint: *„Man könnte im Einzelnen zeigen, daß das Stück im Grunde, fern von den späten Hinweisen seines Autors, nichts anderes tut, als den Erfordernissen der Gattung ‚Farce' zu entsprechen: dem Zuschauer turbulente Täuschungen und Verwicklungen in rascher Folge zu servieren, Burleskes auszuspielen und das Publikum zum Lachen zu bringen, zu nichts sonst als unbeschwertem Gelächter.*"[47] Dass auch diese Wirkung mit Goethes Dichtung verbunden ist, hindert nicht, den Ernst zu erkennen und das andere als gesunden Humor einzuschätzen. Der Ernst aber hat damit zu tun, dass an dem Wendepunkt zwischen Kindheit und Jugend jener geistige Mensch im Menschen hervortritt, der zunächst nur unausgereift sein kann, der aber gerade im Jugendalter von kosmischen Kräften ernährt wird, die insbesondere beim Durchgang durch den ersten Mondknoten erlebt werden, was nun besprochen werden soll.

10. Mondknoten und Initiation in die verjüngenden Ätherkräfte

Als Mondknoten wird in anthroposophischen Kreisen die Wiederkehr der Konstellation von Erde, Mond und Sonne bezeichnet, die bei der Geburt herrscht und die immer nach 18 Jahren, sieben

47 Conrady, Karl Otto, Goethe, Leben und Werk, 1. Band, Fischer Tb., Seite 100.

Monaten und neun Tagen wiederkehrt. Der erste Mondknoten fällt also in das 19. Lebensjahr, der zweite in das 38. Lebensjahr und der dritte ans Ende des 56. Lebensjahres. Rudolf Steiner erkennt von diesen Zeitpunkten: *„dass in der Tat in diesen Zeitpunkten Wichtigstes mit der Seele vor sich geht. Die Nächte, die der Mensch zu diesen Zeitpunkten durchlebt, sind die wichtigsten Nächte des menschlichen Lebens. Da ist es ... wo der Mensch gewissermaßen ein Fenster geöffnet hat gegenüber einer ganz anderen Welt ... da öffnet sich unsere Welt der astralischen Welt* (Sternenwelt). *Astralische Ströme fließen ein und aus. Allerdings, sie fließen jährlich ein und aus ... wir werden da gewissermaßen durch die Weltenuhr aufmerksam auf das Atmen des Makrokosmos, in das wir eingefügt sind.“*[48] Das nächtliche Erleben kann in das bewusste Lebensgefühl übergehen, wenn eine gewisse spirituelle Sensibilität dafür vorhanden ist, die in unserer Zeit allerdings kaum vorhanden ist. Steiner meint: *„Es kann in der Gegenwart noch nicht der einzelne Mensch, weil er ja nicht in der Weise erzogen wird, wie es sein sollte, diese Zeitpunkte ordentlich abpassen.“*[49] Das ist gerade die Aufgabe der Ästhetik, die Goethe im Laufe seines Lebens entwikkelt, den Durchgang durch einen Mondknoten vorzubereiten und nachzubereiten. Im Umkreis seines dritten Mondknotens schildert er die Quintessenz so eines Erlebnisses: *„wenn die gesunde Natur des Menschen als ein Ganzes wirkt, wenn er sich in der Welt als in einem großen, schönen, würdigen und werten Ganzen fühlt, wenn das harmonische Behagen ihm ein reines, freies Entzücken gewährt; dann würde das Weltall, wenn es sich selbst empfinden könnte, als an sein Ziel gelangt aufjauchzen und den Gipfel des eigenen Werdens und Wesens bewundern. Denn wozu dient all der Aufwand von Sonnen und Planeten und Monden, von Sternen und*

---

48 Steiner, Rudolf, „Entsprechungen zwischen Mikrokosmos und Makrokosmos“, Vortrag vom 16. April 1920, GA 201, Rudolf Steiner Verlag Dornach, 1987, Seite 61.

49 Ebenda.

Milchstraßen, von Kometen und Nebelflecken, von gewordenen und werdenden Welten, wenn sich nicht zuletzt ein glücklicher Mensch unbewusst seines Daseins erfreut?"[50]

Der Dichterjüngling war glücklich genug, während seiner Erkrankung auf Empfehlung seines Arztes Johann Friedrich Metz – auch ein Herrenhuter – sich das Studium pansophischer Schriften mit vielen kosmischen Elementen angelegen sein zu lassen. Das sind theosophische, mystische und alchemistische Anschauungen, die den Jüngling veranlassen, sich Vorstellungen von einem geisterfüllten Makrokosmos zu machen. Auch wenn er an diesen Lehren später nicht so direkt festhält, beflügeln sie ihn im jugendlichen Mondknotenjahr und ermöglichen die Bildung von Vorstellungen, mittels derer man sich die kosmischen Wirkungen zueignen kann.

Für das Fortfließen der kosmischen Kräfte in das spätere Leben, die insbesondere beim Mondknoten-Durchgang aufgenommen werden, sind für das Jugendalter soziale Beziehungen mit älteren Menschen wichtig. Für den jungen Goethe erfüllt sich diese Wichtigkeit teilweise durch eine Freundschaft mit Susanne Catharina von Klettenberg, einer Verwandten und Freundin seiner Mutter, die auch zu den Herrenhutern gehört. Diese Frau nimmt nun in Form von langen und tiefen, kaum wichtig genug einzuschätzenden Gesprächen Anteil an den Geschicken des Jünglings. Diese zarte, sehr fromme, etwas kränkliche Frau, etwa 45 Jahre alt, trägt mit Geduld, Heiterkeit und Gemütsruhe ihre eigenen Leiden: *„Ihre liebste, ja vielleicht einzige Unterhaltung waren* – wie Goethe schreibt – *die sittlichen Erfahrungen, die der Mensch, der sich beobachtet, an sich selbst machen kann, woran sich dann die religiösen Gesinnungen anschlossen, die auf eine sehr anmutige, ja geniale Weise bei ihr als natürlich und übernatürlich in Betracht kam."*[51] Sie ist für

---

50 Goethe, „Skizzen zu einer Schilderung Winkelmanns", MA 6.2, Seite 350.

51 Goethe, „Dichtung und Wahrheit" FA I,14, Seite 370.

den Jüngling die ideale Gesprächspartnerin. Ihr gegenüber kann er sein ganzes Innenleben zur Sprache bringen. Die Gespräche verhelfen zu Lebenshoffnung und Lebenszuversicht, denn Frau von Klettenberg ist hierfür ein lebendiges Vorbild. Auf einem aufwärts führenden Entwicklungsweg erwarb sie sich religiöse Erfahrungen, mit denen sie die geistigen Zukunftsenergien von Johann Wolfgang wieder entflammt. Der Wert einer solchen Begegnung kann kaum hoch genug veranschlagt werden. Goethe hat ihr Wesen im sechsten Buch von „Wilhelm Meisters Lehrjahre" unter dem Titel „Bekenntnisse einer Schönen Seele" ausführlich geschildert.

Am 7. Dezember wird der Jüngling von einem lebensbedrohlichen Rückfall heimgesucht, und sein Leben ist in noch größerer Gefahr als zuvor. Dr. Metz gibt ihm auf Ersuchen seiner Mutter ein geheim gehaltenes, nur in der größten Not verabreichtes, auf alchemistische Weise selbst hergestelltes Heilmittel, das auch sogleich Besserung einleitet. Dazu empfiehlt ihm der Arzt alchemistische Versuche, um das Heilmittel auch selbst herzustellen. Der Jüngling schafft die nötigen Apparate an, und es gelingt ihm, ein *„Liquor Silizium"*, das *„entsteht, wenn man reine Quarzkiesel mit einem gehörigen Anteil Alkali schmilzt, woraus* – wie er sagt, – *ein durchsichtiges Glas entspringt, welches an der Luft zerschmilzt und eine schöne klare Flüssigkeit darstellt. Wer dieses einmal selbst verfertigt und mit Augen gesehen hat, der wird diejenigen nicht tadeln, welche an eine jungfräuliche Erde und an die Möglichkeit glauben, auf und durch dieselbe weiter zu wirken"*.[52] Mit dem Begriff *„jungfräuliche Erde"* werden Wirkungen verknüpft, die etwas ganz Reines und Unverbrauchtes andeuten. Von solchen Ahnungen ist Goethe erfüllt, als er zusammen mit Frau von Klettenberg über christlich-religiöse Angelegenheiten spricht und die Experimente macht. Denn auch hierbei begleitet ihn diese wunderbare Frau. Auch nimmt er an den frommen Gebräuchen der Herrenhuter Brüdergemeinde Anteil, deren Gebete, Lieder und Gesinnungen ihm

52 Ebenda, Seite 375.

jetzt sehr willkommen sind. Zwar wird er darin nicht verweilen, kann sich gegenwärtig aber anlehnen, weil der Kern des Glaubens dieser Frommen geistige Gesundheit ausstrahlt. Die Freunde der Brüdergemeinde haben an seinem Bett Krankenwache gehalten.

Bei dem Rückfall hat er ein Christuserlebnis. Er berichtet es in einem Brief vom 17. Januar 1769 an Langer: „*… Meine Seele ist stiller als Ihre und ich bin 10 Jahre jünger. Aber Gott weiß wie lang es bei mir dauert … Gerechter Gott, wenn du nicht gütig wärst. Langer, ich habe meine Betrachtung manchmal, es ist doch schrecklich. Ich bin jung und auf einem Wege der gewiss hinaus aus dem Labyrinte führt, wer ist's der mir versprechen könnte, das Licht wird dir immer leuchten wie jetzt, und du wirst dich nicht wieder verirren. Doch Sorgen Sorgen! Immer Schwäche im Glauben. Petrus war auch in unserm Gusto, ein rechtschaffner Mann, biss auf die Furchtsamkeit. Hätte er fest geglaubt der Jesus habe Macht über Himmel Erde und Meer, er wäre über's Meer trocknen Fusses gewandelt, sein Zweifel machte ihn sincken. Sehen Sie lieber Langer es steht kurios mit uns; Mich hat der Heiland endlich erhascht, ich lief ihm zu lang und zu geschwind, da kriegt er mich bey den Haaren. Ihnen jagt er gewiss auch nach, und ich wills erleben dass er Sie einhohlt, für die Art nur möchte ich nicht gut sagen. Ich binn manchmal hübsch ruhig darüber, manchmal wenn ich stille ganz stille binn, und alles Gute fühle was aus der ewigen Quelle auf mich geflossen ist.*“[53]

Auf den Geist, der in dieser „*ewigen Quelle*“ angesprochen wird, macht uns der Dichter später mit dem Bild des Felsenquells immer wieder aufmerksam; zum ersten Mal in dem Gedicht „Mahomets Gesang“:

53 Goethe an Langer, FA II,1, Seite 149 f.

„Seht den Felsenquell,
Freudehell,
Wie ein Sternenblick.“[54]

Der Sternenblick deutet auf die Sternenwelt, aus der das „Wasser“ der Felsenquelle kommt. Ihr „Wasser“ kommt zuerst wie Regen vom Himmel, um dann wieder gleich einer Wasserquelle aufzutauchen.

Gemäß anthroposophischer Erkenntnis gibt es ätherische Kräfte, die aus der Erde aufsteigen, ursprünglich aber aus dem geistigen Sternenall zur Erde strömen, in die Erde eindringen und dann wieder aus der Erde aufsteigen und zum Kosmos zurückströmen. Rudolf Steiner schildert: *„Dasjenige, was den Vermittler abgibt zwischen dem geistigen Weltall – denn das Weltall ist mit Geist und Geistern erfüllt – und der Erde, wo wir wohnen, das ist nicht Ruhe; da strömt fortwährend eine feine Substanz, die man nicht im chemischen Laboratorium erzeugen kann, weil sie nicht zu den chemischen Elementen gehört. Diese feine Substanz strömt fortwährend aus dem weiten Weltenall auf die Erde ein. So daß, wenn man das schematisch zeichnen will, man so sagen kann: Wenn hier die Erde ist im Weltenraume* (siehe Zeichnung)*, so strömt fortwährend von allen Seiten auf die Erde Weltenmaterie ein, eine feine Weltensubstanz* (Pfeile einwärts)*; diese feine Substanz dringt sogar etwas unter die Erde hinein. So daß fortwährend dies da ist: Aus dem ganzen Weltenraume senkt sich Substanz gegen die Erde hinein. Es ist eigentlich nicht physische Substanz, es ist nicht ein chemisches Element, es ist etwas Geistiges, aber es ist wirkliche aurische Substanz, die sich bis unter den Boden der Erde hineinzieht. In dieser Substanz liegen die Kräfte, die wir benützen, wenn wir aus der geistigen Welt heruntergehen auf die Erde, um in einem physischen Menschenleib Platz zu finden.*

54 Goethe: „Mahomets Gesang“, MA I,1; Seite 518.

Nun ist es bedeutsam, dass diese Substanz, welche zur Erde strömt und von der Erde wieder fortströmt, dass diese Substanz, wenn sie fortströmt von den Menschen, wenn sie sterben, benützt wird, um wiederum die Kräfte zu finden, in die geistige Welt hineinzukommen. Diese Materie, die ich hier im Zuzuge zur Erde einwärts angedeutet habe, die geht bis zu einer gewissen Tiefe in den Erdboden hinein, strömt dann wiederum fort (siehe Pfeile nach auswärts)*; so daß man fortwährend wahrnehmen kann eine Art Einatmen von Äther oder aurischer Substanz in die Erde, und wieder ein Ausatmen.*

Es ist dieses eine Beobachtung, die man nicht so leicht machen kann. Aber wenn man sie einmal gemacht hat, wenn man einmal darauf gekommen ist, daß die Erde eigentlich fortwährend geistige Substanz einatmet und ausatmet, dann weiß man sie auf alle Verhältnisse und vor allen Dingen … auf das menschliche Leben anzu wenden, wie ich es jetzt gesagt habe. Also mit dem, was ich hier in der Zeichnung mit Pfeilen einwärts angedeutet habe, kommen wir herein in unsere Leiblichkeit; mit dem, was ich mit Pfeilen auswärts angedeutet habe, kommen wir wiederum heraus im Tode.

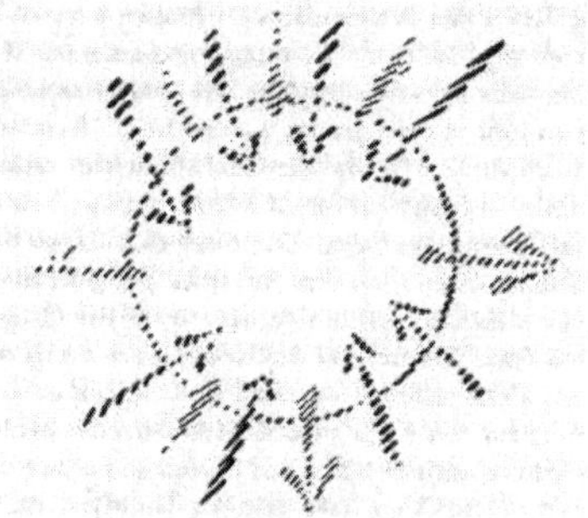

Man kann, wenn man intim das Menschenleben beobachtet, sehen, wie in der Tat der Mensch, wenn er aus dem Weltenall zur Geburt geht, die Kräfte benützt, die in der einströmenden Substanz sind. Dann verliert er im späteren Lebensalter den Zusammenhang mit dieser einströmenden Substanz … Während aber der Mensch hier auf der Erde lebt, bemächtigt sich sein übriger Organismus, außerhalb des Kopfes, der ausströmenden Substanzen, der Kräfte der ausströmenden Substanzen. Mit denen durchdringt sich der übrige Organismus; und das sind die Kräfte, die den übrigen Organismus, wenn sie beachtet werden, von außen her verjüngen können … Das sind die verjüngenden Kräfte,

die auf den Ätherleib wirken, der nun wirklich, indem wir äußerlich physisch alt werden … immer pausbackiger und pausbackiger wird. Für diejenigen ausländischen Freunde, die das Wort ‚pausbackig' nicht verstehen, will ich bemerken, daß das die Backen der Kinder sind, die so gerundet sind, wie Sie das bei blasenden Engeln auf Bildern sehen. Also der Mensch wird pausbackig als Äthermensch. In diesem Prozesse, den der Ätherleib, der mit dem übrigen Leib zusammenhängt, durchmacht, da wirken die von der Erde ausströmenden Kräfte, und die sind es auch, die wir benützen, wenn wir durch die Pforte des Todes gehen, um wiederum zurückzukehren in den Kosmos, in die geistige Welt hinein."[55]

---

55 Steiner, Rudolf, „Mysterienwahrheiten und Weihnachtsimpulse", Vortrag vom 13. Januar 1918, GA 180, Rudolf Steiner Verlag Dornach/Schweiz, 1980, S. 257 ff.

11. Mentoren-Freundschaft zwischen dem 3. und 5. Jahrsiebt

Wenden wir uns nun der oben erwähnten Freundschaft zu, die mit der Begegnung zwischen den Lebensepochen des dritten und fünften Jahrsiebts einhergehen kann. In dem entsprechenden Alter war der schon mehrfach erwähnte Freund Goethes Ernst Wolfgang Behrisch (1738 bis 1809).[56] 1766/1767 waren beide in Leipzig. Behrisch war damals 28 / 29 Jahre alt und damit im fünften Jahrsiebt und Goethe mit 17 / 18 Jahren im dritten Jahrsiebt. Eine Begegnung dieser beiden Epochen war also möglich.

Goethe im Alter von sechzehn Jahren. Ölbild von Anton Johann Kern.

Wer war Behrisch? Nach Vollendung seiner Studien erhielt er durch Gellert eine Hofmeisterstelle im gräflich Lindenau'schen Hause, wurde in dieser Stellung in Leipzig mit Goethe bekannt und ging, als er ... seines Hofmeisterdienstes entlassen war, 1767 ... nach Dessau. Lebhaft, geistreich, voll Witz und Laune, wohlwollend, vor allem ein Freund der Jugend, der er sich gern belehrend und erziehend annahm, dabei nicht frei von mancherlei auffallenden Eigenthümlichkeiten — so lebt er noch jetzt nach der Erinnerung der Zeitgenossen. Schon in Leipzig erkannte er Goethe's hohen Genius er hielt ihn aber von unzeitiger Veröffentlichung noch unreifer Dichtungen ab, indem er ihn dafür häufig mit kalligraphisch meisterhaften Abschriften seiner Erstlingsgedichte erfreute. Goethe widmete ihm zum Abschiede (1767) drei Oden und erwähnt ihn später in freundschaftlicher

56 de. Wikisource.org E-W-Berisch..

Weise in „Dichtung und Wahrheit", wie in den „Gesprächen mit Eckermann".

In „Dichtung und Wahrheit“ beschreibt Goethe ein vehementes Verlangen nach Freundschaft. Er wollte erfahren, was vom Leben eigentlich zu erwarten ist, und erhofft sich Aufklärung von älteren Freunden, zunächst von dem oben bereits angeführten Freund Ernst Wolfgang Behrisch: *„… meinem Freund Behrisch hatte ich einmal zugesetzt, er solle mir deutlich machen, was Erfahrung sei? Weil er aber voller Torheiten steckte, so vertröstete er mich von einem Tage zum anderen und eröffnete mir zuletzt, nach großen Vorbereitungen: die wahre Erfahrung sei ganz eigentlich, wenn man erfahre, wie ein Erfahrener die Erfahrung erfahrend erfahren müsse. Wenn wir ihn nun hierüber äußerst ausschalten und zur Rede setzten, so versicherte er, hinter diesen Worten stecke ein großes Geheimnis, das wir alsdenn erst begreifen würden, wenn wir erfahren hätten, – und immer so weiter: denn es kostete ihm nichts, Viertelstunden lang so fortzusprechen; da denn das Erfahren immer erfahrener und zuletzt zur wahrhaften Erfahrung werden würde. Wollten wir über solche Possen verzweifeln, so beteuerte er, dass er diese Art sich deutlich und eindrücklich zu machen, von den neuesten und größten Schriftstellern gelernt, welche uns aufmerksam gemacht, wie man eine ruhige Ruhe ruhen und wie die Stille im Stillen immer stiller werden könnte.*

Zufälliger Weise rühmte man in guter Gesellschaft einen Offizier, der sich unter uns auf Urlaub befand als einen vorzüglich wohldenkenden und erfahrenen Mann, der den siebenjährigen Krieg mitgefochten und sich ein allgemeines Zutrauen erworben habe. Es fiel nicht schwer mich ihm zu nähern, und wir spazierten öfters miteinander. Der Begriff von Erfahrung war beinahe fix in meinem Gehirne geworden, und das Bedürfnis, mir ihn klar zu machen, leidenschaftlich. Offenmütig wie ich war, entdeckte ich ihm die Unruhe, in der ich mich befand. Er lächelte und war freundlich genug, mir, im Gefolge meiner Fragen, etwas von seinem Leben und von der nächsten Welt überhaupt zu erzählen, wobei freilich zuletzt wenig besseres herauskam als, dass die Erfahrung uns überzeuge, dass unsere besten Gedanken, Wünsche und Vorsätze unerreichbar seien, und dass man denjenigen, welcher dergleichen Grillen hege und sie mit Lebhaftigkeit äußere, vornehmlich für einen unerfahrenen Menschen halte.

Einst aber, als wieder die Rede von Erfahrung war und ich ihm jene possenhaften Phrasen des Freundes Behrisch erzählte, schüttelte er lächelnd den Kopf und sagte: da sieht man, wie es mit Worten geht, die nur einmal ausgesprochen sind! Diese da klingen so neckisch, ja so albern, dass es fast unmöglich scheinen dürfte, einen vernünftigen Sinn hineinzulegen; und doch ließe sich vielleicht ein Versuch machen.

Und als ich in ihn drang, versetzt er mit seiner verständig heiteren Weise: wenn Sie mir erlauben, indem ich Ihren Freund kommentiere und suppliere, in seiner Art fortzufahren, so dünkt mich, er habe sagen wollen, dass die Erfahrung nichts anderes sei, als dass man erfährt, was man nicht zu erfahren wünscht, worauf es denn in dieser Welt meistens hinausläuft.“[57]

Was suchte der junge Goethe? Eine soziale Begegnung, bei der das Wahrnehmen und Wahrgenommenwerden wichtig ist, kann es gemäß Steiner zwischen Jüngeren und Älteren in den Lebensepochen vom dritten Jahrsiebt – dem 14. bis 21. Lebensjahr einerseits, andererseits in der Epoche des fünften Jahrsiebts, in der Zeit vom 28. bis 35. Lebensjahr, geben. Davon spricht er zu Lehrern in der ersten Waldorfschule anlässlich der Einrichtung der Oberstufe, in der die Schülerinnen und Schüler ins Reifealter kommen. Er weist auf das Wesensglied des Astralleibes hin, das in der Jugendepoche des dritten Jahrsiebts entwickelt wird und sich in einer verinnerlichten Art förmlich wiederholt, wenn der junge Erwachsene diese Zeit vom 28. bis 35. Lebensjahr durchlebt, eben dem fünften Jahrsiebt:

57 Goethe, „Dichtung und Wahrheit“ FA I.14, Seite 334 f.

„Wenn der Vierzehn-, Fünfzehn- Sechzehnjährige dem Achtundzwanzig-, Neunundzwanzig-, Dreißigjährigen entgegentritt, dann ist es nämlich so: Dasjenige, was sich mehr leiblich, durch den astralischen Leib bei dem Vierzehn- bis Einundzwanzigjährigen herausbildet, mehr im äußeren Gebaren in der Art und Weise, wie die jungen, noch kindlichen Menschen sich ins Leben hineinfinden, durch das Geschickterwerden oder durch das Idealehaben – dieses ganze mit der Außenwelt in Beziehung treten, was sich da herausbildet –, das ist mehr, ich möchte sagen, mit der Unbewusstheit behaftet, mit der eben das Leibliche nach außen behaftet ist, wenn es sich nach außen entwickelt, und das tritt in einer seelischen Form mehr innerlich beim Menschen zwischen dem 28. und 35. Jahre auf. Daher ist es so, daß der Mensch zwischen dem 28. und 35. Jahre am besten prädestiniert ist, zu fühlen und zu empfinden, seelisch wahrzunehmen dasjenige, was in einem 14 bis 21 Jahre alten Menschen vorgeht. Und wiederum die letzteren sind besonders dazu geeignet, aufzuschauen zu denen, die 28 bis 35 Jahre alt sind, weil sie gewissermaßen dasjenige in Betätigung, in innerer Aktivität sehen, was bei ihnen mehr in Unbewusstheit sich nach außen leiblich gestaltet.“[58]

Dieses gegenseitige Wahrnehmen und Wahrgenommenwerden in der Begegnung hat Goethe bei Behrisch gesucht. Es stellt sich aber in unserem Zeitalter zuallermeist nicht unmittelbar ein. Die Neuzeit hat den Menschen unserer Tage für das Geistige im eigenen Menschen unsensibel gemacht. Das war in älteren Zeiten, etwa in Griechenland und Rom, noch anders. Damals gab es da ein unmittelbares, instinktives gegenseitiges Wahrnehmen, das sich von selbst eingestellt hat. Wenn die Leute in das entsprechende Lebensalter gekommen sind, waren sogleich die Begegnungen der Lebensalter gleichsam eingeschaltet: Steiner erkennt, *„dieses Verhältnis ist bei*

---

58 Steiner, Rudolf, „Menschenerkenntnis und Unterrichtsgestaltung“, Vortrag vom 18. Juni 1921, GA 302, Rudolf Steiner Verlag Dornach/Schweiz 1971, Seite 108.

den Griechen noch in einem sehr hohen Maße vorhanden gewesen, das Verhältnis zwischen den Menschen von 28 bis 35 Jahren zu den werdenden Menschen, zu den Kindern von 14 bis 21 Jahren. Es wurde einfach dieses Verhältnis instinktiv erlebt. Die griechischen Kinder sahen so zu den Älteren hinauf, daß sie natürlich nicht vollkommen bewusst, sondern mehr instinktiv sagten: Die haben seelisch dasjenige, was wir im äußeren Leibe haben; da tritt uns in verfeinerter Gestalt entgegen, was wir außen haben. Und der Grieche, wenn er in das 28., 29. Jahr hineinkam, er hatte ein ungeheures Wohlgefallen an demjenigen, was sich herausbildete und offenbarte in den Vierzehn-, Fünfzehn-, Sechzehnjährigen. Dieses instinktive Leben des Menschen, wo nicht nur, wie es bei uns ist, abstrakt Mensch zu Mensch in ein Verhältnis tritt, sondern wo die Lebensalter in ein Verhältnis treten, dieses Instinktleben, wo man dem anderen etwas ist dadurch, daß man jünger oder älter ist, dieses instinktive Verhältnis, das ist dasjenige, was bei den Griechen noch außerordentlich stark vorhanden war, das wirklich wirkte zwischen den Menschen.“[59]

Die Griechen haben für alle Ereignisse des Lebens Götter oder Göttinnen gehabt, die als eine Art Genius verehrt wurden, und für die Begegnung zwischen den Lebensaltern wussten sie die Göttin Athene, die nicht, wie heutige Gelehrte glauben, eine Göttin kriegerisch-blutiger Schlachten war, sondern die Göttin inneren Ringens und innerer Kämpfe, bei der es um den Erhalt der jungfräulichen Seele ging, auf die es bei der Geburt des inneren Menschen ankommt. Homer berichtet von Telemach, dem Sohn des Odysseus, und einem jungen Erwachsenen namens Mentes, der ihm beisteht, sich gegen unverschämte Freier zu erwehren, die es auf seine Mutter Penelope abgesehen hatten. Odysseus war mit dem Heer der Griechen nach Troja gefahren, um die geraubte Helena zurückzuerobern, glänzt dabei durch Kampfkraft in der Intelligenz, indem

---

59 Ebenda, Seite 109.

er das Trojanische Pferd erfindet, das den Griechen die Einnahme der Stadt und die Befreiung Helenas ermöglicht. Auf der Heimkehr wird er von Stürmen verschlagen und kommt erst nach langer, abenteuerlicher Irrfahrt nach Ithaka zurück, wo inzwischen seine Gemahlin Penelope von vielen Freiern bedrängt wird, die sich mit der herrlichen Königin vermählen möchten. Penelope ist überzeugt, ihr Gemahl wird schon noch zurückkehren, und lehnt ab. Die Freier fragen aber nicht nur höflich an, sondern versammeln sich, bedrängen die Königin, werden immer dreister, halten Gelage in ihrem Hof ab, schlachten Odysseus' Tiere, trinken seinen Wein und genießen das Leben auf Kosten des Königshauses. Telemach ist zuerst noch ein Kind, der sich nicht wehren kann, steigt aber vom Knabenalter zum Jünglingsalter auf, und langsam reift ihm die Kraft, sich der Freier zu erwehren, wobei ihm der Freund Mentes beisteht und hilft, sich seiner Fähigkeit auch bewusst zu werden. Mentes sagt:

„… erwäge wohl in deiner innersten Seele,
Wie du am besten die Freier im Saale deines Palastes
Tötest, offen oder mit List. Nicht darfst du mir fürder
Kinderspiele treiben, dem Alter bist du entwachsen.“[60]

Danach vergleicht Mentes Telemachs Schicksal mit dem von Orest, dem Bruder Iphigenies, der, wie Telemach, ebenfalls vom Knaben ins Jünglingsalter aufrückt und ähnliche Tragödien erlebt und von Mentes gelobt wird, der dann fortfährt:

„… auch du, mein Lieber, den schön ich schaue und stattlich,
Zeige dich stark, auf dass noch mancher Enkel dich preise.
Da erwiderte drauf der besonnene Telemach also:

---

60 Homer, „Odyssee“, Erster Gesang. Desgleichen die folgenden Zitate. – Verdeutscht von Thassilo von Scheffer. Dieterich'sche Verlagsbuchhandlung Leipzig 1938, Seite 11 f.

‚Freund, wahrhaftig, du redest zu mir aus gütigem Herzen
Wie zu seinem Sohne ein Vater. Nie werd ich's vergessen.'"

In diesen schlichten Worten von Mentes spricht und wirkt der Geist der Pallas Athene. Dem Leser sagt Homer das offen, Telemach aber erfährt es erst spät bei der Verabschiedung:

> *„Also sprach Pallas mit leuchtenden Augen und eilte von dannen*
> *Aufwärts, wie ein Vogel entfliegt. Doch ihm* (Telemach) *in die Seele*
> *Senkte sie Kraft und Mut und weckte des Vaters Gedächtnis*
> *Mehr in ihm denn je. Und er im eigenen Herzen*
> *Spürte es staunend selbst und ahnte die Nähe der Gottheit."*

Athene als Göttin der Weisheit ist eine kämpfende Jungfrau mit Helm, Schwert und Schild, die aber Kampfsymbole repräsentieren, denn das Erringen von Weisheit erfordert geistiges Rüstzeug, das Telemach ergreifen soll. Die Freier hingegen repräsentieren als sinnlich prassende, ungeschickte, auf Abwege geratene, verirrte Triebe nur Pseudoliebhaber Penelopes, die bekämpft und überwunden werden müssen. In dieser Funktion unterstützt Athene Telemach und ermächtigt Odysseus, als er endlich zurückkehrt, die immer unverschämter und schamloser werdenden Freier zu überwinden. Das ist ein Kampf, der zur Aufdeckung des Menschen im Menschen ausgefochten wird. Der Name Telemachos bedeutet so viel wie *telos* = Ziel und *machos* = erkämpfen. Das Ziel steckt in jedem jungen Menschen als der geistige Keim, der reifen muss, und Athene war bei den Griechen die göttliche Kraft, die der Seele beisteht, indem sie durch Mentes wirkt.

Wenn wir heute wieder erringen, was vor 3 000 Jahren Alltag war – und das war es –, denn Homer setzt das alles als bekannt voraus, dann ist das Wiedererrungene etwas ganz unvergleichlich viel Größeres und Bedeutenderes, als es damals war. Goethe hatte viel Kraft aufgewendet, um sich dieser Dinge bewusst zu werden. Als er in Italien griechische Kunst studiert, zeichnet er zwei Doppelköpfe, in denen die geistige Begegnung zwischen dem dritten und fünften Jahrsiebt erkannt werden kann, sofern man den entsprechenden Begriff mitbringt. Goethe hatte ihn nicht in der Weise, wie er uns durch Anthroposophie fassbar geworden ist.

Zeichnung Goethes[61]
Links schaut der Ältere durch die Augen des Jüngeren
und rechts der Jüngere durch die Augen des Älteren

Man kann denken, die bartlosen Gesichter gehören der ins Jünglingsalter eintretenden, noch kindlichen Reife des dritten Jahrsiebts an, und die bärtigen Gesichter repräsentieren die Reife des fünften Jahrsiebts, in der die verinnerlichte erste Jugend als eine zweite Jugend auflebt.

Die Jugendlichen in unserer Zeit bringen alle die unbewusste Erwartung mit, in den Erwachsenen diese Reife auch zu finden, stehen aber dann wie bestellt und nicht abgeholt am Rande der Gesellschaft. Die Erwachsenen haben sich natürlich an diesen Verlust gewöhnt beziehungsweise gewöhnen müssen, von dem die Jugend in Zukunft befreit werden muss. Steiner meint, es gibt in den Jugendlichen, wenn auch unbewusst, *„ein Brüten darüber: Wie kann es sein, dass man mit sich als Mensch nicht zurecht kommt“*, was

61 Corpus der Goethe Zeichnungen Band III, Nr. 158.

„eine besondere Furcht, einen Horror vacui, (bedingt) *so dass der Jugend graut, schaudert vor dem, was werden soll, wenn sie immer mehr und mehr heranwächst. Sie hat einen Horror vor dem Leben, in das sie hineinwachsen soll“.*[62] Es ist, wie wenn eine Mutter von dem Kind, mit dem sie schwanger ist, hinnehmen soll, dass ihm eine Totgeburt beschieden ist. Rudolf Steiner empfiehlt eine *„große Gewissenserforschung und die kann nicht an Äußerlichkeiten hängen, sondern die kann doch nur auf das abzielen, dass man sich fragt: Ja, wie ist es eigentlich gekommen, dass wir, wenn wir die Führung haben wollen, mit den Kräften des Alters die Jugend gar nicht mehr verstehen?“*[63] Die *„Gewissenerforschung“* sei eigentlich eine historische Notwendigkeit, denn die Unfähigkeit der Menschen, aus der Kraft des Alters die Jugend zu führen, ist schon seit Jahrhunderten geschwunden. *„Im Grunde genommen wollte es die Menschheit immer vor sich selber verhüllen, daß sie eine große Gewissenserforschung notwendig hat, etwas, was gründlich aufwühlen sollte alles Innerliche mit der Frage: Wie stehen wir denn heute eigentlich als Ältere da vor der Jugend? – Und da kann sich keine andere Antwort als diese ergeben, wenn wir den Knaben und das Mädchen in dem Lebensalter betrachten, in dem sie sind, wenn sie in sexueller Beziehung reif werden, wenn wir sie uns entgegenkommen sehen nach diesem Reifwerden, dann müssen wir uns sagen, wenn wir tief innerlich ehrlich sein wollen: Wir wissen nichts mit ihnen anzufangen, wenn wir die Erziehung und den Unterricht nicht aus neuen Grundelementen heraus in die Hand nehmen. Wir stehen so da, daß wir eine Kluft aufgerichtet haben zwischen uns und dieser Jugend.“*[64]

Jeder Jugendliche spürt zweifellos in Form einer mehr oder weniger dumpfen oder auch bewussten Enttäuschung, nicht zu erleben,

---

62 Steiner, Rudolf, „Menschenerkenntnis und Unterrichtsgestaltung“, Vortrag vom 17. Juni, Seite 98.

63 Ebenda.

64 Ebenda, Seite 96.

wonach eben auch Goethe auf der Suche ist. Wegen seiner erhöhten Sensibilität, welche durch die Lockerung der Wesensglieder gegeben ist, lässt ihm das noch unerfüllt gebliebene Bedürfnis nach so einer Begegnung mit dem Lebensalter des fünften Jahrsiebts keine Ruhe.

In Straßburg begegnet der 21-jährige Goethe Herder. Er leitet die Begegnung mit den Worten ein: *„... Und so hatte ich von Glück zu sagen, dass durch eine unerwartete Bekanntschaft, alles was in mir von Selbstgefälligkeit, Bespiegelungslust, Eitelkeit, Stolz und Hochmut ruhen oder wirken mochte, einer sehr harten Prüfung ausgesetzt ward, die in ihrer Art einzig, der Zeit keineswegs gemäß, und nur desto eindringender und empfindlicher war. Denn das bedeutendste Ereignis, was die wichtigsten Folgen für mich haben sollte, war die Bekanntschaft und die daran sich knüpfende nähere Verbindung mit Herder.“*[65]

Johann Gottfried Herder (1744–1803) kommt aus Ostpreußen, wird nach einer harten Jugend Gymnasiallehrer, dann Pfarrer in Königsberg und Riga. Den Beruf eines Geistlichen wählt er, um einer bloßen Gelehrsamkeit zu entfliehen, dafür aber dem Volk Kultur und Menschenverstand zu predigen, was er seinem akademischen Lehrer Kant auseinandersetzte, den er anfangs verehrt, dessen späteres Weltbild er jedoch als *„öde Wüsten voll leerer Hirngeburten im anmaßenden Wortnebel“* betrachtet. 1769 reist er nach Mitteldeutschland. Mit seiner Entfernung von Ostpreußen sucht er Welterfahrung. Schließlich gelangte er als Reisebegleiter des Prinzen von Holstein-Eutin im September 1770 nach Straßburg, wo er bis April 1771 bleibt.

Herder ist ein ganz eigenständiger Denker. Während der Schiffsreise formuliert er einen Ausspruch, der seine Lebenshaltung treffend charakterisiert: *„Wenn werde ich so weit sein, um alles, was ich gelernt, in mir zu zerstören, und nur selbst zu erfinden, was ich*

65 Goethe, „Dichtung und Wahrheit“, FA I.14, Seite 438.

denke und lerne und glaube?“[66] Während der Straßburger Monate beginnt Herder sein erstes Hauptwerk „Über den Ursprung der Sprache“. Später folgt unter vielen anderen „Ideen zur Philosophie der Geschichte der Menschheit“. Er entwickelt ein umfassendes Fortschrittsgesetz, das in der anorganischen Natur verborgen ist und durch alle Naturreiche und die Geschichte der Menschheit zu übergeschichtlichen ethischen Zielen hinreicht. Er baut auf Denker wie Giordano Bruno, Spinoza, Leibniz und Hamann, denen sich auch Goethe eng verbunden fühlen sollte, hat eine große Liebe zu Sprachen und besonders zu deren volkstümlichen, ursprünglichen und ungekünstelten Leben, sammelt Volkslieder und entdeckt für Westeuropa das Slaventum, sodass er direkt als Vater der Slavistik bezeichnet wird. In Straßburg ist seine Philosophie noch im Keimstadium, was Goethe für die Wirkung, die Herder auf ihn hat, als sehr bedeutsam einschätzt:

Herders Haltung, seine Denkart und seine Gesinnung erhellen Goethes Seelenverfassung, und seine Kritik schlägt wie ein die Luft reinigender Blitz ein. Das aber ist nur möglich, weil der 21-jährige Goethe dem nur fünf Jahre älteren, 26 Jahre alten Herder mit einer gewissen kindlich-jugendlichen Haltung gegenübertritt und zu Herder als den erfahrenen und weit vorgeschrittenen Freund aufschaut. In „Dichtung und Wahrheit“ beschreibt er: *„Was die Fülle dieser wenigen Wochen betrifft, welche wir zusammen lebten, kann ich wohl sagen, dass alles, was Herder nachher allmählich ausgeführt hat, im Keim angedeutet ward, und dass ich dadurch in die glückliche Lage geriet, alles, was ich bisher gedacht, gelernt, mir zugeeignet hatte, zu komplettieren, an ein Höheres anzuknüpfen, zu erweitern. Wäre Herder methodischer gewesen, so hätte ich auch für eine dauerhafte Richtung meiner Bildung die köstlichste Anlei-*

---

66 zitiert nach Karl Otto Conrady, „Goethe ...“ Fischer Taschenbuch, Frankfurt am Main, September 1988, Bd. 1

tung gefunden; aber er war mehr geneigt zu prüfen und anzuregen, als zu führen und zu leiten."[67]

Der Jüngling lernt Herder jedoch von zwei sehr verschiedenen Seiten kennen, die er als anziehende und abstoßende Pulse bezeichnet. Der abstoßende Puls wird verschärft, indem Herder sich in Straßburg einer sehr schmerzhaften und schließlich missglückten Augenoperation unterzieht, die einen verschlossenen Tränenkanal hätte öffnen sollen. Die Behandlung zieht sich jedoch in die Länge und missglückt. Goethe ist bei manchen strapaziösen chirurgischen Eingriffen zugegen und bewundert Herders Selbstbeherrschung.

Dann erträgt er auch dessen abstoßende Züge, die tief verletzend wirken. Als Herder beispielsweise den Jüngling einmal besucht und eine schöne Reihe Bücher findet, welche dieser, entgegen seinen Vorsätzen, noch nicht zu benutzen Gelegenheit gefunden hat, zieht ihn Herder, der ein „*Feind alles Scheins und aller Ostentation*" ist, damit auf, fügt aber noch einen ganz überflüssigen Spott hinzu, indem er in Versen Goethes Namen spöttisch verhöhnt und damit tief verletzend wirkt. Goethe nimmt diese hässlichen Seiten in Kauf, die sich auch in einer übermäßigen Kritik auswirken. Goethe hat ihm mit viel Vertrauen manche seiner Gedanken, Anliegen und Meinungen erzählt, muss jedoch sagen: „*Von Herdern aber konnte man niemals eine Billigung erwarten, man mochte sich anstellen wie man wollte …*"[68] „*… Ja was ich von mir selbst hoffen und wähnen konnte, hatte er mir dermaßen verkümmert, dass ich an meinen eigenen Fähigkeiten zu verzweifeln anfing. In gleicher Zeit jedoch riss er mich fort auf den herrlichen breiten Weg, den er selbst zu durchwandern geneigt war … und schüttelte mich kräftiger auf, als er mich gebeugt hatte.*"[69]

---

67 Ebenda, Seite 445 f.

68 Ebenda, Seite 441.

69 Ebenda, Seite 493.

Beachten wir diese Erfahrung des Niedergeworfenwerdens. Goethe hat sie in einer freilich überzogenen Weise über sich ergehen lassen. Das macht verständlich, dass er manche persönlichen Lebensumstände Herder nicht anvertraut. Zum Beispiel erzählt er ihm nichts von seinen dichterischen Plänen, in denen Faust und Götz von Berlichingen zu leben anfangen, klammert sich aber trotzdem an den Älteren, als ob von dieser Beziehung sein weiteres Sein oder Nichtsein abhängt. Das geht zum Beispiel aus seinen Briefen hervor. Ein kurzes Antwortschreiben möge das erläutern:

„An J. G. Herder
Frankfurt, etwa Oktober 1771

Ich zwinge mich, Ihnen in der ersten Empfindung zu schreiben. Weg Mantel und Kragen! Ihr Nieswurzbrief[70] *ist drei Jahre alle Tags Erfahrungen werth. Das ist keine Antwort drauf, und wer könnte drauf antworten? Mein ganzes Ich ist erschüttert, das können Sie denken, Mann! und es fibrirt noch viel zu sehr, als dass meine Feder steet zeichnen könnte. Apollo vom Belvedere, warum zeigst du dich in deiner Nacktheit, dass wir uns der unsrigen schämen müssen. Spanische Tracht und Schminke! Herder, Herder, bleiben Sie mir, was Sie mir sind. Bin ich bestimmt, Ihr Planet zu sein, so will ichs sein, es gern, es treu sein. Ein freundlicher Mond der Erde. Aber das – fühlen Sie's ganz – dass ich lieber Mercur sein wollte, der letzte, der kleinste vielmehr unter siebnen, der sich mit Ihnen um Eine Sonne drehte, als der erste unter fünfen, die um den Saturn ziehn.*

Adieu lieber Mann. Ich lasse Sie nicht los. Ich lasse Sie nicht! Jacob rang mit dem Engel des Herrn. Und sollt' ich lahm drüber werden! Morgen soll Ihr Ossian gehn. Jetzt eine Stunde mit Ihnen zu sein, wollt ich mit - bezahlen.

---

70 Nieswurz ist eine Pflanze, der man eine gedankenreinigende Heilwirkung zuschrieb.

Ich lese meinen Brief wieder. Ich muss ihn gleich siegeln; morgen kriegten Sie ihn nicht.“[71]

Der Brief zeugt von dem Gefühl einer das Seelenleben rettenden Wirkung, die von Herder ausgeht. Apollos „*Nacktheit*“ kennt er von der griechischen Plastik, in der die vorpubertäre Kindlichkeit mit einem ausgewachsenen Körper verbunden wird.

Herder spürte, dem Bedürfnis des Jünglings gar nicht gerecht werden zu können. Eigentlich befinden sich beide sogar im vierten Jahrsiebt, in dem eine ganz andere Art der Lebensalter-Begegnung möglich ist. Im vierten Jahrsiebt beruht diese Begegnung auf dem Prinzip der Gleichheit. Diese hätte sich zwischen Goethe und Herder ideal entfaltet. Herder muss darauf aber verzichten, weil Goethe zu ihm aufschaut, als wäre er im 5. Jahrsiebt.

Etwa einen Monat nach Herders Abschied von Straßburg bahnt sich für den Jüngling im Bereich einer Liebschaft zu Friederike Brion ein völlig unerwarteter, geheimnisvoller Bezug zum fünften Jahrsiebt an. In seinen akademischen Ferien macht er Ausflüge ins Elsass, trifft die Pfarrerstochter Friederike in Sesenheim, und es ergibt sich ein Verhältnis. Ganz ausführlich erzählt er in „Dichtung und Wahrheit“ von seinen Besuchen und dem Herzensverhältnis in unbeschwerter Heiterkeit.

Das Herzensverhältnis wird immer inniger, jedoch sieht Goethe sich zuletzt nicht in der Lage, es in eine bleibende Beziehung überzuführen, wozu es veranlagt ist, und löst es mit sehr schlechtem Gewissen auf. Nach dem letzten Besuch am 8. August 1771 mit peinlichen Tagen erzählt er: *„Als ich ihr die Hand noch vom Pferde reichte, standen ihr die Tränen in den Augen und mir war sehr übel zumute. Nun ritt ich auf dem Fußpfade gegen Drusenheim und da überfiel mich eine der sonderbarsten Ahndungen. Ich sah nämlich, nicht mit den Augen des Leibes, sondern des Geistes, mich*

71 Goethe an Herder, AA Band 18, Seite 167 f.

mir selbst, denselben Weg, zu Pferde wieder entgegen kommen, und zwar in einem Kleide, wie ich es nie getragen: es war hechtgrau mit etwas Gold. Sobald ich mich aus diesem Traume aufschüttelte, war die Gestalt ganz hinweg. Sonderbar ist es jedoch, dass ich nach acht Jahren, in dem Kleide, das mir geträumt hatte, und das ich nicht aus Wahl, sondern aus Zufall gerade trug, mich auf demselben Wege fand, um Friederiken noch einmal zu besuchen. Es mag sich übrigens mit diesen Dingen wie es will verhalten, das wunderliche Trugbild gab mir in jenen Augenblicken des Scheidens einige Beruhigung."[72]

Der acht Jahre später erfolgte Besuch findet während einer Reise in die Schweiz statt. Goethe befindet sich nun in seiner fünften Lebensepoche und berichtet in einem Brief an Charlotte von Stein vom 28. September 1779:

„*Abends ritt ich etwas seitwärts nach Sesenheim ... und fand da selbst eine Familie wie ich sie vor acht Jahren verlassen hatte beysammen, und wurde gar freundlich und gut aufgenommen. Da ich iezt so rein und still bin wie die Luft so ist mir der Athem guter und stiller Menschen sehr willkommen. Die Zweite Tochter vom Hause hatte mich ehmals geliebt schöner als ichs verdiente, und mehr als andre an die ich viel Leidenschafft und Treue verwendet habe, ich musste sie in einem Augenblick verlassen, wo es ihr fast das Leben kostete, sie ging leise drüber weg mir zu sagen was ihr von einer Kranckheit iener Zeit noch überbliebe, betrug sich allerliebst mit soviel herzlicher Freundschafft vom ersten Augenblick da ich ihr unerwartet auf der Schwelle ins Gesicht tratt, und wir mit den Nasen aneinander stiesen dass mir's ganz wohl wurde. Nachsagen muss ich ihr dass sie auch nicht durch die leiseste Berührung irgend ein altes Gefühl in meiner Seele zu wecken unternahm. Sie führte mich in iede Laube, und da musst ich sizzen und so wars gut. Wir hatten den schönsten Vollmond. ich erkundigte mich nach allem. Ein Nachbaar der uns sonst hatte künsteln*

72 Goethe, „Dirchtung und Wahrheit", FA I, 14, Seite 545.

helfen wurde herbeygerufen und bezeugt dass er noch vor acht Tagen nach mir gefragt hatte, der Barbir musste auch kommen, ich fand alte Lieder die ich gestifftet hatte, eine Kutsche die ich gemahlt hatte, wir erinnerten uns an manche Streiche einer guten Zeit, und ich fand mein Andencken so lebhaft unter ihnen als ob ich kaum ein halb Jahr weg wäre. Die Alten waren treuherzig man fand ich sey iünger geworden. Ich blieb die Nacht und schied den andern Morgen bey Sonnenaufgang, von freundlichen Gesichtern verabschiedet dass ich nun auch wieder mit Zufriedenheit an das Eckgen der Welt hindenken, und in Friede mit den Geistern dieser ausgesöhnten in mir leben kann."[73]

Diese Gewissensberuhigung erfährt der Dichter nach dem tragischen Abschied von Friederike im August 1771. Seine gelockerte Konstitution war dafür empfänglich. Es ist ein astrales Gewissens-Erlebnis, das am 8. August 1771 schon im fast abgeschlossenen 22. Lebensjahr liegt, aber noch am dritten Jahrsiebt angehängt, einen essentiellen Bestandteil desselben ausmacht. Diese geistige Vorempfindung vom fünften Jahrsiebt ergänzt die durch Herder gewissermaßen erzwungene Vorempfindung dieser Epoche. Erst durch die sozialen Beziehungen wird der Stellenwert des dritten Jahrsiebts im Lebenslauf gefestigt. Das hat für die weitere Entwicklung eine umfassende und grundlegende Bedeutung.

Zusammenfassung

Im dritten Jahrsiebt, in dem sich der Astralleib entwickelt, entsteht der Geisteskeim, der an sich ganz unterbewusst bleibt, aber vom Dichterjüngling durch sein Talent in außergewöhnlich intensiver Weise bewusst erahnt wird. Dadurch schließt er sich für die Initiation auf und schafft die Bedingungen, sich selbst als geistiges „Selbst" zu erahnen, was dann im siebten Jahrsiebt zum „Geistselbst" hin ausreifen wird. Die Initiation befähigt ihn dazu. Für alle Menschen jedoch besteht die Notwendigkeit, jene Begegnungen

---

73 FA II, 2 Goethe an Charlotte von Stein, 28. September 1779, Seite 192 f..

zwischen den Lebensepochen des dritten und fünften Jahrsiebts wieder zu erobern, ohne die das fünfte Jahrsiebt im Sinne der Marsepoche kaum erreichbar sein wird.

III. EPOCHENGEMEINSCHAFT

MARSEPOCHE

12. Ideal der Selbsterziehung

Selbsterziehung ist im vierten Jahrsiebt die Fortsetzung der von Eltern und Lehrern begonnenen Erziehung in Kindheit und Jugend. Worum geht es? Gemäß den orphischen Urworten taucht der Wille der Sterne wieder auf: *„Da ists denn wieder wie die Sterne wollten“*, die *„an dem Tag der dich der Welt verliehen“* die Beschaffenheit der Individualität bestimmt haben. Damals ist eine dem Eigensein zugrundeliegende *„geprägte Form“* entstanden, die es nun bereits 21 Jahre lang gibt. Es wäre eine Illusion zu glauben, man könne sich mittels Astrologie über diese Beschaffenheit aufklären; das wäre – auch wenn die Astrologie recht hätte – ein unfruchtbares Unterfangen. Die Beschaffenheit des eigenen Seins hat sich bereits im konkreten Leben niedergeschlagen und die tausenderlei Einflüsse der Umwelt, die da mitgespielt haben, sind als Hüllen entstanden und sollten einmal bewusst werden. Da kann die Nötigung des Wollens und Tuns aufgedeckt werden:

> NÖTIGUNG
>
> Da ists denn wieder wie die Sterne wollten:
> Bedingung und Gesetz und aller Wille
> Ist nur ein Wollen, weil wir eben sollten,
> Und vor dem Willen schweigt die Willkür stille;
> Das Liebste wird vom Herzen weggescholten,
> Dem harten Muß bequemt sich Will' und Grille.
> So sind wir scheinfrei denn nach manchen Jahren
> Nur enger dran als wir am Anfang waren.

Steiner ist einmal von Herbert Hahn nach dem Ideal der Selbsterziehung in den Jahren zwischen dem 21. und 28. Lebensjahr – dem vierten Jahrsiebt – gefragt worden, woraufhin er die Antwort erhalten hat: *„Die Lehrjahre sowohl wie die Wanderjahre würden ja in diesem Lebensabschnitt absolviert, und nun käme es darauf an, dass der Mensch Rückschau halte auf den bisher zurückgelegten Weg. Alles, was er an Erfahrungen, Einsichten, Kenntnissen aufgenommen habe, solle er da einmal an sich vorüberziehen lassen. Doch nicht nur flüchtig, sondern mit aller Sorgfalt. Und dabei solle der Mensch sich fragen: wie steht, was ich im einzelnen erleben durfte, zur Tatsache des wirkenden Christus-Impulses, wie besteht mein Wissen in seiner jetzigen Form vor ihm? Und nun solle man nicht bei der bloßen Erinnerung stehen bleiben, sondern alles bisher Erworbene in starker innerer Tätigkeit noch einmal durcharbeiten und es bis in die Einzelheiten hinein in Beziehung bringen zu den waltenden lebendigen Christuskräften.“*[74]

Dieses Ideal zielt auf Auseinandersetzung mit den Vorstellungen, die man in seiner Jugend- und Kindheit gelernt hat, was ein nicht leicht zu verwirklichendes Unterfangen ist, dafür aber außerordentlich lichtbringend wirkt. Wer sich nur überhaupt einmal auf eine solche Auseinandersetzung mit sich und seiner Umwelt einlässt, wird alsbald entdecken, dass er es mit einem „Berg“ von Dingen zu tun hat, der abgebaut, neu geordnet und durchlichtet werden will und sich als eine Arbeit entpuppt, die durchaus ein ganzes Jahrsiebt ausfüllen kann. Goethe war durch sein dichterisches Talent in der Lage ähnliche Erfahrungen fortwährend zu machen. Wir können so etwas nur aus selbsttätigem Idealismus heraus betreiben und mögen dadurch den „Fängen“ von Psychologen und Psychiatern entgehen, die ja überall ihre Auffangnetze bereitgestellt haben, um „Verletzte“ aufzufangen.

---

74 Herbert Hahn, „Von den Quellkräften der Seele“, Verlag Heidehofbuchhandlung Wolfgang Militz, Stuttgart 1974.

Aber nur aus der selbsttätigen Bemühung erwächst dann eine immer deutlicher werdende Empfindung von der Selenverfassung im Umkreis des 21. Lebensjahres und dem was sich da Neues einstellt. Goethe hat am Beginn seiner Zwanzigerjahre dichterisch das Bild einer „Hütte" ersonnen und indem Gedicht „Der Wanderer" als etwas vorgestellt, dem er später einmal begegnen wollte. Da erlebt er, wie die Zukunft auf ihn gleichsam wartet und in ihm eine Erwartung erzeugt, die sich dann in einer sehr besonderen Selbstfindung tatsächlich auch erfüllt hat. Von dem Hütten-Erlebnis ausgehen findet er dann als Wanderer in den Wanderjahren seine Freunde, sich selber in seinem Denken und gelangt zu einer wegweisenden Christus-Erkenntnis, die ihn zur Aufdeckung des ahrimanischen Sündenfalls führt.

Die Hütte des Wanderers

Im Frühjahr 1770 und im August 1771 besucht Goethe in Mannheim einen Antikensaal, in dem eine Fülle von Abgüssen griechischer Plastiken ausgestellt sind, wo er – tief beeindruckt – sich wie in einem *„Wald der herrlichsten Statuen des Altertumes"* vorkommt und den *„wundersamsten Eindrücken"* ausgesetzt sieht. Solche Erlebnisse werden von ihm immer dichterisch verarbeitet. Hat er doch alles, was ihn in besonderer Weise bewegt oder beschäftigt, so lange in seinem inneren Sinn gehegt, bis es zu einem größeren oder kleineren dichterischen Produkt ausgereift ist. Etwa ein halbes Jahr später – im Frühjahr 1772 – besucht er Freunde, zu denen auch Caroline Flachsland gehört, Herders nachmalige Braut, und bringt das oben erwähnte Gedicht „Der Wanderer" mit, in dem von altgriechischer Kunst die Rede ist. Davon berichtet Caroline Flachsland am 13.4.1772 an Herder: *„Goethe steckt voller Lieder, Eins, von einer Hütte, die in Ruinen alter Tempel gebaut, ist vortrefflich, er muß mir's geben wenn er wiederkommt, und dann teile* *ich's Ihnen, lieber bester Herder, mit.*"[75] Dies war dann am 1. Juni der Fall. Es handelt von der Begegnung des Wanderers mit einer jungen Mutter, die einen saugenden Knaben im Arm hält. Müde vom Wandern bittet er um Wasser, woraufhin sie ihn zu ihrer Hütte und zu ihrem Brunnen führt. Sie gehen bergan auf einem Pfad, und im Gesträuch sieht der Wanderer mit Erstaunen Trümmer antiker Tempelruinen, eine alte Inschrift und vieles mehr. Oben aber steigt sein Erstaunen aufs Höchste, als er Überreste eines ganzen Tempels sieht, in dessen Mitte die Hütte der jungen Frau steht. Während seine Gedanken in der Tempelruine das Grab jenes Genius ahnen, der hier einstmals als Plastiker tätig gewesen sein mag, holt ihm die Frau Wasser von ihrem Brunnen und lässt ihn so lange den Knaben halten. Im Anblick des neugeborenen Kindes überkommen ihn Ahnungen vom Geist der neugeborenen Ichhaftigkeit:

„Süß ist deine Ruh!
Wie's in himmlischer Gesundheit schwimmend
Ruhig atmet.
Du geboren über Resten
Heiliger Vergangenheit
Ruh ihr Geist auf dir!
Welchen der umschwebt
Wird im Götterselbstgefühl
Jeden Tag genießen.
Voller Keim blüh auf!
Lieblich dämmernden Frühlingstags Schmuck
Scheinend vor deinen Gesellen.
Und welkt die Blütenhülle weg,
Dann steig aus deinem Busen
Die volle Frucht und reif der Sonn entgegen."[76]

---

75 MA. Band 1,1, S. 852. Diesem Band sind auch alle folgenden Zitate entnommen.

76 MaI.1, Seite 202 f.

Dann gibt die Mutter dem Wanderer Wasser und ein Stück Brot, erzählt noch von ihrem Mann als von einem „Ackersmann“, den ihr Vater ihr angetraut und der ihnen auch diese Hütte inmitten des Tempels Trümmern gebaut hat, und dann verabschiedet sich der Wanderer mit der Frage, wohin der Weg, auf dem er sich da befindet, führe und erfährt: *„nach Cuma“*, wo in der Antike eine die Zukunft weissagende Sibylle gelebt hat. – Er weiß nun, dass ihn die Natur *„über Gräber heiliger Vergangenheit“* wandeln ließ und wünscht sich auch den Empfang solch einen Weibes, *„den Knaben auf dem Arm“*. – Cuma war im alten Rom der Ort, wo eine weissagenden Sybille lebte, welche die Zukunft voraussagt. Der Wanderer befindet sich auf einem Weg, auf dem ihm die Zukunft aus der Vergangenheit entgegenkommt.

Dann leitet Caroline Flachsland das Gedicht an Herder weiter. Ihre begleitenden Worte sowie Herders Antwort seien hier angeführt, weil daraus hervorgeht, wie der junge Goethe mit seinen künstlerischen Produktionen in seinem Freundeskreis lebte und wirkte. C. Flachsland schreibt: *„Hier ist das Lied von der Hütte von Goethe, wovon ich Ihnen schon einmal geschrieben; er hat mirs von Wetzlar geschickt. Ich habe lange, lange nichts rührenderes gelesen. Der Wanderer bei den Ruinen – die Frau mit dem Knaben auf dem Arm – und die letzte Bitte um eine Hütte am Abend – o ich kann Ihnen nicht sagen, wie alles das mir in die Seele geht. Gott, wo werden wir, zwischen der Vergangenheit erhabnen Trümmern unsre Hütte flicken? Hütte der Liebe – oder des Kummers.“* Herder antwortet: *„Der Wanderer ist ein vortrefflich Stück, ganz voll stark und gesunder Empfindung: die Sprache so altdeutsch und meist ungeziert: der Gedanke selbst vom Schwalbennest, der Menschen Hütte zwischen den Trümmern, so schön auffallend und romantisch er ist, so natürlich; es ist ein braves Stück und der Verfasser ein braver Mensch, den ich in den besten Stellen selbst sprechen höre: das Stück hat mich sehr erfreut.“*[77]

77 Ebenda.

So begegnen sich Herder, Caroline Flachsland und der junge Dichter, der in den poetischen Bildern von Hütte, Mutter und Kind etwas vom Innersten Wesen des Menschen offenbart, das alle drei gleichermaßen verbindet. Solche Begegnungen fördern die Empfindungsseelen-Entwicklung, in der es sich um die Geburt des Ichs handelt, die im 21. Lebensjahr beginnt.

13. Gleichheit zwischen jungen Erwachsenen im 4. Jahrsiebt

Steiner erkennt: wenn *„mit dem 21. Jahre etwa das Ich voll zu seiner Geltung kommt, dann ist es so, dass der Mensch den Menschen sucht und findet, und zwar in diesem Lebensalter eigentlich im vollsten Sinne: der Mensch den Menschen. Das ist deshalb eigentümlich, weil, wenn, sagen wir, ein Vierundzwanzigjähriger oder auch ein etwas jüngerer, aber nicht jünger als 21 Jahre, einen anderen, aber nicht älter als, Achtundzwanzigjährigen findet, dann stehen sich die beiden so gegenüber, dass völlig gleich im Wechselverhältnis aufeinander wirken: Geist, Seele, Leib. In diesem Lebensalter stehen eigentlich die Menschen einander als völlig gleich gegenüber im wechselseitigen Verkehr. Dieses im Leben zu beobachten, ist ... von einer großen Bedeutung."* Es handelt sich um die Praxis einer Ich-Psychologie im vierten Jahrsiebt. *„Wenn man heute wirklich das Leben kennenlernen will* – empfiehlt Steiner, studiere man – *so etwas wie diese besondere Nuance, die in Menschen lebt, wenn sie sich so gegenübertreten, dass sie beide zwischen dem 21. und 28. Jahr stehen".*[78] Goethe, Herder und C. Flachsland sind alle im vierten Jahrsiebt.

In der Epoche der Ich-Geburt – im vierten Jahrsiebt – schreibt Goethe auch seine erste Faust-Dichtung (Ur-Faust). Faust sagt da

---

78 Rudolf Steiner: „Menschenkenntnis und Unterrichtsgestaltung" Vorträge vom 17. - 19. 6. 1921 , Dornach 1971, GA 302. Das Zitat selber entstammt dem Vortrag vom 18. Juni, Seite 107 f.

zu seinem Famulus Wagner, dass sich Freundschaft, Liebe und Brüderschaft von selbst vortragen.

> *„Und Freundschaft, Liebe, Brüderschaft,*
> *Trägt die sich nicht von selber vor."*

Dies Wort war damals für Goethe und seine Freunde *„Losung und Feldgeschrei, woran sich die Glieder unserer kleinen akademischen Horde zu erkennen und zu erquicken pflegten."*[79] Bezeichnend, dass nur im sogenannten Ur-Faust vom vierten Jahrsiebt diese Formulierung zu finden ist. Im sechsten Jahrsiebt, als Goethe weiterdichtet und die erste Fassung ein wenig umformuliert, ist es nicht mehr *„Freundschaft, Liebe, Brüderschaft"*, die sich von selber vortragen, sondern *„Verstand und rechter Sinn"*. Da heißt es:

> *„Es trägt Verstand und rechter Sinn*
> *Mit wenig Kunst sich selber vor."*

Diese Änderung ist bezüglich der sozialen Möglichkeit charakteristisch; denn nur im vierten Jahrsiebt spielt sich die Begegnung zwischen den Lebensaltern als jenes Gleichheits-Erlebnis ab, das Goethe im sechsten Jahrsiebt so nicht mehr empfinden kann und daher die Stelle abändert.

Das hängt eben damit zusammen, dass die Ichhaftigkeit nur in der Form der Neugeburt im vierten Jahrsiebt im Element der Gleichheit erscheint und sich nur da über den ganzen Menschen nach Leib, Seele und Geist erstreckt. Der Geist dieses Ichs wird später als jener Felix von Wilhelm Meister Gestalt annehmen, der ganz neu ins Dasein gerufen wird und sich in Richtung zukünftiger Erdenleben entwickeln wird. Das wird sich bei den verschiedenen Menschen unterschiedlich ausgestalten. Bei der geistigen Geburt als Ich-Geburt

79 MA 16, S. 516.

im 21. Lebensjahr aber herrscht zwischen allen Menschen die Gleichheit vor. Diese Gleichheit wird auch nicht dadurch beeinträchtigt, dass die verschiedenen Individualitäten ganz unterschiedliche frühere Erdenleben durchgemacht haben. Diese Unterschiede, die es in dieser Beziehung natürlich gibt, beeinträchtigen gar nicht das Gleichheitserleben im vierten Jahrsiebt. Goethe hat gemäß Steiner im alten Ägypten als Eingeweihter, dann in Griechenland als Plastiker und Philosophen-Schüler frühere Erdenleben verbracht und dann noch zwei Zwischeninkarnationen durchgemacht, von denen unten gesprochen werden soll. Der alte griechische Plastiker in ihm kommt zweifellos in seinem Erlebnis im Antikensaal zum Vorschein und bewirkt seine große Begeisterung für die alten Plastiken, was aber das Element der Gleichheit der Ich-Seele auf der Stufe der Ich-Geburt überhaupt nicht beeinträchtigt.

Goethe hat diese Erfahrungen, die soziale Wanderer-Erfahrungen des vierten Jahrsiebt sind, ganz intensiv ausgeschöpft. Ein sehr großer Kreis von Freunden und Bekannten, die mit ihm im gleichen Jahrsiebt leben, hat sich mit und um ihn gebildet, in dem er unausgesetzt lebt und webt. Da ist Franz Christian Lerse (1749–1800), Studienfreund aus der Straßburger Zeit, Opponent bei der Disputation über 56 lateinische Thesen anlässlich der Lizentiaten-Prüfung. Friedrich Leopold Weyland (1750–1785), Mediziner und Goethes Tischgenosse in Straßburg bei den Schwestern Lauth. Johann Konrad Engelbach (1744–1802), Jurist, auch Goethes Tischgenosse in Straßburg. Die Freundin Friederike Brion (1752–1813), Jakob Michael Reinhard Lenz (1751–1792), Caroline Flachsland (1750–1809) die zusammen mit Louise von Ziegler (1750–1814), die unter dem Namen „Lila“ zum Kreise der Darmstädter Empfindsamen gehört. Christian Albrecht von Kielmannsegg (1748–1811) steht Goethe in Wetzlar nahe. Carl Wilhelm Jerusalem (1747–1772) aus der Werther-Tragödie, der 1765–1766 gleichzeitig mit Goethe Student der Rechte in Leipzig war und 1772 braunschweigischer Legationssekretär in Wetzlar, wo Goethe ihn am Mittagstisch an der

Rittertafel wieder traf und am 30. Oktober 1772 Selbstmord begeht. Charlotte Sophie Henriette Buff (1753–1828), Charlotte Jakobi (1752–1832), Halbschwester der Brüder Jakobi, Friederich Maximilian Klinger (1752–1831), seit 1772 befreundet mit Goethe, der ihm Manuskripte verschiedener Dichtungen zur finanziellen Unterstützung seines Jurastudiums in Gießen überlässt. Auguste Louise Gräfin zu Stolberg (1753–1835), die 22-jährig einen sehr bemerkenswerten Briefkontakt mit Goethe unterhält, Christian Stolberg (1748–1821), der 27-jährig mit Goethe auf dessen erster Reise in die Schweiz zusammen mit dem Bruder Friedrich Stolberg (1750–1819) damals 25 Jahre alt. Viktor Leberecht Plessing (1749–1806), den Goethe während der Reise in den Harz besucht, und andere.

Das Erlebnis der Gleichheit ist tiefgründig, und wer es empfindet und kennen gelernt hat, kann dann lebenslang den unterschiedlichsten Menschen im Licht der epochengeborenen Gleichheit begegnen und dadurch ein tiefes Gefühl für das eigentliche wahre Wesen des Menschen ausbilden, das sich dann, unabhängig vom Lebensalter, während seines ganzen Lebens in der Hochachtung gegenüber jedem anderen Menschen niederschlägt. Goethe wird die einfache natürliche Christiane Vulpius – die er zur Frau nehmen wird – ebenso schätzen wie den einmalig tief gebildeten Freund Friedrich Schiller, den einfachen Buchbinder in Ilmenau ebenso wie den adeligen Herzog Carl August. Manche Menschen – aber doch wenige – haben wie er die sogenannten einfachen Leute vom Volk geliebt und geschätzt. Gerade die Geringsten waren vielfach Goethe-Brüder, deren Klasse vor Gott – wie Goethe einmal sagt – sicherlich eine Höchste sei. Die Empfindung von der Gleichheit, die seiner Zeit im Frankreich der französischen Revolution wirksam wurde, ist auch – und vielleicht vor allem – in Goethes Leben bahnbrechend hervorgetreten.

Was von der Würdigung der Gleichheit abhält, ist nichts anderes als jene „Trägheit des Herzens“, von der Jakob Wassermann in seinem Roman über Caspar Hauser spricht. Sie muss weltweit und ebenso im engen Kreis um Goethe herum diagnostiziert werden. Man konnte einmal, *„angesteckt durch den ... Weimarer und auswärtigen Klatsch nicht Worte genug der Zunge finden, um Christianes Unbildung, ihr sogenanntes niedriges Herkommen, ihre angebliche Trunksucht, ihre Tanzwut"* usw. zu brandmarken, als ob da etwas moralisch Tadelnswertes vorhanden gewesen wäre, was Gerhard Gräf in der kleinen Sammlung „Goethes Ehe in Briefen" darstellt.[80] Was sich weltweit zugetragen hat, sind die schauerlichen Morde unter der Guillotine, Kriege Ausbeutung der Kolonialvölker usw. Aber doch zugleich – wenn auch nur in kleinen Anfängen keimend, beginnt zum Beispiel in I.M.G. Itard (1757–1838), der als Otologe von der Sorge und Pflege eines in der Wildnis von Jägern aufgefundenen zehnjährigen Kindes berichtet. Ähnlich wirken die bekannten Heil-Erzieher Guggenbühl, Pestalozzi und viele andere, in denen sich der Wille regt, *„das verunstaltete Menschenbild seiner ewigen Bestimmung wieder entgegenzuführen. Es ist nicht der Impuls allein, einen Kranken zu heilen, es ist der Wille, etwas, das abgefallen ist, wieder dem Ursprung zurückzugeben."* Das sind Worte von dem Arzt und Heilpädagogen Karl König in seinem Versuch, eine Geschichte der Heilpädagogik zu schreiben.[81] Er findet, dass dieser Impuls gerade zur Goethezeit entsteht. Das Erlebnis der Gleichheit, das im vierten Jahrsiebt der Biographie des Menschen seine Geburtsstunde feiern kann, ist ein bedeutsames Symptom von der Entwicklung der Bewusstseinsseele, die in unserer ganzen gegenwärtigen Kulturepoche entwickelt wird.

---

80 Gerhard Gräf, „Goethes Ehe in Briefen", Insel Verlag Leipzig 1972.

81 König, in „Aspekte der Heilpädagogik" mit dem Aufsatz „Mignon – Versuch einer Geschichte der Heilpädagogik", Verlag Freies Geistesleben, Stuttgart, 1969, Seite 303.

14. Goethes Wanderjahre mit Shakespeare und Spinoza

Das dichterische und denkerische Vermögen bildet der junge Goethe im Verlauf der Zwanzigerjahre gründlich aus. Als er 1770 von seiner Erkrankung wiederhergestellt war, kümmert er sich, angefeuert durch die Erweckung, um eine Bildung, die nicht an der Universität erfolgt, wo – wie er am 11. Mai 1770 dem Freund Langer mitteilt – ein *„gelehrter Pöbel"* herrscht, denn er habe *„die Insuffizienz des grössten Theils der Gelehrsamkeit eingesehen"*.[82] Solche Ausdrücke entspringen natürlich einer jugendlichen Verwegenheit, die aber doch nur auf seiner ungeheuren Lernwilligkeit beruht. Anstatt zur Universität geht er als Dichter bei Shakespeare und als Denker bei Spinoza in die Lehre. Das sind allerdings erste Schritte, mit denen er sich die erlangte Initiation selbst zueignet. Für uns kommt es darauf an zu verstehen, auf welchen Wegen der Dichter und Denker voranschreitet und dass es solche Wege überhaupt gibt.

Die Epoche von Goethes Zwanzigerjahren wird gemeinhin als „Sturm und Drang" bezeichnet. Das hat mit den unter- und übersinnlichen Kräften zu tun, für deren „Sturm und Drang" eine durchaus passende Bezeichnung ist. Oftmals wird von denen, die davon gar nichts wissen und erleben, wie von oben herab vom Stürmer und Dränger geredet, was aber nur diejenigen tun, die der junge Goethe in ganz besonderer Weise zum „*gelehrten Pöbel*" und zur „*Insuffizienz der Gelehrsamkeit*" rechnen würde.

Der junge Goethe wollte eigentlich in Straßburg seine Bildung fortsetzen, um sich in der französischen Kultur und ihrer Sprache zu vervollkommnen. Jedoch entdeckt er in Straßburg, dass ihm nicht das französische, sondern das britische, mit Shakespeare verwandte Wesen gemäß ist. Erst hier schwenkt er um und findet, dass der Brite die elementaren Kräfte in der Dichtersprache benützt, denen auch er auf der Spur ist. Besonders deutlich kommt das heraus, als

82 FA II, 1, Seite 208.

er am 14. Oktober 1771 eine Gedenkfeier für Shakespeare veranstaltet und eine Rede hält, die unter dem Titel „Zum Shakespeares Tag“ erhalten ist: Voll Begeisterung ruft er da aus: *„... Natur! Natur! nichts so Natur als Shakespeares Menschen.“* Mit Ausdruck fährt er fort: *„Da hab ich sie alle überm Hals. Laßt mir Luft daß ich reden kann! Er* (Shakespeare) *wetteiferte mit Prometheus, bildete ihm Zug vor Zug seine Menschen nach* (aus Ton) ... *und dann belebte er sie alle mit dem Hauch seines Geistes ...“*[83] Aus *„Ton“* gebildet und mit dem „Hauch des Geistes“ belebt, deutet auf die Schlangen-Kräfte des Erden- und Wasserweges. Getragen von diesen Wirkungen, tritt ihm in Shakespeares Stücken die Ich-Natur entgegen, sodass er sagt, Shakespeares *„Stücke drehen sich alle um den geheimen Punkt ... in dem das eigentümliche unsres Ich, die prätendierte Freiheit unsres Wollens, mit dem notwendigen Gang des Ganzen zusammenstößt“*. Freiheit und Selbsterfassung in der elementaren Kraft ist dasjenige, was der junge Mensch der dichterischen Ästhetik verdankt. Seine Beziehung zu den elementaren Kräften findet Goethe übereinstimmend mit den griechischen Überlieferungen; von hier blickt er jetzt ein wenig herablassend auf die französische Theatralik zurück, welche die im Griechentum zu findenden elementaren Kräfte nicht zu fassen vermag: *„Nun sag ich geschwind hinten drein: Französgen, was willst du mit der griechischen Rüstung, sie ist dir zu groß und zu schwer.“*

So wie Goethe sich als Dichter bei Shakespeare, bildet er sich als Denker bei Spinoza. Diesen muss er aber erst finden. Er trägt die naturgegebene denkerische Anlage in sich, die darauf wartet, philosophisch „aus der Taufe“ gehoben zu werden. Jeder Mensch trägt solch eine denkerische Anlage in sich. Um sie sich bewusst zu machen, bedarf es der Bemühung, das Denken denkend zu ergründen. Rudolf Steiner lotet diese Tiefen des Erkennens in seiner Schrift „Grundlinien einer Erkenntnistheorie einer Goetheschen

83 Goethe, „Zum Shakespeares Tag“, MAI.2, Seite 411 ff.

Weltanschauung“ aus. Zunächst ist Goethe dabei der Dichter-Philosoph Pindar hilfreich. In einem berühmten, als Pindar-Brief[84] bekannten Schreiben an Herder vom Juli 1772 zitiert er Passagen aus Pindars Schriften, die vom Denken als einer Naturgabe handeln: *„Weise ist, wer durch Naturgabe viel versteht, die ungestümen Viellerner schwatzen Nichtiges …“* (Olympische Ode 2, Vers 86–88). Er meint, wer nur viel gelernt hat, ohne dabei die in ihm veranlagte Art des Denkens zu erwecken, kann höchstens als ein *„ungestümer Viellerner“* gelten, was Pindar als *„nichtiges Schwatzen“* aburteilt. Solchen Vorstellungen fehlt der Kern des Begriffs. Eine andere vom Dichter zitierte Äußerung Pindars lautet: *„Wer nur Erlerntes hat, genießt tausendfache Trefflichkeit mit nichtigem Sinn, wie ein Mann im Dunkeln keuchend mit unsicherem Fuß schritt“* (Nemeische Ode 3, Vers 39–41). Er meint, der begriffliche Kern einer Sache kann nicht gelernt werden, sondern muss aus den Tiefen der Seele geholt werden, stellt den angeborenen Gehalt dar, der in den Orphischen Urworten angedeutet ist, die jeder Mensch mitbringt. Pindars Anregung dringt in diese Tiefe; davon sagt der 22-jährige Goethe: *„Diese Worte sind mir wie Schwerter durch die Seele gegangen.“* Dem liegt ein Zitat aus dem Lukasevangelium zugrunde. Als die Mutter Jesu nach altjüdischem Brauch ihr neugeborenes Kind im Tempel darstellt, erscheint der alte Simeon und prophezeit – auch von der Zukunft der Mutter: Ihr werde ein Schwert durch die Seele gehen. Das sind in der Dichtersprache gesprochene Worte, die wir uns übersetzen müssen: Das Schwert wirkt als Wort, und die Mutter repräsentiert die Seelenhülle des Ichs, die Empfindungsseele. Während das Ich noch in dieser Hülle bleibt muss die Denkart durch einen geistigen Eingriff im vierten Jahrsiebt gleichsam entbunden werden. Das Wort-Schwert Pindars, das durch die Seele geht, wirkt wie ein geistiger Kaiserschnitt.

84 Goethe an Herder, Juli 1772, WA-dtv 95, Seite 15 f.

Mit Pindar hat der junge Denker den Kern des Denkens nur erst in einem ersten Ansatz in Augenschein genommen. Das Bestimmtere findet Goethe bei Spinoza. In „Dichtung und Wahrheit“ sagt er vom Suchen und Finden dieses Denkers: *„Nachdem ich mich nämlich in aller Welt um ein Bildungsmittel meines wunderlichen Wesens vergeblich umgesehen hatte, geriet ich endlich an die Ethik dieses Mannes.“* „Ethik“ ist der Titel von Spinozas Hauptwerk, das Religions- und Naturphilosophie sowie auch Psychologie enthält. Der die Autobiografie schreibende, alte Goethe bekennt: *„Was ich mir aus dem Werk mag herausgelesen, was ich in dasselbe mag hineingelesen haben, davon wüßte ich keine Rechenschaft zu geben, genug ich fand hier eine Beruhigung meiner Leidenschaften, es schien sich mir eine große und freie Aussicht über die sinnliche und die sittliche Welt aufzutun ... Die alles ausgleichende Ruhe Spinozas kontrastierte mit meinem alles aufregenden Streben, seine mathematische Methode war das Widerspiel meiner poetischen Sinnes- und Darstellungsweise, und eben jene geregelte Behandlungsart, die man sittlichen Gegenständen nicht angemessen finden wollte, machte mich zu seinem leidenschaftlichen Schüler, zu seinem entschiedensten Verehrer. Geist und Herz, Verstand und Sinn suchten sich mit notwendiger Wahlverwandtschaft, und durch diese kam die Vereinigung der verschiedensten Wesen zu Stande.“*[85] Goethes eigene Art zu denken begegnet der Geistesart Spinozas. Noch deutlicher sagte er das in einer kurz darauf nochmal geschilderten Stelle: *„Ich ergab mich dieser Lektüre und glaubte, indem ich in mich schaute, die Welt niemals so deutlich erblickt zu haben.“*[86] – So haben es die Sterne gewollt. – Was Goethe hier anstrebt, hat Steiner, wie schon angedeutet, in der Schrift „Grundlinien einer Erkenntnistheorie der Goetheschen Weltanschauung“ philosophisch dargestellt. Die ersten Kapitel dieser Schrift handeln von der

85 Goethe, „Dichtung und Wahrheit“, FAI,14, Seite 681.
86 Ebenda, Seite 729.

Unterscheidung von Wort und Begriff, erläutern den Begriff eines Begriffs und führen zu der durch Begriffe erfassbaren Wahrheit, die sich den Feinden der Wahrheit und den Spionen der Unwahrheit entziehen kann.

> *„Tausend Spione lauren auf deine Spuren, o Wahrheit*
> *Aber mit leisem Tritt schreitest du mitten hindurch.“*

Dieser Zweizeiler gehört zu den Epigrammen, die Goethe und Schiller im Jahre 1796 als „Xenien“ (Gastgeschenke) veröffentlichen. So mag sich ein Mensch in den Wanderjahren vorkommen, der die Anlage sucht, die ihm die Natur mitgegeben hat.

Goethe kam sich wie ein „Seefahrer“ vor, als er Herder von den Pindarstudien berichtete. Er beginnt den Brief mit den Worten: *„Noch immer auf der Woge mit meinem kleinen Kahn, und wenn die Sterne sich verstecken schweb ich so in der Hand des Schicksals hin und Mut und Hoffnung und Furcht und Ruh wechseln in meiner Brust.“*[87] Mit dem Bild des „Seefahrers“ wollte er wohl sagen, dass ihm nun eine Entwicklung bevorsteht, bei der er sich wie in einem Segelschiff oder Ruderboot vorkommt und den Nöten und Anforderungen gewachsen sein muss, die das Wasser an einen stellt. Er muss Bedingungen und Entwicklungsgesetzen folgen, die er sich nicht selbst vorschreibt, sondern die von der Natur der Sache vorgeschrieben sind. Worin bestehen sie? In den Orphischen Urworten heißt es dazu: *„Bedingung und Gesetz und aller Wille / Ist nur ein Wollen, weil wir eben sollten, und vor dem Willen schweigt die Willkür stille …“* So wie ein Ruderer nur dem Flusslauf folgen kann, egal ob er ein bequemes oder mühsam zu verfolgendes Flussbett durchzieht, ebenso muss der Mensch, der seine Anlagen ausreifend weiterentwickelt, sich dem Entwicklungsstrom anpassen. Das ist nun viel mühsamer, als nur den subjektiven Gedanken ihren Lauf

87 Goethe an Herder, Juli 1772, WA-dtv 95, Seite 15.

zu lassen. Diese Subjektivitäten überschwemmen schon unsere Kulturlandschaft, in der viel weniger Liebe zur Wahrheit als Liebe zur Subjektivität gilt. Hierüber hatte Goethe sich nicht nur im Stil der „Xenien", sondern in Form einer briefgedichtartigen Abhandlung geäußert, die er als „Epistel" veröffentlicht, in der es heißt, dass

> *„... jeder nur sich im eigenen Worte, sogar auch*
> *Nur sich selbst im Worte vernimmt das der andere sagt.*
> *Mit den Büchern ist es nicht anders, es liest nur ein jeder*
> *Aus dem Buch sich heraus, und ist er gewaltig, so liest er*
> *In das Buch sich hinein, amalgamiert sich das Fremde.*
> *Ganz vergebens strebst du daher durch Schriften des Menschen*
> *Schon entschiedenen Hang und seine Neigung zu wenden ...*
> *Soll ich sagen wie ich es denke? so scheint mir es bildet*
> *Nur das Leben den Mann und wenig bedeuten die Worte".*[88]

Um aber sogleich im vierten Jahrsiebt die Entwicklung anzubahnen, die sich aus den eigentlichen Anlagen ergibt, muss man auf die Vorstellungen und den Gehalt des Wissens zurückgreifen, den man in Schulen und Hochschulen in seinen „Rucksack" eingesammelt hat, der die Anlagen verdunkelt, wenn er nicht durchleuchtet wird. Deswegen besagt der oben angeführte Ratschlag Steiners zur Selbsterziehung: *„nun käme es darauf an, dass der Mensch Rückschau halte auf den bisher zurückgelegten Weg. Alles, was er an Erfahrungen, Einsichten, Kenntnissen aufgenommen habe, solle er da einmal an sich vorüberziehen lassen. Doch nicht nur flüchtig, sondern mit aller Sorgfalt ...* ". Durchzuarbeiten, was man alles gelernt hat, ist heute für Schulabgänger eine Forderung, die sehr großer Anstrengungen bedarf. Wer zum Beispiel in die Lage kommt, jüngeren Schülern Nachhilfeunterricht zu erteilen, wird zu so einem Durcharbeiten von selbst hingeführt. Würde man Einrichtungen

---

88 Goethe, „Erste Epistel", MA4.1, S. 661.

ersinnen, die es Schulabgängern und Studenten nahelegen oder vielleicht sogar auferlegen, in dieser Weise den Kindern und Jugendlichen mit Nachhilfeunterricht beizustehen, könnte sich das wohl sehr hilfreich erweisen. Dazu muss dann noch das ganz bewusste Durcharbeiten kommen. Das erhellt dann die Seele und lässt jene elementaren Kräfte spürbar werden.

Heute leben wir jedoch in einer Kultur, in der das Gegenteil ins Kraut schießt. Goethe erfindet hierzu einen psychologischen Humoristen namens *„Hans ohne Sorge"*, der erzählt, wie er einst auf eine Insel namens „Utopien" verschlagen wurde. Freundlichst einquartiert in einem Gasthaus und gut bewirtet, erschrickt er, als er nach der Rechnung fragt, ja, Prügel werden ihm angedroht, als er, der doch kein Geld hat, schüchtern noch einmal nach der Rechnung fragt. Jetzt aber schlägt der Wirt zu, und schleunigst flüchtet Hans, ohne zu verstehen, was hier eigentlich vorgeht, zum Richter und beklagt sich. Der aber macht ihn auf die Gesetze aufmerksam, die in Utopien herrschen: es sei:

„… unanständig und gottlos,
Zeche verlangen vom Manne, der sie doch höflich bewirtet.
Darauf sagte der Richter zu mir: vergesset die Schläge,
Denn ihr habt die Strafe verdient, ja schärfere Schmerzen;
Aber wollt ihr bleiben und mitbewohnen die Insel
Müßt ihr euch erst würdig beweisen und tüchtig zum Bürger.
Ach! versetzt ich, mein Herr, ich habe leider mich niemals
Gerne zur Arbeit gefügt, so hab ich auch keine Talente.
Die den Menschen bequemer ernähren, man hat mich, im Spotte,
Nur Hans ohne Sorge genannt und von Hause vertrieben.

O so sei uns gegrüßt! versetzte der Richter, du sollst dich
Oben setzen zu Tische wenn sich die Gemeine versammelt,
Sollst im Rate den Platz den du verdienest erhalten.
Aber hüte dich wohl daß nicht ein schändlicher Rückfall

Dich zur Arbeit verleite, daß man nicht etwa das Grabscheit
Oder das Ruder bei dir im Hause finde, du wärest
Gleich auf immer verloren und ohne Nahrung und Ehre.“[89]

„*Ruder*“ und „*Grabscheit*“ deuten auf die Kräfte, die in den geistigen Schlangenwegen als Erdenkräfte und Wasserkräfte wirksam sind, die im Kindesalter einströmen. Gibt es eine Art Einklang des eigenen Strebens mit diesen Kräften? Als Goethe mit dieser Entwicklung konfrontiert wird und vor solchen Fragen steht, beschäftigt er sich mit dem Koran, und plötzlich tauchen Phänomene in seinem Leben auf, die nicht nur den Koran, sondern etwas vom Innersten des Christentums erkennen lassen.

89 Ebenda, Seite 163 f.

15. Christuskünder

In dieser Zeit liest er, angeregt durch Herder, eine gerade erschienene erste deutsche Koranübersetzung und lernt gleichzeitig den Propheten Mohammed in einer Biografie von Gagnier kennen. Intensiv setzt er sich mit der islamischen Glaubenswelt auseinander und wird im Koran heimisch. Im Spiegel von Mahomets Biografie – so wurde damals Mohammed genannt – setzt er seine Suche fort: *„Ich mögte beten wie Moses im Koran: Herr mache mir Raum in meiner engen Brust“*[90], schreibt er Herder.

Nun plant er ein Mahomet-Drama, von dem eine Szene und vor allem das Gedicht „Mahomets Gesang“ zustande kommt. Die Szene zeigt, wie der Religionsbegründer zuerst in Sonne, Mond und etlichen Planeten nach dem ihm vorschwebenden Gott sucht, ihn zuletzt aber in den Lebenserscheinungen der Erde, Blüten, Gewässern und anderem findet. Dann will er das Gefundene seinem Volk vermitteln und ihnen den Weg zu dem Weltengott oder Weltenvater weisen. Hierfür vergleicht er sein Wirken mit einem Fluss, der alle Nebenflüsse mit sich zur Mündung im Ozean führt. Die Quelle ist der Felsenquell, der von einer Bergeshöhe herabkommt durch blühende Wiesen, dann aber durch öde, gefährliche Wüsten fließt, wo die kleineren Gewässer alle austrocknen und stranden, jetzt aber, vom Hauptstrom aufgenommen, zum Weltmeer geführt werden.

Der Schauplatz ist Arabien, wo viele Stämme mannigfaltige Lokalgötter verehren, Mahomet aber sich zu dem umfassenden Weltgeist erhebt. Das Drama kommt zwar nicht zustande, aber der Strom, der vom Weltengeist kommt, durch die Niederungen des Erdenreiches strömt und wieder zum Weltengeist zurückkehrt, wird in dem Lied „Mahomets Gesang“ dargestellt. Hier ist von dem *„Felsenquell“* die Rede. Aus dieser Quelle entspringt wie ein richtiger

---

90 Siehe Fußnote 84, Seite 120..

Fluss der geistige Strom, der zum Weltengott zurückfließt. Das Bild für diese Wirksamkeit ist eben ein Fluss, der von der Quelle bis zum Ozean geht, der viele kleine und große Nebenflüsse in sich aufnimmt, der durch Wüsten und bedrohliche Gefilde hindurchfließen muss, bis er zuletzt zur Mündung im Weltmeer gelangt, das zugleich als Ursprung vorgestellt wird. Die Quelle aber ist nicht nur eine gewöhnliche Quelle, sondern jener Felsenquell mit Sternenblick, den wir beschrieben und mit den einstrahlenden und ausstrahlenden Weltenkräften verknüpft haben, aus denen die verjüngenden Kräfte stammen (siehe Seite 89 f.). Von diesen Kräften ist jetzt in dem Lied „Mahomets Gesang“ im Hinblick auf die Biografie die Rede: Das Anfangsmotiv lautet:

„Seht den Felsenquell
Freudehell,
Wie ein Sternenblick!

Über Wolken
Nährten seine Jugend
Gute Geister,
Zwischen Klippen
Im Gebüsch …“

Im mittleren Teil des Liedes geht es durch die Wüste und andere Gefahrenzonen, wo Austrocknen, Gestautwerden, Versickern und so weiter drohen, sodass die Nebenflüsse dem Hauptstrom zurufen und bitten, mitgenommen und von Vernichtung befreit zu werden:

„Bruder!
Bruder nimm die Brüder mit!
Mit zu deinem alten Vater
Zu dem ewgen Ozean …
Denn uns frißt in öder Wüste,

Gierger Sand, die Sonne droben
saugt an unserm Blut;
Ein Hügel
Hemmet uns zum Teiche.
Bruder!
Nimm die Brüder von der Ebne!
Nimm die Brüder von Gebirgen!
Mit zu deinem Vater! Mit!"

Der Prophet drückt im Bild von Fluss und Nebenflüssen seine Mission aus, die er seinem Volk gegenüber hat. Zuletzt mündet er mit ihnen zusammen mit seinen Brüdern in das Weltmeer des Weltenvaters:

„Und so trägt er seine Brüder,
Seine Schätze, seine Kinder,
Dem erwartenden Erzeuger
Freudebrausend an das Herz!"[91]

„Der erwartende Erzeuger" ist der Weltgeist, der in den einstrahlenden Kräften vom Kosmos zur Erde strömt, etwas unter die Erde dringt und dann wieder aufsteigt, was im Bild des *„Felsenquells"* ausgesagt wird. Dann strömen diese Kräfte zurück in den Kosmos. Damit gleichen die dem *„Felsenquell"* entspringenden Kräfte dem Kreislauf des Wassers, das herniederregnet, versickert, wieder aufsteigt, verdunstet und in Wolkenhöhen zurückkehrt.

Das aber ist auch – wie oben angeführt – der Gang der Menschenseele. Vom Himmel kommend, wird sie von den herniederstrahlenden Kräften zur Inkarnation getragen, und wenn sie stirbt, tragen sie die aufsteigenden Kräfte zurück in den Kosmos. Aber das Wichtige ist, dass die aufsteigenden Kräfte auch während des Erdenlebens erfahren werden können und dann verjüngend wirken. Goethe stand

91 MAI.1, Seite 518 f.

vor der Frage, ob diese Verjüngung der Weiterentwicklung der Anlagen dienen könne. Eine solche Frage muss ihn in Anbetracht des Pastors Lavater bewegt haben. Lavater fühlte sich im Besitz einer in ihm veranlagten Fähigkeit, den Menschen durch Physiognomie zur Selbsterkenntnis zu verhelfen. Er wähnte sich – wie Goethe sagt – *„im Besitz der geistigsten Kraft, jene sämtlichen Eindrücke zu deuten, welche des Menschen Gesicht und Gestalt auf einen jeden ausübt, ohne daß er sich davon Rechenschaft zu geben wüßte …“*[92], und brachte eine Bewegung in Mitteleuropa zustande, wo man aller Orten Porträts, Schattenrisse und sonstige Zeugnisse sammelte, und gewann auch Goethe zur Mitarbeit. Mit dessen Unterstützung entstand das Werk „Physiognomische Fragmente zur Beförderung der Menschenkenntnis und Menschenliebe“. Goethe verfasste auch etliche Beiträge. Das Endergebnis aber war doch auch eine Art „Gelehrteninsuffizienz“, obwohl Goethe glaubte, dass Lavaters ursprüngliche Anlage vortrefflich war. Er meinte, *„daß freilich der vorzügliche Mensch* (Lavater) *das Göttliche, was in ihm ist, auch außer sich verbreiten möchte. Dann aber trifft er auf die rohe Welt, und um auf sie zu wirken, muß er sich ihr gleich stellen; hierdurch aber vergibt er jenen hohen Vorzügen gar sehr, und am Ende begibt er sich ihrer gänzlich. Das Himmlische, Ewige* (vorgeburtliche Entschlüsse) *wird in den Körper irdischer Absichten eingesenkt und zu vergänglichen Schicksalen mit fortgerissen“.*[93]

Goethe hingegen fühlte sich im Besitz der verjüngenden Kräfte und erlebte, dass das nicht so gehen müsse. Er war durch seine Initiation von dem lebendigen Christusimpuls ergriffen und suchte nach weiterführenden Wegen. Als er mit Lavater und dem Pädagogen Basedow eine gemeinsame Schiffsreise machte, die beide von einer erhabenen Mission überzeugt waren und der junge Goethe

---

92 Goethe, „Campagne in Frankreich“ MA 14, Seite 476.

93 FA I, 14 Dichtung und Wahrheit, 14. Buch, Seite 685.

ihnen zuhörte, jedoch in sich das lebendige Christentum fühlte, schrieb er die Verse in ein Album:

> *„Und, wie nach Emmaus, weiter ging's*
> *Mit Sturm- und Feuerschritten:*
> *Prophete rechts, Prophete links,*
> *Das Weltkind in der Mitten."*

Zeitgenossen wie Lavater und Basedow haben ihn so erlebt. Anna Katharina Mommsen führt in ihrem schönen Buch „Goethe und der Islam"[94] eine ganze Reihe Zeugnisse an, dass Goethes Erscheinen und seine Art, sich in Bildern und Gleichnissen auszudrücken, viele Zeitgenossen, die ihn so erlebten, unwillkürlich an den Sohn Gottes denken ließ:

„Dieser Goethe, von dem und von dem allein ich vom Anfang bis zum Niedergang der Sonne, und von ihrem Niedergang bis wieder zu ihrem Aufgang [...] sprechen und stammeln und singen und dithyrambisieren möchte [...] dieser Goethe hat sich gleichsam über alle meine Ideale emporgeschwungen, die ich jemals von unmittelbarem Gefühl und Anschaun eines großen Genius gefasst hatte. Noch nie hätt' ich das Gefühl der Jünger von Emmaus im Evangelio so gut exegisieren und mitempfinden können, von dem sie sagten: „Brannte nicht unser Herz in uns, als er mit uns redete?" Machen wir ihn immer zu unserm Herrn Christus, und lassen Sie mich den letzten seiner Jünger sein. Er hat so viel und so vortrefflich mit mir gesprochen; Worte des ewigen Lebens, die, solang ich atme, meine Glaubensartikel sein sollen."[95] – zitiert aus A.K. Mommsen, „Goethe und der Islam"

---

94 Anna Katharina Mommsen, „Goethe und der Islam", insel-taschenbuch 2650.

95 F.A. Werthes an F.H. Jakobi, 18. Oktober 1774.

Um solche Aussagen vorzutragen, scheint eine Frömmigkeit nötig zu sein, welche die am Islam orientierte Katharina Mommsen geltend macht. In der übrigen akademischen Goetheforschung habe ich solche Hinweise nicht gefunden, deren Aussagekraft noch dazu durch viele solche Zeugnisse bekräftig und bestärkt wird. Im Folgenden führe ich weitere Hinweise von A.K. Mommsen an:

„*Er* (Goethe) *hat nicht nur Weisheit und Bonhomie sondern auch Kraft.*“[96] Man empfand an ihm „*allenthalben denselben edlen alles durchschauenden, duldenden Mann.*“[97] Menschen, die ihm nahestanden, verehrten ihn als „*Heiligen*“[98] priesen ihn als „*Wohltäter*“,[99] als den „*König der Geister*“,[100] „*des Landes Heil*“,[101] als ein Wesen, das „*Tausende glücklich machen*“[102] könne. „*Er ist ein Gott! aber er ist noch ein besserer Mensch*“.[103] Hoffnungen verknüpften sich mit Goethes Auftreten, die die Menschen an den Beginn eines neuen Weltzeitalters denken ließen: „*wie die Götter endlich durchbrachen und sich wider die Titanen lagerten.*“[104] „*Mir wurde wie eine neue Seele*“, bekannte F. H. Jacobi nach einem Zusammensein mit Goethe. Man bestaunte diesen unfaßlichen Menschen als „*Meteor.*“[105] Oft konnte Goethe sich vor Bewunderern kaum retten. Aus den letzten Monaten im Frankfurter Elternhaus vor der Übersiedlung nach Weimar berichtet ein Augenzeuge, G. Ch. Götze, an seine Eltern (30. Sept. 1775): „*Sein Besuch- oder vielmehr Audienz-Zimmer ist*

96 Lavater an Johann Georg Zimmermann, 20. Oktober 1774.
97 Lavater an Christoph Martin Wieland, 8. / 9. November 1775.
98 Charlotte von Stein an Johann Georg Zimmermann, 10. Mai 1776.
99 Jacob, Michael Reinhold Lenz, Aufzeichnungen 1775.
100 Christoph Martin Wieland an Anna Luise Karsch, 11. Januar 1776.
101 Friedrich Maximilian Klinger an E. Schleiermacher, Juni 1776.
102 J. G. Schlosser an Johann Caspar Lavater, 17. Oktober 1773.
103 Ch. Kaiser an seine Schwester Dorothea, 1. Juli 1775.
104 F. H. Jakobi an Christoph Martin Wieland, 27. August 177.4
105 J. M. R. Lenz, Aufzeichnungen 1775.

nie leer, immer wechselt einer den andern ab. Goethe ist aber wirklich sehr inkommodiert, denn jeder Reisende will ihn kennenlernen. Er hat sich aber jetzo auf den Fuß gesetzt, nur viermal wöchentlich Audienz zu geben und zwar des Vormittags. Die übrige Zeit gehört er seinen Freunden und Geschäften.“

Auch in Versen (An Psyche, Anfang Januar 1776) brachte Wieland derartige Empfindungen zum Ausdruck, wenn er mit Bezug auf Goethe dichtete:

So hat sich nie in Gotteswelt
Ein Menschensohn sich dargestellt,
Der alle Güte und alle Gewalt
Der Menschheit so in sich vereinigt.

16. Jugend-Faust – die Aufdeckung des ahrimanischen Sündenfalls in der Gretchentragödie

500 Jahre sind gerade von der Kulturepoche abgelaufen, die für die Entwicklung der Bewusstseinsseele zu veranschlagen sind. Im Jahre 1413 hat diese Kulturepoche angefangen und wird voraussichtlich – wie alle Kulturepochen – 2160 Jahre lang dauern und damit bis in das Jahr 3573 gehen, sodass von heute an noch 1559 Jahre für diese Entwicklungen bevorstehen. Das ist scheinbar eine lange Zeit, aber der Blick auf das, was eigentlich entwickelt werden soll, hängt auch mit Reinkarnation und Karma zusammen, das heißt mit einer doch immer auch begrenzten Anzahl von Erdenleben, die den Menschen in solchen Zeitaltern gewährt sein können. Da will sich etwas entwikkeln, was mit der Lebensepoche des vierten Jahrsiebts zu tun hat und gerade hier anfangen kann und mit Goethes Faustischem Impuls zu tun hat.

Es gibt ein gewaltiges Problem, das sich gerade in unserer Zeit aus dem Verarbeiten früherer Erdenleben ergibt. Der Übergang von der vorchristlichen in die nachchristliche Zeit wirkt heute so, dass man mit etwas konfrontiert wird, was von dem Mysterium von Golgatha ausgeht. Steiner spricht von einem Einfluss dieses Mysteriums auf die Menschenseelen, der einen Neubeginn hervorgerufen hat und immer mehr hervorrufen wird, was sich aber zunächst so auswirkt, dass die Menschen es kaum fassen können und davon zuerst förmlich irritiert werden. In Vorträgen über „Das Markus-Evangelium“ hat er über diese Auswirkung auf die sich inkarnierenden Seelen gesprochen und verbindet das mit Kräftewirkungen, deren Handhabe man zunächst nicht gewachsen sei. Aber nicht schwache, sondern gerade große und besonders die größten und kräftigsten Individualitäten würden von diesem Einfluss besonders betroffen und förmlich erschüttert sein, und zwar – wie er sagt – *„so gewaltig, dass in sich gediegene kompakte antike Größen neu beginnen mussten mit der Evolution auf der Erde, dass sich gerade an ihnen zeigt bis zum Abschluss der alten Zeit bis zum Mysterium von Golgatha hin: da ist etwas abgelaufen, was seine Erfüllung gefunden hat, was die Menschen so hinstellt, dass sie* (aus alten Zeiten kommend) *vor uns stehen als in sich gerundete Persönlichkeiten. Dann aber trat etwas ein was notwendig machte in den Seelen, dass sie einen neuen Anfang mit sich selbst machten, dass alles umgestaltet, umgegossen werden musste und dass uns Seelen, die groß waren, wie Seelen erscheinen, die klein sind weil sie umwandeln müssen die Seele zur Kindheit, weil etwas ganz neues beginnt. Das ist es was wir uns in die Seele schreiben müssen, wenn wir verstehen wollen was gleich im Beginne des Markus-Evangeliums gemeint ist ... ein Anfang der die Seelen in ihrem tiefsten Wesen erschüttert, der einen ganz neuen Impuls hereinbringt in die Menschheitsentwickelung“.*[106] An zwei Individualitäten bespricht Steiner diesen Neubeginn und wählt dafür Persönlichkeiten, deren Seelenverfassung von großen

106 Rudolf Steiner, „Das Markus-Evangelium“, GA 139, Vortrag vom 15. September 1912, Verlag der Rudolf Steiner Nachlassverwaltung Dornach / Schweiz, 1960.

Dichtern beschrieben wird, weil bei ihnen das innere Ringen, auf das es ankommt, studiert werden kann. Eine dieser Individualitäten ist der von Homer beschriebene trojanische Hektor und Shakespeares Hamlet, die andere der griechische Philosoph Empedokles und Faust, auf den jetzt eingegangen werden soll.

Empedokles und Faust

Empedokles, um 490 vor Christus in Agrigent, Sizilien geboren, war ein Philosoph, der noch ahnte, dass Sympathie und Antipathie, Liebe und Hass im Inneren der Seele walten, jedoch auch von Grundkräften durchzogen werden, die zugleich außerhalb des Menschen in der Natur wirksam sind. In den ganz alten Zeiten wurde das als ein unmittelbares Band zwischen Mensch und Welt erlebt, und erst als das Gedankenleben entwickelt wird, weicht diese Weltverbundenheit und die Kluft zwischen dem, was der Mensch denken kann und was draußen in der Welt vorgeht, tut sich auf. An dieser Kluft beginnt erst das Suchen und Streben nach gedanklicher Erkenntnis. Empedokles lebt an dieser historischen Schwelle und fühlt einerseits die alte Naturverbundenheit und andererseits den Aufgang des gedanklichen Lebens. Seine Philosophie schaut auf die Elemente Erde, Wasser, Luft und Feuer, betrachtet deren Mischung als Untergrund der konkreten Natur und sieht Liebe und Hass als die maßgebenden Kräfte die alles verbinden oder trennen. Er fühlte aber ganz deutlich, dass diese Art des Vorstellens vergangen ist und dass den Menschen ein von der Außenwelt isoliertes Seelenleben bevorsteht, indem das erwachende Gedankenleben die Seele wie mit einer Mauer umschließt und die alte Weltverbundenheit unterbindet, und die Seele direkt abschnürt. Aber die alte Art von Weisheit erfüllt ihn noch, mit der er für seine Mitmenschen außerordentlich hilfreich wirken kann, die ihn darum göttlich verehren, die er auch als Arzt und Sozialreformer betreut, was in vielen Sprüchen aufgezeichnet ist, die sein Leben teils wirklich, teils legendenhaft umranken. Einer der Sprüche feiert gleichsam seine alte

Weltverbundenheit und lautet: *„Lebt wohl. Nicht mehr ein Sterblicher, sondern ein unsterblicher Gott wandle ich umher; ... und sobald ich in die blühenden Städte komme, werde ich von Männern und Frauen verehrt; sie schließen sich an mich an zu Tausenden, mit mir den Weg zu ihrem Heile suchend, da die einen Weissagungen, die anderen Heilsprüche für mannigfaltige Krankheiten von mir erwarten.“*[107] Aber in der entseelten Außenwelt fühlt er sich mit dieser Weisheit wie eingemauert, mit dem er sich nun nicht abfindet und da stürzt er sich der Legende nach – was gemäß Steiners Forschung aber wahr ist – in das Feuer des Ätna, um sich mit dem elementaren Dasein zu vereinigen. Die Legenden berichten nur, dass man einen vom Ätna ausgespukten Schuh von ihm gefunden habe, der sein Verbrennen im Ätna anzeigt.

Von Empdedokles lenkt Steiner unseren Blick nun hinüber in die Neuzeit zu Faust, in dem sich die in Empedokles inkarniert gewesene Individualität aufs Neue verkörpert. Der Faust des 16. Jahrhunderts vermag nun noch gar nicht die beglückende Wirkung im sozialen Leben unter seinen Zeitgenossen hervorzubringen wie einst Empedokles. Faust sollte Theologe werden, hegt aber alles in sich, was abgründiges Streben nach den Naturtiefen ist, *„will die Bibel* – wie Steiner formuliert – *eine Weile unter die Bank legen, will sein ein Naturforscher und Mediziner und will kein Theologe mehr sein; der ein Bedürfnis hatte, mit dämonenartige Wesenheiten umzugehen, was ihn herumschweifen lässt durch die Welt, was ihn bestaunen, aber unverstanden sein lässt. Da wirkt das empedokleische Element nach, aber es findet sich nicht zurecht mit dem, was der Mensch sein muss, nachdem eine neue Zeit hereingebrochen ist.“*[108] Das drückt aus, wie besagte Schwelle zunächst Verwirrung und Haltlosigkeit bewirkt, sodass die eigentliche Individualität gar

---

107 zitiert nach Steiner, Rudolf „Rätsel der Philosophie“, GA 18, Verlag der Rudolf Steiner Nachlassverwaltung Dornach / Schweiz, 1968, Seite 61.

108 Ebenda

nicht recht zum Vorschein kommt. Goethe aber schildert Faust anders. Steiner meint: *„aber warum schildert ihn Goethe so? Goethe wusste es selber nicht. Aber wenn er* (Goethe) *den Blick hinlenkte auf den Faust, wie er überliefert war, den er schon vom Puppenspiel aus seiner Knabenzeit her kannte, so wirkten in ihm Kräfte von dem, was hinter dem Faust stand, was eine vorhergehende Inkarnation des Faust war: Empedokles, der alte griechische Philosoph. Das alles strahlt herein in die Gestalt des Faust*[109] und Goethe knüpft gar nicht nur an den verwirrten Faust aus dem 16. Jahrhundert an, sondern auch an die alte, reif gewordene Individualität, und dazu vermag er die neue, aufrichtende Erkraftung zu erahnen, die sich nur nach und nach entfalten kann, aber von dem Mysterium von Golgatha hervorgerufen wird.

Von der Selbsterfassung im Jugend- Faust

Unser Dichter ist 21 Jahre alt, als sich ihm Faust als ein Motiv mit dem Wunsch nach dichterischer Bearbeitung aufdrängt: *„Die bedeutende Puppenspielfabel ... klang und summte gar vieltönig in mir wieder“* sagt er in „Dichtung und Wahrheit“ und damit ist „Faust“ als das Motiv seines lebenslangen Dichtens geboren. Der Wunsch zur dichterischen Abfassung verdichtet sich vier Jahre später – 1775 – für den 26 Jahre alten Dichter-Jüngling zum ausgereiften Entschluss. Goethes Jugendimpuls ist wirksam, und die erste Niederschrift möchte wohl eher als Jugend-Faust statt Ur-Faust genannt werden. Was macht er?

Sein Faust ist ein bereits alt gewordener Gelehrter, der sich auf sich selbst besinnt und fragt: was er eigentlich will? Im universitären Lehrbetrieb hat er das gesucht aber nicht gefunden. Nun weiß er, dass sein Erkenntniswille ins Innere der Welt dringen möchte,

109 Steiner, Rudolf, „Das Markus-Evangelium“, Vortrag vom 24. September 1912, GA 139, Verlag der Rudolf Steiner-Nachlassverwaltung Dornach/Schweiz, 1960; Seite 24 f.

dass *„ich erkenne was die Welt im Innersten zusammenhält“,* sodass er nun umkehrt, sich nach Hilfe umsieht, und von der Weisheit eines Nostradamus sich auf kosmische und terrestrische Weltenkräfte aufmerksam machen lässt, die ihm verheißungsvoll das Licht und die Kraft seines erstrebten Erkenntniswillens ankündigen. Nostradamus Weisheit hält ihm „im Zeichen des Makrokosmos“ und im „Zeichen des Erdgeistes“ diese Kräfte vor Augen, die ihn zu seinem Ziel führen. Nun fragt er sich – so könnte man ihn verstehen – warum er diese Kräfte nicht schon früher, in seiner Jugend gefunden hat? Wer hat ihn von sich selber abgelenkt? Er blickt auf seine Jugend, seine Famulus-Zeit und seine Schüler-Zeit. Auf einem Notizzettel zu den Faust-Studien hat Goethe notiert: *„umgekehrte Richtung der Jugend“*,[110] womit ausgesagt ist, Faust geht rückwärts durch seine Jugendepoche durch. Das kann so eigentlich nur im Jugend-Faust konstatiert werden, in dem gleich nach der Erdgeist-Szene der Famulus Wagner, dann der Schüler und wenig später die Gretchen-Szenen folgen, in der sich Kindheitskräfte ankündigen. *„Es ist von Goethe immer versucht, in den verschiedenen Gestalten, mit denen Faust zusammen auftritt, nur das andere Ich des Faust zu zeigen, damit Faust immer mehr und mehr sich selbst erkennt.“*[111] Geht man mit Goethes frühem Faust nun rückwärts, ist auch die Gretchentragödie Selbsterfassung. Hier taucht jetzt die Hütte mit den Kindheitskräften auf, die der pubertären Reife zugrunde liegen. Faust, in dem nun die Liebe zu Gretchen erwacht, erlebt Kindheitskräfte, als ihn Mephisto in Gretchens Kammer führt, und diese Kammer erlebt er als „Hütte“, in der ein Himmel tagt, die aber wie eingekerkert anmutet. Er entdeckt, dass seine Liebe gar nicht nur geschlechtlich ausgerichtet ist, sondern aus göttlichen Kindheitskräften hervorgeht. Faust erlebt Gretchens Kammer, ohne dass das Mädchen da ist, als Innenraum, aber wie in einem „Kerker“, dessen

110 Paralipomenon 22; WA - DTV, Band 16, Seite 294.

111 Rudolf Steiner, „Das Faust-Problem“, Dornach, 30. Sept. 1916.

Armut als „Hütte" erscheint, in der er sich aber wie in einem *„Heiligtum"* vorkommt, das aber eben wie eingekerkert anmutet:

In dieser Armut welche Fülle!
In diesem Kerker welche Seligkeit!

In diesem Innenraum im Haus des Leibes erlebt Faust auch den Strom der Vererbung. Er wirft sich auf einen ledernen Sessel und sagt:

O nimm mich auf der du die Vorwelt schon
In Freud und Schmerz in offnen Arm empfangen!
Wie oft ach hat an diesem Väter Thron
Schon eine Schar von Kinder rings gehangen
Vielleicht hat dankbar für den heilgen Christ
Mein Liebgen hier mit vollen Kinderwangen
Dem Ahnherrn fromm die welke Hand geküßt.

Hier wird Christus im Strom der Erbkräfte angedeutet. Was sind das für Kräfte? Steiner erklärt sie einmal als das wunderbare Mysterium der Kindheit, das im späteren Leben nur mehr zur höheren Natur des Menschen gehört. *„Das ist es, was als so wunderbares Mysterium uns im Kinde entgegentritt: die schlafenden Kräfte der Generation, die erst später erwachen. Daher ist es auch, dass derjenige, der für so etwas eine Empfindung hat, etwas wie das Wehen des Götterodems empfindet, wenn er unter den mannigfachen Ungezogenheiten, Eigensinnigkeiten und anderen mehr oder weniger unangenehmen Eigenschaften des Kindesalters dieselben Kräfte wirksam findet, die nur wie zurückgezogen sind im Kindesalter, dieselben Kräfte, die bei der Geschlechtsreife erwachen. Es sind diese Eigenschaften des Kindes schuldlos die Eigenschaften des Erwachsenen. So verspürt derjenige, der unter diesen Eigenschaften die in das Kindesalter wie zurückgezogenen Generationskräfte erkennt, den Odem der Götter, der göttlichen Kräfte, die so wunderbar sich* *ausnehmen, weil sie später des Menschen niedere Natur darstellen, solange sie in Unschuld walten, einen göttlichen Hauch wirklich darbieten. Diese Dinge muss man empfinden, fühlen.*“[112] Faust erlebt diese Kräfte. Wir können ahnen, dass die durch Tod und Auferstehung gehende Christuskraft in dem Geist der Leiblichkeit des Menschen waltet. Erlebbar werden sie in der Liebe, die Faust jetzt ohne das Mädchen in deren Kammer – bzw. Hütte – erlebt, und sagt.

Ich fühl o Mädgen deinen Geist
Der Füll und Ordnung um mich säuseln,
Der Mütterlich dich täglich unterweist!
Den Teppich auf den Tisch dich reinlich breiten heißt
Sogar den Sand zu deinen Füßen kräuseln.
O liebe Hand o Göttergleich
Die Hütte wird durch dich ein Himmelreich.

Göttliche Kindheitskräfte wirken im Schlaf und entfalten für das „Haus des Leibes“ eine leibaufbauende Potenz. Faust ahnt sie als „Hütte“ und schaut auf Gretchens Ruhestätte.

Und hier! (er hebt einen Bettvorhang auf)
Was fasst mich für ein Wonnegraus!
Hier mögt ich volle Stunden säumen
Natur! Hier bildetest in leichten Träumen
Den eingebornen Engel aus.
Hier lag das Kind mit warmem Leben
Den zarten Busen angefüllt
Und hier mit heilig reinem Weben
Entwürkte sich das Götterbild.

---

112 Steiner, „Die okkulten Grundlagen der Bhagavad Gita“, GA 14, Vortrag vom 3. Juni 1913, Verlag der Rudolf Steiner Nachlassverwaltung 1962, Seite 116 f.

Aber das alles dauert nur ein Moment lang, und im nächsten Augenblick wird das selig-reine Liebe-Erleben verdrängt, um unterzugehen. In diesem Sinne repräsentiert Gretchen die göttlichen Kindheitskräfte im Strom der Vererbung, und der Verlust dieses Erlebens wird auf der Bühne als sexuelles Vergehen nur dargestellt. Faust erfährt das schauerliche Schicksal der Absonderung, zu der ihn Mephisto so geschickt hinführt, dass er selber die Schuld trägt. Er verliert durch eigene Schuld sein Häuschen im Hause, ist unbehaust wie ein verwaistes Kind, sodass er sich als gottverhasst selbst anklagt: *„Ha bin ich nicht der Flüchtling, Unbehauste / Der Unmensch ohne Zweck und Ruh / Der wie ein Wassersturz von Fels zu Felsen brauste / Begierig wütend nach dem Abgrund zu / Und seitwärts sie mit kindlich dumpfen Sinnen, / Im Hüttgen auf dem kleinen Alpenfeld ... Und ich der Gott verhasste / Hatte nicht genug / Dass ich die Felsen fasste / Und sie zu Trümmern schlug / Sie! Ihren Frieden musst ich untergraben, / Du Hölle wolltest dieses Opfer haben!"* Das ist jetzt nicht mehr der luziferische, sondern – wie Steiner erkennt – ein ahrimanischer Sündenfall. Dabei geht nicht die „Hütte" verloren, in der die Seele in der Seele mit dem Geistes-Kind lebt, aber Fausts Bewusstsein von dieser „Hütte" geht unter. Er kann, was er einen Moment lang erlebt hat, nicht festhalten; das ist zunächst ein Schicksal der Bewusstseinsseele. Faust erreicht zwar die in der Hütte geborgenen jungfräulich-ätherisch-himmlischen Kindheitskräfte, verliert aber die „Hütte" aus dem Auge, das heißt, er erleidet Schiffbruch. Aber Faust ist vorbereitet, um *„in des Schiffbruchs Knirschen nicht zu zagen"*. Die Erscheinung des Erdgeistes hat ihm diese Kraft vermittelt. Sie darf als eine Erscheinung der eingangs erwähnten Christuswirkung angesehen werden. Anthroposophie erkennt Christus seit dem Mysterium von Golgatha als Geist der Erde.

Fausts Verlust der Himmelskräfte wird im Verlauf der Gretchentragödie stufenweise in diversen Bildern beschrieben. Zuerst entzieht sich dem Bewusstsein der Urgrund der Himmelskräfte als

Mutter Gretchens, an deren Stelle tritt „Marthe Schwertlein“. Gretchen selber geht dann im Donner tödlicher Gewissensbisse wie unter geistigen Hammerschlägen förmlich zugrunde. Zuletzt erlischt das Bewusstsein von ihr im Kerker. Im Bild eines Gefängnisses, in dem eine den Tod erwartende Kindsmörderin den Henker erwartet, wird das von den himmlischen Kindheitskräften verlassene Bewusstsein vorgestellt. Der Kerker ist als das Haus des Leibes ohne die „Hütte“ ein Raum, in dem sich die Seele selbst verloren hat. Die Gretchentragödie stellt Fausts Scheitern dar. Sie ist – so gesehen – ein Scheitern als Innenerlebnis, das allerdings fürchterlich ist, aber durchgemacht werden kann und wohl auch durchgemacht werden muss. Darauf bezieht sich ein Hinweis Steiners: *„Es muß die Menschheit schon einmal gerade aus dem Goetheanismus heraus begreifen, daß wahrhaftig nicht bloße Beseligung des Strebens, die man sich oftmals nur einredet, die oftmals nur von Illusionen getragen ist, erlebt werden kann, sondern daß dasjenige, was den Menschen zu seinem Ziele führt, über Hindernisse, über Enttäuschungen, über Desillusionierungen führt, und wer sich sträubt, Entillusionierungen zu erleben, und sich dadurch sträubt, den ganzen Menschen in gewissen Zeitmomenten des Lebens umzugestalten, zu metamorphosieren, der kann nicht zur Menschheitserkenntnis, nicht zur Menschheitserfassung vorwärtsdringen ...“*[113]

Als Jugend-Faust-Dichter hat Goethe im vierten Jahrsiebt den Weg zur Menschheitserfassung angetreten und in der Hütte der Tempelruinen imaginativ die Mutter mit dem Kind erschaut. Als sich dieser Wanderer von ihr verabschiedet, ahnt er, dass er wiederkommen wird und sagt: *Leb wohl ... und kehr ich dann am Abend heim / zur Hütte vergüldet / vom letzten Sonnenstrahl, / Laß mich empfangen solch ein Weib / den Knaben auf dem Arm“*. Das ist

113 Rudolf Steiner, „Statt Mephistophelismus und Homunkulismus: Goetheanismus“, Vortrag vom 19. Januar 1919, GA 273, Rudolf Steiner Verlag Dornach/Schweiz, 1974, Seite 237.

seinem Faust nun nicht beschieden. Aber die Faust-Dichtung geht weiter, zunächst im sechsten und dann im achten Jahrsiebt. Auf diesem Weg hat die Schlange, in der die Erkenntniskräfte walten, die tragende Funktion.

Der heutige Mensch kann ihrem Weg folgen und vielleicht auch den Punkt des Scheiterns erreichen, das sich dann als Durchgang zu einer höheren Sphäre entpuppen wird, was Goethes Faust aber erst im sechsten Jahrsiebt des Dichters erreicht. – Betrachten wir nun wie Goethe sich selbst durch die Epoche des vierten Jahrsiebts und dann im fünften Jahrsiebt entwickelt. Will man dem Dichter hier gerecht werden, können wir nicht von unseren gewöhnlichen Möglichkeiten der Entwicklung ausgehen, vielmehr haben wir Prozesse zu begreifen, die Individualitäten wie Mohamed und Moses als Religionsbegründer durchmachen, und können lernen, wie ein Dichter wie Goethe uns hier vorangeht.

17. Schlangenbezwinger

Fausts Zentralproblem in der Gretchentragödie kann auch von dem Gesichtspunkt erfasst werden, dass die Liebe der Menschen zueinander und die Liebe zum Geistig-Göttlichen, auch als platonische Liebe bezeichnet, zwei Weisen des Liebens sind, die beide gut sind, aber nicht vermischt werden dürfen. Liebe zu einem anderen Menschen ist vollkommen gerechtfertigt, wenn man wegen der Eigenschaften liebt, die der geliebte Mensch hat, sodass die Ursache der Liebe nicht in dem Liebenden, sondern in dem geliebten Wesen liegt. Anders ist es bei der geistigen Liebe. Die geistige Liebe ist gerechtfertigt, wenn man wegen seiner eigenen Eigenschaften liebt. Rudolf Steiner bezeichnet die geistige Liebe sogar als eine egoistische Liebe, die aber gar nicht fehlen darf und im Bezug des Menschen zur geistigen Welt absolut notwendig ist. Er sagt: *„diese Liebe zum Geistigen, die muss notwendiger Weise um unseretwillen geschehen. Wir sind Wesen, die ihre Wurzeln in der geistigen Welt* *haben. Es ist unsere Pflicht, uns so vollkommen als möglich zu gestalten. Um unseretwillen müssen wir die geistige Welt lieben.*"[114] Im konkreten Leben gibt es aber die Tendenz, dass beide Liebesweisen miteinander vermischt werden, und diese Tendenz ist ursprünglich luziferisch, jetzt aber auch ahrimanisch. Dadurch wird die geistige Beziehung entfremdet, schwärmerisch, unsachlich, sozusagen benebelnd-faszinierend, und die eigene, sittliche Vervollkommnung wird nicht recht angestrebt. Ebenso wird die personale Liebe durch die Vermischung mit der geistigen entfremdet; egoistische Erwartungen machen sich geltend, die nicht hereingehören.

Manche Menschen könnten sagen, dass sie die geistige Liebe gar nicht kennen. Steiner meint jedoch: „*In jeder Menschenseele ist ein lebendiger Trieb, eine lebendige Liebe zur geistigen Welt vorhanden, auch in den materialistischen Seelen. Die Menschen machen sich nur seelisch ohnmächtig gegenüber diesem Drang. Nun gibt es ein Gesetz, dass, wenn etwas auf der einen Seite durch Betäubung zurückgedrängt wird, es auf der entgegengesetzten Seite herauskommt … Es schlägt aus der geistigen Welt die Art von Liebe, die nur für sie berechtigt ist, in die sinnlichen Triebe, Leidenschaften, Begierden und so weiter hinein, und da werden diese sinnlichen Triebe pervers. Die Perversitäten der sinnlichen Triebe, alle abscheulichen Abnormitäten der sinnlichen Triebe sind das Gegenbild von dem, was hohe Tugenden in der geistigen Welt wären, wenn man die Kräfte, die dann in die physische Welt gegossen werden, in der geistigen Welt verwenden würde. Darüber muss man nachdenken, dass dasjenige, was in verabscheuungswürdigen Trieben in der Sinneswelt zum Ausdruck kommt, wenn es in der geistigen Welt verwendet würde, das Erhabenste in der geistigen Welt leisten könnte. Das ist ungeheuer bedeutsam …*"[115]

---

114 Steiner, Rudolf, „Die Geheimnisse der Schwelle", Vortrag vom 25. August 1913, GA 147, Verlag der Rudolf Steiner Nachlassverwaltung 1969, Seite 39 f.

115 Ebenda.

Tödliches Scheitern als Folge der Vermischung

Goethes Werther erlebt die geistige und die sinnliche Liebe intensiv und innig, jedoch in Form einer sozusagen tödlichen Mischung. Die geistige Seite erfährt er als Gottesliebe draußen in der Natur, in der Sonne, am fallenden Bach, in der undurchdringlichen Finsternis des Waldes, im Leben der kleinsten Insekten, die seinem Herzen fühlbar werden. Hier ahnt Werther die *„Gegenwart des Allmächtigen, der uns nach seinem Bilde schuf, das Wehen des Alliebenden, der uns in ewiger Wonne schwebend trägt und erhält"*.[116] Mit einer gleichartigen Innigkeit liebt Werther dann auch eine Frau, die bereits verlobt ist. Als ein rechtschaffener, ehrlicher junger Mann erlaubt er sich diese Liebe zunächst gar nicht, jedoch macht er sich damit nur etwas vor, denn die sinnliche Neigung schleicht sich unausweichlich ein, und die Vermischung mit der geistigen Liebe steigert sich und wuchert förmlich. Zuletzt verkehrt sich das an sich Schöne und Gute der Liebe in etwas Dämonisches, das ihn unausweichlich in den Selbstmord treibt.

Mitten hindurch

Goethe hat die Forderung der Entflechtung, die eigentlich das Leben an uns stellt, angenommen und beispielhaft erfüllt. Ausführlich erzählt er in „Dichtung und Wahrheit", wie er im Winter 1774/1775, kurz nach dem Erscheinen des Werthers, bei einer konzertanten Geselligkeit im Hause des wohlhabenden Bankiers Schönemann dessen 16-jährige Tochter in rauschender Gesellschaft, von vielen Kavalieren umworben, kennenlernt, und wie dann eine Beziehung entsteht, die sich von Woche zu Woche intensiviert, bis beide glauben, ohne einander nicht mehr auszukommen. Im April 1775 verloben sie sich. Goethe zweifelt jedoch an der Richtigkeit dieses Entschlusses und nimmt, um Abstand zu gewinnen, eine Einladung der

---

116 Goethe, „Die Leiden des jungen Werthers", MAI.2, S. 199 – Werthers Brief am 10. Mai.

Brüder Stolberg zu einer Reise in die Schweiz an, die zwischen Mai und Juli 1775 stattfindet. Die Reise führt in die Schweizer Alpen bis auf den Sankt-Gotthard-Pass, von wo aus die Stolbergs weiter nach Italien fahren wollen, Goethe aber vom Gedanken an Lili zurückgehalten wird und umkehrt. Wieder in Frankfurt, verstärkt sich das Gefühl der Unmöglichkeit der Verbindung, andererseits wächst das Verlangen nach Gemeinsamkeit. Zuletzt führen beide aus Vernunftgründen eine Trennung herbei.

Was in dieser Zeit aber tatsächlich im Inneren des Dichters vorgeht, erfahren wir aus Briefen, die er während dieser neun Monate an Auguste Stolberg schreibt. Auguste ist eine junge Frau, mit der Goethe eine Brieffreundschaft verbindet, die ebenfalls nach dem Erscheinen des Werthers im Herbst 1774 zustande kommt. Zuerst erhält Goethe einen anonym geschriebenen Brief von einer Unbekannten, die sich später als Auguste Stolberg entpuppt. Goethe und Auguste sollten sich in ihrem ganzen Leben niemals von Angesicht zu Angesicht sehen, sie verbinden sich nur geistig, und zwar in dem Moment, in dem Goethes Liebschaft mit Lili Schönemann in der angeführten Dramatik ihren Lauf nimmt.

Das Merkwürdige ist, dass Auguste den jungen Dichter des Werthers so innig verstanden haben muss, dass er ihr im Briefwechsel innere Erfahrungen mitteilt. Auszugsweise sei nun der Briefwechsel, von dem nur Goethes Briefe erhalten sind, angeführt.[117]

Gleich der erste Brief von Auguste hat das gegenseitige Vertrauen begründet. Goethes Antwortbrief entsteht, wie etliche andere auch, im Verlauf mehrerer Tage. Er wird zwischen dem 18. und 30. Januar 1775 geschrieben:

„Meine Teure – ich will ihnen keinen Namen geben, denn was sind die Namen Freundin, Schwester, Geliebte, Braut, Gattin oder ein

117 Alle Zitate des Briefwechsels mit Auguste Stolberg sind FA II, 1 entnommen.

Wort das einen Komplex von all denen Namen begriffe, gegen das unmittelbare Gefühl, zu dem – ich kann nicht weiter schreiben, Ihr Brief hat mich in einer wunderlichen Stunde gepackt. Adieu, gleich den ersten Augenblick!"

Tatsächlich lässt er den Brief in dieser Form während acht Tagen liegen und fährt dann fort:

„Ich komme wieder – Ich fühle sie können ihn tragen diesen zerstückten, stammelnden Ausdruck wenn das Bild des Unendlichen in uns wühlt. Und was ist das als Liebe! – Musste er Menschen machen nach seinem Bilde, ein Geschlecht das ihm ähnlich sei, was müssen wir fühlen wenn wir Brüder finden, unser Gleichnis, uns selbst verdoppelt.

Und so solls weg, so sollen Sie's haben dieses Blatt, obiges schrieb ich wohl vor acht Tagen, unmittelbar auf den Empfang ihres Briefes." Der Dichter denkt an das Bibelwort aus 1. Mose 1,27, wo es heißt: *„Gott schuf den Menschen ihm zum Bilde, zum Bilde Gottes schuf er ihn; und er schuf sie mannweiblich."* Hier leuchtet Goethes theistische Denkart auf. Augustes Schreiben muss die Wurzel seiner Frömmigkeit so getroffen haben, dass ihm nur der zitierte, stammelnde Ausdruck möglich war. Galante Worte waren hier ungemäß beziehungsweise unmöglich. Auguste bedeutete ihm sofort etwas, was gleichermaßen *„Freundin, Schwester, Geliebte, Braut, Gattin oder ein Wort das einen Komplex von all denen Namen begriffe"*. Die Aufzählung enthält mit *„Schwester"* und *„Braut"* sowohl die geistige als auch die personale Seite der Liebe. Wirksam aber kann hier nur die geistige Liebe sein. Das Bild Gottes im eigenen Menschsein hat sich ihm verdoppelt, weil er die ganze Fülle seiner geistigen Liebe unbeschadet Auguste zuwenden kann.

Auguste Stolberg befindet sich als 21-Jährige mit dem 25-jährigen Dichter im gleichen Jahrsiebt. Die Gleichaltrigkeit hat gerade für die spirituelle Entwicklung eine besondere Bedeutung.

Im zweiten Brief, der am 13. Februar 1775 geschrieben wird, stellt Goethe sich vor, weil Auguste ihn bis dahin nur als Autor kennt. Er erzählt:

„Wenn Sie sich, meine liebe, einen Goethe vorstellen können, der im galonierten Rock, sonst von Kopf zu Fuße auch in leidlich konsistenter Galanterie, umleuchtet vom unbedeutenden Prachtglanze der Wandleuchter und Kronleuchter, mitten unter allerlei Leuten, von ein paar schönen Augen am Spieltisch gehalten wird, der in abwechselnder Zerstreuung aus der Gesellschaft, ins Konzert, und von da auf den Ball getrieben wird, und mit allem Interesse des Leichtsinns, einer niedlichen Blondine den Hof macht; so haben sie den gegenwärtigen Fastnachts Goethe, der Ihnen neulich einige dumpfe, tiefe Gefühle vorstolperte, der nicht an Sie schreiben mag, der Sie auch manchmal vergisst, weil er sich in Ihrer Gegenwart ganz unausstehlich fühlt. Aber nun gibts noch einen, den im grauen Biberfrack mit dem braunseidenen Halstuch und Stiefeln, der in der streichenden Februarluft schon den Frühling ahndet, dem nun bald seine liebe weite Welt wieder geöffnet wird, der immer in sich lebend, strebend und arbeitend, bald die unschuldigen Gefühle der Jugend in kleinen Gedichten, das kräftige Gewürz des Lebens in mancherlei Dramas, die Gestalten seiner Freunde und seiner Gegenden und seines geliebten Hausrats mit Kreide auf grauem Papier, nach seiner Maase auszudrücken sucht, weder rechts noch links fragt: was von dem gehalten werde was er machte? weil er arbeitend immer gleich eine Stufe höher steigt, weil er nach keinem Ideale springen, sondern seine Gefühle sich zu Fähigkeiten, kämpfend und spielend, entwickeln lassen will. Das ist der, dem Sie nicht aus dem Sinn kommen, der auf einmal am frühen Morgen einen Beruf fühlt Ihnen zu schreiben, dessen größte Glückseligkeit ist mit den besten Menschen seiner Zeit zu leben …

Ob mir übrigens verraten worden: wer und wo Sie sind, tut nichts zur Sache, wenn ich an Sie denke fühl ich nichts als Gleichheit, Liebe, Nähe!"

Der sich innerlich entwickelnde Dichter, der gegenüber Auguste *„nichts als Gleichheit, Liebe, Nähe!"* fühlt, wird sich der luziferischen Vermischung als „Fastnachts Goethe" bewusst und kommt sich *„ganz unausstehlich"* vor.

Der dritte Brief an Auguste wird zwischen dem 7. und 10. März 1775 von Offenbach und Frankfurt aus geschrieben. Im nahen Offenbach verbringt Goethe bei Verwandten Lilis manche Tage mit der Freundin. Ohne sie zu nennen, erzählt er:

„… liebe Auguste – Gott weiß ich bin ein armer Junge – den 28. Februar haben wir getanzt die Fastnacht beschlossen – ich war mit von den ersten im Saale, ging auf und ab, dachte an Sie – und dann – viel Freud und Lieb umgab mich – Morgends da ich nach Hause kam, wollt ich Ihnen schreiben, ließ es aber und redete viel mit Ihnen – Was soll ich Ihnen sagen, da ich Ihnen meinen gegenwärtigen Zustand nicht ganz sagen kann, da Sie mich nicht kennen. Liebe! Liebe! bleiben Sie mir hold – Ich wollt ich könnt auf Ihrer Hand ruhen, in Ihrem Aug rasten. Großer Gott, was ist das Herz des Menschen! – Gute Nacht. Ich dachte mir sollts unterm Schreiben besser werden – Umsonst mein Kopf ist überspannt, Ade."

Goethes bewegte Anrufungen, Auguste möge ihm hold bleiben, sowie sein Verlangen, in ihrer Gegenwart rasten und ruhen zu wollen, beruhen auf der Tragfähigkeit ihrer geistigen Verbundenheit; jedoch taucht er offenbar zu tief in die Fastnacht-Vermischung, sodass der „Spiegel" der geistigen Bewusstwerdung gleichsam „beschlagen" ist, weshalb er sie anfleht, ihm trotzdem hold zu bleiben.

Der vierte Brief, der zwischen dem 19. bis 25. März geschrieben wird, beginnt mit den Worten:

„Mir ist wieder eine Zeit her für Wohl und Weh, dass ich nicht weiß ob ich auf der Welt bin, und da ist mir's doch als wär ich im Himmel. Dies liebe Schwester den 19. März Nachts um elf. Gute Nacht!"

Am 23. und 25. März wird der Brief fortgesetzt, woraus hervorgeht, dass Goethe mit dem Himmel ein Glücks-Erleben meint; die Verlobung mit Lili im April rückt näher. Die Tatsache dieses herannahenden Ereignisses kann einem Brief Goethes an Herder vom 25. März entnommen werden, in dem er sagt:

„Es sieht aus als wenn die Zwirnsfädgen, an denen mein Schicksal hängt, und die ich schon so lange in rotierender Oszillation auf und zudrille, sich endlich knüpfen wollten."

Der „Himmel" deutet an, dass die geistige Liebe einen Moment lang in ihrem Goldglanz fast blendet.

Der fünfte Brief an Auguste ist datiert vom 15. April. Die Verlobung wird wohl kurz vorher stattgefunden haben. Dem Brief liegt ein Gedicht mit Liedkomposition bei:

> *„Ihr verblühet süße Rosen*
> *Meine Liebe trug euch nicht ..."*[118]

Bereits diese Worte sprechen die Resignation aus, die Goethe mitteilen will. – Dann erzählt er, dass er Augustes Brüder erwartet:

118 Die Verse stammen aus dem Singspiel „Erwin und Elmire", entstanden zwischen 1773 und 1775.

„Ach Gott Ihre Brüder kommen, unsere Brüder, zu mir! – Liebe Schwester, das liebe Ding, das sie Gott heißen, oder wie's heißt, sorgt doch sehr für mich. Ich bin in wunderbarer Spannung, und es wird mir so wohl tun sie zu haben.“ Nach einigen Zwischenbemerkungen sagt er zuletzt nur noch: *„Lassen Sie nur meine Briefe sich nicht fatal werden, wie ich mir selbst bin da ich schreibe. Ich meine alle Falten des Gesichts drückten sich darin ab.“*

Goethe fühlt sich in dem Moment „fatal“, als die Verbindung mit Lili durch die Verlobung Gestalt annimmt. Da ist nun die bevorstehende Reise mit den Brüdern Stolberg in die Schweiz willkommen, von der er sich Abklärung erhofft. Das *„liebe Ding“*, das man Gott nennt, erlebt er als göttliches Schicksal, das ihm zwar Hoffnung gibt, hier aber auch nicht helfen sollte.

Während der Hinreise durch das Elsass erzählte er in einem Brief an Johanna Fahlmer vom 24. Mai von seiner Freude, Straßburg wiederzusehen, und schließt: *„So viel für diesmal vom durchgebrochenen Bären, von der entlaufenen Katze!“*, und am 5. Juni: *„... noch fühl ich ist der Hauptzweck meiner Reise verfehlt, und komm ich wieder, ist's dem Bären schlimmer als vorher.“* – Goethe hat das Bild vom Bären in einem Gedicht mit dem Titel „Lilis Park“ als Selbstcharakterisierung benützt; der Inhalt sei hier kurz angedeutet:

Lili, die an sich viele Verehrer hat, stellte er fabelartig als Besitzerin einer Menagerie von Tieren hin und schildert ihre Freier unter anderem als Federvieh in einem Kleintiergehege:

„... O wie sie hüpfen, laufen trappeln
Mit abgestumpften Flügeln zappeln
Die armen Prinzen allzumal
In nie gelöschter Liebesqual ...“

Er selbst steckt in einem von Lili gezähmten Bären, dem das *„Gegacker“* und *„Gequacker“* der Übrigen zuwider ist, fortläuft, aber dann, wie von einem Zauberband gehalten, umkehren muss. Nun regen sich die zwiespältigen Triebe:

> *„Dann fängts auf einmal an zu rasen*
> *Ein mächtger Geist schnaubt aus der Nasen …“*

Aber er kann doch nur noch den borstigen Nacken sträuben. Der Bär wird von allen umgebenden Naturwesen verhöhnt, will wieder fort, aber ein Zauber hält ihn nieder. Dann hört er Lilis Stimme aus einer Laube, legt sich vor ihr nieder, lässt ihre Füße über seinen Rücken streichen und genießt Seligkeiten. Überhaupt zügelt sie ihn, auf ihrer Spur zu bleiben. Wenn sie einmal von Liebe erweicht ist, tropft sie aus einem Fläschchen Balsam-Feuer auf die Lippen des Ungeheuers, das dann umso mehr an sie gebannt wird und ihr nachzieht. – Es ist nicht bekannt, wann das Gedicht tatsächlich entstanden ist. Gewiss ist aber, dass Goethe schon im Februar in einem Gedicht „Neue Liebe, Neues Leben“ von einem Zauberfaden spricht, der ihn wider Willen gefangen hält. Die Strophe lautet:

> *„Und an diesem Zauberfädgen*
> *Das sich nicht zerreißen lässt*
> *Hält das liebe lose Mädgen*
> *Mich so wider Willen fest.*
> *Muss in ihrem Zauberkreise*
> *Leben nun auf ihre Weise.*
> *Die Verändrung ach wie groß!*
> *Liebe liebe laß mich los.“*

Die Reise in die Schweiz bringt keine Klärung. In Zürich besucht er seinen Freund, den Pastor Lavater, der ihn jetzt mit den Worten charakterisiert: Goethe verbinde *„mit dem Grimm des Tigers die Gutherzigkeit eines Lämmleins“*.

Der sechste Brief ist vom 25. und 31. Juli. Er beginnt:

„Ich will Ihnen schreiben Gustgen, liebe Schwester, ob ich gleich, wäre ich jetzt bei Ihnen schwerlich reden würde.“ Er teilt seine Rückkehr aus der Schweiz mit, beteuert sein Verlangen nach der Brieffreundin und sagt von sich nur, immer noch ohne Lili zu erwähnen: *„Ich muss noch viel herumgetrieben werden, und dann einen Augenblick an ihrem Herzen.“*

Im siebten Brief, der am 3. August von Offenbach aus geschrieben wird, heißt es:

„O dass ich alles sagen könnte. Hier in dem Zimmer des Mädgens das mich unglücklich macht, ohne ihre Schuld, mit der Seele eines Engels, dessen heitre Tage ich trübe, ich! Gustgen … O mein Herz – Soll ich's denn anzapfen, auch Dir Gustgen, von dem hefetrüben Wein einschenken!“

Er schildert kurz, wie die Reise vergebens war und dass er sich nun *„so beschränkt wie ein Papagei auf der Stange“* vorkomme. *„Diese Leidenschaft ists die uns aufblasen wird zum Brand …“* Dann sagt er sogar auch von Augustes Briefen: *„… Und doch brennen sie mich in der Tasche … oft sind mir selbst die Züge der liebsten Freundschaft tote Buchstaben wenn mein Herz blind ist und taub – Engel es ist ein schrecklicher Zustand die Sinnlosigkeit. In der Nacht tappen ist Himmel gegen Blindheit …“*

Hier geht der Dichter nun durch die eigentlich kritische Phase mitten hindurch und wird mit Blindheit geschlagen, vom hefetrüben unreinen Wein der luziferisch-ahrimanisch verseuchten Leidenschaft berauscht, durch den aufgeblasenen Zustand hindurch, dessen dämonische Verdunkelung Werther das Leben gekostet hatte.

Der achte Brief wurde von Tag zu Tag zwischen dem 14. und 19. September geschrieben. In diesem Monat muss die Verlobung aufgegeben worden sein. Der „Zauberfaden" war aber damit nicht gleich durchgetrennt. Zu Beginn des Briefes meldet er: *„Heut bin ich ruhig, da liegt zwar meist eine Schlang im Grase ..."*, was ohne weiteren Kommentar blieb. Die Schlange mutet wie ein im Moment ruhendes, aber jederzeit zum Erwachen bereites Ungeheuer an, das nur ein anderes Bild für jenen Bären aus „Lilis Park" ist. Er berichtet nun viele Alltagskleinigkeiten, dass er wieder in Offenbach war und erzählt dann einen Tagesablauf:

„Ist der Tag leidlich und stumpf herumgegangen; da ich aufstund war mir's gut, ich machte eine Szene an meinem Faust. Vergängelte ein paar Stunden. Verliebelte ein paar mit einem Mädchen, davon dir die Brüder erzählen mögen, das ein seltsames Geschöpf ist. Aß in einer Gesellschaft ein Dutzend guter Jungens, so grad wie sie Gott erschaffen hat. Fuhr auf dem Wasser selbst auf und nieder, ich hab' die Grille, selbst fahren zu lernen. Spielte ein paar Stunden Pharao und verträumte ein paar mit guten Menschen. Und nun sitz ich Dir gute Nacht zu sagen. Mir war's in all dem wie einer Ratte, die Gift gefressen hat, sie läuft in alle Löcher, schlurpft alle Feuchtigkeit, verschlingt alles Eßbare, das ihr in Weg kommt, und ihr Innerstes glüht von unauslöschlich verderblichem Feuer."

Hier kennzeichnete Goethe den durch Vermischung unrein gewordenen Liebeswillen mit dem Bild der vergifteten Ratte aus der Faustszene *„Auerbachs Keller"*.

Der achte Brief geht jedoch noch weiter und mündet zuletzt in den Hinweis, dass die Prüfung bestanden sei. Zunächst schreibt er am 18. September, als er wieder nach Frankfurt kommt und Lili abends im Theater sieht, aber so weit ist, *„kein Wort mit ihr zu reden …“*, und am folgenden Tag: *„… halte nur das Steuer dass ich nicht strande. Doch bin ich gestrandet, ich kann von dem Mädchen nicht ab – heute früh regt sich's wieder zu ihrem Vorteil in meinem Herzen.“* Am Schluss des Briefes dann heißt es: *„O Gustgen wenn ich das Blatt zurücksehe! Welch ein Leben. Soll ich fortfahren? oder mit diesem endigen. Und doch Liebste, wenn ich wieder so fühle dass mitten im Nichts, sich doch wieder so viele Häute von meinem Herzen lösen, so die convulsiven Spannungen meiner kleinen närrischen Composition nachlassen, mein Blick heitrer über Welt, mein Umgang mit Menschen sicherer, fester, weiter wird, und doch mein Innerstes immer ewig allein der heiligen Liebe gewidmet bleibt, die nach und nach das Fremde durch den Geist der Reinheit, der sie selbst ist, ausstößt und so endlich lauter werden wird wie gesponnen Gold. – Da laß ich's denn so gehn – Betrüge mich vielleicht selbst. – Und danke Gott. Gute Nacht. Addio. Amen 1775.“*

In diesem Brief vermerkt Goethe auch noch: *„Hören Sie ich habe immer die Ahnung, Sie werden mich retten, aus tiefer Not, kanns auch kein weiblich Geschöpf als Sie.“*

Die Flamme der Liebe brennt nun auch nach der Trennung von Lili Schönemann in der Brieffreundschaft mit Auguste weiter. Eine Scheidung der unegoistischen von der egoistischen Liebe, die beide berechtigt sind, sich aber nicht vermischen dürfen, hat sich wie bei Faust als Schiffbruch, ohne zu ertrinken, vollzogen, und das Ergebnis ist das rein gewordene Herz, das sich nun im Denken offenbaren kann. In der holden Isolation der Brieffreundschaft lebt die stille Flamme der geistigen Liebe, ohne in die sinnliche Realität gezogen zu werden.

Auf der einen Waagschale liegt die luziferische, auf der anderen die ahrimanische Vermischung, und die rein sich erhaltende Beziehung bekommt Luft. Ein Schwebezustand war entstanden, bei dem gegenüber Auguste Stolberg die luziferische Schlange unschädlich war, aber der einen Waagschale Gewicht gab, auf der anderen

Schale aber das Gift der ahrimanischen Schlangen heraufgehoben war und als *„hefetrüber Wein“*, *„Rattengift“*, *„unauslöschlich verderbliches Feuer“* diagnostiziert werden konnte. In unserer Zeit wird jeder Mensch von diesem Ballast beschwert.

Im Markusevangelium sagt Christus: *„Im Inneren des menschlichen Herzens ist der Quell der schlechten Seelenregungen: Dort entspringen Unzucht, Diebstahl, Mordpläne, Ehebruch, Habsucht, Bosheit, Arglist, Ausschweifung, Scheelsucht, Lästerung, Hochmut Stumpfheit. Alle diese niederen Seelenregungen gehen aus dem Inneren hervor. Sie sind es, die den Menschen entweihen“* (Mk 7, 21–23). Diese Verunreinigung der Seele hat Goethe auch in dem fragwürdigen Produkt „Hanswursts Hochzeit“ als Sammlung aller *„Schimpf- und Ekelnamen“* als – wie er sagt – *„tolles Fratzenwesen“* als sozusagen konzentrierten Auswurf der verunreinigten „Abfallstoffe“ aus der Seele über Bord geworfen. Steiner sieht Goethes Seele als *„Kampfplatz, auf dem sich abspielt der Kampf zwischen dem Helden Goethe, der durch das ganze Leben ihn begleitet und der eigentliche Träger seines Genius ist, und zwischen etwas anderem, was er niederzukämpfen hatte in seiner Seele. Und wäre dieser Kampf nicht dagewesen: Goethe wäre nicht Goethe geworden“*.[119]

119 Steiner, Rudolf, „Psychosophie“ GA 115, Vortrag vom 2. November 1910, Verlag der Rudolf Steiner Nachlassverwaltung/Dornach, 1965, Seite 134.

1. MERKUREPOCHE

18. Die Schwelle der geistigen Welt

Die untersinnlichen und übersinnlichen Kräfte sind an sich nicht böse oder gut, werden aber von den verschiedenen Mächten benützt. Im Rückblick auf „Dichtung und Wahrheit" heißt es: *„Man hat im Verlauf dieses biographischen Vortrages umständlich gesehen, wie das Kind, der Knabe, der Jüngling sich auf verschiedenen Wegen dem Übersinnlichen zu nähern gesucht, erst mit Neigung nach einer natürlichen Religion hingeblickt, dann mit Liebe sich an eine positive festgeschlossen, ferner durch Zusammenziehung in sich selbst seine eignen Kräfte versucht und sich endlich dem allgemeinen Glauben freudig hingegeben. Als er in den Zwischenräumen dieser Regionen hin und wider wanderte, suchte, sich umsah, begegnete ihm manches was zu keiner von allen gehören mochte, und er glaubte mehr und mehr einzusehen, daß es besser sei den Gedanken von dem Ungeheuren, Unfaßlichen abzuwenden. Er glaubte in der Natur, der belebten und unbelebten, der beseelten und unbeseelten etwas zu entdecken, das sich nur in Widersprüchen manifestierte und deshalb unter keinen Begriff noch viel weniger unter ein Wort gefaßt werden könnte. Es war nicht göttlich, denn es schien unvernünftig, nicht menschlich, denn es hatte keinen Verstand, nicht teuflisch, denn es war wohltätig, nicht englisch, denn es ließ oft Schadenfreude merken. Es glich dem Zufall, denn es bewies keine Folge, es ähnelte der Vorsehung, denn es deutete auf Zusammenhang. Alles was uns begrenzt schien für dasselbe durchdringbar, es schien mit den notwendigen Elementen unsres Daseins willkürlich zu schalten, es zog die Zeit zusammen und dehnte den Raum aus. Nur im Unmöglichen schien es sich zu gefallen und das Mögliche mit Verachtung von sich zu stoßen. Dieses Wesen, das zwischen alle übrigen hineinzutreten, sie zu sondern, sie zu verbinden schien,* *nannte ich dämonisch nach dem Beispiel der Alten und derer die etwas ähnliches gewahrt hatten. Ich suchte mich vor diesem furchtbaren Wesen zu retten, indem ich mich, nach meiner Gewohnheit hinter ein Bild flüchtete.*“[120]

Dieses Bild schafft er in Form des Dramas „Egmont“, dessen eigentliches Thema die Freiheit ist, in der das „Dämonische“ in einem historischen Rahmen dargestellt wird. Der Dichter hat den historischen Egmont verjüngt und mit ungemessener Lebenslust ausgestattet, der ein grenzenloses Zutrauen zu sich selbst und zugleich die Gabe hat, alle Menschen anzuziehen. Er erwirbt sich die Gunst einer Fürstin, die Liebe des Volkes und die Zuneigung eines edlen Naturmädchens namens Clärchen. Die Politik aber vernichtet ihn: *„Durch Feinde die uns umzingeln schlagen wir uns allenfalls durch; die Netze der Staatsklugheit sind schwerer zu durchbrechen. Das Dämonische was von beiden Seiten im Spiel ist, in welchem Konflikt das Liebenswürdige untergeht und das Gehasste triumphiert, sodann die Aussicht, dass hieraus ein Drittes hervorgehe das dem Wunsch aller Menschen entsprechen werde.“* Goethe beschreibt dann etliche Phänomene dieser eigentlich unbezwinglichen Macht und deutet auf Menschen, die davon dirigiert werden. Sie *„sind durch nichts zu überwinden als durch das Universum selbst, mit dem sie den Kampf begonnen; und aus solchen Bemerkungen mag wohl jener sonderbare aber ungeheure Spruch entstanden sein, nemo contra deum nisi deus ipse“*. Der Spruch bedeutet: *„Niemand gegen Gott, es sei denn Gott selbst.“*

Nachdem Goethe das geschildert hat, fährt er fort: *„Nach diesen höheren Betrachtungen, kehre ich wieder in mein kleines Leben zurück, dem aber auch seltsame Ereignisse, wenigstens mit einem dämonischen Schein bekleidet, bevorstanden.“*[121] Dieser dämonische Schein tauchte zum Beispiel auch da auf, als er in die Schweiz reist

120 Goethe, „Dichtung und Wahrheit“, FAI.14, Seite 839 f.
121 Ebenda.

und Lili zurücklässt: *„So lang ich abwesend war glaubte ich an die Trennung, glaubt nicht an die Scheidung. Alle Erinnerungen, Hoffnungen und Wünsche hatten ein freies Spiel. Nun kam ich zurück und wie das Wiedersehn der frei und freudig Liebenden ein Himmel ist, so ist das Wiedersehen von zwei nur durch Vernunftgründe getrennten Personen ein unleidliches Fegefeuer, ein Vorhof der Hölle.“*[122] – Egmonts Tod handelt eigentlich von diesem geistigen Tod, den der theatralisch dargestellte Held freilich als physischen Tod erwartet. Von dem spanischen Herzog Alba überwältigt und eingesperrt und zum Tode verurteilt, träumt Egmont im Gefängnis seinen letzten Traum. Die Bühnenbildanweisung lautet: *„die Musik begleitet seinen Schlummer. Hinter seinem Lager scheint sich die Mauer zu eröffnen, eine glänzende Erscheinung zeigt sich. Die Freiheit in Himmlischem Gewand von einer Klarheit umflossen ruht auf einer Wolke. Sie hat die Züge von Clärchen und neigt sich gegen den schlafenden Helden.“*[123] Kurz darauf fällt der Vorhang, und das Stück endet mit einer „Siegessymphonie“. Beethoven hat sie vertont. Der ahrimanische und der luziferische Sündenfall zusammen bewirken, dass Freiheit möglich wird, die Goethe dichterisch-ästhetisch dargestellt hat. Wie auch immer man das Stück aufnimmt, hier repräsentiert eine Wolke die Luftgeistigkeit und mit ihr Clärchen – von der Wolke getragen – den Sieg über die untersinnlichen Gewalten. Das Drama hat Goethe im Spätsommer und Herbst 1775 gedichtet, jedoch erst über zehn Jahre später vollendet, als er auch seine erste Gesamtausgabe veranstaltet.

19. Von der Hütte zum Tempel

Das Betreten der Merkurepoche ist mit dem Erschließen des Denkens im Herzen verbunden. Dieses Denken sieht die Welt mit neuen

122 Ebenda, 341 f.
123 Goethe „Egmont“, MA3.1, Seite 328.

Augen, die für uns meistens noch von dem alles überlagernden Kopfdenken verschleiert sind. Der Anblick der Welt des Herzensdenkens kann aufgedeckt werden, indem wir versuchen mit Goethe diese Erlebnissphäre kennen zu lernen. Dafür müssen wir uns natürlich auch weiterhin auf die besonderen Umstände einlassen, in denen es ihm gegeben war, dieses Neuland zu betreten.

„Politischer Frost"

Die Seelenverfassung, mit der Goethe in Weimar eintrifft, war aufgepeitscht. Seine ganzen Zwanzigerjahre und zuletzt insbesondere während der Abfassung der Gretchentragödie und der Durchgang durch jene innere Hölle, von der er Auguste Stolberg schreibt, sind mit einer geistigen Überspanntheit zugebracht worden. Die Energie, mit der er gelebt, gestrebt, geliebt, gelitten und zuletzt die Gretchentragödie gedichtet und jene „Hölle" durchgemacht hat, von der er auch im Egmont-Drama berichtet, diese Energie war ein Feuer, das zuletzt beim Erwachen des Herzensdenken das entscheidende Ziel erreicht, nun sich aber nicht etwa beruhigt, sondern intensiviert und als ein nicht mehr zu ertragender „Brand" fortwirkt. In der ersten Fassung des Gedichts "An dem Mond" klagt er diesem Gestrin:

> *Das du so beweglich kennst*
> *Dieses Herz in Brand*
> *Haltet ihr wie ein Gespenst*
> *An den Fluß gebannt.*[124]

Sobald Goethe in Weimar eintrifft vermag er das Feuer seines geistigen Tätigkeitsdranges in einer bewusstseinsmäßig abgedämpften Form auszulassen, indem er in ein ministerielles Arbeitsfeld eintaucht. Er wird als Geheimrat tätig. Lakonisch schreibt er am

124 MA 2.1, Seite 34

22. November 1775, nachdem er also zwei Wochen in Weimar ist, an Auguste Stolberg: *„Schon fast vierzehn Tage hier im Treiben und Weben des Hofes“*[125], und am 22. Januar 1776 an Merck: *„Ich bin nun ganz in alle Hof- und politischen Händel verwickelt und werde fast nicht wieder weg können. Meine Lage ist vorteilhaft genug und die Herzogtümer Weimar und Eisenach immer ein Schauplatz, um zu versuchen, wie einem die Weltrolle zu Gesicht stünde. Ich übereile mich drum nicht, und Freiheit und Gnüge werden die Hauptkonditionen der neuen Einrichtung sein ...“* [126] Goethe war sich durchaus bewusst, dass er sich auf etwas einlässt, was nicht seiner eigentlichen Aufgabe entspricht. Er fährt fort: *„Ich habe einen Streich gemacht der hoffentlich durchgeht.“* Zehn Jahre bleibt er in die politische *„zeitliche Herrlichkeit“* untergetaucht. Dabei kommt es für ihn nun darauf an, den Kopf Über Wasser zu behalten.

Das „Gartenhüttgen“ im Tempel

Sogleich bei seiner Ankunft in Weimar interessiert er sich für das zum Verkauf anstehende Gartenhaus, das früher vielleicht als Winzerhaus diente, denn es stammt aus einer Zeit, in der hier der Weinbau wichtig war. Als er es kennen lernt, ist es ein bloßes Gartenhaus. Auch war der Park damals noch nicht eingerichtet, der erst nach und nach vom Dichter gestaltet wird. Es liegt außerhalb der Stadt mit dem fürstlichen Schloss, in dessen Gesellschaft Goethe sofort wie in einer vom Schicksal eingerichteten Großfamilie mit innigsten Freundschaften auf Anhieb integriert ist. Was ihn aber bewegt, gerade außerhalb der Stadt in einem wohl nicht gerade heruntergekommenen, aber doch reparaturbedürftigen, verhältnismäßig kleinen Häuschen sich einzurichten, das mehr einer Hütte als einem stattlichen Gebäude gleicht, hängt mit dem Entwicklungsschritt von der ersten zur zweiten Vaterstadt und dem Betreten einer neuen

125 GL Band I, Seite 763
126 WA - DTV 96, Seite 21

Seelenlandschaft zusammen. Am Anfang seines vierten Jahrsiebts findet jener „Wanderer" des Dichters inmitten der Tempelruine jene Hütte, die ein Bild für den Leib des Herzensmenschen ist. Hier wohnt die Mutter mit dem Kind, das dem Wanderer das zweite Ich spiegelt. Zu dieser Mutter mit dem Knaben auf dem Arm sagt er beim Abschied: *„Und kehr ich dann am Abend heim / Zur Hütte vergüldet, Vom letzten Sonnenstrahl, / Lass mich empfangen solch ein Weib / Den Knaben auf dem Arm"*. Am Abend seiner Wanderjahre kommt er, nachdem der wirklich abenteuerliche Untergang der „Mutter" in Gestalt Gretchens durchlitten und – unabhängig von Faust – das Wesen der Mutter im Herzensmenschen wiedergefunden wurde, im fünften Jahrsiebt an, in dem nun der innere Mensch wiedergeboren wird, für dessen „Hütte" er als Gleichnis das Gartenhaus findet. Hier wird nun das zweite Ich wiedergeboren, muss aber, wie gesagt, über Wasser gehalten werden, was er sich nun auch wieder sinnlich-empfindend vergegenwärtigt. Er verspürt das Bedürfnis, Schwimmübungen zu machen, was damals in keiner Weise üblich ist; *„Schwimmwams probiert"* vermeldet das Tagebuch einmal. Auguste Stolberg schreibt er:

Alles geben die Götter die unendlichen
Ihren Lieblingen ganz
Alle Freuden die unendlichen
Alle Schmerzen die unendlichen ganz.

Dazu schreibt er: *„So sang ich neulich als ich tief in einer herrlichen Mondnacht aus dem Flusse stieg der vor meinem Garten durch die Wiesen fließt."*[127] Auch treibt er allerhand Schabernack und erschrickt nachts die Bauern, die manchmal im Dunklen noch über die nahe gelegene Ilmbrücke gehen, wenn er wie eine Nixe aus

127 Goethe an Auguste Stolberg vom 17. Juli 1776: WA – DTV 96, Seite 165 f.

dem Wasser auf- und abtaucht und nixenhafte Geräusch von sich gibt. Besonders gern badet er bei Mondschein, auch noch in späten Novembertagen.

Goethes Gartenhaus in Weimar mit dem 1777 errichteten Altan. Aquarell von Georg Melchior Kraus (1733-1806).

Das Häuschen lässt er umbauen, legt den Garten an, pflanzt Bäume, Gemüse und Gewächse aller Art, beobachtet Gewitter, schläft im Freien und atmet den Geruch der Erde. Die Beziehung zur Erde ist ihm besonders wichtig. Am 19. Mai 1776 schreibt er an Frau von Stein: *„Zum ersten Mal im Garten geschlafen, und nun Erdkulin für ewig"*. „Erdkulin" ist ein Fabelwesen, zu dessen Erläuterung Elisabeth Damm in der Artemisausgabe sagt: *„Goethe, durch sein Häuschen im Ilmtal der Erde verbunden, vergleicht sich dem Erdkühlein, von dem eine märchenartige Geschichte aus dem 16. Jahrhundert erzählt. Es lebt, nur von der Mutter Erde ernährt, einsam in einem Häuschen im Walde und erquickt gute Menschen, die sich ihm nahen. So findet auch ein von einer bösen Stiefmutter im Walde zurückgelassenes Kind nach langem Umherirren zum ‚klei-*

nen Häuslin' des ,Erdkulin', was die elsässische Dialektform für Erdkühlein war."

Die elementare Natur, entdeckt Goethe in der Tiefe seiner Seele, holt sie herauf und erlebt sie mit gesteigertem Bewusstsein im erwachten Herzensdenken, in dem das Ich wiedergeboren wird.

Das Hüttenerlebnis wird nun vom Dichter nicht gerade ausgemalt. Aber von innen betrachtet findet er: *„Mein Haushalt fängt an sich zu ordnen, es ist einem in dem Gartenhüttgen, bald wie in einem Schiff auf dem Meer.*"[128] Ein Jahr später spricht er vom Geist der Hütte wie von einem Tempel. In einem Brief vom 4. September 1779 an Frau von Stein, berichtet er vom Besuch höherer Wesen: *„Der Besuch der schönsten Götter die den weiten Himmel bewohnen dauert bei mir immer fort, ich thue mein möglichstes sie gut zu bewirten, und wenn sie ja wieder scheiden sollten, so bitt ich dass sie mögen meine Hütte zum Tempel verwandeln in dem sie nie abwesend sind.*"[129] Von Moses sind solche geistigen Hütten-Erfahrungen bekannt. Moses baute während der Wanderung durch die Wüste eine Stiftshütte, in der er den Kontakt mit Gott pflegt, und zugleich bemerkt das alte Testament, dass jeder Israelit seine eigene Hütte habe. Goethe erlebt ein geistiges, man könnte wohl auch sagen mystisches Hüttenerlebnis, das auch ihm einen lebendigen Kontakt mit den Göttern erschließt.

Die Doppelgestalt des Leibes

In seinem 27. Lebensjahr offenbart sich dem jungen Goethe das Urbild des Menschen in Form eines Doppelwesens, in dem das Denken, das zuerst nur Kopfdenken sein kann, wie aus einem Dornröschenschlaf erwacht, als Herzensdenken regsam wird und einen anderen Teil vom Haus des Leibes bewohnt als das Kopfdenken.

---

128 Goethe an seine Mutter Katharina Elisabeth Goethe vom 16. November 1777, WA-DTV 96, Seite 187.

129 Goethe, an Frau von Stein vom 4. September 1779, WA-DTV Bd. 97. Seite 57.

So wie das Ich als zweites Ich erkennbar wird, ist es auch mit dem Leib, in dem sich das zweite Ich, das im Rumpf als Rumpfmensch oder Herzensmensch lebt, sich vom Kopfmenschen absetzt.

Das Denken im Bewusstsein des Herzens kann wahrnehmen, dass der Kopf ein Gebilde ist, das mit dem Kosmos verbunden ist, und ebenso nimmt der Kopf wahr, dass die innersten Tiefen des Menschseins im Rumpfmenschen leben. Goethe skizziert dieses neue Menschenbild innerhalb der Studien zu Physiognomie, die er als Beitrag zu Lavaters Werk „Physiognomische Fragmente" veröffentlicht. Da heißt es zunächst:

„Wie unser Haupt auf Rückenmark und Lebenskraft aufsitzt! Wie die ganze Gestalt als Grundpfeiler des Gewölbes dasteht, in dem sich der Himmel bespiegeln soll! Wie unser Schädel sich wölbet, gleich dem Himmel über uns, damit das reine Bild der ewigen Sphären drinnen kreisen könne! Wie dieser Behälter des Gehirns den größten Teil unseres Kopfes ausmacht!"[130]

Die Empfindung vom Kopf, in dem sich der Himmel spiegelt, wird ausgesprochen. Zugleich wird er als auf dem Rumpf aufsitzendes Gebilde unterschieden. Der Rumpf als pfeilerartig aufstrebend und der Kopf als lastend-aufsitzendes Gebilde zeugen von der Zweiheit als Kopfmensch und als Herzensmensch. Das ist eine Empfindung, die Goethe im Laufe der nächsten Jahre und Jahrzehnte ausgestalten wird.

So wie das Herz zum Kopf aufblickt und die Verwandtschaft mit dem Kosmos empfindet, ebenso blickt der Kopf zum Herzen herab und schaut in die Tiefen der menschlichen Natur. Davon kommen im Gesicht Empfindungen zum Ausdruck, die aus dem Rumpf aufsteigen und von dem Wesen des im Rumpf veranlagten Menschen

130 MA 2, 2 Naturgeschichtlicher Beitrag zu Lavaters „Physiognomischen Fragmenten", Goethe, Seite 525.

zeugen. Goethe spürt das als die *„innersten Tiefen der Menschheit"* und fährt fort:

„Wie über den Kiefern alle Empfindungen auf- und absteigen und sich auf den Lippen versammeln! Wie das Auge das beredteste von allen Organen, wo nicht Worte, doch bald der freundlichen Liebehingebenheit, bald der grimmigen Anstrengungen der Wangen, und aller Abschattungen dazwischen bedarf, um auszudrücken, ach nur um zu stammeln, was die innersten Tiefen der Menschheit durchdringt!"[131]

Steiner beschreibt ganz ähnliche Empfindungen, als er die Doppelnatur des Menschen erklärt. Er formuliert:

„Das Herz blickt zum Kopf auf und das Herz wird im Kopf sehen ein Abbild des ganzen Sternenhimmels. Der Kopf aber wird zum Herzen blicken, und wird im Herzen die Geheimnisse des Menschenrätsels finden, wird lernen, das eigentliche Wesen des Menschen im Herzen zu ergründen."[132]

Man könnte meinen, Steiner hätte in Anlehnung an Goethe diese Formulierung ersonnen, so ähnlich sind sich beide. Den Kopfmenschen und den Rumpfmenschen deutet Steiner in dem Bild einer vollkommen ausgebildeten Kugel und einer nur sichelmondförmig ausgebildeten Kugelgestalt an.

131 Ebenda.

132 GA 180, Steiner, Rudolf, „Mysterienwahrheit und Weihnchtsimpulse", Vortrag vom 12. Januar 1918, Rudolf Steiner Verlag/Dornach 1980, Seite 244.

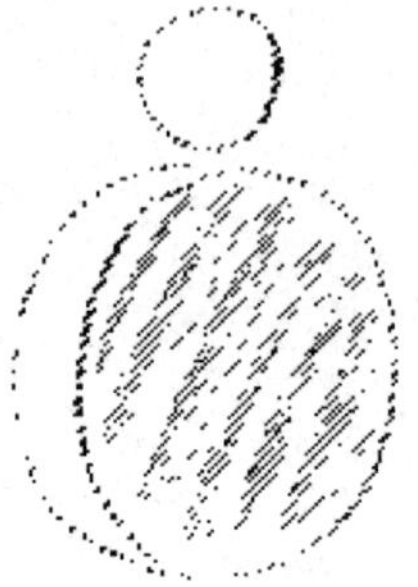

Die Doppelgestalt von Kopfmensch und Herzensmensch,
Zeichnung von Rudolfs Steiner, Vortrag vom 12. 1. 1918, GA. 180

Das Erleben der aufrechten Gestalt ist eine allerallgemeinste Gegebenheit des Menschseins, die in der Leibesform als ein Höchstes und Tiefstes erkannt werden kann. Von diesem Mysterium ist Goethe erfüllt, als er die Doppelgestalt skizziert und dann als Tor zu seinen naturwissenschaftlichen Beobachtungen und Forschungen gleichsam durchschreitet. Als er dann später die Metamorphose der Pflanze erforscht, das Urtier anvisiert und ebenso die Wirbeltheorie des Schädels, nennt er die Formen des Lebens, die sich da als drei Werdestufen zeigen, jeweils einen Typus, und das Ur-Typische davon ist der Mensch, der zuletzt zum Vorschein kommt. Für den Forscher mit erwachtem Herzensdenken aber kommt dieses letzte Produkt als Erstes zum Vorschein. Es ist wichtig, ins Auge zu fassen, dass das Ergebnis des Weltenwerdens, der Evolution, für das erwachende Hezensdenken sogleich keimhaft aufleuchtet. Nicht als Ergebnis von Forschungen, sondern vor allem Forschen. Zuallererst offenbart es dem Menschen, wer er eigentlich ist und dass er es da mit dem größten Rätsel zu tun hat, dem er sich als ein Stück Welterkenntnis durch Selbsterkenntnis widmen möge. Goethe prägt hierfür den Begriff des Typus. Er ist von Anfang an *„völlig überzeugt, ein allgemeiner, durch Metamorphose sich erhebender Typus gehe* *durch die sämtlichen organischen Geschöpfe durch, lasse sich in allen seinen Teilen auf gewissen mittleren Stufen gar wohl beobachten, und müsse auch noch da anerkannt werden, wenn er sich auf der höchsten Stufe der Menschheit ins Verborgene bescheiden zurückzieht. Hierauf waren alle meine Arbeiten ... gerichtet*".[133]

Geologie

Im fünften Jahrsiebt beginnt diese Arbeit des Lebens. Zuerst wendet er sich dem menschlichen Knochenbau und der Welt der Gesteine zu. Dies ist der Komparativ seines Naturerkennens. (s. S. 52)

Angeregt durch den Ilmenauer Bergbau, erstreckt sich schon 1776 Goethes forschend-beobachtendes Denken auf die Welt der Gesteine und Minerale. Er studierte mit Hilfe des Geologen J. C. W. Voigt (1752–1821), der für die Wiederinbetriebnahme der Bergwerke in Ilmenau berufen war, wofür Goethe sich verantwortlich gemacht hatte, die Geologie des umliegenden Thüringer Waldes. Bald ist er kundig und schreibt dem Freund Merck: „*Hab die meisten Stein- und Gebirgsarten beisammen ... Ich habe jetzt die allgemeinsten Ideen und gewiß einen reinen Begriff, wie alles aufeinander steht und liegt, ohne die Prätension auszuführen, wie es aufeinander gekommen ist. Da ich einmal nichts aus Büchern lernen kann, so fang ich erst jetzt an, nachdem ich die meilenlangen Blätter unserer Gegenden umgeschlagen habe, auch die Erfahrungen anderer zu studieren und zu nutzen. Dies Feld ist, wie ich jetzt erst sehe, kurze Zeit her mit großem Fleiß bebaut worden.*"[134] Er liest unter anderem Buffons „Des Epoques de la Nature", eine in sieben Epochen gegliederte Entwicklungslehre der Erde, kommt durch Voigt mit der Werner'schen Lehre in Berührung und kann nun seine eigenen Beobachtungen mit denen anderer zusammenbringen und sich der entsprechenden Terminologien bedienen. Er schreibt an Frau von

133 Goethe, „Tag und Jahreshefte" zum Jahr 1790, MA 14, Seite 17.
134 Goethe an Merck, WA-dtv Band 97, Seite 311.

Stein: *„Die Steine von Thüringen hab ich nun satt, das vorzüglichste kenn ich und das übrige läßt sich schließen oder von andern hören."* 1780 sendet er am 27. Dezember an den Herzog Ernst II. von Gotha eine Darstellung der thüringischen Gesteinsschichten und fügt hinzu: *„Noch eins muß ich freilich mit beifügen. Bei dieser Sache, wie bei tausend ähnlichen, ist der anschauende Begriff dem wissenschaftlichen unendlich vorzuziehen."* Goethe deutete noch den Wert dieses anschauenden Begriffes skizzenhaft an, indem er fortfährt: *„Wenn ich auf, vor oder in einem Berg stehe, die Gestalt, die Art, die Mächtigkeit seiner Schichten und Gänge betrachte und mir Bestandteile und Form in ihrer natürlichen Gestalt und Lage gleichsam noch lebendig entgegenrufe, und man mit dem lebhaften Anschauen, SO IST'S einen dunkeln Wink in der Seele fühlt SO IST'S ERSTANDEN!"*[135] So könne er davon durch Gesteinsproben und geologische Querschnitte nichts übermitteln.

Es ist das Anschauen, dem gegenüber das reine Urteil, ein Seiendes zu konstatieren, geltend gemacht wird. In diesem Urteil aber lebt der ganze, reiche Bezug Goethes zur Erde, der sich hier an einem bestimmten Phänomen geltend macht. Am 7. September 1780 schreibt er an Frau von Stein: *„Wir sind auf die hohen Gipfel gestiegen und in die Tiefen der Erde eingekrochen, und mögten gar zu gern der großen formenden Hand nächste Spuren ... entdecken."*[136] Den vorläufigen Höhepunkt geologischen Forschens vollbringt Goethe dann als Dichter, der über den Granit und die Angelegenheiten des „menschlichen Herzens" spricht. Vom Herzen als *„des jüngsten mannigfaltigsten beweglichsten veränderlichsten, erschütterlichsten Teiles der Schöpfung* – wird er – *zu der Beobachtung des ältesten, festesten, tiefsten, unerschütterlichsten Sohnes der Natur geführt"*, dem Granit: *„hier auf dem ältesten ewigen Altare der unmittelbar*

---

135 Goethe an Herzog Ernst II. von Gotha am 27. Dezember 1780, WA-dtv Band 98, Seite 25.

136 Goethe an Frau von Stein, am 7. September 1780, WA-dtv Band 97, Seite 283.

auf die Tiefe der Schöpfung gebaut ist bring ich dem Wesen aller Wesen ein Opfer. Ich fühle die ersten, festesten Anfänge unseres Daseins … meine Seele wird über sich selbst und über alles erhaben und sehnt sich nach dem nähern Himmel."[137]

Hier kündigt sich dem Dichter im Jahre 1784 der vollendete Geist der „Urworte Orphisch" auf der Höhe des fünften Jahrsiebts an. Auf diesem Gipfel hat er gleichsam die Flagge der Freiheit aufgerichtet.

„Schlußstein zum Menschen"

Das *„Stein- und Beinreich"* gehören zusammen. Als er erfährt, dass damals die Anatomen den Unterschied des Menschen vom Tier damit erklären wollen, dass der Mensch keinen Zwischen-Kieferknochen habe, weiß er sofort, dass das unmöglich ist, betreibt mit dem Anatom Loder von der Universität Jena Studien und entdeckt im Jahre 1784 den Zwischenkieferknochen. Am 27. März schreibt er Frau von Stein: *„Ich habe eine anatomische Entdeckung gemacht die wichtig und schön ist … Ich habe eine solche Freude, daß sich mir alle Eingeweide bewegen.*"[138] Nicht die Entdeckung eines Beweises ist es, die ihn jetzt bewegt, sondern eine Bestätigung dessen, was ihm bereits durch das Erleben der Doppelgestalt fassbar wurde. Dem Freund Herder schreibt er ebenso bewegt: Ich muss *„dich auf das Eiligste mit einem Glück bekannt machen, das mir zugestoßen ist. Ich habe gefunden – weder Gold noch Silber, aber was mir eine unsägliche Freude machte – das os intermaxillare am Menschen! Ich verglich mit Lodern Menschen- und Tierschädel, kam auf die Spur und siehe da ist es … Es soll dich auch recht herzlich freuen, denn es ist wie der Schlußstein zum Menschen, fehlt nicht, ist auch da!*"[139] Er macht seine Entdeckung nur in privaten Mitteilungen bekannt, und während er felsenfest vom Vorhanden-

---

137 Goethe, „Granit", MA 2, 2, Seite 505 f.

138 Goethe an Frau von Stein am 27. März 1784, WA-dtv 99, Seite 259.

139 Goethe an Herder, ebenda, Seite 258.

sein des Zwischenknochens beim Menschen überzeugt ist, gehen zunächst sämtliche Gelehrte auf Distanz. Nur Loder und Herder ist die Anerkennung möglich. Die Gelehrtenwelt pflichtet ihm erst Jahrzehnte später bei.

Was aber liegt der Entdeckung eigentlich zugrunde? Der *„Schlussstein zum Menschen"*, der ihm eine Freude macht, dass sich ihm *„alle Eingeweide bewegen"*, kommt aus jener Kraft, welche *„die innersten Tiefen der Menschheit durchdringt!"* Diese Kraft kommt in der Aufrichtung des Menschen an ihr Ziel, was er als Gestalt-Erleben bereits 1776 erfährt, jedoch nur erst blass, dessen umfassende Bedeutung ihn nun plötzlich so erfreut, dass sich ihm – wie er sagt – *„alle Eingeweide bewegen"*.

Man kann fragen, was es ausmacht, wenn man von so einem Gestalterleben gar nicht berührt wird, was in unserer Zeit zunächst der Fall ist. Hierzu sagt Steiner, dass sich für jeden Menschen beim Anblick des Todes unbewusst die gewichtige Frage stellt, woher die menschliche Gestalt kommt, weil man unbewusst weiß, dass sie an sich nicht mit den sterblichen Elementen vergehen und nicht dem Vergänglich-Irdischen angehören kann. Aber das Nichtkennen der Welt, mit der die Gestalt eigentlich zu tun hat, sei eine schwer auf dem Gemüt lastende Bürde. Er sieht darin den primären, aber unterbewussten Grund für unendlich viele Kümmernisse des Menschen: *„Und da entsteht die bange Frage vor dem menschlichen Gemüte, vor dem menschlichen Herzen: Wo also ist die Welt, aus der die menschliche Gestalt kommt? Wo ist sie, diese Welt? Aus dem Anblick des Todes geht die bange Frage hervor: Wo ist die Welt, diese andere Welt, aus der die menschliche Gestalt kommt?*

Sagen Sie nicht, meine lieben Freunde, daß Sie diese Frage noch nicht in dieser Weise formuliert gehört haben. Wenn man hinhört auf das, was die Menschen aus ihrem Kopfe heraus der Sprache anvertrauen, hört man diese Frage nicht formuliert. Wenn man hintritt vor die Menschen, und die Menschen die Klagen ihrer Herzen vorbringen – sie bringen manchmal die Klagen ihrer Herzen vor, indem sie irgendeine Kleinigkeit des Lebens auffassen und über diese Kleinigkeit des Lebens allerlei Betrachtungen anstellen, die sie als Nuance in ihre ganze Schicksalsfrage einfügen –, wer diese Sprache des Herzens versteht, der hört das Herz sprechen aus dem Unterbewussten heraus: Welches ist die andere Welt, aus der die menschliche Gestalt kommt, da doch der Mensch dieser Welt mit seiner Gestalt nicht angehört?“[140]

In diesen Formulierungen ist unterschieden zwischen dem, was die Menschen aus ihrem Kopfbewusstsein heraus sagen und was in der Sprache des Herzens gesagt werden könnte. Hier sind es die Kümmernisse, die vordergründig das Nichtkennen des Ursprungs der Gestalt verdecken, von denen der Kopf zunächst nichts weiß, das Herz aber von diesem Nichtwissen schwer bedrückt ist.

Hat Goethe diese Bekümmernisse in den Menschen seiner Zeit wahrgenommen? Als er in Ilmenau daran arbeitet, dass die stillliegenden Bergwerke zur Arbeitsbeschaffung der notleidenden Bevölkerung wieder in Betrieb genommen werden, zieht er sich von den mühsamen, oft auch unerfreulichen Arbeiten auch immer wieder zurück, besinnt sich auf sich selbst und taucht in das Reich seines errungenen Innenlebens ein. Im Loslassen der Sorgen entschlüpft ihm einmal ein diagnostischer Begriff vom Zustand der Menschen:

> „*Lasst mich vergessen dass auch hier die Welt*
> *So manch Geschöpf in Erdefesseln hält.*“[141]

Goethe verfügt über ein Gespür, mit dem er gerade die Erdenkräfte erforscht, nicht nur um Bergwerke wieder in Gang zu bringen, sondern um das Wesen des Menschen, um sich selbst zu verstehen,

---

140 Steiner, Rudolf, „Anthroposophie, eine Einführung“, GA 234, Rudolf Steiner Nachlassverwaltung, Dornach 1959, Seite 15 f.

141 Goethe aus dem Gedicht „Ilmenau vom 3. Sept. 1783“

denn er erforscht die Gesteinswelt nicht nur mit dem Kopf, sondern auch dichterisch. Gerade durch dieses ästhetische Medium erschließen sich dem Herzensdenken die Kräfte, die es wahrnimmt, wenn es regsam ist. Aber eben nur in Bildern kann er von dieser geheimnisvollen Kraft sprechen.

Er lehrt uns, die *„Erdefesseln"* zu überwinden und die Neugeburt oder zweite Geburt zu verstehen, die der Menschheit verloren gegangen ist, aber durch den Christus-Impuls neu möglich geworden ist.

20. Wiedergeburt in der Mitte des Lebens

„Wer nicht wiedergeboren wird aus Wasser und Luft, kann nicht in das Reich Gottes eingehen." Mit diesem Satz antwortet Christus in einem Gespräch mit Nikodemus, von dem das Johannesevangelium, auf die Frage, wie ein Mensch wiedergeboren werden kann, wenn er schon alt ist, berichtet. Es handelt sich um die unter- und übersinnlichen Kräfte, die ursprünglich aus der Erde und aus dem Planetensystem stammen, die das fünfte Jahrsiebt durchziehen, aus denen das „Ich" wiedergeboren wird. Hierfür muss die Seele eine gewisse Lauterkeit entfalten. Bei einer Initiation wird diese Lauterkeit mit einer gewissen Absolutheit gefordert, für unser gewöhnliches Leben kommt schon sehr viel auf die Tendenz des Strebens an. Goethe hat sie im konkreten praktischen Leben während des ersten Weimarer Jahrzehnts unausgesetzt in dem amtlichen Engagement praktiziert, das er in Weimar angenommen hat. Es handelt sich um eine Wasserprobe und eine Luftprobe, die bei einer Initiation in Form ganz bestimmter Prüfungen bestanden werden müssen.

Dasjenige, worauf es bei der Wasserprobe ankommt, ist Selbstbeherrschung. Im gewöhnlichen Leben kann sie angestrebt werden, wenn man nach Grundsätzen und selbst auferlegten Pflichten oder Regeln handelt. Steiner formuliert: *„Wer sich die Fähigkeit erworben hat, hohen Grundsätzen und Idealen mit Hintansetzung der* *persönlichen Laune und Willkür zu folgen, wer versteht, die Pflicht auch immer da zu erfüllen, wo die Neigungen und Sympathien gar zu gerne von dieser Pflicht ablenken wollen, der ist unbewusst schon mitten im gewöhnlichen Leben ein Eingeweihter.*“[142]

Ein solches Handeln nach Grundsätzen hat Goethe befolgt. Als er im Jahre 1775 nach Weimar übersiedelt, handelt er nach selbst auferlegten Pflichten, die er im Herzogtum Sachsen-Weimar-Eisenach übernimmt. Unter der Bedingung, jederzeit den Dienst verlassen oder nach Belieben Urlaub machen zu können, übernimmt er amtliche Verpflichtungen wie die Ilmenauer Bergwerkskommission, die Kriegskommission, die Wegebaukommission, sorgt für Wiesenbewässerung, für Vorschriften zur Feuerverhütung und vieles andere. Er wollte in Bereichen tätig sein, die, wie er sagte, *„vielen hundert Menschen nicht nötig sein mögen, deren ich aber zu meiner Ausbildung äußerst bedürftig war“*, wovon er einmal sagt: *„Das Tagwerk das mir aufgetragen ist, das mir täglich leichter und schwerer wird, erfordert wachend und träumend meine Gegenwart. Diese Pflicht wird mir täglich teurer, und darin wünscht ich's den größten Menschen gleich zu tun und in nichts größerm. Diese Begierde, die Pyramide meines Daseins, deren Basis mir angegeben und gegründet ist, so hoch als möglich in die Luft zu spitzen, überwiegt alles andere und lässt kaum augenblickliches Vergessen zu ...*“[143] An einen Studenten namens Plessing schreibt er: *„... so viel kann ich Sie versichern dass ich mitten im Glück in einem anhaltenden Entsagen lebe, und täglich bei aller Mühe und Arbeit sehe dass nicht mein Wille, sondern der Wille einer höhern Macht geschieht, deren Gedanken nicht meine Gedanken sind.*“[144] Daraus geht hervor, dass er

---

142 Steiner, Rudolf, „Wie erlangt man Erkenntnisse der höheren Welten“, Verlag der Rudolf Steiner-Nachlassverwaltung Dornach/Schweiz, 1961, Seite 83.

143 WA – dtv Band 97, Seite 299.

144 WA – dtv Band 99, Seite 14, Goethe an Victor Leberecht Plessing vom 26. Juli 1782.

nach Grundsätzen handelt, die Willkür, Neigungen und subjektive Sympathien hintansetzen. Goethe erlebt diesen Tatendrang als eine Art Rettung vor dem Ertrinken: *„Stündlich sehe ich mehr dass man sich aus diesem Strome des Lebens ans Ufer retten, drinne mit allen Kräften arbeiten, oder ersaufen muss.“*[145] Die Gefahr des geistigen Ertrinkens wird durch das Befolgen der Grundsätze gebannt. Davon berichtete er einmal in einem Brief vom August 1778 an Merck: *„... Im Innersten aber geht alles nach Wunsch. Das Element, in dem ich schwebe, hat alle Ähnlichkeit mit dem Wasser; es zieht jeden an und doch versagt dem, der auch nur an die Brust hereinspringt, im Anfange der Atem; muss er nun gar gleich tauchen, so verschwinden ihm Himmel und Erde. Hält man's dann eine Weile aus und kriegt nur das Gefühl, dass einen das Element trägt und dass man doch nicht untersinkt, wenn man gleich nur mit der Nase hervorguckt, nun so findet sich im Menschen auch Glied und Geschick zum Froschwesen, und man lernt mit wenig Bewegung viel tun. Bäume pflanzt ich jetzt, wie die Kinder Israel Steine legten zum Zeugnis.“*[146]

Goethe pflanzt *„zum Zeugnis“* Bäume und vergleicht das mit den Kindern Israels, die Steine setzten. Der Vergleich bezieht sich auf folgende Stelle aus dem Alten Testament: Die Israeliten mussten, als sie in das von Gott vorbestimmte Land einzogen, den Jordan durchqueren. Dabei geschah das Wunder, dass Gott das Wasser zurückhält, um sein Volk trockenen Fußes ans andere Ufer gelangen zu lassen. Zur Erinnerung wurde aus Steinen des Flussbettes ein Denkmal errichtet. – Indem Goethe sagt, er pflanzt zum Zeugnis, wie die Israeliten Steine setzten, Bäume, setzt er damit ebenfalls ein Zeichen, und zwar für das Bestehen der „Wasserprobe“, um die es sich hier handelt. Aber ebenso ist das Durchqueren des Jordans

145 Goethe an Frau von Stein, WA – dtv Band 96, Seite 174, 12. September 1777.

146 Goethe an Merk im August 1788, ebenda, Seite 238.

trockenen Fußes ein Bild für das Bestehen der Wasserprobe. Was hier als das „Heilige Land“ bezeichnet wird, ist damit nicht nur ein geografisches, sondern ein geistiges Land, das mit dem Bestehen der Wasserprobe betreten wird.

Wenden wir uns nun der Luftprobe zu: Auch hier geht es um eine Prüfung. Es handelt sich darum, dass aus der geistigen Welt Inspirationen an den Menschen herankommen, die abgepasst werden müssen. Solche Inspirationen kommen wie ein Schicksalswind, der die Wogen des Seelenlebens höherschlagen lässt. Das sind dann die inspirierenden Momente, in denen etwas herangeweht wird, das sogleich auch wieder verschwinden kann und abgepasst werden muss. Es bedarf daher der Geistesgegenwart, im entscheidenden Moment zuzugreifen. Das aber kann geübt werden und wird im Zusammenhang mit einer Initiation erwartet und kann wiederum auch im konkreten Leben erlangt werden. Steiner formuliert: *„Personen, die es dahin gebracht haben, dass sie, vor plötzlich an sie herantretende Lebensaufgaben gestellt, ohne Zögern, ohne viel Bedenken eines raschen Entschlusses fähig sind, ihnen ist das Leben eine solche Schulung. Die geeigneten Lagen sind diejenigen, wo ein erfolgreiches Handeln sofort unmöglich wird, wenn der Mensch nicht rasch eingreift. Wer rasch bei der Hand ist, zuzugreifen, wenn ein Unglück in Sicht ist, während durch einige Augenblicke Zögerung das Unglück bereits geschehen wäre, und wer eine solche rasche Entschlussfähigkeit zu einer bleibenden Eigenschaft bei sich gemacht hat, der hat unbewusst die Reife für die“* Luftprobe erworben.[147] Diese Geistesgegenwart ist Goethe als Dichter fortwährend eigen, der die Inspirationen abpasst, die schnell ergriffen werden müssen, um nicht, wie vom Winde verweht, ungenutzt wieder zu verschwinden.

Er befindet sich durch die Inspirationen, die ihm kontinuierlich zufließen, eben auf dem Weg einer inneren Entwicklung. Hinweise

---

147 Ebenda, Seite 86 f.

wie *„mein inneres Leben geht unverrücklich seinen Gang“*[148], oder *„... Ich darf nicht von dem mir vorgeschriebenen Weg abgehen, mein Dasein ist einmal nicht einfach ...“*[149], deuten das an. Als in dem thüringischen Dorf Apolda eine Feuersbrunst ausbricht und er an Ort und Stelle hineilte, schreibt er hernach ins Tagebuch: *„Ich danke nur Gott dass ich im Feuer und Wasser den Kopf oben habe, doch erwart ich sittsam noch starke Prüfungen, vielleicht binnen vier Wochen.“*[150] Goethe befindet sich zu diesem Zeitpunkt im 30. Lebensjahr. Nichts Äußeres passiert in der nächsten Zeit, aber ein besonderer innerer Werdeschritt auf dem Weg der inneren Entwicklung erfolgt, indem er vierzehn Tage später, am 7. August 1779, im Tagebuch notiert: *„Zu Hause aufgeräumt, meine Papiere durchgesehen und alle alten Schalen verbrannt. Andere Zeiten andere Sorgen. Stiller Rückblick aufs Leben ...“* Nun schaut er auf seine Jugend, blickt auf gewisse Verworrenheiten dieser Epoche und deutet dann auf einen geheimnisvollen Moment in der Biografie mit den Worten: *„... da die Hälfte nun des Lebens vorüber ist, wie nun kein Weg zurück gelegt sondern vielmehr ich nur dastehe wie einer der sich aus dem Wasser rettet und den die Sonne anfängt wohltätig abzutrocknen.“*[151]

Er empfindet Sonnenkräfte, und die Neugeburt oder Wiedergeburt erfolgt wie ein Auftauchen der Sonnenkräfte aus dem Strom des Lebens, was man in alten Zeiten auch Sonnengeburt genannt hat. In Zeiten, die viele Jahrtausende zurückliegen, war die Sonnengeburt etwas, was jeder Mensch mit der gleichen Regelmäßigkeit erlebte wie heute im 14. Lebensjahr die Pubertät. Später waren diese Wirkungen nicht mehr so allgemein, und heute entwickeln wir uns so, dass – wie Steiner formuliert – *„eigentlich ein Riss in*

---

148 Goethe an Frau von Stein vom 2. März 1779, WA – dtv Band 97, Seite 14.

149 WA – dtv Band 78, Seite 89, 14. Juli 1779, Goethes Tagebuch.

150 Ebenda, Seite 90, Tagebuch vom 24. Juli 1779.

151 Ebenda, Seite 93 f.

unserer irdischen Entwicklung von uns nicht bemerkt wird, wirklich nicht richtig bemerkt wird. Er ist auch kaum bemerkbar vorhanden. Was mit den Menschen so um das 30. Lebensjahr herum innerlich vorgeht, das bleibt ja für den heutigen Menschen zum großen Teil im Unterbewussten … Für eine Menschheit, die acht bis neun Jahrtausende vor der Begründung des Christentums lebte, war das ganz anders. Da entwickelte sich der Mensch bis etwa gegen das 30. Jahr hin so, dass seine Entwicklung kontinuierlich war. Aber im 30. Lebensjahr trat eine mächtige Metamorphose ein mit dem Menschen".[152] Diese Veränderung wurde als Sonnengeburt erlebt. Während man die Geburt des physischen Leibes als Mondengeburt bezeichnete, nannte man die zweite oder Wiedergeburt eine Sonnengeburt. Sie wurde – wie gesagt – in ganz alten Zeiten von jedem Menschen erfahren und hörte dann allmählich auf. In den Mysterien wurde sie noch durch Initiationsriten und Kulthandlungen künstlich aufrechterhalten. Aber auch das ging zurück und hörte auf, möglich zu sein. Am Ende dieser abwärts führenden Entwicklung wird nun das Christentum begründet.

Die Entstehung des Christentums bedeutet, dass die geistigen Kräfte der Sonne selbst in das Erdendasein heruntergestiegen sind. Mit der Begründung des Christentums hat sich das Sonnenwesen in den Leib des Jesus von Nazareth hineinbegeben. Rudolf Steiner formuliert: *„Aber die Sonnenkräfte, sie hat noch erkannt und sich danach richten können der Träger des Christus, Jesus von Nazareth. Und er musste sie kennen aus dem Grunde, weil er ja dazu bestimmt war, diese Sonnenkräfte, die man in den alten Mysterien nur durch die Aufschau zur Sonne erreichen konnte, in ihrem Herunterströmen auf die Erde in den eigenen Leib aufzunehmen … Das Wesentliche der Christologie bei der Begründung des Christentums war eben dieses, dass in dem dreißigsten Lebensjahre in dem Leibe*

152 Steiner, Rudolf, „Das Osterfest als ein Stück Mysteriengeschichte …", GA 233a, Dornach 1980, Seite 120.

des Jesus von Nazareth sich eine Umwandlung vollzogen hat, jene Umwandlung, die in Urzeiten in allen Menschen sich vollzogen hat, nur dass sozusagen in alle Menschen damals der Schein der geistigen Sonne eingezogen ist, während jetzt das Urwesen der Sonne, der Christus selbst, heruntergestiegen ist in die menschliche Entwicklung und Wohnung genommen hat in dem Leibe des Jesus von Nazareth. Das ist eben dasjenige, was dem Mysterium von Golgatha als ein Ur-Ergebnis des ganzen Erdenlebens zugrunde liegt.“[153]

Wiederkehr der Gefühlsereignisse

Die Auswirkung des Mysteriums von Golgatha auf den zur Wiedergeburt führenden Weg beschreibt Steiner als etwas, was mit der Wiederkehr der Gefühle zusammenhängt. Das gilt für Erlebnisse, die als einschneidende Gefühle oder Gefühlsereignisse auftreten. Wenn so ein Gefühlsereignis stattfindet, erfreulich oder bedrängend, erhebend oder niederdrückend, dann glätten sich die Wogen der Gefühle nach einer gewissen Zeit, aber das Gefühlsereignis selbst verschwindet nicht nur, sondern wirft außerhalb unseres Bewusstseins in der geistig-elementaren Welt Wellen auf, die weiterschwingen und – so merkwürdig es uns erscheinen mag – nach einiger Zeit wieder zu uns zurückkehren. Steiner beschreibt diesen Vorgang mit den Worten: *„Wenn ... so etwas auftritt ... irgendein bedeutsames Ereignis, zum Beispiel zwischen dem Zahnwechsel* (ZW) *und der Geschlechtsreife* (GR), *das sehr erregend in der Gefühlssphäre wirkt* (Spirale, rot gezeichnet), *dann findet etwas sehr Eigentümliches statt, das – weil heute ja nur roh beobachtet wird – in der Wirklichkeit eben gewöhnlich nicht beobachtet wird. Aber dieses Ereignis findet doch statt. Gewissermaßen ist der Eindruck da, der Gefühlseindruck schwingt ab im Bewußtsein. Aber wenn es sich um einen Gefühlseindruck handelt, dann geht, ganz abgesehen von dem, was in Ihrem Bewußtsein, in Ihrem Seelenleben überhaupt*

153 Ebenda, Seite 125.

sich abspielt, in der objektiven Welt etwas vor. Und wir können das, was in der objektiven Welt vorgeht, vergleichen wie mit einer Art von Schwingungserregung: es breitet sich aus in der Welt. Und das Merkwürdige ist, daß es sich nicht endlos ausbreitet, sondern wenn es sich genug ausgebreitet hat, wenn gewissermaßen seine Elastizität an einem Ende angekommen ist, dann schwingt es wieder zurück (rechter Halbbogen) *und es erscheint im nächsten siebenjährigen Zeitraum so, daß es wieder zurückkommt und in irgendeiner Weise ein von außen in Ihr Seelenleben eindringender Impuls ist.*

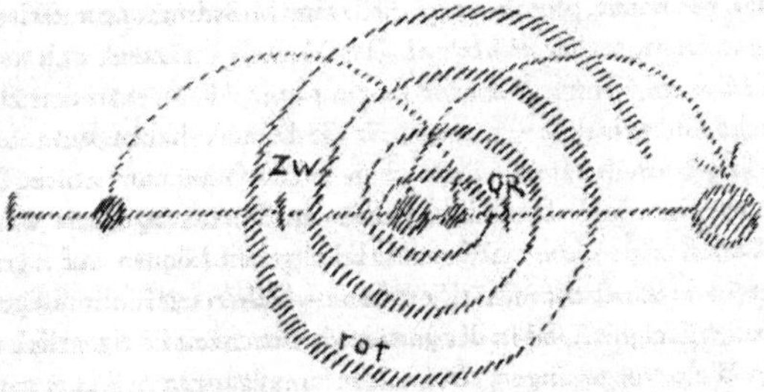

Zeichnung von Rudolf Steiner.

Ich will nicht sagen – weil das doch zusammenhängt mit der individuellen Lebensgestaltung –, daß ungefähr nach sieben Jahren immer solch ein Ereignis zurückkommt, das wäre nicht richtig. Aber es fällt in den nächsten siebenjährigen Zeitraum hinein, wird nur vom Menschen nicht beachtet.

Wir gehen fortwährend mit unserem Seelenleben durch solche Dinge durch, die in unser Gefühlsleben hereinschlagen und die die Rückwirkung der Welt auf dasjenige sind, was wir in der vorhergehenden siebenjährigen Periode in der Gefühlssphäre irgendwie erlebt haben. Also ein solches Ereignis, das uns irgendwie gefühlsmäßig erregt, das tönt wiederum im nächsten Lebensabschnitte in unser Seelenleben herein. Die Menschen beachten solche Dinge gewöhnlich nicht. Wer sich ein wenig Mühe gibt, kann solche Dinge schon äußerlich beobachten.

Wer hätte es denn noch nicht erlebt, daß bei irgendeinem Menschen, den man gut kennt, plötzlich vielleicht eine Missstimmung auftritt, man weiß gar nicht, woher es kommt. Der Mensch verändert sich aus heiterem Himmel heraus, wie man oftmals sagt. Wenn man den Dingen nachgeht und wirklich ein Auge, ein Seelenauge haben kann für das besondere Verhalten eines Menschen, wenn man namentlich fühlen kann, was ein solcher Mensch zwischen den Worten sagt, oder was er in den Worten sagt, dann wird man zurückgehen können auf irgendein solches – wie ich es charakterisiert habe – früheres gefühlsmäßiges, ihn erregendes Ereignis. Und in der ganzen Zwischenzeit ist eigentlich etwas in der Welt vorgegangen, was nicht vorgegangen wäre, wenn der Mensch nicht jene Gefühlserregung gehabt hätte. Aber das Ganze ist ein Vorgang, der außer dem, daß ihn der Mensch erlebt, sich auch noch objektiv außer dem Menschen abspielt."[154]

Die Welt, in der die Gefühlsereignisse fortschwingen und wiederkehren, ist die Elementarwelt, in der Elementarwesen leben. Sie besteht aus Wesen, die wir durch dasjenige Bewusstsein, das an den Kopf gebunden ist, nur nicht wahrnehmen. *„Nur dadurch, daß wir mit dem Haupte voll wach sind, ragen wir heraus aus diesem Wechselspiel mit den Elementarwesen. Nicht eingegliedert in das Reich der Elementarwesen sind wir nur durch unser waches Hauptleben. Da ragen wir gewissermaßen über die Oberfläche des elementarischen Meeres, in dem wir als Menschen fortwährend schwimmen, heraus."*[155]

---

154 Steiner, Rudolf, „Die Sendung Michaels, Vortrag vom 6. Dezember 1918, GA194, Rudolf Steiner Verlag Dornach/Schweiz, 1977, S. 121 ff.

155 Ebenda.

Dagegen sind wir mit unserem Gefühlsleben, das leiblich in den Rhythmusorganen der Brust, insbesondere im Herzen, verankert ist, mit der elementaren Außenwelt verbunden. Dadurch kommen Umwandlungen der Gefühlsereignisse zustande, die mit dem Schicksal des Menschen zu tun haben, das sich zwischen Geburt und Tod abspielt und den ganzen Lebenslauf beeinflusst. Die Gefühlsereignisse kehren nämlich nicht nur einmal zurück, sondern in einer periodischen Folge von Lebensepoche zu Lebensepoche. Sie reichen vom Kindesalter über die Lebensmitte bis hinauf ins hohe Alter. In dieser ganzen Lebenszeit wird am Schicksal des Menschen gezimmert. Das Karma, das zwischen wiederholten Erdenleben in einer großen Form wirksam ist, wirkt in einer kleinen Form zwischen Geburt und Tod.

Steiner weist darauf hin, dass in unserer Zeit ein Gespür für diese Gefühlsschicksale entwickelt werden sollte: *„Die Einsicht in solche Dinge wird allmählich allgemeine Bildung werden müssen. Diese allgemeine Menschenbildung ändert sich ja von Zeitraum zu Zeitraum … und wir stehen jetzt am Ausgangspunkte einer Zeit, wo aus der Entwickelung der Erde, der Menschheit heraus solche Intimitäten des Seelenlebens zum allgemeinen Bewusstsein kommen müssen. Der Mensch muß dahin kommen, sich genauer kennenzulernen, als man das bis jetzt für nötig gehalten hat. Sonst würden diese Dinge in der ungünstigsten Weise auf die Verfassung des ganzen Menschenlebens zurückwirken. Dass wir nicht wissen, wo irgendetwas, das uns erregt, seinen Ursprung hat, das hat ja nicht* *zur Folge, dass es in unserem Seelenleben nicht vor sich geht. Die Dinge kommen zurück, sie üben ihren Einfluss auf unser Seelenleben aus. Wir können sie uns nicht erklären, wir nehmen sie gar nicht einmal in unser Bewusstsein auf. Die Folge davon ist, dass wir allerlei Zustände kriegen. Und die Leute leiden heute sehr unter solchen Zuständen, die man einfach hinnimmt, von denen man natürlich nicht weiß, dass sie zurückführen auf frühere Erlebnisse. Was gefühlsmäßig ist, kommt in irgendeiner Weise zurück.*“[156]

21. Iphigenie, Leitbild der Wiedergeburt

Eines der intensivsten Gefühlsereignisse im Kleinkindalter entsteht, wenn das Ich-Bewusstsein geboren wird. Das Kleinkind sagt zumeist irgendwann im zweiten Lebensjahr zum ersten Mal „Ich“ zu sich, und dabei bildet sich die Ich-Vorstellung und das Ich-Gefühl. Die Ich-Vorstellung ist dann mehr oder weniger der Anfang des Gedächtnisses, an das hinfort das eigene Identitätserlebnis gebunden bleibt. Das Ich-Gefühl hingegen schwingt fort und kommt nun in einer periodischen Folge von Lebensepoche zu Lebensepoche zurück. Die Knotenpunkte sind dann bei einem regelmäßigen Verlauf das neunte, sechzehnte, dreiundzwanzigste und dreißigste Lebensjahr. Das ist eine Periodizität, die auch weitergeht, jedoch unterscheiden sich diese Knotenpunkte in große und kleinere, und in das dreißigste Lebensjahr fällt der Moment, an dem die Wiedergeburt in ihrer Essenz erfahren werden kann. Die Gefühlswogen schlagen auf. Im Allgemeinen gilt hier besonders: *„das menschliche Denken ist für das wache Tagesbewusstsein wie eine Insel inmitten der Fluten des in Eindrücken, Empfindungen, Gefühlen usw. verlaufenden Seelenlebens. Man ist bis zu einem gewissen Grade mit einem Eindruck, mit einer Empfindung fertig geworden, wenn man sie begriffen, das heißt, wenn man einen Gedanken gefasst hat,*

156 Ebenda.

der den Eindruck, die Empfindung beleuchtet. Selbst im Sturme der Leidenschaften und Affekte kann eine gewisse Ruhe eintreten, wenn sich das Seelenschiff bis zu der Insel des Denkens hingearbeitet hat.“[157] Im dreißigsten Lebensjahr kann dieser Moment die sehr große Bedeutung haben, dass die Wiedergeburt oder etwas von derselben erlebt wird. Das ist eine Thematik, von der erkannt werden kann, dass sie von den alten Griechen in dem Mythos von Iphigenie und Orest festgehalten wurde. Sie sind Bruder und Schwester, die als zwei zusammengehörige Bilder die Ich-Vorstellung und das Ich-Gefühl beleuchten. Man kann, wenn man das beschriebene Fortschwingen und Zurückkehren des Ich-Gefühls bedenkt, erkennen, dass Iphigenie ein Bild für das Ich-Gefühl darbietet, das fortschwingt und wiederkehrt. Der Mythos erzählt, dass Iphigenie von der Göttin Artemis in die Luft gehoben und auf die Insel Tauris geführt wurde, während ihr Bruder Orest – durch allerhand Schicksale gehend – zuletzt den Weg zu dieser Insel findet und dort seine Schwester wiedererkennt. Das ist ein Mythos, dessen Bilder die Thematik der Wiedergeburt behandelt. Der Name „Iphigenie“ wird von dem Mythenforscher Karl Kerényni als die *„mit Stärke über die Geburten Herrschende“* übersetzt. Diese Bedeutung passt auf die Wiedergeburt aus Wasser und Luft.[158] Iphigenie wird durch die Luft zu der Insel getragen, zu der Orest auf dem Wasser mit einem Schiff hingelangt. Der Treffort wird also durch Wasser und Luft erreicht. Nur eines der diesen Mythos umrankenden Nebenmotive sei herausgegriffen.

Auf der Insel Tauris herrscht der König Thoas. Er herrscht mit der barbarischen Sitte, alle Schiffbrüchigen zu opfern. Als Orest nun kommt, soll er auch geopfert werden. Nur dadurch, dass es ihm gelingt, seine Schwester zu erkennen, überlebt er. Der Dichter

---

157 Steiner, Rudolf, „Die Schwelle der geistigen Welt“, Dornach 1987, GA17 Seite 9.

158 Karl Kerényi, „Die Mythologie der Griechen“, München 1968, Seite 258.

Euripides (480–407 v. Chr.) lässt in seinem Drama „Iphigenie bei den Taurern“ die Schwester sagen, als Orest sie erkennt:

> *„Damals ließ ich dich ruhend im Arm*
> *der Amme zurück, so klein noch so klein!“*[159]

Es handelt sich um das zweite/dritte Lebensjahr, in dem die Trennung der Geschwister erfolgte, denn die Griechen hatten für dieses Lebensalter ein kultisches Fest eingerichtet, auf das Euripides sich bezieht. Somit ergibt sich, dass die Periodizität, die von der Geburt des Ich-Bewusstseins in diesem Alter ausgeht, von dem Mythos gemeint ist.

Im dreißigsten Lebensjahr wird nun auch Goethe inspiriert, ein Drama „Iphigenie auf Tauris“ zu dichten. Die äußeren Umstände waren ungünstig, denn seitens amtlicher Pflichten ist er gerade mit Rekrutenaushebungen beschäftigt, die der drohende Bayerische Erbfolgekrieg bedingt, als inmitten solcher praktischen Beschäftigungen, die auch mit vielem Reisen verbunden waren, ein unerwarteter Drang zur Ausgestaltung des Dramas einsetzte. Am 2. Februar 1779 notierte er ins Tagebuch: *„Früh Iphigenie anfangen diktieren.“*[160] Frau von Stein schreibt er am 14. Februar: *„Den ganzen Tag brüt ich über Iphigenie daß mir der Kopf ganz wüst ist ... So ganz ohne Sammlung ... wills sehr schwer sein etwas zu bringen ...“*, und am 22. Februar: *„Meine Seele löst sich nach und nach durch die lieblichen Töne aus den Banden der Protokolle und Akten ... und rufe die fernen Gestalten leise herüber. Eine Szene soll sich heut absondern denk ich ...“* Sein Freund Knebel berichtet, wie er einmal, am Tisch sitzend, das Manuskript vor sich liegen hat und die Rekruten um ihn stehen, und am 5. März 1779 sagt er dem

159 Euripides, „Iphigenie bei den Taurern“, Reklam Nr. 737, 1985, Seite 39.

160 Diese und die folgenden Zeugnisse von der Entstehung des Dramas aus MA 2.1, Seite 654 ff.

Freund: *„Ich muß dir gestehen daß ich als an... sehr geschunden bin, und hätt ich die paar sch... ruhigen und überlieblichen Dornburger Schlößge... wäre das Ei halb ausgebrütet verfault."* Es waren etw... chen, in denen die Inspirationen wie ein geistiges Wetterleu... die Dramatik erhellen und nur in diesem Moment, der eben nach Wochen zu rechnen ist, den Gehalt preisgeben. Am 6. April 1779 findet die Uraufführung im kleinen Kreis der Weimarer Freunde statt. Goethe spielte selbst Orest, Corona Schröter Iphigenie und der Prinz Constantin Pylades, welche Rolle später der Herzog übernimmt. Der Eindruck, den Goethe als Orest machte, muss überwältigend gewesen sein. Luise von Göchhausen schreibt an Goethes Mutter: *„... ich hab ihn in meinem Leben noch nicht so schön gesehen"*, und der Hofarzt C. W. Hufeland erinnert sich noch über 50 Jahre später: *„Nie werde ich den Eindruck vergessen, den er als Orest im griechischen Kostüm in der Darstellung seiner Iphigenia machte; man glaubte einen Apollo zu sehen. Noch nie erblickte man eine solche Vereinigung physischer und geistiger Vollkommenheit und Schönheit an einem Manne, als damals an Goethe."*

Orest als Goethes Dichtergestalt geht durch das *„Stirb und Werde"*. Genau in der Mitte des Dramas scheitert sein Orest, ähnlich wie Faust in der Gretchentragödie, denn so wie Gretchens Mutter ist auch Orests Mutter gestorben, was der alte Mythos noch viel radikaler hinstellt, nämlich als Muttermord. Auch der Vater war so einem Mord zum Opfer gefallen, womit der vorchristliche Mythos den Verlust der Wiedergeburt als abgrundtiefe Tragik zum Ausdruck bringt. Jetzt aber geht Goethes Orest zwar auch durch das *„Stirb und Werde"*, muss die ganze Verzweiflung durchmachen, schaut dem geistigen Tod sozusagen ins Auge und erlebt plötzlich unerwartet und unverhofft die Verlebendigung der Eltern. Gattenmord und Muttermord waren plötzlich wie geheilt, indem das Schicksal der Elternschaft erneuert auftaucht. Das ist das Novum in Goethes Iphigenie. Orest, der den Muttermord auf sich geladen hat, weil seine Mutter den Vater umgebracht hat, spricht die Erneuerung mit den Worten aus:

> *„Bist du's, mein Vater?*
> *Und führst die Mutter vertraut mit dir?*
> *Darf Klytaimnestra die Hand dir reichen,*
> *So darf Orest auch zu ihr treten*
> *Und darf ihr sagen: ‚Sieh deinen Sohn!'*
> *Seht euren Sohn! Heißt ihn willkommen.*"[161]

Das Wort *„Sieh deinen Sohn"* steht in einigen Goetheausgaben in Anführungszeichen und ist ein Zitat aus dem Johannesevangelium. Während der Kreuzigung spricht Christus zu der unter dem Kreuz stehenden Mutter im Hinblick auf den Jünger Johannes, der neben ihr steht, und da heißt es – übersetzt nach Luther: *„Da nun Jesus seine Mutter sah und den Jünger dabeistehen den er liebhatte, spricht er zu seiner Mutter: W e i b, s i e h e, d a s i s t d e i n S o h n! Danach spricht er zu dem Jünger: S i e h e d a s i s t d e i n e M u t t e r! Und von der Stunde an nahm sie der Jünger zu sich"* (Joh 19, 26, 27). Der Jünger, der die Mutter Jesu zu sich nimmt, empfängt eine Mutter, die mit der mystischen Geburt des inneren Menschen im Menschen zu tun hat; diese und nur diese kann nach der Geburt des inneren Menschen jungfräulich bleiben. Die leibliche Mutter Jesu kann ja wohl keine Jungfrau sein. Aber durch die Wirkung, die ihr Sohn als Gottessohn auf sie ausgeübt hat, kann ihr gesamtes Wesen wieder die Beschaffenheit der geistig-seelischen Jungfräulichkeit wiedergewonnen haben, sodass sie mit dieser verchristeten Natur ein äußerlich sichtbares Abbild des geistigen Urbildes sein kann. Sie wird damit zum Bild für die mystische Mutterschaft.

Zu der mystischen Familie gehört auch eine mystische Vaterschaft, auf die bezogen werden kann, dass sich der Christus im Evangelium

---

161 Zitiert nach Reclam, Universal-Bibliothek Nr. 83, Seite 38.

als „Bräutigam“ bezeichnet, was ja immer wieder der Fall ist, zum Beispiel in Markus 2,19,20.
Daraus ergibt sich die Überwindung des Ödipus-Falls. Nehmen wir das Christus-Ich als die Geistigkeit, die sich im Johannes-Evangelium durch die sieben „Ich-Bin“ Worte als der Erneuerer der Ichhaftigkeit des Menschen bekundet, der damit gerade auch das erste Ich zur Vaterschaft des zweiten Ichs erhöht, dann ist er unter anderem auch ein Bräutigam der Seelenmutter. So können wir ihn uns vor dem Mysterium von Golgatha in Bezug auf die Jünger vorstellen. Für sie bewirkt er durch seinen Wandel mit ihnen die Katharsis der Seele, die sich auch auf seine Mutter auswirkt. Wärhend dem Mysterium von Golgatha übergibt er nun diese gereinigte Mutterseele dem besonderen Jünger, den – wie es immer heißt – *„der Herr lieb hat“*. Der aber ist berufen diese Mutterseele in der Menschenheit wirksam werden zu lassen. In diesem mystischen Zusammenhang repräsentiert dieser Jünger den Sohn der erneuerten Mutterseele. Damit repräsentiert er dann auch das dritte Ich.
Goethe dürfte bei der Niederschrift des Dramas „Iphigenie auf Tauris“ von einer Auswirkung dieses Mysteriums inspiriert worden sein, sodass er die wiederhergestellte Elternschaft im Hinblick auf Orest mit dem Zitat aus dem Johannesevangelium versieht. Vor allem haben wir zu bedenken, dass Goethe selber die Wiedergebut erfahren hat und nun um das Verstehen dieser Erfahrung ringt. Er hat einmal gesagt, dass er von seinen eigenen Dichtungen lernen kann. Das ist ganz besonders bei „Iphigenie auf Tauris“ der Fall. Dieses Drama bewegt er jetzt acht Jahre lang weiter bevor er es veröffentlicht. Er schreibt es um, und zwar vier Mal, zuerst dichtet er es in Prosa, wandelt es in Verse um, dann wieder zurück in Prosa und zum vierten Mal wieder in Verse. Inzwischen ist er in Italien, in Rom und schickt das Werk als die sogenannte Römische Iphigenie nach acht Jahren seinem Freund Herder mit der Bemerkung: *„habe dabei mehr gelernt als getan.“* (Goehte an Herder, Rom, 13. Januar 1787)

22. Wilhelm Meister in der Verstandes-Gemütsseelenentwicklung im fünften Jahrsiebt

Zwischen 1777 und 1785 dichtet Goethe den ersten Meister-Roman, der bald den Titel „Wilhelm Meisters theatralische Sendung" erhält.

Das Werk ist eine Fragment gebliebene Dichtung, die aus 6 Büchern besteht, die vom Dichter nicht veröffentlicht vielmehr vernichtet wurden und nur wie zufällig im Jahre 1910 in Zürich von einem Schüler in Form einer Handschrift auf dem Dachboden des Hauses von Barbara Schultheß gefunden wurde. Goethe hat ihr im Verlauf der Entstehung die einzelnen Bücher zugeschickt, die sie vor der Rücksendung abschreibt, die jener Schüler seinem Lehrer Gurstav Billeter zeigt, der augenblicklich das Werk erkennt und sogleich im Jahre 1910 veröffentlicht.

Das erste Buch – 1777

Das erste Buch entsteht gemäß Tagebucheintragungen und Briefzeugnissen zwischen Februar 1777 und Januar 1778, was mit Bemerkungen wie *„in Garten diktiert an Wilhelm Meister"*[162] oder *„früh an Wilhelm geschrieben"*[163] festgehalten ist.

In diesem Buch wird Wilhelm Meisters Gretchentragödie beschrieben. Im zweiten und dritten Buch erscheint die 4 1/2 Jahre dauernde Jugendkrise. Weniger vom Inhalt als von der Entstehung her lenkt der Dichter unseren Blick auf diese 4 1/2 Jahre.

Während das erste Buch innerhalb eines Jahres entsteht, dehnt sich die Entstehung des zweiten Buches sage und schreibe genau über 4 ½ Jahre aus. Zuerst ist am 5. August 1778 in einem Brief Goethes an seinen Freund Merck von der Weiterarbeit die Rede. Er teilt mit, dass er im Begriff sei, *„das ganze Theaterwesen in einem*

---

162 Goethes Tagebuch vom 16. Februar 1777, WA-dtv Band 78, Seite 34.

163 Ebenda, 7. Juli, Seite 42.

Roman ... vorzutragen".[164] Die nächste Tagebucheintragung erfolgt erst am 5. Oktober 1778: *„Die Zeit her an Wilhelm Meister gedacht und geschrieben*".[165] Dann gibt es aus diesem Jahre nur noch eine letzte Eintragung, wo nur der Name *„Wilhelm Meister*" verzeichnet ist. Aus dem folgenden Jahr 1779 sind meines Wissens gar keine Hinweise auf eine Weiterarbeit bekannt. – Im Jahre 1780 wird am 6. und 25. Februar im Tagebuch festgehalten: *„Wenig an Wilhelm*" und *„Wilhelm Meister gelesen*". Der Roman ist aber trotz Hemmnisse weiter im Prozess. Am 5. Juni 1780 schreibt er Frau von Stein, wie er nach Gotha reitet und sich unterwegs seine *„Lieblingssituation in Wilhelm Meister*" ausmalt, dann aber bekennen muß: *„Ich ließ den ganzen Detail in mir entstehen und fing zuletzt so bitterlich zu weinen an, dass ich eben zeitig genug nach Gotha kam...*", und etwas später: *„Ich wollte gern Geld drum geben, wenn das Kapitel von Wilhelm Meister aufgeschrieben wäre; diktieren könnte ich noch allenfalls, wenn ich nur einen Reiseschreiber bei mir hätte. Zwischen so einer Stunde wo die Dinge so lebendig in mir werden, und meinem Zustand in diesem Augenblick wo ich jetzt schreibe ist ein Unterschied wie Traum und Wachen*".[166] Daraus ist zu ersehen, dass der Dichter mit inniger Anteilnahme in den Geschicken der Dichtung lebt, die aber gestaut sind und nicht herauskommen. Aus dem Jahre 1781 gibt es dann wiederum keine Zeugnisse von der Fortsetzung der Arbeit. Erst 1782 wird das zweite Buch fertig. Am 21. Juni 1782 heißt es: *„Meine ersten Kapitel von Wilhelm Meister sind nun bald in Ordnung und dann hoff ich soll die Lust kommen fortzufahren*", und zwei Tage später, am 23. Juni: *„Ich habe schon wieder angefangen an Willhelm zu schreiben ...*", dann heißt es am 24. Juni: *„... bin eben über meinem geliebten dramatischen Ebenbilde*", am 27. Juni: *„... ich bin an Wilhelm*", und endlich am

164 Goethe an Merk, WA-DTV Band 96, Seite 238.
165 Ebenda Seite 70.
166 Ebenda Band 97, Seite 231 f.

30. Juni: *„... mein 2. Buch im Ganzen zu Stande"*. Allerdings wird noch einige Wochen später, am 29. August gemeldet: *„Das zweite Buch Wilhelm Meisters ist bald fertig."*[167] – Die Entstehung des 2. Buches von Anfang des Jahres 1778 bis August 1782 beträgt also ca. viereinhalb Jahre. Im Roman wird diese Stauung nicht erwähnt. Sie kann aber an einigen Details erkannt werden. Goethe schildert in „Dichtung und Wahrheit", wie er vierzehnjährig nach dem Verlust Gretchens krank wird, dann halbherzig gesundet und im 19. Lebensjahr durch die große Jugendkrankheit geht, die ihn an den Rand des Todes führt. Bei Wilhelm Meister werden auch zwei Krankheiten geschildert, die aber dicht nebeneinander gerückt sind und wie eine Erkrankung mit Rückfall aussehen. Bei der zweiten heißt es, Wilhelms *„Natur, die wieder zum Geraden und Reinen strebte"*, führt ihn *„etliche male an die Pforte des Todes ... alles Fremde und Falsche ward vertrieben"*. Er hatte da *„rein allem Leben entsagt ... und so ward er wie ein Kind zum zweiten mal wieder ins Leben zurückgeführt."*[168] Das gleicht der Todesnähe. Danach kommt der Dichter auch auf die französische Talentverschiebung zu sprechen. Wilhelm bekennt seinem Freund Werner, dass er mit viel Enthusiasmus Corneille und andere französische Dichter als Vorbilder nachgeahmt hat, dann aber durch die französische Theorie der Lehre von den drei Einheiten aus der Bahn geworfen wurde. Er entziehe sich, wie er sagt, *„keiner Regel, welche aus der Beobachtung der Natur ... genommen ist, ich verachte auch diese sogenannten Einheiten nicht halte nur die Methode für ungeschickt, womit man uns diese sonst ganz guten und nützlichen Lehren vorträgt, weil sie* (diese Methode) ... *uns verhindert die wahren Verhältnisse zu erkennen.* Dann wird gründlich auseinandergesetzt, dass Ort, Zeit und Handlung, welche als drei Einheiten genommen werden sollen, etwas so ungleichartiges sind, dass sie nicht aneinandergereiht

---

167 Ebenda Band 99, Seite 50.
168 Ebenda Seite 64.

werden dürfen. Tut man das, dann werden ungleiche Dinge aneinandergereiht, die nicht zusammengezählt werden können. Wilhelm sagt, das wäre, wie *„wenn einer den Menschen einteilte in Seele, Leib, Haare und Kleider“*. Da fällt *„die Albernheit einer solchen Lehrart bald auf ...“*[169] Das aber hat Goethe als Dichterknaben aus der Bahn gebracht; hatte er doch *„Racine und Moliere ganz und von Corneille einen großen Teil durchzuarbeiten die Anhaltsamkeit gehabt“*.

Das dritte Buch, Oktober und November 1782

Das dritte Buch entsteht im Oktober und November 1782 in nur zwei Monaten. Am 18. Oktober schreibt der Dichter an Frau von Stein: *„Ich bin am Wilhelm fleißig, das dritte Buch ruckt zu“*, und in diesem Stil gibt es dann eine ganze Reihe von Äußerungen, bis am 12. November von der Fertigstellung gesagt wird: *„Nachdem ich heute früh das dritte Buch meines Wilhelms glücklich beschlossen, grüße ich dich ...“*[170] - Diese kurze Dauer ist ein Hervorschnellen des dritten Buches als Gegenwirkung zu der vorangegangenen Stauung von viereinhalb Jahren. Die Niederschrift der weiteren drei Bücher erfolgt dannn 1783, 1784 und 1785 von Jahr zu Jahr.

Goethes große Jugendkrise von 4 1/2 Jahren im dritten Jahrsiebt war eine Stauung in der Entfaltung seines dichterischen Schicksals das unmittelbar in seiner Jugendinitiation einmündet und von da geht nun eine poetische Wirkung aus die Steiner in Vorträgen über „Das Karma des Berufs in Anknüpfung an Goethes Leben" als vier Strömungen beschreibt, in denen sich das Karma des Menschen geltendmacht. Seine Hinweise seien den weiteren Ausführungen über „Wilhelm Meisters theatralischer Sendung" im fünften Jahrsiebt

169 Ebenda Seite 66 f.

170 Ebenda, Brief an Frau von Stein vom 12.11.1782.

und den dann folgenden Begebenheiten der zweiten Lebenshälfte der Biographie vorangestellt.

Vier Schicksalsströme

In der Entwicklung des physischen Leibes, des ätherischen Leibes, des astralen Leibes und des „Ich", taucht ein Karma auf das einerseits aus früheren Erdenleben kommt, andererseits die folgenden zukünftigen Erdenleben vorbereitet. Steiners Schilderungen seien angeführt:

„Wenn man die Entwickelung eines Kindes betrachtet vom siebenten bis zum vierzehnten Jahre ungefähr - ungefähr, denn alles das ist annähernd -, dann wird man finden, dass gerade in dieser Zeit bei dem Kinde gewisse Eigentümlichkeiten hervortreten, die diese Lebensperiode besonders auszeichnen. Man wird bemerken, dass sich in dieser Zeit, in einer gewissen Weise allerdings, gewisse Dinge konsolidieren. Manches tritt ja schon, weil die Dinge sich durcheinander schieben, auch in den ersten sieben Lebensjahren auf, aber genau, tiefer beobachtbar ist es erst vom siebenten bis vierzehnten Lebensjahre ungefähr. Man wird finden; dass in einer bestimmteren Weise dasjenige im werdenden Menschen hervortritt, was man nennen kann die durch die Körperlichkeit, durch die ganze Art des Sich- Gebens - aber insofern, als dieses Sich- Geben in der Haltung, in der Gestenhaftigkeit der Körperlichkeit, in der ganzen Lebenshaltung zum Ausdruck kommt - gewissermaßen konsolidierten inneren Eigentümlichkeiten. Was sich da konsolidiert, allerdings nicht alles, aber ein großer Teil desjenigen, was da macht, daß ein Mensch sogar gedrungene Gestalt hat, daß er kurz ist, kürzere oder längere Figur hat, daß er in einer gewissen Weise auftritt, festen Tritt oder tänzelnden Schritt hat, um radikale Gegensätze zu sagen, kurz, das, was mit dem Körperlichen der Lebenshaltung zusammenhängt, ist hier gemeint. Wie gesagt, nicht alles, aber ein großer Teil desjenigen, was so in dem werdenden

Menschen auftritt, das ist herrührend aus den Karmawirkungen des Berufes der vorhergehenden Inkarnation.
Und wenn nun diese Lebensperiode zu Ende ist, oder schon vorher - die Dinge, wie gesagt, schieben sich ineinander -, da tritt der Astralleib in einer ganz besonderen Weise auf und dieser Astralleib - wenn man die Sache weiß, wenn sie aus der Geisteswissenschaft herausgeholt ist, so kann sie auch äußerlich auf dem physischen Plan beobachtet werden -, der wirkt zurück auf das, was sich vorher ausgebildet hat. Er wirkt zurück in einer solchen Weise, daß er umbildet nach anderen karmischen Kräften das, was sich aus dem reinen Berufskarma vom siebenten bis zum vierzehnten Jahre ergeben hat. Es sind also im Menschen hier zwei miteinander im Kampfe befindliche Kräfte. Die einen gestalten ihn; die kommen mehr aus dem Ätherleib. Die anderen wirken diesen Kräften entgegen und paralysieren sie zum Teil, so daß der Mensch durch diese anderen mehr aus dem Astralleib kommenden Kräfte dazu getrieben wird, umzugestalten das, was ihm aufgedrängt hat das Berufskarma aus der vorhergehenden Inkarnation. Wir können also sagen: Der Ätherleib wirkt gestaltend - denn das, was als Haltung im physischen Leib im Sich- Geben auftritt, das rührt aus dem Ätherleib her -, der Astralleib wirkt umgestaltend. Durch das Spiel der beiden Kräfte, die da wirklich, man möchte sagen, arg im Kampfe miteinander liegen, wird vieles ausgedrückt für das Wirken des Berufskarmas."[171]

Im Ätherleib lebt der Zeitstrom der aus der Vergangenheit kommt und im Astralleib lebt die aus der Zukunft kommende Strömung. Beide Zeitströme durchziehen die Seele in der entgegengesetzten Richtung. Sie sind überhaupt die Träger unserer Vorstellungen und Gefühle, die aber mit dem Karma verknüpft sind.

---

171 Steiner, Rudolf "Das Karma des Berufes des Menschen in Anknüpfung an Goethes Leben", GA 172, Vortrag vom 13.11.1916, Seite 108ff

Doppelstrom der Zeit
Der ätherische Strom AB geht von der Vergangenheit in die Zukunft, und der astrale Strom CD = von der Zukunft in die Vergangenheit.[172]

„Für den physischen Leib kommt für die erste Lebensepoche vor allen Dingen in Betracht, wie der Mensch durch sein Karma sich hineinstellt in die Welt. Schon was wir für einen physischen Leib haben, hängt ja davon ab, denn wir stellen uns durch unser Karma in eine bestimmte Familie hinein, die einer bestimmten Nation und so weiter angehört. Dadurch bekommen wir einen ganz bestimmt gearteten Leib. Aber nicht nur, daß wir einen ganz bestimmt gearteten Leib bekommen, sondern wieviel, denken Sie, hängt ab von dem Verlauf unseres Lebens, von der Situation, in die wir uns hineinbegeben, indem wir uns in eine bestimmte Familie hineinstellen. Damit ist ja schon der Ausgangspunkt für unendlich vieles in unserem Leben gegeben. Und in der Tat, wirksam im physischen Leib, um den physischen Leib könnte man besser sagen, sind in der Zeit, in der sich der physische Leib besonders entwickelt, in den ersten

172 Diese und die folgende Zeichnung von Rudolf Steiner aus "Psychosophie" GA 115

sieben Lebensjahren, Kräfte, welche herrühren von dem, wie wir mit Menschen in der vorhergehenden Inkarnation zusammengelebt haben, indem wir in dieser oder jener Beziehung zu diesen oder jenen Menschen gestanden haben nicht in irgendeinem Lebensteil - das kommt auf ein anderes Gebiet -, sondern das ganze Leben hindurch. Das wird verarbeitet. Tiefe Beziehungen bilden sich ja heraus zu unserer Seele, indem wir zu Menschen in Beziehungen treten. Das tragen wir durch die Todespforte, und durch diese Kräfte bewirken wir, daß wir uns wieder in eine bestimmte Familie, in eine bestimmte Lebenssituation hineinstellen. So daß wir sagen können: Dasjenige, was schon gewissermaßen unseren physischen Leib hineinstellt, durch unseren physischen Leib wirkt, das ist das, was die Lebenssituation gestaltet. Das wirkt natürlich weiter durch das folgende Leben und das erlangt jetzt die Gegenkraft durch das Ich. Das Ich wirkt auslöschend auf die Lebenssituation, aber es wirkt im Kampf mit dem. was determiniert in der Lebenssituation. So dass man sagen kann: Physischer Leib: Lebenssituation schaffend; Ich: Lebenssituation umschaffend. Durch das Zusammenwirken von diesen beiden, durch einen Kampf, durch einen Kampf, den diese beiden bewirken, wird eine andere Karmaströmung ins Leben eingreifen. Denn immer ist im Menschen vorhanden das, was ihn in einer bestimmten Situation erhalten will, und das, was ihn herausheben will aus der bestimmten Situation." [173]

1.	Physischer Leib:	Lebenssituation schaffend
2.	Ätherleib:	Gestaltend
3.	Astralleib:	Umgestaltend
4.	Ich:	Lebenssituation umschaffend.

In primärer Weise wirken also 1 und 4 und 2 und 3 aufeinander... Die Art und Weise, wie wir nach unserem Karma mit neuen Menschen in einem Leben in Zusammenhang treten, hängt ab von 1

---

173 Ebenda

und 4 in ihren Zusammenhängen... Die Art und Weise, wie wir den beschäftigungsgemäß beruflichen Lebenszusammenhang finden, das hängt zusammen mit 2 und 3 und ihrem gegenseitigen Aufeinanderwirken."

Dieser karmische Zusammenhang sei zu der Zeichnung der zwei Zeitströmungen hinzugefügt. Die vom physischen Leib ausgehende Wirkung strebt von unten nach oben und die Strömung des Ich von oben nach unten.

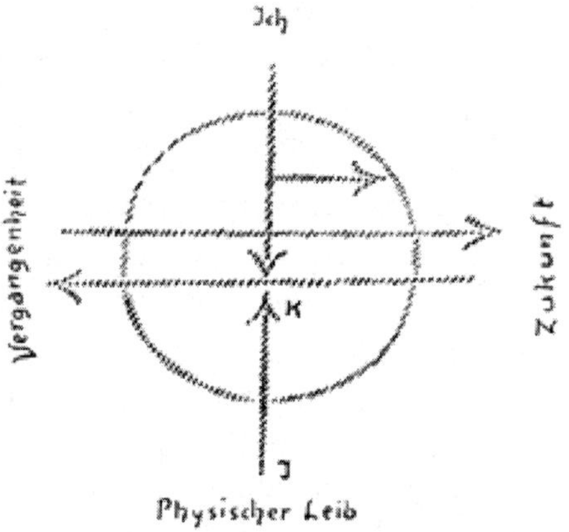

Das Karma des physische Leibes und des Ich werden von den senkrechten Pfeilen angedeutet.
Die Ich-Vorstellung oder das Ich-Bewusstsein kleiner Pfeil nach rechts[174]

Die vier Ströme sind im konkreten Leben eine Art Kraftkomplex, den Steiner auch mit den vier Saiten einer Violine vergleicht. So wie der Geigenbogen alle vier Saiten anstreicht und eine Melodie hervorbringt ebenso kann das Karma des Menschen als ein

174 Steiner Rudolf "Psychosophie" GA 115, Vortrag vom 4. November 1910, Verlag der Rudolf-Steiner Nachlassverwaltung Dornach/ Schweiz

individuelles Zusammenspiel der vier Saiten des Schicksals erkannt werden. Aber die „*Lebensmelodie*" eines jeden Menschen ist individuell verschieden und will individuell entziffert werden. Auf diesem Hintergrund fahren wir nun mit der Betrachtung von „Wilhelm Meisters theatralischer Sendung" fort.

Schicksalslenkung

Die 4 1/2 Jahre währende Verzögerung in der Abfassung der theatralischen Sendung erweist sich — wie gezeigt — als Wiederkehr der in Involution begriffenen Krise aus Goethes drittem Jahrsiebt. Hier kommt einerseits aus der Vergangenheit das Schicksal, in dem durch das zweite Jahrsiebt altes Berufskarma ins Leben hereinwirkt, dem andererseits die aus der Zukunft kommende Kraft entgegenwirkt um alte in neue Kräfte umzuwandeln. Goethe hatte sich in seiner Kindheit mit enormer Energie in die französische Sprache hereingefunden was sich dann scheinbar als großes Unglück auswirkt. Ist es aber nicht vielleicht ein selbst gesuchtes „Unglück" dass zu der Konsequenz führt, die große Krankheit auszulösen und gerade dadurch erst den eigenen Weg auszumachen. Können wir solche Vermutungen in seiner Lebensmelodie entziffern? Hat er uns denn so etwas wie eine Lebensmelodie seines Schicksals aufgezeichnet? In seiner theatralischen Sendung hat er Verse eingefügt, die später in den Lehrjahren ausdrücklich als Lieder mit Vertonungen ausgegeben worden. Diese Melodien stammen von dem bisher in der Goetheforschung meist zu Unrecht verkannten Komponisten Zelter. Sie bringen höchst treffend den Gehalt der Lebensmelodie zum Ausdruck. Es ist das Kind Mignon, das sie singt, die Goethe dem Leser nach und nach mitteilt.

Mignon

Wilhelm Meister begibt sich im 3. Buch auf Reisen. Hier lernt er das Kind Mignon kennen.

Als er in einem Wirtshaus absteigt, kommt *„ein junges Geschöpf die Treppe heruntergesprungen, das seine Aufmerksamkeit erregte." „Ein kurzes Westchen mit geschlitzten spanischen Ärmeln und weiten Beinkleidern“* an und *„lange schwarze Haare ... in Locken und Zöpfe um den Kopf gewunden“*. Er spricht das Kind an, das ihn aber nur mit einem *„schwarzen scharfen Seitenblick“*[175] ansieht und verschwindet, ohne zu antworten. Wilhelm ist unsicher, ob es ein Knabe oder ein Mädchen ist, entscheidet sich aber für das letztere. Machen wir uns doch klar was das heißt. Die Doppelgeschlechtlichkeit wird angedeutet, die Wilhelm in der Vorpubertät in Chlorindes Mannweiblichkeit gespürt und auch ihren Untergang geahnt hat. In der Blüte seiner ersten Liebe zu Mariane ist sie aufgetaucht. Mit dem Verlust derselben hat er diese Geistigkeit dann 4 1/2 Jahre lang aus dem Auge verloren. Nun sind die Krisenjahre überstanden und das was gestaut war erscheint unerwartet vor ihm in Gestalt von Mignons. Er kann es fühlen aber nicht begreifen. Dann verlangt er, dass man ihm das Kind vorstellt:

„Es blieb an der Tür stehen, als wenn es gleich wieder hinausschlüpfen wollte, legte die rechte Hand vor die Brust, und die linke vor die Stirne und bückte sich tief. Tritt näher liebe Kleine, sagte Wilhelm. Sie sah ihn mit unsicherm Blick an, und kam herbei.

Wie nennst du dich? fragte er. – Sie heißen mich Mignon, antwortete sie. – Wieviel Jahre hast du? – Es hat sie niemand gezählt. – Wer war dein Vater? – Der große Teufel ist tot – Die letzten Worte erklärte man ihm, daß ein gewisser Springer, der vor kurzem gestorben und sich den großen Teufel nannte, für ihren Vater sei gehalten worden. Sie brachte ihre Antworten in einem gebrochenen Deutsch und mit einer Art vor, die Wilhelm in Verwirrung setzte, dabei legte sie jedesmal die Hände an Brust und Haupt, und neigte sich tief. ... Sie schwieg und Wilhelm konnte sie nicht

175 Ebenda S. 127.

genug ansehen. Seine Augen und sein Herz wurden unwiderstehlich von dem geheimnisvollen Zustande dieses Wesens angezogen. Er schätzte sie zwölf bis dreizehn Jahre.“[176]

Ihr Gruß mit dem Deuten auf Kopf und Brust richtet sich auf die Doppelgestalt von Kopf- und Herzensmensch. Diese Kultur kennt man hier nicht. Mignon wurde von Seiltänzer mitgeschleppt die das Kind - wie sich später herausstellt - geraubt hatten. Sie wollten Ihre Fertigkeiten auf dem Seil darbieten, was Mignon anfangs auch tut, dann aber muss sie passen, als man von ihr verlangt, auch den sogenannten Eiertanz auf dem Seil vorzustellen. Niemand versteht dass sie das nicht kann, wird aber für ihre Weigerung von den Seiltänzern beschimpft und sogar mit der Peitsche misshandelt. Schauspieler einer Wanderbühne kriegen das mit, haben Mitleid, befreien sie, wollen das sie mit schauspielert, bereuen es aber bald denn das Kind eignet sich auch für die Bühne des Theaters in gar keiner Weise.

„In seinen Diensten war es unermüdet, früh mit der Sonne auf, Abends verlor es sich zeitig und Wilhelm erfuhr erst spät, daß es in einer Dachkammer auf der nackten Erde schlafe und durch nichts zu bewegen sei ein Bett oder einen Strohsack anzunehmen.“[177]

In einer Dachkammer auf nackter Erde zu schlafen gehört zu den sozusagen unlogischen Wendungen, mit denen der Dichter den aufmerksamen Leser auf Feinheiten wie den Bezug zu den Elementen Erde und Luft aufmerksam macht.
„Bald saß sie auf der obersten Sprosse einer Leiter, mit übereinandergeschlagenen Füßen, wie die Türken auf ihren Teppichen, bald spazierte sie auf den Dachrinnen der Hofgebäude, und der

176 Ebenda S. 130.
177 Ebenda S. 136 f.

klagende Ton ihrer Saiten, zu dem sie auch manchmal eine angenehme, obgleich etwas rauhe Stimme gesellte, machte alle Menschen aufmerksam, staunen und stutzen. ... Nachts setzte sie sich auf Wilhelm Schwelle, oder auf den Ast eines Baumes der unter seinem Fenster stand, und sang auf das Anmutigste ... Wenn er seiner Neigung gefolgt hätte, würde er sie als seine Tochter behandelt und sich sie ganz und gar zugeeignet haben."[178]

Mignon hat eine geheimnisvolle Beziehung zur Erde. Das hat damit zu tun, dass im Kindesalter die unter - und übersinnlichen Erdenkräfte einstrahlen für die der Dichter so sensibel ist. Sie walten in seinem dichterischen Talent, sind ein Teil dieses Talentes, ja, sie haben es mitgebildet. Während der Jugendkrise war er davon wie abgeschnitten, jetzt taucht es wieder auf und es ist, als ob das universale dieser Kraft in einer sozusagen universalen Beweglichkeit Mignons herauskommt.

Mignon steckt voller Geheimnisse, was der Dichter ausspricht aber noch in Schweigen hüllt. Er weist auf den Zusammenhang mit der Erde hin, deren Wesen mit der „Nacht" tiefster Tiefen der Gefühle verbunden wird für die einstmals auch die Sonne des Bewusstseins aufgehen wird jetzt aber noch nicht ausgesprochen werden kann. Mignon trägt vor:

Heiß mich nicht reden, heiß mich schweigen,
Denn mein Geheimnis ist mir Pflicht.
Ich möchte dir mein ganzes Innre zeigen
Allein das Schicksal will es nicht.

Zur rechten Zeit vertreibt der Sonne Lauf
Die düstre Nacht und sie muß sich erhellen,

178 Ebenda S. 136 f.

Der harte Fels schließt seinen Busen auf
Mißgönnt der Erde nicht die tief verborgnen Quellen

Ein jeder fühlt im Arm des Freundes Ruh
Dort kann die Flut der Klagen sich ergießen
Allein mir drückt ein Schwur die Lippen zu
Und nur ein Gott vermag sie aufzuschließen.

Das Gedicht stammt noch aus dem 3. Buch mit den Phänomenen der Stauung. Im vierten Buch – nachdem die Stauung mehr oder weniger abgeklungen ist –folgt das Mysterium von Mignons Tanz um die Eier, den sie niemand anderem anvertraut als Wilhelm.

Hier wird nun Mignons inneres Wesen enthüllt. Die entscheidende Begebenheit wird als sozusagen bewegtes Bild folgendermaßen beschrieben:

Der Tanz um die Eier

„Mignon hatte auf ihn (Wilhelm) *gewartet, und leuchtete ihn die Treppe hinauf. Als sie das Licht niedergesetzt hatte, bat sie ihn, zu erlauben, daß sie ihm heute Abend mit einem Kunststücke aufwarten dürfe. Er hätte es lieber verbeten, besonders da er nicht wußte, was es werden sollte. Allein er konnte diesem guten Geschöpfe nichts abschlagen. Nach einer kurzen Zeit trat sie wieder herein. Sie trug einen Teppich unter dem Arme, den sie auf der Erde ausbreitete. Willhelm ließ sie gewähren. Sie brachte darauf vier Lichter, stellte eins in jeden Winkel des Teppichs. Ein Körbchen mit Eiern, das sie darauf holte, machte die Absicht deutlicher. Künstlich abgemessen schritt sie nunmehr auf dem Teppich hin und her, und legte in gewissen Maßen die Eier auseinander, dann rief sie einen Menschen herein, der im Hause aufwartete und die Violine spielte. Er trat mit seinem Instrumente in die Ecke, sie verband sich die Augen, gab das Zeichen, und fing zugleich mit der Musik, wie*

ein aufgezogenes Räderwerk, ihre Bewegungen an, indem sie Takt und Melodie mit dem Schlage der Kastagnetten begleitete. – Behende, leicht, rasch, genau führte sie den Tanz. Sie trat so scharf und so sicher zwischen die Eier hinein, bei den Eiern nieder, daß man jeden Augenblick dachte, sie müsse eins zertreten, oder bei schnellen Wendungen das andre fortschleudern. Mit nichten! Sie berührte keines, ob sie gleich mit allen Arten von Schritten, engen und weiten, ja sogar mit Sprüngen, und zuletzt halb kniend sich durch die Reihen durchwand. – Unaufhaltsam, wie ein Uhrwerk, lief sie ihren Weg, und die sonderbare Musik gab dem immer wieder von vorne anfangenden und losrauschenden Tanze bei jeder Wiederholung einen neuen Stoß. Wilhelm war von dem sonderbaren Schauspiele ganz hingerissen, er vergaß seiner Sorgen, folgte jeder Bewegung der geliebten Kreatur, und war verwundert, wie in diesem Tanze sich ihr Charakter vorzüglich entwickelte. – Streng, scharf, trocken, heftig, und in sanften Stellungen mehr feierlich als angenehm, zeigte sie sich. Er empfand, was er schon für Mignon gefühlt, in diesem Augenblicke auf einmal. Er sehnte sich, dieses verlassene Wesen an Kindesstatt seinem Herzen einzuverleiben, es in seine Arme zu nehmen, und mit der Liebe eines Vaters Freude des Lebens in ihm zu erwecken. – Der Tanz ging zu Ende; sie rollte die Eier mit den Füßen sachte zusammen auf ein Häufchen, ließ keines zurück, beschädigte keines, und stellte sich dazu, indem sie die Binde von den Augen nahm, und ihr Kunststück mit einem Bücklinge endigte.“[179]

In der Goetheforschung wird immer in der äußeren Kulturwelt gesucht, wie und wo der Dichter zu solchen Bildern inspiriert wird. Man muss aber geltend machen, dass Goethe viele Bilder ohne äußeres Vorbild erfindet. Die Inspirationen bringen ausgereifte Inhalte hervor, die oft in selbst erfundene Bilder gekleidet werden.

---

179 Ebenda 4. Buch, 3. Kapitel, S. 179.

Mignons Genialität, mit verbundenen Augen nach den Klängen von vier Saiten einer Violine um sorgsam ausgelegte Eier zu tanzen, vergleiche ich – auch wenn das zunächst seltsam anmutet – mit der Art, wie Goethe sein dichterisches Talent ausübt, und berücksichtige zunächst folgende Schilderung von ihm über sein Dichten: *„Ich war so gewohnt mir ein Liedchen vorzusagen, ohne es wieder zusammen finden zu können, daß ich einigemal an den Pult rannte und mir nicht die Zeit nahm einen quer liegenden Bogen zurecht zu rücken, sondern das Gedicht von Anfang bis zu Ende ohne mich von der Stelle zu rühren, in der Diagonale herunterschrieb. In eben diesem Sinne griff ich weit lieber zu dem Bleistift, welcher williger die Züge hergab; denn es war mir einige Mal begegnet, daß das Schnarren und Spritzen der Feder mich aus meinem nachtwandlerischen Dichten aufweckte, mich zerstreute und ein kleines Produkt in der Geburt erstickte. Für solche Poesien hatte ich eine besondere Ehrfurcht, weil ich mich doch ohngefähr gegen dieselben verhielt, wie die Henne gegen die Küchlein, die sie ausgebrütet um sich her piepsen sieht.“*[180]

Der Vergleich mit dem Ausbrüten eines Eies passt zu den Eiern, um die sich Mignons Tanz schlingt. Mignon legt sie auf einem Teppich aus. Nehmen wir den Teppich als Bild für die Lokalität, in der sich die Handlung einer Dichtung abspielt, dann sind dieser Sinnesteppich und Mignons Teppich-Bild identisch. Das können Landschaft, Städte, Häuser und so weiter sein. Wenn eine Dichtung ausgereift ist, spürt Goethe, wo sich alles abspielt, und rollt sozusagen den „Sinnesteppich“ aus. Dann ordnet er diesem Gelände die Motive zu, die immer mit dem Menschen zu tun haben. Dann schlüpft der Dichter in den nachtwandlerischen Zustand, der Mignons verbundenen Augen entspricht, und entspinnt die Handlung als roter Faden um und zwischen die Personen. Das entspricht der Form, nach der sich Mignon um die Eier tanzend bewegt. Ihr

180 Goethe, „Dichtung und Wahrheit“, FA I, 14, 16. Buch, Seite 733.

Bewegungsgenie spinnt den roten Faden der Handlung um die Motive. Als ausgereifte Motive gleichen sie den „ausgebrüteten“ Eiern. Kein Mensch wird verletzt, wie auch Mignon keines der ausgelegten Eier beschädigt. Die Inspirationen selbst, die dem Dichter eingeben, was er dichten soll, gleichen den Klängen der Violine.

Symbole des Tanzes		Vorgänge des Dichtens
Ausbreiten des Teppichs	=	Bestimmung der Lokalität als Sinnesteppich, wo die Handlung spielt
Auslegen der Eier	=	die Motive werden dem Handlungsfeld zugeordnet
Verbinden der Augen	=	der nachtwandlerische Zustand wird eingenommen
Tanzbewegung um die Eier	=	der rote Faden als Handlungsablauf
Die Musik des Violinspielers	=	die dichterische Inspiration.

Goethes Mignon singt nun Lieder, in denen Goethes früheres Erdenleben in Griechenland erahnt werden kann und sein Dichtertum als Berufskarma erkennen lässt. Eines Morgens hört Meister das Kind singen:

„Kennst du das Land? wo die Zitronen blühn,
Im dunkeln Laub die Gold-Orangen glühn,
Ein sanfter Wind vom blauen Himmel weht,
Die Myrte still und hoch der Lorbeer steht.
Kennst du es wohl?
Dahin! Dahin!
Mögt ich mit dir, o mein Geliebter, ziehn.

Kennst du das Haus? auf Säulen ruht sein Dach,
Es glänzt der Saal, es schimmert das Gemach,

Und Marmorbilder stehn und sehn mich an:
Was hat man dir, du armes Kind, getan?
Kennst du es wohl?
Dahin! Dahin!
Mögt ich mit dir, o mein Beschützer, ziehn.
Kennst du den Berg und seinen Wolkensteg?
Das Maultier sucht im Nebel seinen Weg,
In Höhlen wohnt der Drachen alte Brut,
Es stürzt der Fels und über ihn die Flut.
Kennst du ihn wohl?
Dahin! Dahin!
Geht unser Weg! o Vater, laß uns ziehn!"

Mignon *„fing jeden Vers mit Feier, mit einer Pracht an, als wenn sie auf etwas merkwürdiges aufmerksam machen, etwas wichtiges erzählen wollte. Bei der dritten und vierten Zeile wurde der Gesang dumpfer, und düsterer. Das Kennst du es wohl? druckte sie geheimnisvoll und bedenklich aus, in dem Dahin! Dahin! lag eine unwiderstehliche Sehnsucht, und das Gebieter laß uns ziehn! wusste sie, so oft sie es sang, zu modifizieren, dass es bald bittend, dringend, treibend, hastig und vielversprechend war. Nach geendigtem Liede hielt Mignon einen Augenblick inne, sah ihren Herrn scharf an und fragte: kennst du das Land? – Es muß wohl Italien gemeint sein, versetzte Wilhelm, woher hast du das Liedchen? – Italien! versetzte Mignon, gehst du nach Italien so nimm mich mit, es friert mich hier. – Bist du in Italien gewesen liebe Kleine? sagte Wilhelm. – Das Kind war still, und nichts weiter aus ihm zu bringen."*

In dieser Art verbirgt und offenbart die Inspiration frühere Erdenleben. Mignon repräsentiert das Schicksal, das zunächst im zweiten Jahrsiebt geboren und im dritten Jahrsiebt entfaltet wird, und dieses Talent bleibt dem Dichter lebenslang erhalten, um ausgeübt zu werden. Es ist aber in einem früheren Erdenleben vorbereitet worden, und ebenso bereitet sich im gegenwärtigen Erdenleben ein zukünftiges Karma vor, das nun zu dem zweiten Menschen im Menschen gehört. Für diesen wird das Dichtertum zu etwas Überwundenem. Für den Dichter selbstverständlich nicht. Aber jeder Mensch hat es mit dem in ihm lebenden zweiten Menschen auch mit seiner Zukunft zu tun, in der – so merkwürdig es klingt – Gegenwart auch als etwas Überwundenes vorliegt. Das dichterische Talent Goethes bringt seine eigene Umgestaltung zum Ausdruck. Im achten Buch der Lehrjahre singt Mignon vom Hingang ihrer eigenen dichterischen Schicksalsdisposition, die einstmals verwandelt wiederkehren wird, jetzt aber ihre Aufgabe erfüllt hat: *„So lasst mich scheinen bis ich werde ... ich eile von der schönen Erde hinab in jenes feste Haus."*

Mignons Gesten und Haltungen offenbaren aber nicht nur das griechische Karma. Zwischen der griechischen Inkarnation und der Inkarnation als Goethe liegen gemäß anthroposophischer Forschung zwei Zwischeninkarnationen mit Ausruhcharakter. Goethe selbst ist überzeugt, in der Zeit des römischen Kaisers Hadrian gelebt zu haben, was also auf die erste Zwischeninkarnation bezogen werden kann. Mignons Sehnsucht ist ganz direkt auf Italien bezogen. Die zweite könnte im Bereich der islamischen Kultur gelegen haben, auf die Goethe in vielen Dichtungen hinweist. Der Türkensitz, mit dem sie auf der obersten Sprosse der Leiter sitzt, kann auf das maurische Spanien im Mittelalter deuten. Vielleicht verbringt da die später als Goethe lebende Individualität eine Inkarnation als ein unselbstständiges, behindertes und – wir würden heute sagen – seelenpflegebedürftiges Kind. Aus solchen Schicksalen erwächst oftmals die Genialität eines späteren Erdenlebens.

Dann gibt es noch die ganz andere karmische Strömung, die mit der Blutsverwandtschaft zusammenhängt. Das ist ein Schicksal, das die Geburtssituation betrifft, die Eltern und Geschwister mit dem Ort der Geburt verbindet. Dieses Karma hängt nicht mit dem Ätherleib, sondern mit dem physischen Leib und der Erde und dem

Geburtstag zusammen. Damit ist eine weitere markante Dichtergestalt aus dem vierten Buch verbunden: der Harfenspieler. Wilhelm hat sich mit einer zusammengebrochenen Theatergesellschaft liiert, die, wegen Kriegszeiten in einem Wirtshaus festgehalten, in trübselige Stimmung verfallen ist, als der Wirt der Gesellschaft einen Leiermann anmeldet:

„Die Gestalt dieses seltsamen Gastes machte die ganze Gesellschaft erstaunen und er hatte sich schon von einem Stuhle Besitz genommen, ehe jemand ihn zu fragen oder sonst etwas vorzubringen das Herz hatte. Ein kahler Scheitel, von wenig grauen Haaren umkränzt, große blaue Augen die unter langen -weißen Augenbrauen hervorsahen, eine wohlgebildete Nase, an die sich ein weißer mittelmäßiger Bart anschloß, mußte der Gesellschaft ein sonderbares Bild vorstellen. Ein langes dunkelfarbiges Gewand bedeckte einen schlanken Körper vom Halse bis zu den Füßen. Er nahm die Harfe und fing zu präludieren an.“[181]

Die Wirkung seiner Töne ist befreiend, sodass die ganze Gesellschaft sich plötzlich wieder heiter und fröhlich fühlt. Besonders Wilhelm ist es, wie wenn *„ein Windsturm alle Wolken zerrissen hätte“* und die Sonne durchbricht. Aber noch einen recht erstaunlich wirkenden Vergleich führt Goethe an, indem er neben die Gesänge des Harfners die Gesänge der Herrenhuter Brüdergemeinde stellt und sagt: *„Wer einer Versammlung Herrenhuter oder anderer Frommen, die sich auf ihre Weise erbauen, beigewohnt hat, wird sich auch einen Begriff von dieser Szene* (Wirkung der Harfnergesänge auf Wilhelm) *machen können ... so erbaute der Alte* (Wilhelm) *indem er die nahen Empfindungen und die entfernten, die wachenden und schlummernden, die angenehmen und schmerzlichen in eine Zirkulation brachte wodurch unser Freund in einen Zustand versetzt wurde, der sich von seinem bisherigen gedruckten*

181 Ebenda S. 203 f.

und armseligen Leben wirklich unterschied. Die Gefühle von dem Adel seines Wesens von der Höhe seiner Bestimmung, das Mitgefühl des Guten und Großen unter den Menschen hervor zu bringen, ward aufs neue in ihm lebendig …"[182]

Nur während seiner Jugend-Initiation hat Goethe solche Gesänge vernommen, als sein Leib zwar dem Tode nahe war, aber sein Seelenleben freier und freier wird und sich so auf seine Bestimmung besinnen kann, die zu seiner Mission als Dichter und Denker gehört.

Zunächst besucht Wilhelm den Harfner in seiner Wirtsstube, wo er, unzertrennlich verbunden mit seiner Harfe, Lieder von Einsamkeit, Tragik und allertiefster Melancholie singt. Wilhelm ist hier gerade in eine verzwickte Liebschaft verwickelt, in der die Hintergründe von Goethes Verwicklung mit Anna Katharina Schönkopf zum Vorschein kommen, aus der Wilhelm von dem Harfner erlöst wird, den er aufsucht und von dessen Gesang überrascht wird:

> „*Wer nie sein Brot mit Tränen aß*
> *Wer nie die kummervollen Nächte*
> *Auf seinem Bette weinend saß*
> *Der kennt euch nicht ihr himmlischen Mächte.*
> *Ihr führt ins Leben uns hinein*
> *Ihr laßt den Armen schuldig werden,*
> *Dann überlaßt ihr ihn der Pein;*
> *Denn alle Schuld rächt sich auf Erden.*"[183]

Wilhelm lässt den Harfner nun nicht mehr von sich. Zusammen mit Mignon stellen beide eine gewisse Nebengruppe im Roman dar, deren gemeinsames Schicksal zunächst nicht erkennbar, aber spürbar ist. Die Empfindungen, die der Dichter zuerst geltend macht, sind nicht nur Einleitungen, sondern Hinführungen, die nicht immer

182 Ebenda.
183 Ebenda S. 211.

intellektuell abgekürzt werden können. Im Beisein des Harfners macht Goethe zunächst von Mignon noch tiefere Hintergründe geltend:

„Nichts ist rührender als wenn eine Liebe die sich im Stillen genährt, eine Treue die sich im Verborgenen befestiget hat, endlich dem der ihr bisher nicht wert gewesen, zur rechten Stunde nahe kömmt und offenbar wird. Die lang und streng verschlossene Knospe war reif und Wilhelms Herz konnte nicht empfänglicher sein. Sie stand vor ihm und sah seine Unruhe. – Herr! rief sie aus, wenn du unglücklich bist, was soll aus Mignon werden? – Liebes Geschöpf, sagte er, indem er ihre Hände nahm, du bist auch mit unter meinen Schmerzen. – Sie sah ihm in die Augen, die von verhaltenen Tränen blinkten, und kniete mit Heftigkeit vor ihm nieder, er behielte ihre Hände sie legte ihr Haupt auf seine Knie und war ganz stille. Er spielte mit ihren Haaren und war freundlich. Sie blieb lange ruhig. Endlich fühlte er eine Art Zucken durch alle ihre Glieder, das ganz sachte anfing und sich stärker verbreitete. – Was ist dir Mignon? rief er aus, was ist dir? – Sie richtete ihr Köpfchen auf und sah ihn an, fuhr auf einmal nach dem Herzen, wie mit einer Gebärde die Schmerzen verbeißt. Er hub sie auf und sie fiel auf seinen Schoß, er druckte sie an sich und küsste sie. Sie antwortete durch keinen Händedruck, durch keine Bewegung. Sie hielte ihr Herz fest und auf einmal tat sie einen Schrei, der – mit krampfigen Bewegungen des Körpers begleitet war. Sie fuhr auf und fiel auch sogleich wie an allen Gelenken gebrochen vor ihm nieder. Es war ein grässlicher Anblick. – Mein Kind! rief er aus, indem er sie aufhob und fest umarmte, mein Kind was ist dir? – Die Zuckung dauerte fort die vom Herzen sich den schlotternden Gliedern mitteilte, sie hing nur in seinen Armen. Er schloss sie an sein Herz und benetzte sie mit seinen Tränen. Auf einmal schien sie wieder angespannt und angespannter, wie eins das den höchsten körperlichen Schmerz erträgt; und bald, mit einer neuen Heftigkeit wurden alle

ihre Glieder wieder lebendig und sie warf sich ihm, wie ein Ressort das zuschlägt, um den Hals, indem in ihrem Innersten wie ein gewaltiger Riss geschah, und in dem Augenblicke floss ein Strom von Tränen aus ihren geschlossenen Augen in seinen Busen. Er hielte sie fest. Sie weinte, und weinte und keine Zunge spricht die Gewalt dieser Tränen aus. Ihre langen Haare waren aufgegangen und hingen von der Weinenden nieder und ihr ganzes Wesen schien in einen Bach von Tränen unaufhaltsam dahin zu schmelzen. Ihre starren Glieder wurden gelinder, es ergoss sich ihr Innerstes und in der Verwirrung des Augenblickes fürchtete Wilhelm sie werde in seinen Armen zerschmelzen und er nichts von ihr übrig behalten. Er hielte sie nur fester und fester. – Mein Kind! rief er aus, mein Kind! du bist ja mein! wenn dich das Wort trösten kann! du bist mein! ich werde dich behalten! dich nicht verlassen! Ihre Tränen flossen noch immer. Endlich richtete sie sich auf. Eine weiche Heiterkeit glänzte von ihrem Gesichte. – Mein Vater! rief sie, du willst mich nicht verlassen! willst mein Vater sein! – Ich bin dein Kind!

Sanft fing vor der Türe die Harfe an zu klingen, der Alte brachte seine herzlichsten Lieder dem Freunde zum Abendopfer, der sein Kind immer fester in den Armen haltend des reinsten und unbeschreiblichsten Glückes genoss.“[184]

Mignon erkennt in Wilhelm einen Vater, und das Besondere dieser schon zuvor ausgesprochenen, lyrischen Feststellung ist die musikalische Untermalung. Mignons Schicksal haben wir bereits auf frühere Erdenleben Goethes in Griechenland, Italien und höchstwahrscheinlich auch in Spanien zurückgeführt. Mit dem Harfenspieler taucht nun ein weiteres Schicksals-Motiv auf, von dem wir in der theatralischen Sendung noch nicht sehen können, dass es mit der Liebe des Harfners zu seiner Schwester zusammenhängt, die der Dichter ausdrücklich in das Licht altägyptischer Gepflogenheiten

184 Ebenda S. 225 f.

rückt, wo die Geschwisterehe bewusst durchgeführt wurde, was aber erst in den Lehrjahren so dargestellt wird. Mignon stammt aus der Liebe einer Geschwisterehe, als ob der Harfner noch jetzt seine geliebte Schwester sucht: Eines seiner Lieder deutet auf das Motiv von Liebe und Tod, das zu dem Geburtsmotiv hinzukommt:

„Es schleicht ein Liebender lauschend sacht,
Ob seine Freundin allein:
So überschleicht bei Tag und Nacht
Mich Einsamen die Pein,
Mich einsamen die Qual
Ach werd ich dann einmal
Einsam im Grabe sein!
Da lässt sie mich allein.“[185]

Der hier angesprochene Tod braucht nicht nur auf den Tod am Ende des Lebens, sondern kann auf das Schicksal von Goethes Initiation bezogen werden, das den Tod fühlend erfahren ließ. Das hat mit dem von Mignon repräsentierten Schicksal viel zu tun, da dieses Dichtertum gerade die durch Initiation errungene Mission, das erneuernde Leben im Strom der Biografie zu verfolgen, auszuführen hat.

Das fünfte Buch (November 1783 – 10. Oktober 1784)

Im November oder Dezember 1783 schickt Goethe das vierte Buch wiederum dem Freund Knebel, der sich abermals anerkennend äußert, dem er antwortet: *„Ich danke für gute Aufnahme Wilhelms … Ich fahre nun fort, und will sehen ob ich das Werkgen zu Ende schreibe. Als dann aber wird es auf Zeit und Glück ankommen ob ich es wieder im Ganzen übersehen, durchsehen und alles schärfer und fühlbarer an einander rucken kann.“*[186] Er glaubt, das ganze Werk

185 Ebenda S. 212.
186 Goethe an Knebel, WA-dtv Band 99, 27. Dezember 1783, Seite 230.

runde sich nun ab. Am 14. Juni 1784 meldet er Frau von Stein: *„An Wilhelm hab ich hier und da eingeschaltet und am Stil gekünstelt daß er recht natürlich werde und habe nun den Schluß des Buches recht gegenwärtig. Wenn ich wieder zu dir komme wollen wir es schließen.“* Dann gibt es vom Juni, Juli und August 1784 weitere Briefvermerke, dass die Arbeit vorankommt, und am 16. Oktober: *„Wilhelms fünftes Buch ist fertig!“*, und am 31. Oktober ist der letzte Schliff geschehen: *„ich habe noch gestern Abend und heute früh an Wilhelm gedacht und geschrieben. Das liebe Phantom hilft mir sehr freundlich fort.“*

Im fünften Buch taucht das Motiv aus Goethes Straßburger Zeit auf, wo er seine französischen Kenntnisse vertiefen will, dann aber entdeckt, dass sein Weg zu Shakespeare führt. Es ist interessant, wie Wilhelm diesen Wendepunkt erlebt. Er befindet sich noch immer im Gefolge jener zusammengebrochenen Wanderbühne, die jetzt von einem Grafen auf sein Schloss eingeladen wird und der Welt des Adels begegnet. Der hier wohnende Graf erwartet hohen Besuch: Ein Prinz kommt, zu dessen Unterhaltung er die Truppe eingeladen hat. Wilhelm wird präpariert, diesem Prinzen, der ein ausschließlicher Verehrer des französischen Theaters ist, insbesondere Racine, Corneille und anderer französischer Autoren, doch etwas Gefälliges zu sagen. Wilhelm ist gehorsam, wird dem Prinzen vorgestellt und bekennt: *„Ich kann mir, wenn ich seine* (Racines) *Stücke lese, immer den Dichter denken, der an einem glänzenden Hof lebt, einen großen König vor Augen hat, mit den Besten umgeht, und in die Geheimnisse der Menschheit dringt, wie sie sich hinter kostbar gewirkten Tapeten verbergen.“*[187] Auch von Corneille ist die Rede. Der Prinz nimmt die Huldigung wohlgefällig entgegen, ist im Gespräch ein wenig abwesend, und alles verläuft sich in Unbedeutendheit. Ein großer Aufwand seitens des Grafen zur Begrüßung und Verehrung des Prinzen mutet hohl und nichtssagend an. Als Wilhelm über die

---

187 Ebenda S. 253.

Franzosen schöne Worte macht, ist auch ein junger Mann namens Jarno gegenwärtig, der kopfschüttelnd zuhört und Wilhelm fragt, ob er denn noch nie Shakespeare gelesen habe. Als dieser verneint, empfiehlt er es ihm dringend und leiht ihm einige Bände.

Wilhelm geht nun eine neue Welt auf. Shakespeares Dramen scheinen ihm das Werk eines himmlischen Genius, der ihn mit sich selbst versöhnt; *„alle Vorgefühle ... die mich von Jugend auf nur mir selbst unwissend ... begleiteten"*, sind wieder zum Vorschein gekommen. Die französische Linie ist abgeschnitten, und das Verhältnis Wilhelms zu sich selbst wird als äußerst beglückend wiederhergestellt. Hier kommt die zuvor obwaltende Unterordnung unter die französische Linie ans Tageslicht. So erging es Goethe in Straßburg. Herder stand hier gleichsam Pate; und so wie Herder aber auch abstoßende Pulse hatte, die verletzen konnten, ist das auch bei Jarno der Fall. Jarno gratuliert Wilhelm zu seiner Begeisterung für Shakespeare, wünscht ihm zur neuen Gemütsverfassung Glück und meint, er habe dagegen *„mit Ekel und Verdruss gesehen, wie er sein Herz an einen herumziehenden Bänkelsänger und an ein albernes zwitterhaftes Geschöpf hänge"*.[188] Damit sind der Harfenspieler und Mignon gemeint. Das Kind möchte lieber in Jungenkleidern gehen, weshalb Jarno es als zwitterhaft bezeichnet. Wilhelm fühlt sich sehr verletzt, bricht den Umgang mit Jarno ab und nimmt sich liebevoll seiner beiden Schützlinge an. Dennoch bleibt der wegweisende Impuls Jarnos wirksam.

So vereint sich im fünften Buch an Wilhelm Meister, was Goethe in Straßburg in der dichterischen Neuorientierung und mentorialen Stütze Herders als gewissen Ersatz für die Lebensalter-Begegnung mit dem fünften Jahrsiebt erfahren hat.

Das Schloss des Grafen hängt mit der Rückkehr von Gefühlsereignissen aus Goethes 21./22. Lebensjahr zusammen, die er in Straßburg erlebt hat. Damit sind wir an das Ende von Goethes drittem Jahresiebt gekommen. Das Ereignis der Jugenderweckung fiel in

---

188 Ebenda S. 264..

Goethes 20. Lebensjahr. Davon war nur in dem Erscheinen des Harfenspielers etwas aufgetaucht. Es ist so einschneidend, dass sich die Folgen erst nach und nach ankündigen. In der theatralischen Sendung geht das zunächst am Schluss des fünften Buches weiter.

Wilhelm verlässt mit der theatralischen Wanderbühne das Grafenschloss und begibt sich auf den Weg zu dem Theater Serlos und Aurelies, wo er meint, seine theatralische Leidenschaft doch noch verwirklichen zu können. Als die ganze Gesellschaft unterwegs campiert und Wilhelm mit seinem Freund Laertes einen theatralischen Fechtkampf probt der in Shakespeares Hamlet dargestellt werden soll, wird die ganze Gesellschaft von Räubern überfallen, wobei Wilhelm eine Schussverletzung an der Schulter und eine Kopfverletzung von einem Degenhieb erleidet. Niedergestreckt auf einer Waldwiese, liegt er ohnmächtig und hilflos da und nur Philine, Mignon und der Harfner verweilen bei ihm. – Hier bricht der Dichter den Bericht ab und fährt erst im nächsten Buch mit der Erzählung fort, worin wir ihm hier auch folgen.

Das sechste Buch (November 1784 – November 1785)

Die Niederschrift des sechsten Buches wird zum ersten Mal im Juni 1785 bezeugt, jedoch kann davon ausgegangen werden, dass sich der Dichter gleich nach Beendigung des fünften Buches im Herbst 1784 mit der Weiterführung beschäftigt. Denn aus Bemerkungen an Frau von Stein sowie an Herder und Knebel geht hervor, dass er eine Art Versprechen gegeben hat, das sechste Buch im November 1785, wiederum nach einem Jahr, zu endigen, was trotz vieler Zweifel, die den ganzen Sommer über laut werden, gelingt.

Am 7. Juni 1785 schreibt er: *„der Anfang* (des sechsten Buches) *gefällt mir selbst …“*, und am 3. September 1785: *„… ich hab das Werk sehr lieb, nicht wie es ist, sondern wie es werden kann“*[189], und am 11. September: *„An Wilhelm fahr ich sachte fort, und denk im*

189 WA-DTV 100, S. 84.

November Wort zu halten. Beinahe die Hälfte des Sechsten Buches ist geschrieben, die andere Hälfte geordnet und werden die Scheite dieses Holzstoßes recht ausgedörrt, damit sie desto schneller in Flammen schlagen."[190] Am 22. September 1785 wird dieser „Holzstoß" noch einmal erwähnt: „*An Wilhelm fahr ich langsam fort und röste das Holz. Endlich soll es hoff ich in Flammen schlagen!*"[191] Als die Zeit vorrückt, vermerkt er in den Briefen lediglich, das Geschriebene sehr sorgfältig zu überarbeiten, was gegenüber den vorangegangenen Büchern auch etwas Neues ist, zu deren Überarbeitung er keine Zeit hat finden können.

Als Wilhelm aus der Bewusstlosigkeit erwacht, mit der Goethe das 5. Buch beendet beginnt er das 6. Buch mit Wilhelms Erwachen. Sein Kopf ruht in Philines Schoß, was ihm höchst unangenehm ist, denn gerade von deren leichtfertigen Wesen möchte er sich distanzieren.

Nach langem Warten kommt endlich gegen Abend eine Reisegesellschaft vorbei. Voran reitet eine Frau, die sogleich ihren Schimmel zu den Unglücklichen lenkt. „*Sie erkundigte sich eifrig nach dem Verwundeten, dessen Lage in dem Schoße der leichtfertigen Samariterin (Philine) ihr höchst sonderbar vorzukommen schien.*" Wilhelm ist in diesem Augenblick Philines Nähe besonders unangenehm. Seine Augen sind auf „*die sanften, stillen, teilnehmenden Gesichtszüge der Ankommenden geheftet*". Besorgt über den Verunglückten holt Natalie – die Wilhelm zunächst nur die schöne Amazone nennt – einen Wundarzt. Während Wilhelm untersucht und verbunden wird, sagte sie zu ihrem „Oheim", „*sehen sie wie man ihn zugerichtet hat. Und er leidet doch um unseretwillen!*" Wilhelm hörte die Worte; versteht sie aber nicht. Wegen der Abendkühle breitet Natalie über Wilhelm ihren Mantel aus. „*Wilhelm, den der heilsame Anblick ihrer Augen bisher festgehalten hatte war als der*

190 Ebenda S. 91.
191 Ebenda S. 99.

Überrock fiel von ihrer schönen Gestalt überrascht. Sie trat näher zu ihm und reicht ihm den Rock, indem sie ihn sanft über ihn hinlegte. In diesem Augenblick, da er den Mund öffnen und einige Worte des Dankes hervorbringen wollte, wirkte der lebhafte Eindruck ihrer Gegenwart so sonderbar auf seine schon angegriffenen Sinnen, daß es ihm auf einmal vorkam, als sei ihr Haupt mit Strahlen umgeben, die sich nach und nach über ihr ganzes Bild ausbreiteten. Der Chirurgus berührte ihn eben unsanfter, indem er die Kugel welche stecken geblieben war traf und sie herauszuziehen Anstalt machte. Die Heilige verschwand vor den Augen des Hinsinkenden, er verlor die Kenntnis sein selbst, und als er wieder zu sich kam, waren Reiter und Wagen, die Schöne samt ihrer Begleitung verschwunden.“[192] Der "Mantel" ihres Oheims symbolisiert das männliche Attribut, mit dem zusammen Natalie als Frauengestalt die mannweibliche oder doppelgeschlechtliche Astralität darbietet. In ihrem Wesen wird das Urbild derselben engelgleich hervortreten. Vollenden wird der Dichter Wilhelms Suche danach in den Lehrjahren.

Wilhelm muss sich zunächst von den körperlichen Folgen des Unfalls wie Goethe von den Folgen der Erkrankung erholen. Er wird zu einem Pfarrer in Pflege gegeben. Diesen Pfarrer fragt er wohin jene Reisegesellschaft zu der Natalie gehört hingefahren sein mag. Sie studieren Landkarten finden aber keinen Weg. In diesem Sinn konnten auch die Frommen der Brüdergemeinde, die sich um Goethe während seiner Jugendkrankheit kümmerten, ihm keine Hilfe für seine geistige Orientierung bieten. Einzig Frau von Klettenberg vermochte das für Goethe deren Lebensschicksal als „Bekenntnisse einer schönen Seele“ in Wilhelm Meisters Lehrjahre eingeflochten werden. Dieses Schicksal gehört jedoch dem siebten Jahrsiebt an und steht dem Dichter der theatralischen Sendung noch nicht zur Verfügung. Aber Wilhelm ruft sich während seiner Rekonvaleszenz "unaufhörlich" jene Begebenheit zurück, welche

192 Ebenda S. 283

einen unauslöschlichen Eindruck auf sein Gemüt gemacht hatten. *Er sah die schöne Amazone reitend aus den Büschen hervorkommen sich ihm nähern, absteigen, sich bemühen, hin und wieder gehen, er sah das umhüllende Kleid von ihren Schultern fallen, ihr Gesicht, ihre Gestalt glänzen und verschwinden. Tausendmal wiederholte seine Einbildungskraft die Szene ...“ und „würde ... diese Geschichte für einen Traum ... gehalten haben, wenn nicht das Kleid zurückgeblieben wäre, welches ihm die Gewissheit der Erscheinung versicherte.*“[193]

Gleichzeitig bewegt er Shakespeares Drama Hamlet, das er durchdenkt und sich innig mit dieser Dichtergestalt verbunden fühlt. Hamlet hat seinen Vater verloren und seine Mutter heiratet unmittelbar nach seinem Hingang dessen Bruder, was Hamlet, der seinen Vater liebte, so fühllos und untreu anmutet, dass es ihm vorkommt auch sie verloren zu haben. So aber war es ja auch Wilhelm in seiner frühesten Jugend ergangen. Obwohl sein Vater nicht gestorben und die Mutter nicht so handelte war doch deren Verhalten so, dass der Dichter sagt: Wilhelm *„kriegte ... eine Entfremdung gegen seine Mutter, und war daher recht übel dran, weil sein Vater auch ein harter Mann war; dass ihm also nichts übrig bliebe als sich in sich selber zu verkriechen, ein Schicksal, das bei Kindern und Alten von großen Folgen ist.*“[194] Für Wilhelm trifft beides zu. Er erlebt diesen Untergang als Folge der Involution. Hamlets Vater war aber einem Brudermord zum Opfer gefallen, was jedoch zu ähnlichen Schicksalsauswirkungen wie bei Wilhelm führt, der sich Schritt für Schritt mit Hamlet förmlich identifiziert. Das Drama ist eine Tragödie in der Hamlet zuletzt stirbt. Ebenso sterben seine treulos gewordene Mutter und der Mörder seines Vaters. Ahnt der Dichter, dass seinem Wilhelm ein gleichartiges Schicksal bevorstehen könnte?

---

193 Ebenda S. 292.
194 Ebenda S. 14.

Wilhelm findet die schöne Amazone nicht und geht nun mehr aus Verdruss als mit zielstrebiger Freude, zu dem gut situierten Theater, das die Geschwister Serlo und Aurelie führen. Wilhelm wollte von Anfang an, als er sein Elternhaus verlassen hatte, mit seiner Mariane zu diesem Theater gehen. Das war ca. sieben Jahre her. Es ist wie wenn der Dichter jetzt im Jahre 1784/85 eine Gefühlsrückkehr vom Jahre 1777 erlebt. Auch taucht hier in Aurelies Obhut ein dreijähriges Kind auf, "*schön wie die Sonne*". Wilhelm erkennt es zwar nicht, jedoch erfahren wir aus den „Wilhelm Meisters Lehrjahren" dass dieses Kind Wilhelms Sohn Felix ist. Sein Alter von drei Jahren hängt mit der Entstehung des Ich-Bewusstseins im zweiten oder dritten Lebensjahr zusammen. Das Kind aber ist ja die Frucht der im ersten Buch geschilderten Beziehung Wilhelms zu Mariane, was sieben Jahre her ist. Es wird nun noch zwei Mal sieben Jahre dauern, bis der Dichter erkennt, dass sein Wilhelm mit dem Knaben Felix seinen Sohn wieder gefunden hat. So ziehen sich die Gefühlsrückkehrungen durch das ganze Leben und rufen die Schicksale der inneren Entwicklung hervor. Im 35./36. Lebensjahr aber befindet sich dieser Werdegang auf der halb ausgereiften Stufe des Werdens auf der Wilhelm sich noch nicht vom Theater zu lösen vermag. Die Involution ist erst zur Hälfte vonstatten gegangen. Sie befindet sich mitten im Prozess der Wandlung.

23. Lebensmitte

Während „Wilhelm Meisters theatralische Sendung“ entsteht, dichtet Goethe Jahr für Jahr eine Reihe von Liedern, welche die sieben Jahre dieser Epoche ansatzweise markieren, obwohl ihre Entstehung nicht immer eindeutig geklärt werden kann. Die Reihe beginnt im ersten Epochenjahr 1777 mit dem Gedicht „An den Mond“ und „Harzreise im Winter“. Im darauf folgenden zweiten Epochenjahr 1778 folgt das Gedicht „Der Fischer“ und im dritten Epochenjahr 1779 das Gedicht „Gesang der Geister über dem Wasser“. Im vierten Epochenjahr 1780 könnte das Gedicht „Grenzen der Menschheit“ entstanden sein und im fünften Epochenjahr „Wanderers Nachtlied“ dem ein Mittelpunktcharakter zuerkannt werden kann und angeführt sei:

Wanderers Nachtlied

Über allen Gipfeln
Ist Ruh,
In allen Wipfeln
Spürest du
Kaum ein Hauch
Die Vögelein schweigen im Walde.
Warte nur, balde
Ruhest du auch.

Im sechsten Epochenjahr 1773 folgt das Gedicht mit dem Titel „Ilmenau, am 3. September 1783“ und im siebten Epochenjahr die immer bedeutungsschwerer werdenden Gedichte „Das Göttliche“ und „Zueignung“. Damit sind wir in Goethes 35. Lebensjahr angekommen. Im Rahmen eines 70 Jahre währenden Lebenslaufes ist das 35. Jahr die Lebensmitte. 70 Jahre sind gemäß der Bibel das Patriarchenalter, das ein Urbild des Lebensmaßes ausmacht. Die

Zueignung entsteht am 8. August 1784. An diesem Tag sitzt Goethe neben dem Herzog Carl August in einem schwer bepackten Reisewagen, der nach Braunschweig unterwegs ist, dem bei Dingelstädt eine Achse bricht. Diese zufällige Unterbrechung verschafft dem Dichter den Freiraum, 14 Stanzen zu ersinnen, die später den Titel „Zueignung" erhalten. Herder teilte er mit *„da wir hier liegen bleiben mussten, machte ich gleich einen Versuch wie es mit jenem versprochenen Gedicht gehen möge, was ich hier schicke ist zum Eingang bestimmt ... Es ist noch nicht alles wie es sein soll ich hatte kaum Zeit die Verse abzuschreiben.*" (8.8.1784) Ursprünglich möchte Goethe mit diesen Stanzen das Gedichtepos „Die Geheimnisse" einleiten, nimmt sie dann aber als Einleitung in sein gesamtes dichterisches Werk, indem er sie an den Anfang seiner Gesamtausgabe stellen wird.

Zueignung

Der Morgen kam; es scheuchten seine Tritte
Den leisen Schlaf, der mich gelind umfing,
Daß ich erwacht, aus meiner stillen Hütte
Den Berg hinauf mit frischer Seele ging;
Ich freute mich bei einem jeden Schritte
Der neuen Blume die voll Tropfen hing;
Der junge Tag erhob sich mit Entzücken,
Und alles war erquickt mich zu erquicken.

Hier taucht nun noch einmal die „Hütte" auf, von der aus der Dichter zum Geist aufsteigt. Während Moses von seiner Hütte aus sich durch Religion mit dem Geist verbindet, ist für den Dichter die Ästhetik das Medium, durch das er sich mit dem Geist verbindet. Aber so, wie auch Moses den Geist nur durch die Elemente in Wolken und Feuerwirkungen findet, ist das auch für den Dichter der Fall:

Und wie ich stieg, zog von dem Fluß der Wiesen
Ein Nebel sich in Streifen sacht empor.
Er wich und wechselte mich zu umfließen
Und wuchs geflügelt mir ums Haupt empor:
Des schönen Blicks sollt' ich nicht mehr genießen,
Die Gegend deckte mir ein trüber Flor;
Bald sah ich mich von Wolken wie umgossen,
Und mit mir selbst in Dämmrung eingeschlossen.

Auf einmal schien die Sonne durchzudringen,
Im Nebel ließ sich eine Klarheit sehn.
Hier sank er leise sich hinabzuschwingen;
Hier teilt er steigend sich um Wald und Höhn.
Wie hofft ich ihr den ersten Gruß zu bringen!
Sie hofft ich nach der Trübe doppelt schön.
Der luftge Kampf war lange nicht vollendet,
Ein Glanz umgab mich und ich stand geblendet.

Bald machte mich die Augen aufzuschlagen
Ein inn'rer Trieb des Herzens wieder kühn,
Ich konnt' es nur mit schnellen Blicken wagen,
Denn alles schien zu brennen und zu glühn.
Da schwebte mit den Wolken hergetragen
Ein göttlich Weib vor meinen Augen hin,
Kein schöner Bild sah' ich in meinem Leben,
Sie sah mich an und blieb verweilend schweben.

Nun folgt ein Gespräch des Dichters mit der Genie, die ihn auf die Kindheit hinweist.

Kennst du mich nicht? sprach sie mit einem Munde,
Dem aller Lieb und Treue Ton entfloß:
Erkennst du mich? die ich in manche Wunde
Des Lebens dir den reinsten Balsam goß?
Du kennst mich wohl, an die zu ew'gem Bunde
Dein strebend Herz sich fest und fester schloß.
Sah ich dich nicht mit heißen Herzenstränen
Als Knabe schon nach mir dich eifrig sehnen?

Ja, rief ich aus, indem ich selig nieder
Zur Erde sank, lang hab ich dich gefühlt;
Du gabst mir Ruh, wenn durch die jungen Glieder
Die Leidenschaft sich rastlos durchgewühlt;
Du hast mir wie mit himmlischem Gefieder
Am heißen Tag die Stirne sanft gekühlt;
Du schenktest mir der Erde beste Gaben,
Und jedes Glück will ich durch dich nur haben.

Der Dichter bekennt, dass ihm ein Lernprozess abverlangt wird. Er kann sein dichterisches Vermögen nicht einfach so weitergeben wie er es glaubte tun zu können.

Sie lächelte, sie sprach: Du siehst wie klug,
Wie nötig war's euch wenig zu enthüllen!
Kaum bist du sicher vor dem gröbsten Trug,
Kaum bist du Herr vom ersten Kinderwillen;
So glaubst du dich schon Übermensch genug,
Versäumst die Pflicht des Mannes zu erfüllen!
Wie viel bist du von andern unterschieden?
Erkenne dich! leb mit der Welt in Frieden.

Verzeih mir, rief ich aus, ich meint es gut,
Soll ich um sonst die Augen offen haben?
Ein froher Wille lebt in meinem Blut,
Ich kenne ganz den Wert von deinen Gaben!
Für andre wächst in mir das edle Gut,
Ich kann und will das Pfund nicht mehr vergraben!
Warum sucht ich den Weg so sehnsuchtsvoll,
Wenn ich ihn nicht den Brüdern zeigen soll?

Und wie ich sprach, sah mich das hohe Wesen
Mit einem Blick mitleid'ger Nachsicht an;
Ich konnte mich in ihrem Auge lesen,
Was ich verfehlt und was ich recht getan.
Sie lächelte, da war ich schon genesen,
Zu neuen Freuden stieg mein Geist heran:
Ich konnte nun mit innigem Vertrauen
Mich zu ihr nahn, und ihre Nähe schauen.

Das Weiterreichen und Entgegennehmen von Dichtungen und das Gehen eines geistigen Entwicklungs-Weges sind zwei verschiedene Dinge. Vielleicht lernt der Dichter hier erst, was er später dann weiß und mit den Worten ausspricht:

JÜNGLING, MERKE DIR, in Zeiten
Wo sich Geist und Sinn erhöht:
Dass die Muse zu begleiten,
Doch zu leiten *nicht versteht*

Etwas in dieser Art muss dem Dichter jetzt klar geworden sein. Seine Genie gibt ihm jetzt Bilder für das Wesen der Dichtkunst, mit dem er weiter wirksam werden soll.

Da reckte sie die Hand aus in die Streifen
Der leichten Wolken und des Dufts umher,
Wie sie ihn faßte ließ er sich ergreifen,
Er ließ sich ziehn, es war kein Nebel mehr.
Mein Auge konnt im Tale wieder schweifen,
Gen Himmel blickt' ich, er war hell und hehr,
Nur sah ich sie den reinsten Schleier halten,
Er floß um sie und schwoll in tausend Falten.

Dem Element der Wasser-Luft sind die Erkenntniskräfte entnommen, und in dieser Sphäre, den Wolken, zieht die Genie den „Stoff" des Schleiers zusammen, die wie ein Gewand der Dichtungen erscheinen. Damit wird das Bild der Schlangenhaut ästhetisch ausgedrückt, und erst mit diesem Bild kann Goethe seine dichterische Mission antreten und agieren. Die Genie sagt ihm:

Ich kenne dich, ich kenne deine Schwächen,
Ich weiß was Gutes in dir lebt und glimmt!
So sagte sie, ich hör sie ewig sprechen,
Empfange hier was ich dir lang bestimmt,
Dem Glücklichen kann es an nichts gebrechen,
Der dies Geschenk mit stiller Seele nimmt;
Aus Morgenduft gewebt und Sonnenklarheit,
Der Dichtung Schleier aus der Hand der Wahrheit.

Wer sind die Glücklichen? Bedenken wir, dass Goethe in diesem 35. Lebensjahr auch – wenn man es so sagen will – ein Wilhelm Meister ist, der das Entselbsten durchmacht. NUR in dieser Sphäre taucht das Glück des Knaben *Felix* auf – *„schön wie die Sonne"* – wie es ausdrücklich heißt. Müssen wir Leser des Dichters zunächst versuchen, zu einem Verständnis dieses Mysteriums aufzurücken um glückliche Freunde von ihm werden zu können? Doch die Genie redet ihm zugewendet weiter:

Und wenn es dir und deinen Freunden schwüle
Am Mittag wird, so wirf ihn in die Luft!
Sogleich umsäuselt Abendwindes Kühle,
Umhaucht euch Blumen – Würzgeruch und Duft.
Es schweigt das Wehen banger Erdgefühle,
Zum Wolkenbette wandelt sich die Gruft,
Besänftiget wird jede Lebenswelle,
Der Tag wird lieblich, und die Nacht wird helle.

Die Gruft der Erde und die Nacht der Finsternis bergen die Gewalten der ehernen Schlange mit den untersinnlichen Schlangenkräften, die für die Israeliten tödlich und feurig-giftig waren, als sie verborgen blieben bis sie erkannt wurden. Moses hatte sie erkannt und in Form des religiösen Aufblicks zu Gott unschädlich gemacht. Goethe macht sie jetzt im Element der Ästhetik oder Schönheit erkennbar, indem sie als Morgenschleier rein und wohltuend werden. Jetzt vermag er uns zu sagen:

So kommt denn Freunde, wenn auf Euern Wegen
Des Lebens Bürde schwer und schwerer drückt,
Wenn Eure Bahn ein frischerneuter Segen
Mit Blumen ziert, mit goldnen Früchten schmückt,
Wir gehn vereint dem nächsten Tag entgegen!
So leben wir, so wandeln wir beglückt,
Und dann auch soll, wenn Enkel um uns trauern,
Zu ihrer Lust noch unsre Liebe dauern.

Der „nächste Tag“ beginnt – vom Gedicht „Zueignung“ im 35. Lebensjahr aus gesehen – mit: „Der Morgen“ ,und so kündigt sich zunächst die zweite Lebenshälfte an.

24. Mentoren-Freundschaft mit dem Herzog Carl August

Wir gehen jetzt vom Gesichtspunkt der sozialen Lebensverhältnisse Goethes noch einmal durch sein fünftes Jahrsiebt, um dann noch tiefere Hintergründe seine früheren Erdenleben erahnen zu können. In seiner zweiten Vaterstadt ankommend, begegnet Goethe dem gerade 18 Jahre alt gewordenen Herzog Carl August in seinem dritten Jahrsiebt, während er selbst kurz danach in sein fünftes Jahrsiebt kommt. Sogleich entfaltet sich dann die Begegnung zwischen diesen beiden Lebensepochen in den Jahren 1776, 1777, 1778, was auch noch für das Jahr 1779 in Betracht kommt, weil eine geringe Dehnung der Jahrsiebte möglich ist.

Carl Augusts 3. Jahrsiebt:	1771–1776	1777	1778	1779
Goethes 5. Jahrsiebt:		1777	1778	1779–1783

~1776 / 1777 / 1778 / 1779 überschneiden sich das dritte und fünfte Jahrsiebt Carl Augusts und Goethes

Carl August hat als 18-Jähriger die herzoglichen Geschäfte in Weimar übernommen, die bis dahin seine Mutter nach dem frühen Tod ihres Gemahls übernommen hatte. Kaum dort angekommen, hält Goethe es für angemessen, sich auch einmal auf ministerielle Tätigkeiten einzulassen und zehn Jahre lang durchzutragen. Schon im Winter 1775/1776 reiten beide zusammen durch das Herzogtum, und Goethe, alles kennenlernend, belebt durch seine Anteilnahme des Herzogs Interesse und Lust für Regierungsarbeit.

Beide verhalten sich ausgesprochen unkonventionell. Goethe beginnt gerade mit seinen Naturstudien und lässt den jungen Freund teilnehmen. Oft unterhalten sie sich bis spät in die Nacht über Kunst und Natur, *„und es war nicht selten, dass … sie nebeneinander auf meinem* (Goethes) *Sofa einschliefen“*.

Der Herzog blickt mit oftmals überspannten Jugendimpulsen, unabhängig von seiner politisch-adeligen Rolle, zu Goethe als zu seinem Lenker auf, der ihn verständnisvoll gewähren lässt. Zum Beispiel liebte es der Herzog, auf rasanten Pferden durch unwegsames Gelände zu stürmen, zu jagen und unter freiem Himmel zu kampieren. Solche Abenteuer finden im abgelegenen Thüringer Wald um Ilmenau herum statt. Aber auch im öffentlichen Leben zeigt er sich in ausgesprochen jugendlichen Eigenarten, die seinem zum Lenker werdenden Freund durchaus Sorgen bereiten. Goethe hatte ihn bestärkt, keine höfisch-kulissenhaften Manieren zur Schau zu stellen, sondern sich aufrichtig und gerade zu geben. Der Herzog mag das auch so verstanden haben, gerade anstößiges Verhalten recht deutlich zu bekunden. So stellte er sich zum Beispiel auf den Marktplatz und knallte mit der Peitsche, was in der damaligen Zeit – zumal für einen Herzog – außerordentlich anstößig war. Da Goethe das und anderes auch bewilligte, glaubten manche, der Dichter habe sich einen schlechten Einfluss auf den jungen Fürsten zuschulden kommen lassen. Als dieser, um noch ein Beispiel zu erwähnen, seinen Schatzmeister und Sekretär Bertuch einmal besucht, der gerade seine Braut nach Weimar holt und dafür seine Wohnung tapeziert, was damals besonders vornehm war, sticht Carl August mit seinem Degen in die neuen Tapeten, *„weil dies verflucht spießbürgerlich sei, dass man die nackten Wände überkleistern wollte"*. Später kommt er, um Abbitte zu tun. Goethe, der auch dabei ist, geht mit Tränen aus der Kammer. In diesem Sinne macht ihm der Herzog eben auch viele Sorgen. In einem Brief an Merck vom 24. Juli 1776 schreibt Goethe: *„Der Herzog ist eben so, davon denn die Welt freilich keine Freude erlebt; wir halten zusammen und gehen unsern eigenen Weg, stoßen so freilich allen Schlimmen, Mittelmäßigen und Guten für'n* (vor den) *Kopf, werden aber doch hindurch dringen, denn die Götter sind sichtbar mit uns."*[195] Goethe betrachtet das ungestüme Verhalten als Durchgangsstadium. Als er einmal gefragt wird, *„wa-*

195 Goethe an Merck, WA – dtv Band, Seite 91.

rum, da er Gutes stiften könnte, er einen so grässlichen Missbrauch seines Postens machte", antwortet er: *„warte, warte auf den Erfolg, ich kann meine Absicht jetzt nicht erklären, bald wird die Welt ... erkennen, dass ich einen Stuhl im Himmel verdient habe.*"[196] – In der Tat wird Goethes Führung bald auch gewürdigt. So schreibt Wieland schon im Juni 1778 an Merck: *„... so gesund und kräftig sah er* (der Herzog) *aus, und so edel, gut bieder und fürstlich zugleich fand ich ihn im Ganzen seines Wesens. Ich werde je länger je mehr überzeugt, dass ihn Goethe recht geführt, und dass er am Ende vor Gott und der Welt Ehre von seiner sogenannten Favoritenschaft haben wird.*"[197]

Der *„immer scharfsichtige Wieland*", so Nicholas Boyle in seiner Biografie über Goethe, bemerkt etwas von dem, was bei so einer Lebensalter-Begegnung geschieht, freilich ohne davon direkt einen Begriff haben zu können. Er vermerkt, *„welche unglaubliche Verdienste er* (Goethe) *um unsern Herzog in dessen erster Regierungszeit gehabt, mit welcher Selbstverläugnung, und höchsten Aufopferung er sich ihm gewidmet, wie viel Edles und Großes, das in dem fürstlichen Jüngling noch schlummerte, er erst zur Entwicklung gebracht und hervorgerufen hat*". Ohne Goethes aufopferungsfreudigen Einsatz zu verringern, ist doch zu sagen, dass die großartige Wirkung gar nicht von dem bewussten Wirken nur ausgeht, sondern von dem Zusammenkommen der beiden Lebensalter des fünften und dritten Jahrsiebts, was einfach ein unmittelbares, tiefes gegenseitiges Erleben und Verstehen mit einem menschheitlichen Charakter eröffnet. Die Menschwerdung ist ein menschheitlicher Vorgang. Boyle hebt hervor: *„wirklich hielt Goethe in seinen ersten vier Jahren den Herzog für den einzigen, an dem eine Entwicklung sichtbar wurde.*" Diese vier Jahre umschließen gerade die Zeit, in der die Begegnung der Lebensalter möglich ist. Goethe notiert in seinem Tagebuch, wie zufrieden er ist, die Persönlichkeit des Herzogs und seine Auffassung der Amtsgeschäfte reifen zu sehen. Boyle

196 GL Band II, Seite 48f.
197 Ebenda, Seite 164.

meint, im Winter 1779/1780 sei dieser Bildungsprozess im Großen und Ganzen und auch das Lehrer-Schüler-Verhältnis abgeschlossen.[198]

Goethe hat während seiner ersten zehn Jahre in Weimar an den Ratssitzungen teilgenommen, was Boyle als *„zeitraubenden Zusatz zu seiner eigentlichen Rolle als Begleiter und Mentor Carl Augusts"* beurteilt. Eine Mentorenschaft kann in der Tat als Lebensaufgabe angesehen werden, die einem das Schicksal für gewisse Jahre auferlegt. Für Goethe ist die Aufgabe der administrativen Tätigkeit aus gewissen individuellen Gründen wichtig, und für den Herzog ist es ebenso wichtig zu sehen, dass sein Mentor Hervorragendes leistet. Boyle meint als Bilanz aller administrativen Aufgaben Goethes ganz richtig: *„aufs Ganze gesehen, wird man sagen müssen, dass Goethes Politik, das zu leisten, was er leisten konnte, aber nicht mehr, so erfolgreich war, wie sie nur sein konnte. Denn das, was er, an den Ort und in die Zeit gestellt, wo er sich befand, hervorragend gut leisten konnte, war, wie jedermann schließlich zugab … die Erziehung des jungen Carl August."* – Boyle fährt aber fort: *„Die späteste, schönste Frucht dieser Politik reift 1809, als der Herzog seinem Volk eine liberale Verfassung gab, die über alles weit hinausging, was in irgendeinem anderen deutschen Staat anzutreffen war. Wenn dieser revolutionäre Schritt in den Wirren, in denen das napoleonische Reich zugrunde ging, für das übrige Deutschland praktisch folgenlos blieb, dann ist das nicht die Schuld einer einzelnen Person oder Institution in Sachsen-Weimar."*[199]

Rein gefühlsmäßig erlebt ein Jugendlicher im älteren Menschen im fünften Jahrsiebt, dass der in ihm noch verborgene Keim des zweiten Ichs einstmals lebendig entfaltet und regsam wird, der zunächst verborgen ist. Dagegen erfährt sich der Ältere mit seinem zweiten Ich gerade in der Begegnung mit der Jugend als wiederge-

198 Nicholas Boyle, „Goethe 1749-1790", Verlag C.H. Beck, München 1999, Seite 285.

199 Ebenda, Seite 297.

boren. Keineswegs ist diese Begegnung einseitig für die Jugend nur fruchtbar, sondern ebenso auch für die Älteren.

25. Goethe und Frau von Stein auf dem Hintergrund Ägyptens

Die Schicksale, die Goethe durch sein Dichterwort ausspricht, hat er mit Empfindungen ausgelotet, die sich in den ihn umgebenden Menschen spiegeln. Ein ganzer Kreis von Menschen gehört dazu, allen voran der jugendliche Herzog, dann insbesondere die Hofdame Charlotte von Stein und etliche andere. Von Frau von Stein hat er schon vor seiner Ankunft in Weimar einen Scherenschnitt gesehen und darunter geschrieben: *„Es wäre ein herrliches Schauspiel zu sehen, wie die Welt sich in dieser Seele spiegelt. Sie sieht die Welt wie sie ist, und doch durchs Medium der Liebe. So ist auch Sanftheit der allgemeine Eindruck.“*[200]

Frau von Stein ist Gemahlin des Stallmeisters Josias von Stein und Mutter von sieben Kindern. Eine geheimnisvolle Seelenfreundschaft entsteht zwischen ihr und Goethe. Er bietet ihr alsbald das „Du“ an, was sie *„mit dem sanftesten Ton von der Welt“* zurückweist, weil *„es nun eben niemand wie ich* – sagt sie – *zu verstehen weiß“*. Beide empfinden ihren Kontakt als ein vom Geist des Lebens durchzogenes Schicksal. Kleine Billette gehen bald täglich hin und her, erkundigen sich nach dem Wohlergehen, treffen kleine Verabredungen und bezeugen das Bedürfnis ständiger Anteilnahme.

In der Verbindung mit Frau von Stein erkennt Goethe ein Schicksal, das er auf die Seelenwanderung durch andere Erdenleben zurückführt. In dem berühmten Gedicht, das in der Goetheforschung „Anamnesis“ genannt wird, heißt es:

„Sag was will das Schicksal uns bereiten?
Sag wie band es uns so rein genau?

200 MA 1, 2, Seite 490.

Ach du warst in abgelebten Zeiten
Meine Schwester oder meine Frau.“

An Wieland, der in Weimar als Prinzenerzieher angestellt ist, schreibt er am 10. April 1776: *„Ich kann mir die Bedeutung – die Macht, die diese Frau über mich hat, anders nicht erklären als durch die Seelenwanderung. – Ja, wir waren einst Mann und Weib! – Nun wissen wir von uns – verhüllt, in Geisterduft. – Ich habe keinen Namen für uns – die Vergangenheit – die Zukunft – das All.“*[201]

Steiners anthroposophische Karmaforschung hat gefunden, dass Blutsverwandtschaft eine Verbindung unter den Menschen darstellt, die ein Schicksal bedeutet, das im nächsten oder einem der nächsten Erdenleben diese Menschen wieder zusammenführt, jedoch nicht am Anfang, sondern in der Mitte des Lebens, etwa in den Dreißigerjahren. Das heißt: Kinder und Geschwister, die mit ihren Eltern am Anfang eines Erdenlebens zusammenleben, begegnen sich in einem der folgenden Erdenleben in der Mitte des Lebenslaufs wieder. So sind Goethe und Frau von Stein verbunden, und andere Personen aus der Weimarer Hofgesellschaft gehören auch in diese schicksalsgetragene Wahlfamilie. Zu einem solchen Karma der Lebensmitte gehört weiter dazu, dass auch zukünftige Beziehungen veranlagt werden, die in einem nächsten Erdenleben in Form von Blutszusammenhängen ausgelebt werden.

Steiner beschreibt diese Erkenntnis u. a. mit den Worten: *„Und da zeigen die geisteswissenschaftlichen Tatsachen, die verschiedentlich erforscht sind, dass sehr häufig die Person, mit denen wir zusammenkommen um das dreißigste Jahr herum, in früheren Inkarnationen so mit uns verwoben sind, dass wir mit ihnen zusammenhängen können, meistens am Anfang der unmittelbar vorhergehenden Inkarnation oder auch noch früher, als Eltern und Geschwister. Das ist zunächst eine merkwürdige, überraschende*

201 MA 2, 1, Seite 552.

Tatsache. Es muss nicht so sein, aber viele Fälle zeigen der geisteswissenschaftlichen Forschung, dass es so ist, dass tatsächlich unsere Eltern, die Personen, die beim Ausgangspunkt unseres vorhergehenden Lebens uns zur Seite gestanden haben, denen wir später entwachsen sind, dass die mit uns karmisch so verwoben sind, dass sie in unserem neuen Leben nicht in unserer Kindheit wieder mit uns zusammengeführt werden, sondern erst dann, wenn wir am meisten auf den physischen Plan herausgetreten sind. Es muß nicht so sein, denn die geisteswissenschaftliche Forschung zeigt sehr häufig, dass wir erst in einer nächsten Inkarnation zusammengeführt werden mit solchen als Eltern, als Geschwistern, überhaupt als Blutsverwandte in Frage kommenden, mit denen wir in dieser Inkarnation um die Dreißigerjahre herum uns zusammenfinden. Also die Bekanntschaften um die Dreißigerjahre herum in irgendeiner Inkarnation können sich so stellen, dass die Personen, die in Betracht kommen, mit uns selber blutsverwandt sind in vorhergehender oder nachfolgender Inkarnation. Wir können also sagen: Mit den Persönlichkeiten mit denen dich das Leben zusammenführt in den Dreißigerjahren, mit denen warst du als mit Eltern und Geschwistern zusammen in einer vorhergehenden Inkarnation; oder du kannst voraussetzen, dass sie in einer der nächsten Inkarnationen mit dir in solcher Eigenschaft zusammenhängen."[202]

Schon im März 1776, als Goethe kaum ein halbes Jahr in Weimar ist, war er sich über den vom Schicksal gezogenen Lebenskreis im Klaren. Er macht da einen Kurzbesuch in Leipzig, berichtet von seiner früheren Umgebung mit den Worten: *„Alles ist wies war, nur ich bin anders"*, und fährt fort: *„Ich habe mein erstes Mädgen* (Katharina Schönkopf) *wieder gesehen – Was das Schicksal mit mir vorhaben mag! Wie viele Dinge ließ es mich nicht auf dieser Reise*

202 Steiner, Rudolf „Wiederverkörperung und Karma", GA135 Vortrag vom 20. Februar 1912, Verlag der Rudolf Steiner Nachlassverwaltung Dornach/Schweiz, 1959

in bestimmter Klarheit sehn! Es ist als wenn diese Reise sollt mit meinem vergangenen Leben saldiren. Und gleich knüpfts wieder neu an. Hab ich euch doch alle. Bald komm ich", schreibt er Frau von Stein.[203] Am Abend wird in der Weimarer Gemeinschaft aus seinem „Faust" und anderen Dichtungen vorgelesen, und in einem Liebhabertheater werden seine Jugenddramen „Die Mitschuldigen" und „Die Laune des Verliebten" gespielt, zu denen nun Jahr für Jahr neue, kleine Dramen hinzukommen.

Als Goethe diese ersten Dramen schrieb, war er aufs Innigste mit seiner leiblichen Schwester Cornelia Friederike Christiane verbunden. Sie wurde am 7. Dezember 1750 geboren, war das zweite und einzige Geschwisterkind, das nicht, wie die späteren vier, im Kindesalter starb, was damals etwas ganz Gewöhnliches war, und war für ihren Bruder die wichtigste Person im Umkreis seiner Geburtssituation. Mit Cornelia ist er Hand in Hand, in enger Spiel- und Lerngemeinschaft, herangewachsen. Aber von Anfang an fühlte er die auffallend enge Verbundenheit, von der Bettina Brentano nach Erzählungen seiner Mutter überliefert: *„Zu der kleinen Schwester Cornelia hatte er, da sie noch in der Wiege lag, schon die zärtlichste Zuneigung; er steckte heimlich Brot in die Tasche, und stopfte es dem Kind in den Mund, wenn es schrie. Wollte man es wieder nehmen, so ward er gewaltig zornig, kletterte an den Leuten hinauf und raufte ihnen die Haare aus; er war überhaupt viel mehr zum Zürnen wie zum Weinen zu bringen."*[204] – Diese auffallende Geschwisterliebe verbindet Bruder und Schwester.

Karl König hat die Konstitution des Gefühlslebens von einer zweitgeborenen Schwester untersucht und immer wieder gefunden: *„Sie trägt fast immer das Kleid der vollendeten Schwester. Etwas lebt in ihrem Wesen und in der Art, die sie anderen gegenüber hat,*

203 WA – dtv Band 96, Seite 48.

204 Bettina von Arnim, „Goethes Briefwechsel mit einem Kind", Insel Verlag, 1984, Seite 418.

das in reinster Form das Bild des schwesterlichen Daseins darstellt. Sie ist weder Gattin noch Mutter; allen ist sie die schwesterliche Gefährtin – ob es Männer oder Frauen sind. Sie ist der wahre Freund und Kamerad.“[205] Indem Goethe mit so einer Schwester heranwächst, wird dadurch eben auch er geprägt, sodass Cornelia ihrem Bruder die Gefühlskonstitution verleiht, die Liebe in der geistigen Form von der ehelichen abzusondern, womit er bereits so wesentliche Errungenschaften erlangen konnte wie das Aufdecken des ahrimanischen Sündenfalls, zu der ihm Auguste Stolberg als eine der schwesterlichen Freundinnen verholfen hat.

Während sich im älter werdenden Menschen die frühkindlich geprägte Konstitution erhält, ist die konkrete Geburtssituation einer Umwandlung ausgesetzt, die das Ich ausübt. Das geht mit inneren Kämpfen einher, die für Goethe besonders einschneidend wirken. Als er ihr Briefe schreibt, hat er ihr Bild so vor sich, dass der Bezug zunächst noch vom frühen Schicksal getragen ist. Seine Briefe sind alle in höchst individueller Form auf den Empfänger zugeschnitten, was in entsprechend herausragender Weise in den Briefen an Cornelia der Fall ist. Im Verlauf der Zwanzigerjahre löst sich diese Verbindung aber auf, indem nach und nach das zweite Ich die Zügel in die Hand nimmt, sodass der früheren Art Goethes, sich ihr Bild vorzustellen, gleichsam der Boden unter den Füßen weggezogen ist. Die ursprüngliche Beziehung zu Cornelia klingt ab, und eine künstliche Vergegenwärtigung ihres Bildes kommt für seine Treue zur inneren Wahrhaftigkeit nicht in Betracht. Er schreibt ihr nun nicht mehr. Als er im Mai 1776 Auguste Stolberg einen tagebuchartigen Bericht seiner neuen Lebenslage schickt, bittet er, dass sie den Bericht an seine Schwester weiterleitet: *„Eine große Bitte hab ich! – Meine Schwester der ich so lange geschwiegen habe als dir, plagt mich wieder heute um Nachrichten oder so was*

---

205 Karl König: Brüder und Schwestern, Vandenhoeck & ruprecht in Göttingen, 1992, Seite 69.

von mir. Schick ihr diesen Brief, und schreib ihr! – O daß ihr verbunden wärt! Daß in ihrer Einsamkeit ein Lichtstrahl von dir auf sie hinleuchtete, und wieder von ihr ein Trostwort zur Stunde der Not herüber zu dir käme. Lernt euch kennen. Seid einander was ich euch nicht sein kann. Was rechte Weiber sind sollten keine Männer lieben, wir sinds nicht werth.“[206] Auch Frau von Stein bittet er, sich seiner Schwester anzunehmen, was diese sowie auch Auguste Stolberg tun.

Ein Jahr später stirbt die inzwischen unglücklich verheiratete Cornelia am 8. Juni 1777. Als seine Mutter ihm davon berichtet, erträgt er den Schmerz – wie immer – in Stille und antwortet mit einem Bild: „*Mit meiner Schwester ist mir so eine starke Wurzel die mich an der Erde hielt abgehauen worden, dass die Äste, von oben, die davon Nahrung hatten auch absterben müssen*“, und nach einer Zwischenbemerkung fährt er fort: „*... Ich bin gewohnt von dem um mich jetzt zu sagen: das ist meine Mutter und meine Geschwister ...*“[207] So formuliert er in Anlehnung an einen Text aus dem Evangelium: Als Christus mit vielen Menschen redete, „*standen seine Mutter und seine Brüder draußen und warteten darauf, mit ihm sprechen zu können. Man sagte ihm: Siehe deine Mutter und deine Brüder stehen draußen und möchten mit dir reden. Er aber antwortete dem, der mit ihm sprach: Wer ist meine Mutter und meine Brüder? Und er streckte seine Hand aus über seine Jünger und sagte: Seht hier meine Mutter und meine Brüder. Wer den Willen meines Vaters in den Himmeln tut, der ist mein Bruder, meine Schwester und meine Mutter.*“ (Matth. 12, 46–50). Der Wille Gottes, auf den Christus hinweist, waltet in dem Schicksal, das aus der Geburtsfamilie heraus und in die Wahlfamilie hineinführt.

---

206 WA – dtv Band 96, Seite 68. Goethe an August Gräfin z. Stolberg, 17.-24. Mai 1776, Seite 64ff.

207 Ebenda, Seite 186f.

In einer Höhle bei Ilmenau, genannt „Hermannstein“, die Goethe besonders lieb war, die er als seinen *„geliebten Aufenthalt“* bezeichnet, wo er *„möchte wohnen und bleiben“*, offenbart sich ihm seine geistige Verwandtschaft mit Frau von Stein als etwas, was ihm – so merkwürdig es auch erscheint – in der Felsennatur eingeschrieben zu sein scheint. Davon wissen wir, weil er sie einmal in die Höhle mitgenommen hat und im Nachklang zu diesem Besuch schreibt: *„Deine Gegenwart hat auf mein Herz eine wunderbare Wirkung gehabt, ich kann nicht sagen wie mir ist! mir ist wohl und doch so träumig … da schrieb ich dir:*

Ach wie bist du mir,
Wie bin ich dir geblieben!
Nein an der Wahrheit
Verzweifl ich nicht mehr.
Ach wenn du da bist,
Fühl ich, ich soll dich nicht lieben
Ach wenn du fern bist,
Fühl ich ich lieb dich so sehr.“

Nun geht er in die Höhle mit Hammer und Meißel, um als Andenken eine *„Inschrift zu machen die sehr mystisch werden wird“*, und schreibt ihr: *„Ich schwöre dir ich weiß nicht wie mir ist. Wenn ich so denke, daß sie mit in meiner Höhle war, daß ich ihre Hand hielt indeß sie sich bückte und ein Zeichen in den Sand schrieb!!! Es ist wie in der Geisterwelt, ist mir auch wie in der Geisterwelt. Ein Gefühl ohn Gefühl. Lieber Engel! Dein Verhältnis zu mir ist so heilig sonderbar, daß ich erst recht bei dieser Gelegenheit fühlte: es kann nicht mit Worten ausgedrückt werden, Menschen könnens nicht sehen …“*[208] Tatsächlich machte er ein „S“ in die Wand. Vier Jahre

208 Goethe an Frau von Stein, vom 8. August 1776, WA-dtv Band 96, Seite 93.

später, am 6. September 1780, erinnert er sich daran und schreibt Frau von Stein: „*... ich bin in die Hermannsteiner Höhle gestiegen, an den Platz wo Sie mit mir waren und habe das S, das so frisch noch wie von gestern angezeichnet steht geküßt und wieder geküßt daß der Porphyr seinen ganzen Erdgeruch ausatmete um mir auf seine Art wenigstens zu antworten. Ich bat den hundertköpfigen Gott, der mich so viel vorgerückt und verändert und mir doch ihre Liebe, und diese Felsen erhalten hat; noch weiter fortzufahren und mich werther zu machen seiner Liebe und der Ihrigen.*“[209] Goethe erlebt, dass die Erde etwas von seinem früheren Schicksal mit Frau von Stein festgehalten hat und nun offenbart. Er knüpft an die Szene aus dem Evangelium nach Johannes 8, 1–11 an, die von einer des Ehebruchs angeklagten Frau handelt, die Christus im Gegensatz zu den Pharisäern nicht verurteilt, aber auf ihre Tat damit reagiert, dass er sich niederbückt und mit dem Finger auf die Erde schreibt. Zweimal wird das so im Evangelium ausgesagt. Es war sozusagen ausdrücklich Christi Antwort auf den Ehebruch dieser Frau. Man kann das so verstehen, dass Christus damit zeichenhaft sagt, dass ein eheliches Zusammensein ein Schicksal ist, das sich in die Kräfte der Erde einschreibt, das aufbewahrt und in der Zukunft wieder zur Geltung kommen wird. Eine eheliche Beziehung ist ein gravierender, ätherischer Vorgang, der sich nicht nur innerhalb der sich begattenden Menschen abspielt, sondern als etwas Ätherisches zugleich außerhalb der Leiber eine Rolle spielt und sich in den Erdenäther gleichsam einschreibt. Jene Formulierung Goethes, „*... daß ich ihre Hand hielt indeß sie sich bückte und ein Zeichen in den Sand schrieb!!! ...*“, deutet auf die Empfindung, sich einer in früherem Erdenleben eingegangenen ehelichen Beziehung bewusst zu werden.

Nun gehen die Menschen in jedem Erdenleben eheliche Beziehungen ein. In unserer gegenwärtigen Kulturepoche können wir jedoch ganz besonders frühere Erdenleben in Ägypten in Betracht ziehen,

209 WA – dtv Band 97, Seite 281.

die sich wieder bemerkbar machen. Aber nicht nur diese intimen Angelegenheiten: Steiner macht den Bezug der gegenwärtigen zur altägyptischen Kultur für die Angelegenheiten des geistigen Lebens geltend, für Wissenschaft, Kunst und Religion. Aber der Weg, auf dem das zu uns herübergeleitet wird, geht seiner Beschreibung nach durch die Erde. Er beschreibt diesen Zusammenhang mit den Worten: *„Es ist, als ob in der ägyptischen Zeit gewisse Keime gelegt worden sind in den Schoß der sich nach und nach entwickelnden Menschheit; Keime, die verborgen blieben während der griechisch-lateinischen Kultur und die in der gegenwärtigen Epoche auf ganz sonderbare Weise aufgehen. So daß vieles von dem, was heute in unseren Seelen empor sprießt, was uns heute umgibt, was heute die Menschen reden und träumen, was unsere Forscher denken, daß vieles davon wie ein aufgegangener Keim altägyptischer Kultur ist, ohne daß die Menschen es wissen. Die meisten von ihnen werden mehr oder weniger die Einrichtung kennen, die man im elektrischen Betrieb bei den sogenannten telegraphischen Apparaten hat. Sie wissen, von einem Ort zum andern gehen die Drähte, die die Apparate miteinander verbinden, und ohne tiefere Kenntnisse über diese Dinge zu haben, werden sie begreifen, dass die Kraft, welche die Apparate in Bewegung setzt, etwas zu tun hat mit dem, was als Kraft die Drähte durchströmt. Sie wissen aber vielleicht auch, dass unten, unter der Erde, eine Verbindung ist, dass der Draht mit seinen Enden in die Erde hineingeleitet ist. Aber diese Verbindung ist nicht sichtbar; unsichtbar wird sie durch mehr oder weniger geheimnisvolle Kräfte durch die Erde selbst hergestellt. Etwas ähnliches besteht als tiefes Geheimnis der Menschheitsentwicklung. Wir sehen geschichtlich die Fäden sich spinnen, die im Offenbaren liegen. Wir können es verfolgen, was im alten Ägypterlande geschehen ist, mit den Mitteln der Geschichte und mit den Mitteln des Okkultismus. Wir sehen, wie sich die Kulturfäden herüberziehen in die griechische, in die römische, in die christliche und bis in unsere Zeit hinein. Das alles ist wie eine Art oberirdischer Leitung. Aber* *es gibt auch eine unterirdische, verborgene Kraft, und zwar eine solche sogar, die mehr oder weniger direkt herüberwirkt von der alten ägyptischen Zeit bis in unsere Zeit hinein.*"[210]

Was sich in Ägypten Keimartiges in die Erde versenkt hat, kommt heute aus diesem Untergrund wieder hoch, und Goethe vernimmt förmlich in Felsen die Quelle seiner Beziehung zu Frau von Stein. Auch andere Menschen spüren diese Verwandtschaft mit Ägypten. Zum Beispiel sagte der amerikanische Dichter Melville: „*Ich bin eines jener Getreidekörner aus den ägyptischen Pyramiden, die, über dreitausend Jahre hin nichts als ein Korn, nun wieder im englischen Acker eingepflanzt, sprossten, grünten und dann bald verwelkten.*"[211] In anderer Form Johannes Kepler, der seine astronomischen Arbeiten einmal mit der Bemerkung versieht, er habe der Ägypter heilige Gefäße zu neuem Gebrauch entwendet.[212]

Die von Goethe errungene Wiedergeburt ist auch ein Ereignis, das sich in einer gewissen Weise in Ägypten spiegelt. Hierfür müssen wir eine Übersicht über die altägyptische Entwicklung voranschikken. Wie oben angedeutet, war die Wiedergeburt in der vorchristlichen Zeit einstmals ein Schritt in der biografischen Entwicklung des Menschen, der bekannt war und vollzogen wurde. Die alten Ägypter kannten noch die Sonnengeburt. In den älteren Zeiten der ägyptischen Kultur ist sie mit den Göttern Isis und Osiris verbunden gewesen, wobei Osiris der Sonnengott und Isis die Mondgöttin ist, deren Sohn Horus aus ihrem Zusammenwirken hervorging. Auch im viele Jahrtausende älteren Indien war der Sonnengeist von Osiris als Vishva Karman bekannt. Diese Wesenheit befand sich damals auf einer Weltenwanderung, auf der sie sich der Erde näherte. In der Art,

---

210 Steiner, Rudolf: „Welt, Erde und Mensch", Vortrag vom 4. August 1907, GA 105, Seite 18f.

211 Zitiert nach Lauenstein, „Das Geheimnis des Wals", Verlag Urachhaus Stuttgart, 1973, Seite 17.

212 Zitiert nach der Rowohlt-Biographie von Hemleben über Kepler. Hamburg 1971.

wie er dann zunächst noch für die Perser erreichbar war, ist er später für die Ägypter erreichbar geworden, jedoch nähert er sich auch von da aus weiter der Erde und verlässt auch Ägypten. In der Blütezeit der ägyptischen Kultur ist er aber eben in den Isis-Osiris-Mysterien noch bekannt gewesen. Als die ägyptischen Eingeweihten ihn aber nicht mehr erreichen konnten, wurden sie zu Söhnen der trauernden und verwitweten Isis und nannten sich nun Söhne der Witwe. Das ging mit dem Verlust der Geistgeburt einher und ist der Hintergrund vom Niedergang der ägyptischen Kultur, die in Dekadenz entartet.

Ein historisches Symptom der Dekadenz kann in der Schlacht von Megiddo aus dem Jahre 1457 v. Chr. gesehen werden. Gewöhnlich wird sie als ein Höhepunkt angesehen, von dem aus Ägypten sich die Vormachtstellung in der damaligen Welt erkämpft. Hier schlug Thutmosis III. die Heere des Vorderen Orients zu Boden. Emil Bock erläutert die andere Sicht, die hier ein Symptom des Niedergangs sieht, in seinem Buch „Moses und sein Zeitalter“: *„Eine Geschichtsbetrachtung, die von der Entfaltung der Macht und von der Entstehung großer Weltreiche fasziniert ist, wird ein Ereignis wie die Schlacht von Meggido als ein glückhaftes und fortschrittbewirkendes ansehen in der Entwicklung Ägyptens nicht nur, sondern der ganzen Menschheit. Blickt man dagegen mehr auf die Linie der spirituellen Menschheitsschicksale, so erkennt man in jener Schlacht das verhängnisvolle Hereinbrechen einer grandiosen Entartung und Dekadenz in die Geschichte. Das Auftreten des Eroberungs- und Machtprinzips bedeutet den Untergang des von geoffenbarter Weisheit getragenen geistigen Lebens.“*[213] In dieser Zeit lebt Moses, der gemäß anthroposophischer Erkenntnis zum letzten Mal die Geistgeburt in vollem Maße erfährt.

---

213 Emil Bock, „Moses und sein Zeitalter“, Verlag Urachhaus Stuttgart,. 1961, Seite 12.

Die Schwester und die schwesterliche Freundin bei Moses und Goethe

Moses auf dem Nil; umsorgt von Mutter, Schwester
und Pharaonentochter mit Dienerinnen.
Aus der Synagoge von Duro Europos.

Moses' Geburt und seine Zeit in Ägypten schildert die Bibel im 2. Buch Moses. Die Israeliten leben seit Jahrhunderten in Ägypten, sind zunächst hoch angesehen und werden von den Pharaonen mit wichtigen Ämtern betraut. Als Moses geboren wird, hat sich das jedoch grundlegend geändert, obwohl es da noch einmal eine kurze Zeit gegeben haben muss, in der sich die Israeliten höchster Anerkennung erfreuten. Dies kann aber nur eine kurze Zeit zwischen heftigster Ablehnung gewesen sein. Die Bibel spricht das in ihrer Bildsprache aus, die sagt: Die Israeliten werden als Fremdlinge betrachtet, deren Volk größer und mächtiger wird, von dem die Ägypter sich bedroht fühlen und deshalb vom Pharao verfolgt werden, der sie austilgen will. Man kann das nicht auf das physisch kleine Hirtenvolk beziehen, sondern muss an die Geistigkeit denken, in der Israel überlegen war. Dagegen wehren sich die Ägypter. Der Pharao ordnet an, alle israelitischen Knaben zu töten. Er will die Geistgeburt verhindern, die für ihn selbst nicht mehr erreichbar ist. Jetzt wird Moses geboren. Seine Mutter pflegt ihn heimlich drei

Monate lang, legt ihn dann in ein mit Pech und Asphalt wasserdicht gemachtes Körbchen und setzte ihn auf dem Nil aus. Seine Schwester Miriam beobachtete ihn aus der Ferne. Als die Tochter des Pharaos kommt, um zu baden, und das Körbchen sieht, schickt sie eine Dienerin hin, es zu holen, und findet das Kind. Sie wähnt einen Israeliten und will ihn bewahren. Vermittelt von Moses Schwester, die herbeieilt, wird die Mutter geholt, die ihn pflegen soll, bis er das Alter erreicht, in dem er in der ägyptischen Schule unterrichtet werden kann. Als das so weit ist, bringt sie ihn der Tochter des Pharaos, die ihn als Sohn annimmt: *„Moses“* nennt sie ihn, *„denn aus dem Wasser habe ich ihn gezogen“*. Dieser urägyptische Name deutet auf die Geist-Geburt aus dem Wasser. Ganz offenkundig wird in die Schilderung von Moses' leiblicher Geburt die geistige Geburt verflochten, wobei die Schwester eine wegbereitende Rolle spielt, wie das auch in Goethes Leben der Fall gewesen ist.

Bei Moses' physischer Geburt steht ihm die leibliche Schwester hütend zur Seite, bei der geistigen Geburt umsorgt ihn die Tochter des Pharaos. Beide Frauen ergänzen sich, wodurch die Wiedergeburt aus dem Wasser zustande kommt. In Goethes Leben kennen wir die beiden Frauen aus nächster Nähe und haben ihre Bilder.

Bei den alten Ägyptern können wir diese Frauen zunächst nur in der Bibel wiederfinden. Goethes Hang zur Ästhetik und zu dem Element der Schönheit finden wir in Ägypten in herausragender Gestalt in der berühmten Gemahlin von Echnaton, Nofretete, von der 1912 die Büste gefunden wurde. Der Name Nofretete bedeutet: *„SCHÖN SIND DIE SCHÖNHEITEN ATONS, DIE SCHÖNE IST GEKOMMEN.“*

Echnaton, ihr Gemahl, war Amenophis IV., auch Amenhotep genannt, der etwa 17 Jahre lang zwischen 1350 und 1325 v. Chr. regierte. Er führte die Verehrung des Sonnengottes Aton ein, verdrängte die alte Sonnenverehrung unter dem Namen Amun und verlieh seinem Gott Aton einen monotheistischen Stellenwert. Es scheint denkbar, dass Amun und Aton eigentlich identisch sind, jedoch in verschiedenen Zeiten erfahrbar waren. Als Amun wird er in der Blütezeit der ägyptischen Kultur gekannt und verehrt, dann aber folgt die Dekadenz, in der er nicht mehr recht fassbar ist, sodass die alten Kulte geistleer werden, er jedoch noch einmal kurze Zeit auflebt und nun unter dem Namen Aton in mehr monotheistischer Form aufleuchtet und vorübergehend von Echnaton ein letztes Mal erfasst und verehrt wird. Dabei könnte der israelitische Moses entscheidend mitgewirkt haben, was die Bibel so nicht erwähnt, aber auch nicht ausschließt. Das Alte Testament stellt in den Moses-Schilderungen vor allem den Gegensatz zwischen Moses und dem dekadent werdenden Ägypten dar, aus dem die Israeliten herausgeführt werden mussten. Für diese Aufgabe wird Moses in Midian vorbereitet.

26. Von Moses zu Goethe

Am Ende seiner ägyptischen Zeit geht Moses zu dem Priesterweisen Reguel oder Jethro in eine wohl geheime Mysterienstätte nach Midian. Jethro hatte sieben Töchter, denen Moses an einem Brunnen begegnet, als er in Midian ankommt. Der Vater gibt ihm die Tochter namens Zippora zur Frau, die ihm dann den Sohn Gersom gebiert, zu dem später ein zweiter Sohn hinzukommt. Die Darstellung, die uns das Alte Testament davon gibt, können wir mit unserem gegenwärtigen Bewusstsein zunächst wohl nur als Familienbericht verstehen. Hören wir jedoch Rudolf Steiners Erläuterung zu dieser „Ehe" des Moses mit Zippora: *„Wer verstehen will, was in einer solchen Schilderung Tieferes liegt, muss sich vor allem daran erinnern, dass in aller mythischen Darstellung immer, zu allen Zeiten, das, was die Seele an höheren Erkenntnissen und Seelenkräften überhaupt in sich entwickeln kann, durch das Symbol von weiblichen Gestalten dargestellt wird – bis herunter zu Goethe in seinen Worten am Schluss des «Faust» vom «Ewig-Weiblichen». So erkennen wir in den «sieben Töchtern» des Priesters Jethro die sieben menschlichen Seelenkräfte wieder, über welche die Weisheit des Priesterweisen zu verfügen hatte. Wir können uns über dieses Bewusstsein nur eine Vorstellung bilden, wenn wir von Begriffen ausgehen, die wir heute selber haben. Wir sprechen heute von … Denken, Fühlen und Wollen … dass sie gleichsam Einschlüsse der Seele bilden. Anders dachte der alte Mensch unter dem Einflusse der hellseherischen Begabung. Er fühlte zunächst einmal in seiner Seele kein solches einheitliches Wesen und in seinem Denken, Fühlen und Wollen nicht solche Kräfte, die aus dem Zentrum des*

Ich wirken und einheitlich die Seele organisieren. Sondern der alte Mensch fühlte sich wie hingegeben an den Makrokosmos und die einzelnen Kräfte, und die einzelnen Seelenkräfte fühlte er wie im Zusammenhange stehend mit besonderen göttlich-geistigen Wesenheiten. Wie wir – was wir aber nicht tun – uns vorstellen können, dass unser Denken befruchtet wird, getragen wird von einer anderen geistigen Weltenkraft als unser Fühlen und unser Wollen, so dass sich verschiedene Strömungen, verschiedene geistige Kräfte aus dem Makrokosmos in unser Denken, Fühlen und Wollen hineinergössen, und dass wir mit diesen in Beziehung stünden – so fühlte der alte Mensch nicht die Seele als ein Einheitliches, sondern sagte sich: Was in mir ist, das ist nur der seelische Schauplatz, und geistig göttliche Kräfte aus dem Universum sind es, welche sich ausleben auf diesem Schauplatz.

Sieben solcher Seelenkräfte waren es …"[214] Eine von ihnen, Zippora, verfügt über die allumfassende Fähigkeit, alle anderen *„in ein einheitliches inneres Seelenleben zusammenzuschließen, in ein ICH-Leben. Darum wird erzählt: Eine der Töchter des Jethro heiratet Moses"*.[215] In geistig wesenhafter Art ist Zippora, was heute mehr oder weniger wesenlos erlebt wird, nämlich: *„Ich-bewusstsein, Intellektualität, Rationalismus, Vernunft und Verstand, die auf die äußere Sinneswelt gerichtet sind …"*[216] Moses konnte mittels Hellsichtigkeit diese geistigen Qualitäten des Bewusstseins erfassen. Das ist das Besondere dieses Moses-Lebens; er verfügte noch über das voll ausgebildete Hellsehen, worauf das „Widdergehörn" deutet, mit welcher Fähigkeit er in der alten Zeit die neue Zeit vorbereitet. *„Dem Moses musste das Bewusstsein von der Intellektualität so gegeben werden, dass in ihm selber das intellektuelle*

---

214 Steiner: „Moses", Vortrag vom 9. März 1911, GA 60.
215 Ebenda.
216 Ebenda.

Bewusstsein noch auf die Art der alten Hellseher aufleuchtete. Bei ihm war er der erste der neuen und der letzte der alten Impulse.“[217]

Zippora repräsentiert eine Seelenkraft, die das in der Seele lebende Untersinnlich-Geistige ausmacht. Das ist diejenige der sieben Seelenkräfte, zu der auch das mathematische Wesen gehört, das zur Trägerschaft der Ich-zentrierten Dreiheit von Denken, Fühlen, Wollen berufen ist. Sie repräsentiert eine Seelenkraft, die das „Sein“ ausmacht. Makrokosmisch beleuchtet, hängt diese Qualität mit dem Mond zusammen. In den anderen der sieben „Töchter“ werden Seelenkräfte repräsentiert, die mit den Gestirnen Merkur, Venus, Sonne, Mars, Jupiter und Saturn zusammenhängen. Emil Bock hat in seinem schönen Buch „Moses und sein Zeitalter“ Zipporas Zugehörigkeit zum Mond angeführt, jedoch nicht als etwas Höchstes, sondern als etwas Untergeordnetes eingeschätzt. Der Mond hängt aber mit dem allumfassenden Weltengöttlichen zusammen, das sich zur Sonne wie der Vater zum Sohn verhält. Auch wenn man bezüglich des Lichts primär die Sonne und sekundär den Mond anzusehen hat, ist dennoch die geistige Kraft so zu beurteilen, dass der Mond das Vatergöttliche und die Sonne das Sohnesgöttliche ausmachen. Dieses eigentlich vatergöttliche Element in der Seele vermag das Einheitsbewusstsein herzustellen, das Moses durch seine „Ehe“ mit Zippora ergreift. Das war eine Tat des Moses, die gemäß Steiner für die folgenden Zeiten der Menschheit wegbereitend war, denn im geschichtlichen Werden muss in einer früheren Zeit das Folgende vorweggenommen, vorbereitet und veranlagt werden: *„Alles, was später in seiner besonderen Eigenart auftreten soll, muss vorher in der Eigenart der alten Zeiten gegeben werden. Was die spätere Menschheit dem Moses verdankt, ist die Kraft, Vernunft und Intellekt zu entfalten, aus dem Ich-Bewusstsein heraus im vollen Wachzustande intellektuell über die Welt zu denken, über die*

217 Ebenda.

Welt sich intellektuell aufzuklären."[218] So bildet Moses im Grunde genommen ein Band von der alten Zeit bis in die Gegenwart. Heute stehen wir nun an der gegenüberliegenden Schwelle, die vom sinnlich-physisch orientierten Bewusstsein zum neuen, hellseherisch zu erfassenden Bewusstsein führt, und von diesem Gesichtspunkt ist Goethes Kulturbeitrag zu betrachten.

Zippora gebiert Moses einen Sohn, dem der Namen „Gerson" gegeben wird, der bedeuten soll: *„Ich bin ein Fremdling geworden im fremden Lande"*. (2. Mose 2,22) Für Zippora als Seelenbraut kommt für die Geburt des Kindes nur das zweite Ich in Betracht. Als Fremdling kann dieses zweite Ich gelten, weil es aus den Lebensverhältnissen der Geburt des physischen Leibes, in dem sich das erste Ich inkarniert, herauswächst. Später bekommt Moses einen weiteren Sohn. Von diesem ist zum ersten Mal – ohne Namensnennung – die Rede, als Moses Midian verlässt und nach Ägypten zurückkehrt: *„Also nahm Moses sein Weib und seine Söhne und führte sie auf einem Esel und zog wieder nach Ägyptenland und nahm den Stab Gottes in seine Hand."* (2. Mose 4,20) Die Namensnennung erfolgt erst viel später.

Zunächst kommt Moses nach Ägypten. Unterwegs wird ein Ereignis berichtet, bei dem von der Beschneidung die Rede ist, allerdings hin höchst merkwürdigen Umständen: *„Und als er unterwegs in der Herberge war kam ihm der Herr entgegen und wollte ihn töten. Da nahm Zippora einen Stein und beschnitt ihrem Sohn die Vorhaut und rührte ihm seine Füße an und sprach: Du bist mir ein Blutbräutigam. Da ließ er von ihm ab."* (2. Mose 4,24-26) Diese Beschneidung scheint mir ein Hinweis auf eine innere, mystische Enthaltsamkeit zu sein, die Moses sich im Hinblick auf seine mystische Verbindung mit der Seelenbraut auferlegt, die geistig so radikal durchgeführt wird wie eine äußere Beschneidung der Vorhaut für das Empfindungsvermögen. Der Zustand, in dem sich der

218 Ebenda.

Mensch befindet, wenn er unter der Ägide des zweiten Ich das dritte Ich zeugt und gebiert, bedarf der als Beschneidung angedeuteten Enthaltsamkeit, um dasselbe geistig empfinungsmäßig gewahr zu werden. Der vom Herrn angedrohte Tod bezieht sich auf die geistige Geburt.

Zum zweiten Mal ist von den beiden Söhnen die Rede, als Moses die Israeliten bereits aus Ägypten herausgeführt hat und in der Wüste bei dem Berg Horeb angekommen ist. Bedeutsame Ereignisse gehen dieser Erwähnung voran. Das Volk wird mit der vom Himmel herabregnenden Speise die Manna genannt wird (2. Mose 16,15) und von Wasser, das aus einem Felsenquell entspringt (2. Mose 17,6), ernährt. Letzteres sind die verjüngenden Ätherkräfte. Beide Substanzen sind Bilder für die geistige Ernährung der höheren Wesensglieder Geistselbst und Lebensgeist. Nach dieser geistigen Ernährung, bzw. den Berichten davon, ist von Jethro, Moses Schwiegervater zusammen mit Zippora und den beiden Söhnen die Rede. Die letzteren hat Moses vor dem Auszug aus Ägypten noch einmal zu Jethro nach Midian zurückgeschickt, die nun zu ihm gebracht werden. Die Bibel berichtet: Jethro brachte ihm *„Zippora, Moses Weib, die er hatte zurückgesandt samt ihren zwei Söhnen. Deren einer heißt Gersom (denn er sprach, ich bin ein Gast geworden in fremden Lande); und der andere Elieser (denn er sprach: Der Gott meines Vaters ist meine Hilfe gewesen und hat mich errettet von dem Schwert Pharaos) ... und da sie sich untereinander gegrüßt hatten, gingen sie in die Hütte.“* (2. Mose 18, 1-7) Kurz danach erfolgt der Bau der Stiftshütte. Die Hütte, in die Moses mit Jethro, Zippora und den beiden Söhnen geht, kann also nur die geistig-mystische, Innerlichkeit sein und nicht die Stiftshütte, die ein äußeres Wanderheiligtum darstellt.

Moses zwei Söhne können als das zweite und dritte Ich angesehen werden und das ist wohl dasjenige, was hier in der alten vorchristlichen Kultur zum letzten Mal in seiner ganzen Vollständigkeit durchlebt worden ist und was im Leben Goethes dann zum ersten Mal wieder errungen wird.

2. MERKUREPOCHE

27. Der soziale Aspekt der Bewusstseinsseelen-Entwicklung

Vom 35. Lebensjahr hat Steiner, wie angeführt, den Hinweis gegeben: *„Da löst sich etwas Inneres heraus, und es entwickelt sich zu jener Freiheit der Seele, die wir als das Merkurdasein bezeichnen, das im fünfunddreißigsten Lebensjahr zu seiner Höhe kommt."* Das geht dann in die Befähigung über, im gesamten sozialen Umkreis in einer neuen Art fruchtbar wirken zu können. *„So gewinnt der Mensch mit dem fünfunddreißigsten Jahr seine Selbständigkeit. Er tritt in das Alter ein, in dem er nicht bloß erfährt, sondern das Erlebte innerlich kräftigt und festigt ... Jetzt wird der Mensch ein Rater für seine Umgebung. Sein Urteil hat nun Wert für die andern. Früher sollte er auf die Welt hören, nun kann die Welt auf ihn hören. Das ist wichtig, denn in dieser Beziehung wird viel gesündigt. Vor allen Dingen schädigt der Mensch sich selbst, wenn er sich hinstellt und Ratschläge erteilt, bevor er das Reifealter, die Mitte des Lebens, erreicht hat. Fühlt er sich nur als Schüler, der das wiedergibt, was er gehört hat, so wird er sich nicht solche Blöcke in den Weg werfen, wie es geschieht, wenn er allerlei Dinge als seine eigene Lehre darstellt. Dadurch macht er geradezu seine besten Kräfte unwirksam. Wissen kann man sich vorher erwerben, aber Weisheit ist etwas, was innerlich entwickelt werden muss. Wissen ist etwas, was man erst aufsammeln muss und was dann Weisheit werden kann."*[219] Instinktiv hat Goethe versucht, das zu berücksichtigen. Am Anfang seiner schriftstellerischen Laufbahn verzichtet er lange Zeit auf eine geschlossene Publikation seiner Schriften, lässt nur in Zeitschriften und Einzeldrucken etwas erscheinen,

---

219 Steiner, Rudolf, „Der Lebenslauf des Menschen im Zusammenhang mit der planetarischen Evolution", GA 96, Vortrag vom 4. März 1907, Rudolf Steiner Verlag Dornach Schweiz 1989, S. 247 f.

dichtet eigentlich mehr für seine Freunde, verschenkt am liebsten das eine oder andere und hält sich bis nach seinem 35. Lebensjahr mit einer Gesamtausgabe seiner Werke zurück. Bis dahin hatten sich aber unlautere Verleger diese Zurückhaltung zunutze gemacht und Raubdrucke veranstaltet, was ihn ärgert und auch kränkt. Der Verleger Himburg in Berlin hatte bereits drei Raubdruckauflagen besorgt, aber erst, als der 37-jährige Dichter im Juni 1786 erfährt, dass Himburg abermals eine Neuauflage plant, reagiert er. Bertuch, Unternehmer und Geheimsekretär des Herzogs Carl August, hatte von Himburgs Vorhaben erfahren und Goethe berichtet und sich dann im Auftrag des Dichters an den Verleger Göschen in Leipzig gewendet, der nun eine autorisierte Werkausgabe herausgeben soll. Bertuch schreibt an Göschen: *„… er* (Goethe) *ärgert sich so darüber, daß er schwur … er wolle seine Ausgabe jetzt ohne Zeitverlust veranstalten … Resultat unseres Gesprächs war, dass er mir … die ganze Besorgung des Verlags davon übertrug.“ Zuletzt fordert Bertuch den Verleger auf: „… kommen sie ja so schnell sie können, um das Eisen zu schmieden so lang es warm ist.“*[220] Bertuch hielt es offenbar für möglich, dass Goethe den Entschluss doch noch rückgängig macht, was nun allerdings nicht der Fall ist – im Gegenteil: Er beginnt mit einer groß angelegten, gründlichen Revision aller alten Arbeiten. In vielen Briefen spricht er aus, was ihm das bedeutet: *„… und will nicht ruhen biß auch die* (frühen Dramen) *nach meinem Sinn“*[221] ausgefeilt sind. Ein andermal klingt seine Stimme wie von einem Opfer, das leise schmerzt, wenn er sagt: *„diese Dinge durchzugehen macht mich halb fröhlich halb traurig“*, und an Jakobi am 12. Juli: *„plagt michs ein wenig, daß ich meine Schriften herausgeben muß. Es ist mir von jeher eine unangenehme Empfindung gewesen, wenn Dinge, die ein einzelnes Gemüth, unter besondern*

220 Bertuch an Göschen vom 5. Juni 1786, GL 2, Seite 513.
221 An Frau von Stein, 16. Juni 1786, WA – dtv Band 100, Seite 231.

Umständen beschäftigten, dem Publiko hingegeben werden sollen! Es sei denn! Da ich's nicht ändern kann."[222]

2. und 6. Jahrsiebt

Diese soziale Reife in der Lebensmitte entsteht aus den Kindheitskräften. Dadurch entsteht nach der Lebensmitte im sechsten Jahrsiebt auch ein neues Verständnis für das Kind im zweiten Jahrsiebt.

In Goethes Leben äußert sich so ein Bezug zwischen dem sechsten und zweiten Jahrsiebt zwischen Friedrich Konstantin von Stein, genannt Fritz, (1772–1844) dem Sohn von Charlotte von Stein und dem Dichter. Er nimmt sich auch ihrer Kinder an, aber seine besondere Neigung gilt Fritz. Unzufrieden mit dessen sonstiger Entwicklung, holt er ihn 1783 zu sich ins Haus und erteilt ihm drei Jahre lang Privatunterricht. Fritz erinnert sich später an diese Zeit als die glücklichsten Jahre seines Lebens. Es sind das aber eben gerade die Jahre, in denen sich Goethes sechstes und Fritzens zweites Jahrsiebt überschneiden. Solche Schicksale kann man nicht herbeiführen; sie können sich zeigen, wie bei Goethe und Fritz, ansonsten können wir sie an den Geburtskarmas entdecken, in denen es für die Menschen vorveranlagt ist, mit wem so eine Beziehung später im Leben möglich ist. Goethe gelingt diese Entdeckung instinktiv, wir hingegen müssen diese Instinkte bewusst heranbilden.

Fritz von Steins 2. Jahrsiebt:	1779–1784	1785	1786
Goethes 6. Jahrsiebt:	1784	1785	1786–1791

In den Jahren von 1784 bis 1786 überschneiden sich
Fritz von Steins zweites und Goethes sechstes Jahrsiebt.

Goethe nimmt sich aber immer der Kinder an. Carl von Stein, ein Bruder von Fritz, berichtet in seinen Erinnerungen aus den Jahren 1776 bis 1786, dass er *„gymnastische Übungen in Schwung*

222 Ebenda, Seite 243.

(brachte), *woran man früher in höheren Zirkeln nicht anders gedacht hatte als an unschickliche Beschäftigungen"*. Man lernte *„auf Stelzen gehen, baden schwimmen, ja der Herzog ließ sogar ... ein Seil zum Seiltanzen aufspannen ... Von der jungen Gesellschaft war Goethe gewissermaßen die Seele"*. Er erzählte Märchen und Geschichten, versammelt einen größeren Kreis von Kindern zu einem Liebhabertheater und veranstaltet kleine Aufführungen.[223]

Steiner hat auf diese Beziehung nur mit auffallend wenig Worten hingewiesen. *„Das ist das Eigentümliche in der Griechenzeit und auch in der älteren römischen Kultur, dass sich die Leute, die 35, 36, 37 Jahre alt waren, mit denjenigen verstanden haben die so alt waren wie heute unsere Volksschüler alt sind"*. Dieser Bezug bildet zusammen mit den anderen beiden Begegnungsmöglichkeiten zwischen dem dritten und fünften Jahrsiebt sowie zwischen dem vierten und vierten Jahrsiebt eine eigene soziale Ganzheit, die vom 2. und 6. Jahrsiebt umrahmt wird und einen kleinen sozialen Kreis bildet. Man könnte ihn einen kleinen Epochenbund nennen.

Die Jahrsiebte	– 2 –	– 3 –	– 4 –	– 5 –	– 6 –
Epochen-bund	**2. und 6.**	**3. und 5.**	**4. und 4.**	**5. und 3.**	**6. und 2.**

Meine allzu früh verstorbene Frau erzählte mir einmal, wie sie als Kind im zweiten Jahrsiebt eine Lehrerin hatte, zu der sich so eine Beziehung ergeben hat. Sie war fest überzeugt, einzig und allein nur von diesem Menschen verstanden werden zu können. Einmal träumte sie von einem Tempel, zu dem Stufen hinaufführen, wo diese Lehrerin oben, in einem priesterlichen Gewand stehend, sie erwartet, während sie im Begriff ist, die Stufen aufzusteigen. In solch einem Bild kommt zum Ausdruck, wie vom sechsten Jahrsiebt aus segensreich auf das Kind im zweiten Jahrsiebt gewirkt werden kann. Wie eine Iphigenie mutet diese Frau an.

223 GL, Band II, Seite 39.

28. Ästhetik und die Faust-Szene Hexenküche

In seinem sechsten Jahrsiebt hält Goethe den Moment für gekommen, nach Italien zu reisen und sich dadurch von den administrativen Aufgaben in Weimar größtenteils zu lösen und sich mit ganzer Energie dem Studium des Lebens, hauptsächlich der Pflanzen, aber auch des Lebens von Tier und Mensch zu widmen, woraus die Metamorphosen-Lehre entsteht. Gleichzeitig ergibt sich ihm unerwartet eine Vertiefung seines Verständnisses für die Ästhetik.

Am 3. September 1786 bricht er nach Italien auf und erreicht Rom am 29. Oktober. Kurz nachdem er angekommen ist geht er am 8. November durch den zweiten Mondknoten. Von diesen kosmischen Ereignissen leitet sich das Geheimnis der verjüngenden Ätherkräfte ab, die ursprünglich den kosmischen Strömen entstammen. Diese strömen, wie oben ausgeführt, zur Erde hin und steigen dann von der Erde wieder zurück in den Kosmos hinauf. Im Erdendasein durchdringen sie aber das Leben der Natur und des Menschen und können im Herzensmenschen als verjüngende Wirkungen erfühlt werden. Zwischen dem ersten und zweiten Mondknoten gibt es einen Unterschied, der mit dem Zeitpunkt innerhalb des entsprechenden Jahrsiebts zusammenhängt. Beim ersten Mondknotendurchgang erfolgt die Belebung durch diese Kräfte gegen Ende der Epoche als eine Art Krönung. Beim zweiten Mondknoten-Durchgang erfolgt sie mehr am Anfang der Lebensepoche als Impulsierung. Das hängt mit dem Epochenjahr zusammen. Jede Lebensepoche hat sieben Epochenjahre. Der erste Mondknoten fällt in das fünfte Epochenjahr und der zweite in das dritte Epochenjahr.

1. Mondknoten: 18 Jahre, 7 Monate, 9 Tage,
im 3. Jahrsiebt und 5. Epochenjahr: 1 2 3 4 **5** 6 7
2. Mondknoten: 37 Jahre, 2 Monate, 18 Tage,
im 6. Jahrsiebt und 3. Epochenjahr: 1 2 **3** 4 5 6 7

Der Stellenwert eines Mondknotenjahres ergibt sich aus der Wirkung der geistigen Liebe. Im dritten Jahrsiebt, in dem diese Liebefähigkeit im 14. Lebensjahr erwacht, hat der jugendliche Mensch fünf Jahre Zeit, diese Fähigkeit so zu entfalten, dass die Seelenverfassung für das Erfühlen des ersten Mondknotens empfänglich geworden ist. Anders im sechsten Jahrsiebt. Hier liegt der Mondknoten im dritten Epochenjahr, in dem ein verhältnismäßig unmittelbares Ergreifen des Impulses zur Grundlage der Entwicklung wird. Ausgerüstet mit diesen Kräften, welche die geistige Entwicklung aufs Kräftigste impulsieren, beginnt er nun in Rom mit dem Studium der antiken Kunstwerke, die er von Jugend an so genau wie wohl niemand anderes kennt, aber ganz unerwartet das Gefühl hat, mit seinem Studium von vorne anfangen zu müssen.

Am 23. Dezember 1786, wenige Wochen nach seinem zweiten Mondknoten, berichtet Goethe seinen Freunden in Weimar: *„ich dachte wohl hier was zu lernen, daß ich aber so weit in die Schule zurückgehn, daß ich so viel verlernen müßte dacht ich nicht.“*[224] Und sechs Tage später: *„Immer muß ich wiederholen: ich glaubte wohl hier etwas rechts zu lernen, daß ich aber so weit in die Schule zurückgehen müßte glaubt ich nicht...“*,[225] und am 28. Januar 1787, meine *„Betrachtung beschäftigt sich mit der Kunst der Griechen und sucht zu erforschen, wie jene unvergleichlichen Künstler verfuhren, um aus der menschlichen Gestalt den Kreis göttlicher Bildung zu entwickeln welcher vollkommen abgeschlossen ist und worin kein Hauptcharakter so wenig als die Übergänge und Vermittlungen fehlen.* – Fortwährend wird gezeichnet – *Ich habe eine Vermutung, daß sie nach eben den Gesetzen verfuhren, nach welchen die Natur verfährt und denen ich auf der Spur bin. Nur ist noch etwas anders dabei, das ich nicht auszusprechen wüßte.“*[226]

224 WA – DTV 101, Seite 100.
225 a.a.O., Seite 105.
226 Italienische Reise, FA 1,15; Seite 179.

(Von links) Jupiter, Juno, Athene, ?, Merkur, ?, ?[227]

Er ist gleichzeitig auf dem Weg, seine Metamorphosenlehre zu entwickeln, in der es um das Studium des Lebens geht. Hier wie dort ist etwas Neues, das er zunächst ahnt, aber nicht sogleich ergreifen kann: *„... nur ist noch etwas dabei, das ich nicht auszusprechen wüßte.*“ Dann vertieft er sich in das Studium der menschlichen Gestalt, und dabei schlüpft er gleichsam in die geistige Haut des alten griechischen Plastikers, denn nun wird nicht nur gezeichnet, sondern auch modelliert. Am 23. August schreibt er Frau von Stein: *„Noch muss ich ein Blättchen einschieben um dir zu sagen wie gut es mir mit dem modellieren geht. Sage es doch Herders. Die menschliche Gestalt tritt in alle ihre Rechte und das übrige fällt mir wie Lumpen vom Leibe. Ich habe ein Prinzip gefunden das mich wie ein Ariadnischer Faden durch die Labyrinthe der Menschen-Bildung durchführen wird. Wenigstens hoff ichs. Ich will sehn wie weit ich damit komme.* – behalten wir die „Lumpen“ im Auge, die ihm vom Leibe fallen Wir werden unten genauer zeigen, dass die „Lumpen“ ein Bild für eine gewisse elementare Hässlichkeit sind, die, so merkwürdig das auch scheinen mag, als das Gegenteil des Schönen dem wahrhaft ästhetischen Erleben immer wie vorgelagert

227 „Corpus der Goethezeichnungen“, Band 3.

ist. – *Indes bin ich sehr vergnügt, weil mir auf einmal wie ein Vorhang von allen Statuen wegfällt. Ich habe einen Herkuleskopf angefangen, worüber sie sich alle* (seine Freunde in Rom) *verwundern, weil sie denken ich hab ihn durch einen Zufall so getroffen, ich hab ihn aber nach meinem Grundsatz gemacht und wenn ich Zeit und Fleiß habe diesen Grundsatz zu entwickeln und mich mechanisch zu üben; kann ich andre eben so machen.*“[228] So arbeitete er dann in den letzten Monaten seines römischen Aufenthaltes bis ins Frühjahr 1788 fort. Im Rückblick berichtet er dem Herzog Carl August: „*Die Menschengestalt zog nunmehr meine Blicke auf sich und wie ich vorher, gleichsam wie von dem Glanz der Sonne, meine Augen von ihr weggewendet, so konnte ich nun mit Entzücken sie betrachten und auf ihr verweilen. Ich begab mich in die Schule, lernte den Kopf mit seinen Theilen zeichnen und nun fing ich erst an die Antiken zu verstehen. Damit brachte ich November und December hin ... Mit dem ersten Januar stieg ich vom Angesicht aufs Schlüsselbein, verbreitete mich auf die Brust und so weiter, alles von innen heraus, den Knochen Bau, die Muskeln wohl studirt und überlegt, dann die Antiken Formen betrachtet, mit der Natur verglichen und das Charakteristische sich wohl eingeprägt. Meine sorgfältige, ehmalige Studien der Osteologie und der Körper überhaupt, sind mir sehr zu statten gekommen und ich habe gestern die Hand, als den letzten Theil der mir übrig blieb, absolvirt. Die nächste Woche werden nun die vorzüglichsten Statuen und Gemählde Roms mit frisch gewaschnen Augen besehen.*“[229] Im März 1788 fährt er fort: „*Ferner hab ich diese Woche einen Fuß modelliert, nach vorgängigem Studio der Knochen und Muskeln, und werde von meinem Meister gelobt ...*“[230] (14.März 1788)

228 FA II,3; Seite 321.
229 WA – DTV 101, Seite 329.
230 FA I,15,1 (Italienische Reise), Seite 567.

Die alten griechischen Plastiker haben aus dem Erfühlen des menschlichen Ätherleibes ihre Plastiken geschaffen, und Goethe ist hier in diese von ihm selber in einem früheren Erdenleben ausgeübte Verfahrensweise einen Moment lang eingetaucht und erlebt die ätherische Idealität. Der Ätherleib ist für den physischen Leib dasjenige, was Architekt und Baumeister für ein Haus sind. Das Haus des Leibes ist aber nie genau so wie das ätherische Urbild. So wie im Pflanzenreich kein konkretes Exemplar dem Urbild vollkommen entsprechen kann, weil hier der Boden mangelhaft ist, dort Licht fehlt, zu viel oder zu wenig Regen fällt usw., so bewirken auch die menschlichen Schicksals- und Lebensbedingungen, daß das Urbild der Gestalt nur annähernd erscheinen kann. Der altgriechische Plastiker aber spürt das Ideal der Gestalt im Ätherleib und schafft Gestalten, die es gar nicht geben kann, die aber wirklicher sind als die sinnliche Wirklichkeit. Existentiell aber ist der Mensch im Kindesalter des zweiten Jahrsiebts von dieser Idealität am deutlichsten geprägt, was in dieser Epoche der physische Leib deutlicher als in jeder anderen Epoche zeigt, und an diesem ätherischen Schönheits-Sinn knüpft Goethe an, als er Helena als Urbild der Schönheit erfasst.

Was aber ist es wenn ihm *„Lumpen vom Leibe"* fallen, sodass ihm *„auf einmal wie ein Vorhang von allen Statuen wegfällt"*[231] und er zuletzt die Plastiken mit *„frisch gewaschnen Augen"*[232] betrachten kann? Was meint er damit? Anthroposophie lehrt uns, dass das „Schöne" und ebenso das Wahre und Gute mit vollkommen entgegengesetzten Elementen wie Hässlichkeit, Torheit und Bösartigkeit verbunden ist. Steiner beschreibt das als etwas Elementar-Wesenhaftes. Man habe zwei Gruppen von Elementarwesen zu unterscheiden. Die eine ist in aufsteigender Entwicklung, an die zu denken ist, wenn wir gewöhnlich von Elementarwesen sprechen.

---

231 FA II,3; Seite 321.
232 WA – DTV 101, Seite 329.

Die andere Gruppe aber ist in einem absteigenden, verwesenden, dekadent werdenden Prozess, die das Sein sozusagen verlieren. Beide Kategorien gibt es in allen Bereichen der Elementarwesen. Im Bereich der Erdenwesen (Gnome), der Wasserwesen (Undinen), der Luftwesen (Sylphen) und der Feuerwesen (Salamander) finden sich sowohl aufwärts strebende als auch verwesende, dekadente Wesen. Diejenigen dekadenten Wesen, die mit der Kunst oder Ästhetik zu tun haben, sind mit dem luftförmigen und wässrigen Element verbunden. Sie stellen etwas Hässliches dar und werden von den Künstlern unbewusst oder halbbewusst überwunden, wenn wirkliche Kunstwerke geschaffen werden. *„Diese Wesenheiten ... haben es vorzugsweise mit der Welt des Scheines, des schönen Scheins zu tun, sie hängen sich ... an die künstlerischen Naturen an... sie sind sehr schwer zu entdecken, weil sie sich leicht verstecken können. Sie sind da zu finden, wo wirkliche Kunstwerke sind, wo also im Scheine vorhanden ist die menschliche Gestalt oder natürliche Gestalten oder dergleichen ... Wenn wir uns nämlich fragen: Wie kommt es, dass der schöne Schein uns interessiert, dass wir unter Umständen ein größeres Vergnügen an einer schönen Statue haben als an einem lebendigen Menschen – allerdings ein Vergnügen anderer Art, aber ein größeres Vergnügen –, oder dass wir uns an der melodischen oder harmonischen Ausgestaltung von Tönen erbauen und erfreuen?"* Um das zu entdecken, lenkt der Geistesforscher den Blick zuerst auf die gesunden, in der Evolution aufsteigenden Luft- und Wasserwesen und kann von da aus die anderen, in Zerfall befindenden Wesen suchen. Steiner erklärt, er kann sie finden, wenn er zum Beispiel einen Menschen hört, der schön spricht und dabei nicht auf den Inhalt der Worte, sondern auf das Sprechen seine Aufmerksamkeit richtet, und ähnliche Studien führen ihn dann zur Entdeckung der dekadenten Wesen. *Dann entdeckt man diese Wesenheiten, welche überall da sind, wo das Schöne ist, und ihre Unterstützung gewähren, so dass der Mensch das rechte Interesse an dem Schönen haben kann."*

Wenn es dann dem Geistesforscher gelingt, diese Wesen wirklich zu schauen, was aber eben sehr schwierig sei, dann – so schildert Steiner – *„dann folgt das große Enttäuschtsein, dann folgt das große furchtbare Erstaunen. Diese Wesen sind nämlich urhäßlich, das Häßlichste, was man entdecken kann, schauderhafte Wesen, die Urbilder der Häßlichkeit. Und hat man einmal sich den Blick für diese Wesen angeeignet und besucht dann mit diesem geistigen Blick irgend ein Atelier, in dem Künstlerisches geschaffen wird, dann findet man, dass es diese Wesenheiten sind, die wie Spinnen eigentlich auf dem Grunde des Weltendaseins auf Erden sind, damit der Mensch an der Schönheit Interesse hat. Diese schauderhaften Spinnenwesen elementarischer Art sind es, durch die das Interesse an der Schönheit gerade wach wird. Der Mensch würde gar nicht das richtige Interesse an der Schönheit haben können, wenn er nicht mit seiner Seele in eine Welt von urhäßlichen Spinnenwesen eingesponnen wäre.*

Man ahnt gar nicht, wenn man so durch eine Galerie geht ... wie man in seinem Interesse für die schönsten Bilder dadurch unterstützt wird, dass in allen Ohren und in allen Nasenlöchern diese häßlichsten Spinnen aus- und einkriechen. Auf dem Grunde der Häßlichkeit erhebt sich des Menschen Begeisterung für die Schönheit. Das ist ein Weltengeheimnis. Man braucht, ich möchte sagen, die Aufstachelung durch das Häßliche, damit gerade das Schöne zum Vorschein kommt. Und die großen künstlerischen Naturen waren solche, die durch ihre starke Leiblichkeit das Durchsetztsein mit diesen Spinnen ertragen konnten, um eine Sixtinische Madonna oder dergleichen hervorzubringen. Was in der Welt an Schönem hervorgebracht wird, wird eben durchaus so hervorgebracht, dass es sich aus einem Meere von Häßlichkeit durch den Enthusiasmus der menschlichen Seele heraushebt.“[233]

233 Rudolf Steiner, „Das Verhältnis der Sternenwelt zum Menschen und des Menschen zur Sternenwelt“, Vortrag vom 16. Dezember 1922.

Ähnliche Elementarwesen sind, wie gesagt, im Bereich des Strebens nach Wahrheit und nach dem Guten wirksam. Steiner vergleicht diese dekadenten Wesen mit dem Komposthaufen, wo organische Abfälle verwesen und dadurch den Stoff zum Aufbau für neue Pflanzen bilden. Durch den Dünger mit kompostiertem Material werden die schönsten Blüten und Früchte gebildet. So wie mit organischem Abfall oder Mist gedüngt wird, um fruchtbares Pflanzenwachstum zu erzielen, ebenso wirkt der geistige Bodensatz dekadenter verwesender Elementarwesen als eine Art Nährboden für das Hervorbringen von Wahrheit, Schönheit, Güte. Das aber ist es, was Goethe beim Studium der Kunstwerke ahnt, dessen er sich plötzlich bewusst wird, wenn ihm *„Lumpen vom Leibe"* fallen, wodurch ihm *„auf einmal wie ein Vorhang von allen Statuen wegfällt"*[234]. Es ist das Bewusstsein, das sich der Anstachelung durch das Hässliche bewusst wird, wodurch es zuletzt die Plastiken mit *„frisch gewaschnen Augen"* erfahren kann.

Dieses Bewusstsein vom Bewusstsein entsteht in der Bewusstseinsseele. Damit es zustande kommen kann, vergeht viel Zeit, die Zeit des Lebenslaufes. Im Strom der Lebenszeit reifen die Ideale und Anlagen aus, die der Mensch von Jugend an hat. Jenen „Komposthaufen" gibt es – möglichst unterbewusst – von Kindheit an, in dem die Anlagen im verborgenen Dunkel keimen und heranwachsen. Und so wie draußen in der Natur reines kristallklares Wasser in Form von Regen zur Erde fällt oder auch aus unterirdischen Quellen aufsteigt und mit dieser Reinheit den verrottenden Kompost durchdringt und in den Pflanzen aufsteigt, ohne dekadenten „Geruch" mit aufsteigen zu lassen, ebenso dringen auch die kosmischen Ätherkräfte von Kindheit an durch das Seelenwesen des Menschen. Gerade im zweiten Jahrsiebt kann der Mensch die kosmischen Ätherkräfte auffassen, die durch die Luft an das Kind als Weltweisheit herandringen, die in alten Zeiten durch Luft- und Lichtimaginationen von

234 FA II,3; Seite 321.

den Kindern wahrgenommen werden, was heute durch Erzählungen und einen entsprechenden Unterricht ersetzt werden muss. Da geht es um die einstrahlenden Kräfte, die nicht nur bei der Geburt die Seele aus der geistigen Welt zur Inkarnation herabtragen, sondern nach der Geburt weiter wirken und insbesondere im zweiten Jahrsiebt wirksam sind. Manche Märchen künden uns von diesem kosmischen Walten der Weltweisheit, wie zum Beispiel das Grimm-Märchen „Sterntaler". Da ist von einem Kind die Rede, das Vater und Mutter verloren hat, gänzlich verarmt, in die Welt wandert, von armen Leuten um Hilfe gebeten, aus Mitleid noch seine letzten Kleidungsstücke verschenkt, bis es zuletzt, weil es dunkel ist und nicht fürchten muss, nackt gesehen zu werden, auch sein letztes Hemd verschenkt. In dem Moment wird es von Sternengold oder Sterntalern wie von einem kosmischen Regen umhüllt. Mit diesem Motiv schmücken viele Verlage ihre Märchenausgaben aus, ohne freilich die unbekleidete Gestalt darzustellen.

Der ahrimanische Sündenfall hat aber begonnen. Draußen in der Welt ist die Luft-Geistigkeit sozusagen homäopathisch verdünnt, und im sozialen Leben ist der Taler, der im Mittelalter noch als Bild für Sternenkräfte taugte, zum Dollar der Weltwirtschaft geworden.

Bilder zum Märchen „Sterntaler"

Goethe hatte den Geist der Luft-Kräfte noch mit besonderer Deutlichkeit erlebt, die zu jener Knabenmärchen-Inspiration führte. Mit alten und hoffentlich auch bald mit neuen Märchen müssen wir den Heranwachsenden die rechte Ahnung von den kosmischen Kräften ermöglichen können. Dann können die Anlagen der Kinder und die Ideale der Jugend so heranwachsen und reifen, dass sie im späteren Leben als ausgereifte Früchte des Lebens erfasst werden. Die kosmischen Kräfte aber, die da früh im Leben einstrahlen, werden dann als verjüngende Wirkungen wieder aufstrahlen. Sie sind als etwas „Heiliges", ja Göttliches anzusehen, und wir können wohl durch Goethes Ringen mit diesen Geheimnissen verstehen lernen, dass dieses Göttliche durch den elementaren Unrat im Menschen hindurchdringt, wenn echte Kunst geschaffen wird. Goethe geht durch seinen zweiten Mondknoten, kurz nachdem er in Rom angekommen ist, und am Ende dieser Zeit findet er die verjüngenden Kräfte nun eben in den Studien der griechischen Plastiken. Er entdeckt sie insbesondere in dem Apollo von Belvedere und den Niobe-Plastiken. Die alten Künstler vereinen unmerklich Attribute eines jungen und älteren menschlichen Leibes, was in der Natur niemals vereint werden kann. Goethe sagt davon: *„So wie die Kunst Zentauren erschafft, so kann sie uns auch jungfräuliche Mütter vorlügen, ja es ist ihre Pflicht. Die Matrone Niobe, Mutter von vielen erwachsnen Kindern, ist mit dem ersten Reiz jungfräulicher Brüste gebildet. Ja in der weisen Vereinigung dieser Widersprüche, ruht die ewige Jugend, welche die Alten ihren Gottheiten zu geben wussten."*[235] Am höchsten verehrt Goethe die Plastik des „Apollo von Belvedere"; er formuliert: *„der Apoll von Belvedere übersteigt alles denkbare, und der höchste Hauch des lebendigen, jünglingsfreien, ewig-jungen Wesens ..."* umweht diese Marmorplastik.

235 Goethe, „Diderots Versuch über die Malerei", 1. Teil; MA 7, Seite 532.

Apollo von Belverde

Niobe

Faust in der Hexenküche

Während Goethe in Italien das Mysterium der verjüngenden Kräfte erfährt und dabei gerade auf das Geheimnis der Ästhetik aufmerksam wird, kommt es zur Fortsetzung der Faust-Dichtung. Keinesfalls überträgt er, was er selber erfahren hat, auf seinen Faust, vielmehr ist der Dichter innerlich reif geworden, um das begonnene Werk fortzusetzen, in dem Faust zur Erscheinung kommen soll.

Ausgehend von dem Ideal, das Goethe schon im zweiten Jahrsiebt in der überlieferten Helena gesucht hat, finden wir, dass Faust jetzt, in Goethes sechstem Jahrsiebt, dieses Urbild tatsächlich findet. Aber es taucht inmitten eines Abgrundes von Hässlichkeit auf. Der Grund jedoch, warum der Dichter seinen Faust in die Hexenküche schickt, ist, dass er verjüngt wird. Faust mag in die „Sudelkocherei", wie er die Hexenküche nennt, in die Mephisto ihn führt, gar nicht hineingehen; sie stößt ihn ab. Dann folgt er Mephisto aber doch, und während sich dieser mit den Meerkatzen, den Dienern der Hexe unterhält, schaut Faust in einen Spiegel. Er entzieht sich dem Dunst dieser „Sudelkocherei“, nimmt an deren Unterhaltungen gar nicht teil und wird dann gewahr, wie sich das absolute Gegenteil der Hässlichkeit als Urbild der Schönheit im Spiegel zeigt:

„Was seh' ich? Welch ein himmlisch Bild
Zeigt sich in diesem Zauberspiegel!
O Liebe, leihe mir den schnellsten deiner Flügel,
Und führe mich in ihr Gefild.
Ach wenn ich nicht auf dieser Stelle bleibe,
Wenn ich es wage nah' zu gehn,
Kann ich sie nur als wie im Nebel sehn! –
Das schönste Bild von einem Weibe!
Ist's möglich, ist das Weib so schön?
Muss ich an diesem hingestreckten Leibe
Den Inbegriff von allen Himmeln sehn?
So etwas findet sich auf Erden?“[236]

Nehmen wir dieses Bild als die Idealgestalt des menschlichen Leibes, die ätherischer Art ist, beim Mann weiblich und bei der Frau männlich, dann erscheint Faust als männlichem Wesen die Imagination eines weiblichen Leibes.

Gewöhnlich erleben wir nicht das Begehren an sich, sondern die begehrten Gegenstände. Faust ist in der Hexenküche jedoch auch zu der Quelle der Kräfte des Begehrens vorgedrungen, die auch ätherischer Art sind, und mit einer mächtigen Gewalt wirken und den Menschen zu dem Himmlisch-Schönen gleichsam fortreißen. Davon möchte Mephistopheles ihn jedoch abhalten und in die Niederungen verführerischer Sinnlichkeit herunterziehen. Abschätzig verkleinert er das geistig Erhabene, indem er Fausts Erlebnis gleichsam analysiert und zu einem gewöhnlichen „Schätzchen“ degradiert:

---

236 Goethe: „Faust, ein Fragment“, MA 3.1, Seite 548.

„Natürlich, wenn ein Gott sich erst sechs Tage plagt,
Und selbst am Ende Bravo sagt,
Da musst' es 'was Gescheites werden.
Für diesmal sieh dich immer satt;
Ich weiß dir so ein Schätzchen auszuspüren,
Und selig wer das gute Schicksal hat,
Als Bräutigam sie heim zu führen!"

Wer gewinnt nun das Spiel, Helena oder der mephistophelische Analytiker? Tatsächlich ist diese Frage nicht überflüssig, denn Goethe lässt seinen Faust nach diesen Erlebnissen in die Gretchentragödie absteigen, die Faust an sich längst hinter sich hat, sodass man konstatieren muss, dass Mephisto gewinnt. Muss das sein?

Als Gretchen im Jugendfaust im Kerker ihren Tod erwartet, der ja als Untergang der Reinheit des Bewusstseins aufgefasst werden will, und Faust sie im Kerker zum letzten Mal aufsucht, wird die Szene: L a n d S t r a s s e mit einer Hexenzunft zwischengeschaltet. Der Untergang des Gretchen-Bewusstseins ist ein Absinken in die Sphäre der Hexenküche. Damals ist das vom Dichter zwar nicht erkannt, aber geahnt worden. Jetzt in der zweiten Faust-Arbeit ist die Hexenküche durchschaut, und da könnte das abgesunkene Gretchenbewusstsein wieder auftauchen. Das hat Goethe nun freilich nicht dargestellt. Was hat er gemacht? Er hat die ganze Kerkerszene mit Gretchens Untergang einfach gestrichen. In dem Werk, das Goethe am Ende seines sechsten Jahrsiebts als „Faust, ein Fragment" veröffentlicht, geht Gretchen nicht mehr unter, weil der Dichter die Kerkerszene weglässt. Ist das nicht ein Zeichen dafür, dass dieser Untergang auch als aufgehoben betrachtet werden kann? Dann wäre der Untergang einzig und allein eine Entwicklungsproblematik des vierten Jahrsiebts, der aber überwunden wird. Die im sechsten Jahrsiebt gedichtete Szene „Hexenküche" ist eine echte Fortsetzung im Sinne eins neuen Teils. So gesehen darf sie nicht in die alten Texte verwoben werden, sondern fordert, als ein eigener, zweiter Teil der Faust-Dramatik für sich hingestellt zu werden im Sinne einer voranschreitenden Entwicklung. Aber der Dichter ist von dem völligen Gegenteil überzeugt.

Goethe nimmt sich ab 1786 wieder der Faust-Dichtung an, glaubt zunächst, schnell mit diesem Werk fertig zu werden, wird dann aber nicht nur nicht fertig, sondern bleibt im Jugendfaust stecken. Der Dichter meint, alles müsse aus einem Guss zusammengefügt werden. Eine solche Einheit ist freilich das Ideal eines Kunstwerkes, das aber dennoch aus mehreren Teilen, zum Beispiel einer Trilogie bestehen könnte, das heißt aus mehreren Einheiten, die zusammen eine große Ganzheit ausmachen. Für Faust aber zieht er das zumindest im sechsten und – wie wir sehen werden – auch im achten Jahrsiebt nicht in Betracht. Deswegen schreibt er während der Niederschrift, die er in Italien aufs Neue in Angriff nimmt: *„... was den Ton des Ganzen betrifft, bin ich getröstet, ich habe schon eine neue Szene ausgeführt und wenn ich das Papier räuchere so dächt ich, sollte sie mir niemand aus den alten* (Papieren) *herausfinden ... Das alte Manuskript macht mir manchmal zu denken, wenn ich es vor mir sehe. Es ist ... so gelb von der Zeit, so vergriffen, so mürbe und an den Rändern zerstoßen, dass es wirklich wie das Fragment eines alten Kodex aussieht, sodass ich, wie ich damals in eine frühere Welt mich mit Sinnen und Ahnden versetzte, mich jetzt in eine selbst gelebte Vorzeit wieder versetzen muss."*[237] Das ist die Gesinnung, die Goethe seinem Faust jetzt entgegenbringt, der dann auch nur als „Faust, ein Fragment" im Jahre 1791 herausgegeben wird.

Bei der Abfassung des Jugend- Faust versetzt sich der Dichter in die Vorzeit des 15. Jahrhunderts und macht etwas anderes aus dem historischen Faust, weil der Einfluss des Mysteriums von Golgatha wirksam wird. Faust fängt an, die Kindheit und die Kindheitskräfte zu suchen. Er erfährt sie auch in Gretchen, kann sie zunächst aber

---

237 Italienische Reise, FA I,15,1; Seite 563.

nicht festhalten. Jetzt, im sechsten Jahrsiebt, versetzt sich der Dichter in die Vorzeit seines vierten Jahrsiebts und führt seinen Faust ja eigentlich tatsächlich zu Helena und in den Ausstrahlungsbereich der Kindheitskräfte, allerdings ohne sich dessen voll bewusst zu sein, sodass er in der Jugend-Tragödie stecken bleibt. Dagegen wäre es möglich gewesen, Faust nun wirklich die Kindheitsepoche gewahr werden zu lassen. Dann verstünde er, welche Aufgabe der Mensch im sechsten Jahrsiebt gegenüber den Schulkindern hat, indem er ihnen durch seine Persönlichkeit gleichsam winkt und auf die Ziele des Lebens, insbesondere der Bewusstseinsseele, hinweist. Rudolf Steiner hat das in einem Deckengemälde im ersten Goetheanum gemalt. Die Helena-Imagination hätte Faust zu diesem Winken führen können.

Links: Faust lenkt den Blick eines Kindes auf sich; Rechts: Vergrößerung des Kindesgesichts.
Gemälde Rudolf Steiners aus der kleinen Kuppel im ersten Goetheanum.

29. Die Metamorphosen-Lehre und die Faust-Szene „Wald und Höhle“

Goethe ist der Vater der Metamorphosen-Lehre. Genau im sechsten Jahrsiebt hat er sie entwickelt. Er beginnt damit 1784/1785/1786, geht dann nach Italien, wo 1787 die eigentliche Entdeckung der Urpflanze stattfindet, und arbeitet sie dann 1787/1788/1789 aus, und 1790 wird DIE METAMORPHOSE DER PFLANZEN publiziert. Zunächst wird sie nur zögernd und kaum verstanden aufgenommen. Erst ca. hundert Jahre später gibt Steiner dieses Werk in Kürschners DEUTSCHE NATIONAL-LITERATUR im Kontext von Goethes naturwissenschaftlichen Schriften zwischen 1883-1897 mit Einleitungen und fortlaufenden Erläuterungen in einer weiterführenden Form heraus und gleich danach – zu Beginn des 20. Jahrhunderts – schildert er das von ihm entwickelte übersinnliche Erkennen der „Anthroposophie“ und entfaltet damit umfassende Möglichkeiten eines vertieften Verständnisses des Lebens und der Metamorphose. Seit dem ist Goethes Entdeckung von vielen Künstlern, Lehrern, Theologen und Wissenschaftlern aufgegriffen worden. Von den vielen hier zu nennenden Pesönlichkeiten seien stellvertretend Wolfgang Schad, Ernst-Michael Kranich, Henning Kunze und Andreas Suchantke genannt, die fundamentale Beiträge wie zum Beispiel *„Die Metamorphose der Pflanzen. Ausdruck der Verjüngungstendenzen“*[238] geliefert haben und zusammen mit anderen, wie etwa Dankmar Bosse, Johannes Kühl usw. auch weiterhin liefern werden. Sie sind zumeist Akademiker. Um das zu leisten, mussten diese Persönlichkeiten nicht den verwickelten Weg Goethes gehen, der gerade kein akademisches Naturkunde-Studium absolviert hat, sondern, vorbereitet durch Spinoza, das Herzdenken zum Erwachen gebracht hat und dann auf nun zu schildern-

---

238 Andreas Suchantke, „Die Metamorphose der Pflanzen. Ausdruck der Verjüngungstendenzen“, DIE DREI, Juli/August 1990,Verlag Freies Geistesleben Stuttgart.

den Wegen zur Entdeckung der Metamorphose-Lehre vordringt. Die Akademiker haben ihre hoch einzuschätzenden Leistungen an Forschungsresultate Goethes anknüpfen können, und es soll jetzt der Frage nachgegangen werden, ob wir nicht nach und nach auch dem Weg folgen können, auf dem Goethe die Bewusstseinsseele im sechsten Jahrsiebt zu diesen Entdeckungen hingeführt und entwickelt hat. Die Entdeckung an und für sich ist gemacht worden und braucht so nicht wiederholt zu werden, kann aber im eigenen inneren Erleben von jedem Menschen entwickelt werden, und das muss doch wohl auch einmal kommen. So wie auch die grundlegenden Entdeckungen des Kopfwissens, die schon von den Griechen in Geometrie, Mathematik, Physik usw. gemacht wurden und einmalig sind, dann aber von unabsehbar vielen Menschen und heute bereits in der Unterstufe der Schulen wiederholt werden, ebenso muss doch auch der von Goethe gefundene Weg zu Entdeckung der Metamorphose nicht nur als etwas Einmalig-Erstes stehen bleiben, sondern sich nach und nach auch vervielfältigen. Und hier scheint mit, dass Faust es sein kann, der uns vorangeht, wobei wir aber ein wenig mit Goethe über Goethes Faust hinausgehen müssen.

Fausts Welt – und Selbsterkenntnis

In der ersten Faust-Schaffensepoche war der Einfluss von dem Mysterium von Golgatha in Fausts Streben bereits wirksam, das der Kindheit zugewendet wird, sodass Faust rückwärts durch seine Jugendjahre geht und bis an die Grenze zu den Kindheitskräften kommt. Er kann die Natur des Menschen in einer höheren Erscheinung schon erleben und die göttlichen Kindheitskräfte in Gretchens Kammer spüren, die diese „Hütte" zum Himmelreich machen. *„Die Hütte wird durch dich ein Himmelreich."* Dann steigert sich diese Geist-Wahrnehmung noch zum Gewahr werden einer höheren Natur im Menschen, als er Gretchens Bett erblickt, das ihn an den kindlichen Schlafzustand erinnert, sodass er sagt: *„Natur! Hier bildetest in leichten Träumen / Den eingebornen Engel aus. / Hier* *lag das Kind mit warmem Leben / Den zarten Busen angefüllt / Und hier mit heilig reinem Weben / Entwürkte sich das Götterbild.“* Was sich ihm hier ankündigt, kann Faust noch nicht festhalten. Der *„eingeborene Engel“* kann als die wirkliche Nähe der geistigen Welt im Sinne der Engelreiche angesehen werden, die das Evangelium als Angelos-Botschaft ausmacht, die durch das Mysterium von Golgatha zur Erdenmenschheit herabgetragen worden ist. Steiner formuliert dazu: *„Was ist das Evangelium? Es ist das, was herunterkommt aus den Reichen, die wir öfter in Hierarchien der höheren Wesenheiten beschrieben haben, wo die Angeloi, die ‚Archangeloi‘ sind, was heruntersteigt durch die Welt, die sich erhebt über der Menschenwelt. Da gewinnt man die Perspektive auf einen tieferen Sinn des Wortes Evangelium.*[239] Damit kann Faust noch nicht den eingebornen Engel, den er als höhere Natur in den Kindheitskräften ahnt, verbinden. Das vermag er nun zwar auch jetzt noch nicht in der von Goethe erstellten zweiten Schaffensepoche, aber wir finden jetzt, dass er mit heilig reinen Erkenntniskräften die Natur erblickt. Er empfindet, dass ihn der erhabene Erdgeist, dessen Anblick er zunächst gar nicht gewachsen ist, nun doch so erleben kann, dass er ihm eine tiefe Einsicht in das Wesen Natur gewährt. Ohne irgendeine Einleitung verdichtet der Dichter Fausts Erlebnis in Worten tiefen Danks an den Erdgeist, den er im Feuer der Erdgeist-Szene erschaut hat und sich nun erinnert:

Erhabner Geist, du gabst mir, gabst mir alles,
Warum ich bat. Du hast mir nicht umsonst
Dein Angesicht im Feuer zugewendet.
Gabst mir die herrliche Natur zum Königreich,
Kraft sie zu fühlen, zu genießen. Nicht

---

239 Rudolf Steiner, „Das Markus-Evangelium“, GA 139, Vortrag vom 15. September 1912, Verlag der Rudolf Steiner Nachlassverwaltung Dornach / Schweiz, 1960; Seite 27.

Kalt staunenden Besuch erlaubst du nur,
Vergönnest mir in ihre tiefe Brust,
Wie in den Busen eines Freund's, zu schauen.

Damit erfüllt sich Fausts Erwartung aus dem Jugendfaust. Seine Welterkenntnis wird in drei prägnanten Zeilen formuliert:

Du führst die Reihe der Lebendigen
Vor mir vorbei, und lehrst mich meine Brüder
Im stillen Busch, in Luft und Wasser kennen.

Die Geschöpfe des Pflanzen- und Tierreiches ziehen an seinem erkennenden Blick vorüber. Nicht forschend geht er von einem Objekt zum anderen, sondern in sich ruhend werden ihm im Strom der Zeit die Wesen der Naturreiche, angeordnet in Reihen, wie ein großes Panorama vor seinem Blick vorübergeführt; sie werden ihm vom Gottesgeist, dem Weltgeist oder Christusgeist vorgestellt, sodass er sie schaut und überschaut und als *„Brüder"* gewahr wird. Dann kommt ein Sturm der ihm nichts anhaben kann, der seinen Blick zur Selbsterfassung hinwendet:

Und wenn der Sturm im Walde braust und knarrt,
Die Riesenfichte, stürzend, Nachbaräste
Und Nachbarstämme, quetschend niedersteift,
Und ihrem Fall dumpf hohl der Hügel donnert;
Dann führst du mich zur sichern Höhle, zeigst
Mich dann mir selbst und meiner eignen Brust
Geheime tiefe Wunder öffnen sich:
Und steigt vor meinem Blick der reine Mond
Besänftigend herüber, schweben mir
Von Felsenwänden, aus dem feuchten Busch
Der Vorwelt silberne Gestalten auf,
Und lindern der Betrachtung strenge Lust.

Aus geistiger Höhe herabblickend schaut Faust auf sich selbst. Diese geistige „Adler-Höhe" gewährt ihm der Geist. Hier ist nicht mehr von einem Häuschen im Hause die Rede, sondern vom Selbst-Erfassen, und die Kräfte, die vorher in der mütterlichen „Hütte" lebten und das höhere Selbst hüteten, streben jetzt heraus und zeigen Faust sich selbst. Sie scheinen mit dem Licht des Mondes verwandt zu sein, das Faust auch schon früher geahnt hat, das aber erst jetzt die entfaltete Selbsterfassung wohltätig erhellt.

Dieses Verhältnis zu sich selbst hat Faust in „Wald und Höhle" erlangt, aber nicht festhalten können. Wenn man das festhalten will, muss man mit Goethe über Goethe hinausgehen.[240] Denn auch hier vermag der Dichter Fausts Erlebnisse nicht von der Jugend-Faust Tragödie zu sondern und lässt sie wiederum in der Gretchentragödie untergehen. Mephistopheles drängt sich in den Verlauf ein, sodass Faust nach der angeführten Szene sagt:

> *O dass dem Menschen nichts Vollkomm'nes wird,*
> *Empfind' ich nun. Du* (Erdgeist) *gabst zu dieser Wonne,*
> *Die mich den Göttern nah und näher bringt,*
> *Mir den Gefährten, den ich schon nicht mehr*
> *Entbehren kann …*

Der Mensch erfährt eine Hilfe, um überhaupt Gedanken und Begriffe festhalten zu können. Und hier sind eigentlich jene dekadenten Wesen aus dem Bereich der Gnomen diejenigen, die das tun. Diese Wesen strotzen sozusagen vor Torheit und Dummheit. Auch sie werden in der Hexenküche vorgeführt. Die Hexe verkörpert die Gesamtheit dieser elementaren Dekadenz und sagt zum Beispiel von den doch wohl als Torheit anzusehenden Elementen:

---

240 s. Anhang

Die hohe Kraft
Der Wissenschaft,
Der ganzen Welt verborgen!
Und wer nicht denkt,
Dem wird sie geschenkt,
Der hat sie ohne Sorgen.

Diese Wesen sind aber für das Denken der Gedanken ebenso grundlegend wie die Hässlichkeit für die Schönheit. Faust kann sich aber täuschen. Mit der Frage, wer Gedanken und Ideen fassbar macht, wird man – wie Steiner erkennt – *„in das Reich der ahrimanischen Wesenheiten hineingetrieben … und beginnt sehr bald zu glauben – aber es ist ein täuschender Glaube – dass man von den ahrimanischen Geistern unterstützt werden muss, um die Gedanken festzuhalten.“*[241] Eine solche Täuschung spielt in die Fortsetzung der Szene „Wald und Höhle“ hinein. Der Dichter fügt Fausts Erlebnisse in Wald und Höhle wiederum in den frühen Jugend-Faust ein, wo auch diese Errungenschaft dem Untergang in der Gretchentragödie preisgegeben wird. Dies ist eine Täuschung, die durchschaut werden muss. Das ist die Voraussetzung dafür, dass Faust das Erwachen des Herzensdenkens in einer Weise erlebt, mit der er uns vorangeht.

Goethes und Fausts Weg sind verschieden. Was Goethe im Strom der Erkenntniskräfte entwickelt, zieht sich durch den Vierzehn-Jahre-Rhythmus hin. Er bringt Faust zur Erscheinung, der dabei aber die Stufe des Erwachens oder Erwecktwerdens des Herzensdenkens erfährt. Und jetzt versuchen wir zu verfolgen, wie Goethe sich in seinem sechsten Jahrsiebt zu diesen Faust-Schilderungen durch das Entdecken der Metamorphosen-Lehre reif gemacht hat.

---

241 Rudolf Steiner, „Das Verhältnis der Sternenwelt zum Menschen und des Menschen zur Sternenwelt …“ GA 219, Seite 75.

Metamorphosen-Lehre

Zunächst eine Rekapitulation: Ästhetik und wesenhaftes Leben sind für Goethe von Kindheit an als *„das Leben, der Geist, der alles schön macht"* innig verwoben. Drei Stadien durchläuft dann sein Entwicklungsweg zur Geburt der Metamorphosen-Lehre, die er, wie oben angeführt, als „Positiv, Komparativ und Superlativ" unterscheidet. Der Positiv erfolgt bei ihm dichterisch/philosophisch – sozusagen auf eigene Faust bei Shakespeare und Spinoza – ohne Universitätsstudium. Damit erringt er sich ein Bewusstsein von den elementaren Kräften in Mensch und Natur (Sturm und Drang), was durch die elementare Erinnerung von innen heraufgeholt wird, andererseits fordert er sich denkerisch ein Höchstmaß an Intelligenz-Aufwand ab, mit dem dann das Überschreiten der Schwelle und der Bau jener Brücke von der kopfbewussten Sinneswelt in das Reich des herzbewussten Natur- und Selbsterlebens im Jahre 1776 erfolgt. So kommt er dann in Weimar an, der zweiten Vaterstadt, und hier beginnt der Komparativ seines Naturerkennens. Er bezieht das Gartenhaus, atmet den Geruch der Erde, badet in der Ilm und lebt und webt in der Natur, jedoch nur in den vom „Geheimrat" ausgesparten Zeiten, denen er sich widmet, um das geistige Feuer in seiner Seele zu dämpfen. Dabei intensiviert sich sein Erleben der elementaren Erinnerung dennoch, das von seinem Freund Tobler in dem Aufsatz „Die Natur" beschrieben wird, wo es u. a. heißt: *„Natur, wir sind von ihr umgeben und umschlungen – unvermögend aus ihr herauszutreten, und unvermögend, tiefer in sie hineinzukommen. Ungebeten und ungewarnt nimmt sie uns in den Kreislauf ihres Tanzes auf und treibt sich mit uns fort, bis wir ermüdet sind und ihrem Arm entfallen."* Ganz praktisch interessieren ihn Arbeiten im Garten des Gartenhauses, den Parkanlagen, er unterrichtet sich in Gesprächen mit Forstleuten und Apothekern und erlebt das Leben der Natur mit dem neu erwachtem Sinn. In diese Zeit fallen die oben angeführten osteologischen und geologischen Forschungserlebnisse. Hier schaut er sich nun auch nach einem Fachmann in der Botanik um und findet den schwedischen Forscher Linné, dessen botanisches Lehrbuch er sich 1779 anschafft. Da steht nicht die von ihm angestrebte Botanik drin, aber es enthält ein von ausschlaggebender Bedeutung durchgeführtes Kopfwissen der Botanik, und das braucht er für die später gesuchte Metamorphosen-Lehre, die nämlich – wie gezeigt werden soll – als Produkt einer Umwandlung von Kopfdenken in Herzensdenken errungen wird. In der Geschichte seines botanischen Studiums berichtet er: *„Die Terminologie, die Fundamente worauf das Kunstgebäude* (Linnés) *sich stützen sollte ... alles in einem schmächtigen Heft vereinigt, begleitete mich auf Wegen und Stegen; und noch heute erinnert mich eben dasselbe Heft an die frischen und glücklichen Tage, in welchen jene gehaltreichen Blätter mir zuerst eine neue Welt aufschlossen ... Ich hatte mich ihm und seiner Lehre mit völligem Zutrauen hingegeben.*"[242]

242 „Der Verfasser teilt die Geschichte seiner botanischen Studien mit", MA 18, 2, Seite 450.

Carl von Linné (1707–1778) hat die Welt der Pflanzen in einer Ordnung vorgelegt, die eine systematische Übersicht gewährt. Er stellt Reihen nebeneinander, in denen jeder Organismus an einer bestimmten Stelle steht. Dabei musste er insbesondere auf die unterscheidenden Merkmale Rücksicht nehmen, wodurch eine Verwechslung möglichst ausgeschlossen ist. Das ergibt sich hauptsächlich aus der Zahl und der Anordnung der Staub- und Fruchtblätter. Für jede Pflanze wird so ein auf Gattung und Art deutender Namen eingeführt (binäre Nomenklatur). Man nennt sein wissenschaftliches System der Pflanzenwelt das Sexualsystem.

Wichtig aber ist, dass die Ordnung des Nebeneinanderaufreihens der Pflanzen eine Phänomenologie darbietet. Linné ist ein Forscher mit der Sichtweise eines Phänomenologen. Allerdings hat er damit die Pflanzen auf eine Weise geordnet, wie man auch leblose, tote Körper ordnen kann, denn diese Merkmale sind dem Augenschein entnommen, nicht der inneren Natur der Pflanze. Linné war sich dieser Beschränkung bewusst und glaubte nicht, bereits das wahre System der Botanik gefunden zu haben.

An der Tatsache, dass Linné für jede Pflanze zum Beispiel auch eine bestimmte Blattform angibt, fällt Goethe auf, dass er in der von ihm gesuchten Botanik etwas anderes sucht, als was Linné bietet. Zunächst sieht er bei der Betrachtung einer Pflanze *„an demselben Pflanzenstängel erst rundliche, dann eingekerbte, zuletzt beinahe gefiederte Blätter ... die sich alsdann wieder zusammenzogen, vereinfachten, zu Schüppchen wurden und zuletzt gar verschwanden. Wurde nun dabei meine Ehrfurcht für ihn* (Linné) *im Geringsten nicht geschmälert, so musste deshalb ein ganz eigener Konflikt entstehen"*. Linnés Behandlungsart *„erschien mir immer als eine Art von Mosaik, wo man einen fertigen Stift neben einen andern setzt, um aus tausend Einzelheiten endlich den Schein eines Bildes hervorzubringen; und so war mir die Forderung in diesem Sinne gewissermaßen widerlich"*.[243]

Was Goethe hier auffällt, kann man sich folgendermaßen verdeutlichen: Man nehme eine Pflanze, bei der die Laubblätter sehr verschieden sind, löse sie von dem Pflanzenstängel ab und mische sie durcheinander. Eine Pflanze mit deutlich verschiedenen Blättern ist zum Beispiel der Rainkohl (*Lapsana komunis*) oder eine Knauzie (*Scabiosa lucida*). Legt man die vermischten Blätter einem Betrachter vor, und fordert ihn auf, die natürliche Reihenfolge herauszufinden, so wird er das können.

Reinkohl
kreisförmig
geordnete Laubblätter

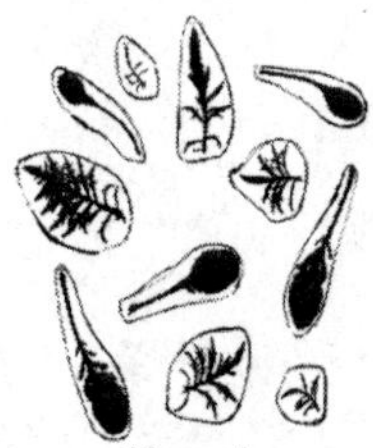

Knauzie
ungeordnet
Laubblätter

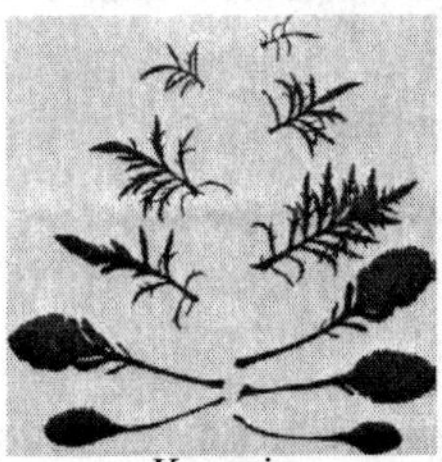

Knauzie
geordnet
Laubblätter

243 „Der Verfasser teilt die Geschichte seiner botanischen Studien mit", AA, Bd. 17, Seite 76.

Man kann die Blätter auch kreisförmig aneinanderreihen, sodass das erste Blatt, das ein kleinstes ist, beginnt, dann die größer werdenden, danach die wieder kleiner werdenden Blätter folgen und zuletzt das Kleinste neben dem ersten Blatt zu liegen kommt.

Im Anblick dieser Ordnung ahnt Goethe, was er sucht. Bedeutsam ist, dass er zweispurig weiterarbeitet. Er geht mit Linnés Begriffsbildungen weiter um, lässt sie auf sich wirken, verfolgt zugleich aber auch das, was ihm als Prinzip des Pflanzenlebens vorschwebt.

1784/1785 beginnt er mit gezielten Studien, macht mikroskopische Untersuchungen, denkt über den Samen nach und vertieft sich in Gesprächen mit Herder und anderen Denkern in das konkrete Leben der Natur. Am 8. April 1785 teilt er Merck mit, wie er *„hübsche Entdeckungen und Kombinationen gemacht"* habe.[244] Für seinen Freund Knebel will er gar eine botanische Abhandlung schreiben: *„Gerne schickte ich dir eine kleine botanische Lektion, wenn sie nur schon geschrieben wäre."*[245] Eine Reise nach Karlsbad im Sommer 1785 wird zu einer botanischen Studienreise. Dann kündigt sich ihm im Jahre 1786 das Ziel seines Forschens deutlich an. Am 15. Juni 1786 schreibt er Frau von Stein:

„Wie lesbar mir das Buch der Natur wird kann ich dir nicht ausdrücken, mein langes Buchstabieren hat mir geholfen, jetzt ruckts auf einmal, und meine stille Freude ist unaussprechlich. So viel neues ich finde, find ich doch nichts unerwartetes es passt alles und schließt sich an, weil ich kein System habe und nichts will als die Wahrheit um ihrer selbst willen."[246]

Ohne ein hypothetisch vorgefasstes System ist er empfänglich für das, was auf ihn zukommt. Das aber ist die Weisheit aus dem astralen

---

244 Steiner, Rudolf: „Goethes naturwissenschaftliche Schriften", GA 1, Seite 26.

245 Ebenda, Seite 36.

246 WA – dtv Band 100, Seite 229.

Strom, der aus der Zukunft kommt. Hier können sich neue Vorstellungen ausbilden, die neben den mitgebrachten, fertigen Vorstellungen die Diskrepanz ausmachen, die Goethe im Umgang mit Linné erlebt. Beide lässt der Dichter aber nebeneinander einhergehen. Das ist das Leben in der Doppelnatur. Gleichzeitig widmet er sich auch dem Menschen, dem Knochenbau, dem Tierreich und hat alles Lebendige in der Natur vor Augen, obwohl jetzt das Hauptziel seines Strebens auf die Pflanzenwelt gerichtet ist.

„Am meisten freut mich ietzo das Pflanzenwesen, das mich verfolgt; und da ists recht wie einem eine Sache zu eigen wird. Es zwingt sich mir alles auf, ich sinne nicht mehr drüber, es kommt mir alles entgegen, und das ungeheure Reich simplifiziert sich mir in der Seele, daß ich bald die schwerste Aufgabe gleich weglesen kann.

Wenn ich nur jemanden den Blick und die Freude mittheilen könnte, es ist aber nicht möglich. Und es ist kein Traum keine Phantasie; es ist ein Gewahrwerden der wesentlichen Form, mit der die Natur gleichsam nur immer spielt und spielend das mannigfaltige Leben hervorbringt. Hätt ich Zeit in dem kurzen Lebensraum; so getraut ich mich es auf alle Reiche der Natur – auf ihr ganzes Reich – auszudehnen.“[247]

Schon hier sieht Goethe, was er als Metamorphosenlehre entwikkeln wird. Auf dieses Ziel zugehend, reist er am 3. September 1786 nach Italien.

„Ich lese im Linné fort, denn ich muss wohl, ich habe kein ander Buch. Es ist die beste Art ein Buch gewiss zu lesen, die ich öfters praktizieren muß, besonders da ich nicht leicht ein Buch auslese. Dies ist aber vorzüglich nicht zum Lesen, sondern zum Rekapitulie-

247 Ebenda, Seite 242.

ren gemacht und tut mir nun die trefflichsten Dienste, da ich über die meisten Punkte selbst nachgedacht habe.“[248]

Mit jedem Kilometer der Italienreise klärt sich sein Forschen weiter auf. Die Alpen überquerend, hat er immerfort die ganze Natur vor Augen: die Flüsse, die Bodenverhältnisse, die geologischen Gegebenheiten, vor allem aber die Flora sowie auch die Fauna bis zu den Wolkenbildungen. Botanische Beobachtungen stehen im Mittelpunkt. Zum Beispiel verfolgt er, wie sich ein und dieselbe Pflanze in verschiedenen Höhenlagen unter verschiedenen klimatischen und terrestrischen Bedingungen verhält. Als er in Padua im botanischen Garten weilt und so recht die mediterrane Flora gewahr wird, sagt er:

„*Bei gewohnten Pflanzen, so wie bei andern längst bekannten Gegenständen, denken wir zuletzt gar nichts, und was ist Beschauen ohne Denken. Hier in dieser neu mir entgegen tretenden Mannigfaltigkeit, wird jener Gedanke immer lebendiger: daß man sich alle Pflanzengestalten vielleicht aus Einer entwickeln könne. Hierdurch würde es allein möglich werden, Geschlechter und Arten wahrhaft zu bestimmen, welches, wie mich dünkt, bisher sehr willkürlich geschieht. Auf diesem Punkte bin ich in meiner botanischen Philosophie stecken geblieben.*“[249]

Nun versucht er, „*zu entdecken, wie die Natur … aus dem Einfachen das Mannigfaltigste entwickelt*“ (19. Februar), und glaubt, auf der weiteren Reise nach Süditalien, in Neapel, „*eine gute Erleuchtung*“ zu haben, sodass die „*Urpflanze bald zu Stande*“ komme. Dies war dann am 17. April 1787 im botanischen Garten in Palermo der Fall.

---

248 Ebenda, Seite 118.
249 Italienische Reise, 27. Sept. 1786, FA I, 15, I, Seite 65.

Es kommt nun darauf an zu erkennen, welche Rolle Linnés System hierbei spielt. Immerfort benützt er dessen Terminologie und gleichzeitig fragt er sich, was die vielen verschiedenen Pflanzen, jede Einzelne, zu einer Pflanze macht. Er sucht das Identische in den unterschiedenen Objekten. Eine Art Urpflanze, sagte er sich, *„muss es denn doch geben! Woran würde ich sonst erkennen, dass dieses oder jenes Gebilde eine Pflanze sei, wenn sie nicht alle nach einem Muster gebildet wären“*. Nun wird ihm in den durch Linné festgehaltenen Unterschieden das Gleichartige immer deutlicher. *„Ich fand sie* (die Pflanzen) *immer mehr ähnlich als verschieden und wollte ich meine botanische Terminologie anbringen, so ging das wohl, aber es fruchtete nicht, es machte mich unruhig, ohne daß es mir weiter half.“* Die Beunruhigung deutet auf einen Verlust. Plötzlich hat er Linnés Vorstellungen wie leere Hülsen im Auge, aber ohne Gehalt. Zuvor lebte dieser Gehalt in Form einer systematisch geordneten Ganzheit; so hatte er Linnés Lehre aufgenommen. Von sozusagen begeisterter Intelligenz ergriffen, konnte dieser Gehalt in sein bereits in Umwandlung begriffenes Leben der Seele Eingang finden. Jetzt werden Linnés Vorstellungen nicht mehr nur erinnert, ihr Gehalt ist untergetaucht und kann verwandelt wieder auftauchen. Ebenso wie die im Kopf nachgedachte Philosophie Spinozas im Herzensdenken mit neuem Leben wiederkehrt, so ist das nun auch mit den Linné'schen Begriffen der Fall. Die Wandlung des spinozistischen Kopfwissens in Herzenswissen ist ein Wegbereiter der Wissensumwandlung von der sinnlichen Kopfseite in die übersinnliche Herzensseite. Das Auftauchen dieser Idee erfolgt am 17. April 1787.

Hier gibt es nun eine Art Geburtsstunde. Goethe beschreibt sie, aber mit höchst merkwürdigen Worten. Er geht in den botanischen Garten von Palermo, will eigentlich gar nicht Botanik treiben, sondern der homerischen Dichtergestalt Nausikaa nachsinnen und wird gerade dabei von den umgebenden Pflanzen auf seine Botanik verwiesen, und jetzt geht ihm die Idee der Urpflanze auf. Er beschreibt sie mit Worten, die an die Hexenküche erinnern:

„Es ist ein wahres Unglück wenn man von vielerlei Geistern verfolgt und versucht wird! Heute früh ging ich mit dem festen, ruhigen Vorsatz meine dichterischen Träume (Odysseus und Nausikaas) fortzusetzen nach dem öffentlichen Garten, allein, eh ich michs versah, erhaschte mich ein anderes Gespenst, das mir schon diese Tage nachgeschlichen. Die vielen Pflanzen, die ich sonst nur in Kübeln und Töpfen, ja die größte Zeit des Jahres nur hinter Glasfenstern zu sehen gewohnt war, stehen hier froh und frisch unter freiem Himmel und, indem sie ihre Bestimmung vollkommen erfüllen, werden sie uns deutlicher. Im Angesicht so vielerlei neuen und erneuten Gebildes fiel mir die alte Grille wieder ein: ob ich nicht unter dieser Schar die Urpflanze entdecken könnte? Eine solche muß es denn doch geben! Woran würde ich sonst erkennen, daß dieses oder jenes Gebilde eine Pflanze sei, wenn sie nicht alle nach einem Muster gebildet wären.

*Ich bemühte mich zu untersuchen, worin denn die vielen abweichenden Gestalten von einander unterschieden seien. Und ich fand sie immer mehr ähnlich als verschieden und wollte ich meine botanische Terminologie anbringen, so ging das wohl, aber es fruchtete nicht, es machte mich unruhig, ohne daß es mir weiter half. Gestört war mein guter poetischer Vorsatz, der Garten des Alcinous (*Nausikaas Vater*) war verschwunden, ein Weltgarten hatte sich aufgetan.“*[250]

Mit diesen Worten schildert er in seiner Italienischen Reise die Geburt der Urpflanze. Hätte er in seiner Geschichte der botanischen Studien nicht darauf hingewiesen, dass er hier im Garten von Palermo seine Urpflanze entdeckt habe, man würde in Anbetracht seiner

250 Ebenda.

Schilderung, vom *„Unglück ... von vielerlei Geistern verfolgt"* zu werden, vom *„Gespenst"*, das ihn nun erhaschte, sowie von der alten „Grille", die ihn verfolgt, nicht an die Entdeckung einer Idee denken können, auf die es in seinen Naturforschungen an allererster Stelle ankommt. Aber diese Worte können eben als Hinweis auf ein Mysterium der geistigen Entwicklung verstanden werden, das mit der Korrespondenz der gegenteiligen Attribute in der dekadenten Elementarwelt zu tun hat. Diese Worte hat Goethe nicht etwa beiläufig nur hingeschrieben, sondern sie entstammen einer sorgfältigen Herausgabe des Textes.
Die Geburt der Urpflanze erfolgt in dem elementaren Kompost, dessen unästhetische Attribute eine höchste Idee nur erst als eine „gespenstige Grille" anmuten lässt. Goethe muss nun mit dem Kopf verstehen, was im Herzen zum Vorschein kommt. Das Verschiedene der Pflanzen und ihrer Organe ist zurückgetreten, und das Gleichartige hat sich zu einem ideellen Gebilde verdichtet. Langsam erschließt sich, was er so als Idee von einem ideellen Leben der Pflanze gleichsam in Händen hält, indem er anderen davon erzählt, zeichnet, beobachtet und vor allem die konkrete Pflanzenwelt betrachtet. Langsam taucht die Idee der Urpflanze wie ein Schlüssel zu allem pflanzlichen Leben auf, mit dem man sogar neue Pflanzen erfinden könnte, die es nicht gibt, aber geben könnte. Er glaubt, das übersinnliche Leben mit Augen zu sehen. Dass es sich aber tatsächlich um eine Idee handelt, die ihr geistiges Licht durch die Sinne in die betrachtete Pflanzenwelt scheinen lässt, ist eine erkenntnistheoretische Einschätzung, auf die ihn erst Schiller aufmerksam machen wird.

Er findet, dass der Rhythmus ein Gesetz des Lebens ist. *„Dasselbe Gesetz wird sich auf alles übrige Lebendige anwenden lassen"*[251], schreibt er am 9. Juni 1787. Im Pflanzenleben erscheint

251 FA II, 3, Seite 305.

der Rhythmus als Ausdehnung und Zusammenziehung, was sich dreimal wiederholt:

„Dasselbe Organ welches am Stängel als Blatt sich ausgedehnt und eine höchst mannigfaltige Gestalt angenommen hat, zieht sich nun im Kelche zusammen, dehnt sich im Blumenblatte wieder aus, zieht sich in den Geschlechtswerkzeugen zusammen, um sich als Frucht zum letzten mal aus zu dehnen.“[252]

Die erste Metamorphosen-Stufe vollzieht sich in den Laubblättern. Wir haben sie oben angeführt.

Die zweite Stufe spielt sich im Bereich der Blütenblätter ab. Auch diese Blätter beginnen klein, werden größer und wieder kleiner. Alle zusammen stehen nebeneinander und bilden um den Fruchtknoten herum eine schalenartige Form. Das geometrische Element ist hier ein Übergang von der zweidimensionalen Fläche zum dreidimensionalen Körper, wobei die Schalenform zwischendrin steht.

---

252 „Versuch, die Metamorphose der Pflanze zu erklären“, MA 3, 2, § 115.

Die Blütenblätter der Pfingstrose
(nach Andreas Suchantke in „Die Drei", 7/8 1990, Stuttgart).

Eine dritte Stufe der Pflanzenmetamorphose liegt dann im Bereich der Frucht vor. Hier ist die Frucht die maximale Ausdehnung und der Samen im Kern der Frucht die maximale Zusammenziehung. Die geometrischen Elemente sind jetzt mit der Frucht ein dreidimensionaler Körper, und der Samen ist eine punktförmige Bildung.

Goethe betrachtet diese drei Schritte als etwas, was sich eigentlich an ein und demselben Organ abspielt, das sich auf allen drei Stufen entwickelt. Dieses Organ nennt er *„Blatt"* und unterscheidet Laubblatt, Kelchblatt, Blütenblatt, Fruchtblatt und so weiter.

„Es war mir nämlich aufgegangen, dass in demjenigen Organ, welches wir gewöhnlich als Blatt ansprechen, der wahre Proteus verborgen liege, der sich in allen Gestaltungen verstecken und offenbaren könne. Rückwärts und vorwärts ist die Pflanze immer nur Blatt, mit dem künftigen Keim so unzertrennlich vereint, dass man sich eins ohne das andere nicht denken darf."

Das physische „Blatt“ aber ist es nicht, worauf es ankommt. Wir müssten nach Goethe ein anderes Wort für dieses Organ haben. Er sagt aber nur: *„Es versteht sich hier von selbst, dass wir ein allgemeines Wort* (für die Bezeichnung *„Blatt“*) *haben müssten wodurch wir dieses in so verschiedenen Gestalten metamorphosierte Organ bezeichnen, und alle Erscheinungen seiner Gestalt damit vergleichen könnten: gegenwärtig müssen wir uns damit begnügen, dass wir uns gewöhnen die Erscheinungen vorwärts und rückwärts gegeneinander zu halten.“*[253]

Was sich für Goethe *„von selbst“* versteht, ist für uns keineswegs selbstverständlich, sondern macht gerade den entscheidenden Punkt aus, wo das bloß Sinnliche auf das Übersinnliche deutet.

Das Gleiche gilt von den Begriffen Zusammenziehung und Ausdehnung. In einem Aufsatz über die „Gesetze der Pflanzenbildung“ schreibt er: *„Ferner ist die Lehre vom Ausdehnen und Zusammenziehen zu beleuchten. Bei der fortschreitenden Veränderung der Pflanzenteile wirkt eine Kraft die ich nur uneigentlich Ausdehnung und Zusammenziehung nennen darf. Besser wäre es ihr ein x oder y nach algebraischer Weise zu geben, denn die Worte Ausdehnung und Zusammenziehung drücken diese Wirkung nicht in ihrem ganzen Umfange aus.“*[254]

Das, was der Dichter nur uneigentlich *„Blatt“* nennt und was die als *„x“* oder *„y“* bezeichneten Bewegungen des Ausdehnens und Zusammenziehens ausmacht, sind nicht physisch materielle Dinge und Vorgänge, sondern Wahrnehmungen, die unmittelbar auf ein übersinnliches Leben hinweisen, das nicht mit den Augen des Leibes, sondern mit den Augen des Geistes erfasst wird.

So lernt der Kopfmensch allmählich den Herzensmenschen zu verstehen, und dann breitet die vom Herzensmenschen geborene

---

253 Ebenda, § 120.
254 Ebenda, Seite 311.

Idee auch Licht über das umgewandelte Ausgangsmaterial, indem die Urpflanze Licht über Linnés System werfen kann. An Knebel schreibt Goethe:

„... Ich hoffe du wirst auch dereinst an meiner Harmonia Plantarum, wodurch das Linnaische System aufs schönste erleuchtet wird, alle Streitigkeiten über die Form der Pflanzen aufgelöst, ja sogar alle Monstra erklärt ... haben.“[255]

Wie weit Goethe dann die richtige Einschätzung gelungen ist, deutet sich unter anderem in einem Brief, den er in hohem Alter an seinen Freund Zelter schreibt, mit den Worten an:

„Diese Tage habe ich wieder Linne gelesen und bin über diesen außerordentlichen Mann erschrocken. Ich habe unendlich viel von ihm gelernt, nur nicht Botanik. Außer Shakespeare und Spinoza wüsste ich nicht, daß irgend ein Abgeschiedener eine solche Wirkung auf mich getan.“[256]

Der Kopf liefert als der erstgeborene Denker das Ausgangsmaterial, und das Herz gebiert als zweitgeborener Denker die lebendigen Begriffe. Goethe und Linné ergänzen sich im Sinne einer geistigen Arbeitsteilung. An sich kann der einzelne Mensch für sich beides entwickeln, jedoch liegt es im Wesen unserer Kultur, dass eine solche Arbeitsteilung erfolgt. Gemäß Steiner sind die Ergebnisse unserer materialistischen Naturwissenschaft überhaupt etwas, was als ein höchst bedeutendes Ausgangsmaterial für eine Umwandlung von Kopfwissen in Herzenswissen in Betracht kommt. Steiner sagt davon: *„... diese Naturwissenschaft, die in Haeckel, in Spencer, in Huxley und so weiter bloßes Kopfwissen geblieben ist und daher*

---

255 WA-DTV 101, Seite 251.
256 Goethe an Zelter vom 7. November 1816, WA – dtv Band 120.

Materialismus ist, die wird, wenn sie Herzenswissenschaft werden wird, wenn sie aufgenommen wird vom ganzen Menschen, wenn die Menschheit verstehen wird ... jünger zu werden im Ältersein ... dann wird ... diese Wissenschaft der Gegenwart der reinste Spiritualismus werden, die reinste Bekräftigung für den Geist und sein Dasein werden."[257]

Von der Metamorphose der Metamorphose

Die Urpflanze nennt Goethe als das Typische in allen Pflanzen einen „*Typus*". Dieser Begriff umfasst in einer gleichartigen, jedoch weit höheren Bedeutung auch das Typische im Tierreich. In diesem Bereich spricht er von dem „*Urtier*" als „*Typus*". Auch hier macht Goethe ausgiebige Studien, mit denen er bereits in seinen Zwanzigerjahren beginnt und von vornherein von einer gewissen Gleichheit des tierischen und menschlichen Knochenbaus überzeugt ist. Aus diesem Grunde fühlte er sich sofort gedrungen, den beim Tier offenkundig vorliegenden, beim Menschen aber verborgenen Zwischenknochen nachzuweisen, den seiner Zeit die Anatomen beim Menschen noch nicht recht erkannt hatten.

Im menschlichen Leib sieht Goethe also auch das Walten eines Typus. Die hier unternommenen Studien führen zu den beschriebenen Erkenntnissen und künstlerischen Erfahrungen des menschlichen Leibes und seiner Gestalt. Die Krönung dieser Studien ergibt sich 1790 während einer zweiten, kurzen Reise nach Italien. Während eines Spaziergangs auf den Dünen des Lido macht er eine Entdeckung, die in den Tag- und Jahresheften von 1790 folgendermaßen beschrieben wird: „*... fand ich einen so glücklich geborstenen Schafschädel, der mir nicht allein jene große früher von mir erkannte Wahrheit: die sämtlichen Schädelknochen seien aus verwandelten Wirbelknochen entstanden, abermals bestätigte, sondern auch den Übergang innerlich umgeformter, organischer*

257 Rudolf Steiner, Vortrag vom 12. Januar 1918, GA 180.

Massen, durch Aufschluß nach außen, zu fortschreitender Veredelung höchster Bildung und Entwickelung in die vorzüglichsten Sinneswerkzeuge vor Augen stellte …“[258]

Goethe hatte schon früher erkannt, dass die drei hinteren Schädelknochen, Hinterhauptbein, hinteres und vorderes Keilbein, umgewandelte Wirbelknochen darstellen. Von dem nun so glücklich geborstenen Schafschädel aber sagte er: *„gewahrt' ich augenblicklich, dass die Gesichtsknochen gleichfalls aus Wirbeln abzuleiten seien, indem ich den Übergang vom ersten Flügelbein zum Siebbein und den Muscheln ganz deutlich vor Augen sah …*“[259]

Diese Metamorphose bezieht er aber nicht nur auf die Knochen, sondern auch auf die Rückenmarksnerven und das Gehirn. In seinem Notizbuch von der venezianischen Reise steht die Bemerkung: *„Das Hirn selbst nur ein großes Hauptganglion. Die Organisation des Gehirns wird in jedem Ganglion wiederholt, so dass jedes Ganglion* (als) *ein kleines, subordiniertes Gehirn anzusehen ist.*“[260]

Damit erweiterte sich Goethes Einsicht in das Gebiet der Metamorphose organischer Wesen um die Wirbeltheorie des Schädels.

In Anbetracht der Kugelform des menschlichen Haupts mag er sich hier an den allerersten Eindruck erinnert haben, den er beim Gewahrwerden der Doppelgestalt im Jahre 1776 hatte, als er mit seinen osteologischen Studien angefangen hat. Da erblickt er im menschlichen Haupt das Abbild des Himmels, während der Rumpf hingegen wie eine Säule auf der Erde ruht. Jetzt schaut er auf den von der Erde getragenen Rumpf, dessen Wirbel sich zum Haupt metamorphosieren. Goethes forscherische Tendenz ist auf das alldurchdringende, durch alle Naturreiche aufsteigende Leben gerichtet, das in dem Typus Stufe um Stufe bis zum Menschen aufsteigt.

---

258 MA 14, Seite 17.

259 MA 12, Bedeutendes Fördernis durch ein einziges geistreiches Wort, Seite 308.

260 WA – dtv Band 72, Seite 360.

Die hierzu schon wiedergegebene Formulierung sei noch einmal angeführt:

„Ich war völlig überzeugt, ein allgemeiner, durch Metamorphose sich erhebender Typus gehe durch die sämtlichen organischen Geschöpfe durch, lasse sich in allen seinen Teilen auf gewissen mittleren Stufen gar wohl beobachten, und müsse auch noch da anerkannt werden, wenn er sich auf der höchsten Stufe der Menschheit ins Verborgene bescheiden zurückzieht.

Hierauf waren alle meine Arbeiten … gerichtet; die Aufgabe war indessen so groß, dass sie in einem zerstreuten Leben nicht gelöst werden konnte.“[261]

Das ist nun eine Weisheit, die, so einfach sie aussieht, so allumfassend doch ist. In alten Zeiten, als es noch die bekannten Mysterien gab, kannte man das als eine Mysterienweisheit. Rudolf Steiner hat sie gar oft angeführt:

„Wer in die tieferen Beziehungen eindringt, betrachtet die Pflanze als einen umgekehrten Menschen. Sie hat unten die Wurzel, dann nach oben den Stängel, Blätter, Staubgefäße und Stempel; die Stempel enthalten die weiblichen, die Staubgefäße die männlichen Befruchtungsorgane. In naiver Unschuld streckt die Pflanze die Befruchtungsorgane der Sonne entgegen, denn die Sonne ist die Anregung der Befruchtungskraft. Die Wurzel ist in Wahrheit das Haupt der Pflanze, welche die Befruchtungsorgane in den Weltenraum hinausstreckt und deren Kopf von dem Innern des Erdzentrums angezogen wird. Der Mensch ist umgekehrt, er hat das Haupt oben und die Organe, die die Pflanze zur Sonne hinaufstreckt, unten. Das Tier steht in der Mitte, es hat den Leib horizontal. Wird die Pflanze halb gedreht, so ergibt sich die Stellung des Tieres, wird sie ganz

261 Goethe, „Tag und Jahreshefte“ zum Jahr 1790, MA 14, Seite 17.

umgedreht, die des Menschen. Das hat die alte Geheimwissenschaft in einem uralten Symbol ausgedrückt, im Kreuz, und hat gesagt, wie Plato es nach den alten Mysterien ausdrückt: Die Weltenseele ist ans Kreuz des Weltenleibes geschlagen. – Das heißt, die Weltenseele ist in allem enthalten, aber sie muss sich hinaufarbeiten durch diese drei Stufen hindurch; sie macht ihre Reise am Kreuz des Weltenleibes durch.“[262]

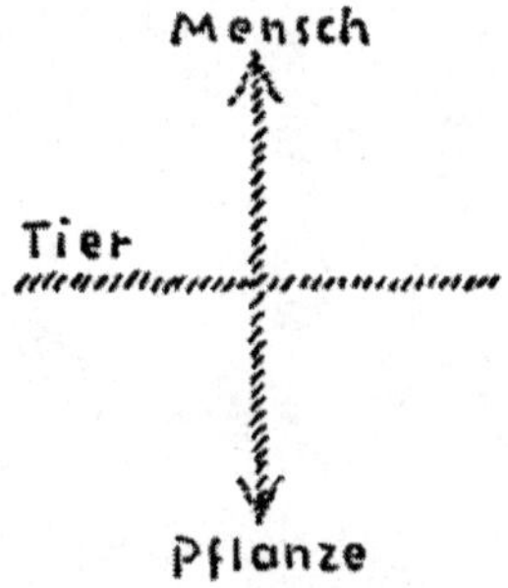

Goethes Metamorphosenlehre hat sich genau auf der Spur des hier gekennzeichneten Zusammenhangs bewegt. Es ist das Wesen der Liebe, das vom Pflanzenreich zum Tierreich bis hinauf zum Menschen verfolgt wird. Dazu passt, dass das von Goethe umgewandelte Linné'sche System der Pflanzen auch auf dem Sexualsystem beruht. Linné war sich dessen bewusst. Er sagt einmal: *„Die Blütenblätter dienen lediglich als Hochzeitsbetten, die der große Schöpfer so herrlich hergerichtet hat, damit das Paar dort seine Hochzeit mit einer erhöhten Feierlichkeit begehen kann.“*

262 Steiner, Rudolf: „Kosmogonie“ GA 94, Seite 77f. Plato spricht vom Symbol des Kreuzes in seinem Dialog „Timaios“, Kapitel VIII, 36 B. Rudolf Steiner führt diesen Ausspruch häufig an, und zwar in der Formulierung des ihm persönlich bekannt gewesenen Wiener Philosophen Vincenz Knauer aus dessen Werk „Die Hauptprobleme der Philosophie in ihrer Entwicklung …“ Wien und Leipzig 1892, Seite 96.

Im achten Jahrsiebt geht Goethe dann noch einen Schritt weiter, mit dem sich dieser kosmische Zusammenhang noch fühlbarer ausgestaltet. Er erhebt sich in mehreren Schritten zu dem Leben der kosmischen Weltseele. In poetischer Form verfolgt er zunächst die Metamorphose der Pflanze bis hinauf zum Menschen und dann zum Kosmos:

Die Metamorphose der Pflanze

„Dich verwirret, Geliebte, die tausendfältige Mischung
Dieses Blumengewühls über dem Garten umher;
Viele Namen hörest du an, und immer verdränget
Mit barbarischem Klang einer den andern im Ohr.
Alle Gestalten sind ähnlich und keine gleichet der andern;
Und so deutet das Chor auf ein geheimes Gesetz,
Auf ein heiliges Rätsel. O, könnt ich dir, liebliche Freundin,
Überliefern sogleich glücklich das lösende Wort!

Werdend betrachte sie nun, wie nach und nach sich die Pflanze,
Stufenweise geführt, bildet zu Blüten und Frucht.
Aus dem Samen entwickelt sie sich, sobald ihn der Erde
Stille befruchtender Schoß hold in das Leben entläßt
Und dem Reize des Lichts, des heiligen, ewig bewegten,
Gleich den zärtesten Bau keimender Blätter empfiehlt.

Einfach schlief in dem Samen die Kraft; ein beginnendes Vorbild
Lag, verschlossen in sich, unter die Hülle gebeugt,
Blatt und Wurzel und Keim, nur halb geformet und farblos;
Trocken erhält so der Kern ruhiges Leben bewahrt,
Quillet strebend empor, sich milder Feuchte vertrauend,
Und erhebt sich sogleich aus der umgebenden Nacht.
Aber einfach bleibt die Gestalt der ersten Erscheinung;
Und so bezeichnet sich auch unter den Pflanzen das Kind.

1. Ausdehnung

Gleich darauf ein folgender Trieb, sich erhebend, erneuet,
Knoten auf Knoten getürmt, immer das erste Gebild.
Zwar nicht immer das gleiche; denn mannigfaltig erzeugt sich,
Ausgebildet, du siehst's, immer das folgende Blatt,
Ausgedehnter, gekerbter, getrennter in Spitzen und Teile,
Die verwachsen vorher ruhten im untern Organ.
Und so erreicht es zuerst die höchst bestimmte Vollendung,
Die bei manchem Geschlecht dich zum Erstaunen bewegt.
Viel gerippt und gezackt, auf mastig strotzender Fläche,
Scheinet die Fülle des Triebs frei und unendlich zu sein.

1. Zusammenziehung

Doch hier hält die Natur, mit mächtigen Händen, die Bildung
An, und lenket sie sanft in das Vollkommnere hin.
Mäßiger leitet sie nun den Saft, verengt die Gefäße,
Und gleich zeigt die Gestalt zärtere Wirkungen an.
Stille zieht sich der Trieb der strebenden Ränder zurücke,
Und die Rippe des Stiels bildet sich völliger aus.

2. Ausdehnung

Blattlos aber und schnell erhebt sich der zärtere Stängel,
Und ein Wundergebild zieht den Betrachtenden an:
Rings im Kreise stellet sich nun, gezählet und ohne
Zahl, das kleinere Blatt neben dem ähnlichen hin.
Um die Achse gedrängt entscheidet der bergende Kelch sich,
Der zur höchsten Gestalt farbige Kronen entlässt.
Also prangt die Natur in hoher voller Erscheinung,
Und sie zeiget gereiht Glieder an Glieder gestuft.
Immer staunst du aufs Neue, sobald sich am Stängel die Blume
Über dem schlanken Gerüst wechselnder Blätter bewegt.

2. Zusammenziehung

Aber die Herrlichkeit wird des neuen Schaffens Verkündung;
Ja, das farbige Blatt fühlet die göttliche Hand,
Und zusammen zieht es sich schnell; die zärtesten Formen,
Zwiefach streben sie vor, sich zu vereinen bestimmt.
Traulich stehen sie nun, die holden Paare, beisammen,
Zahlreich ordnen sie sich um den geweihten Altar.
Hymen schwebet herbei, und herrliche Düfte, gewaltig,
Strömen süßen Geruch, Alles belebend, umher.

Nun vereinzelt schwellen sogleich unzählige Keime,
Hold in den Mutterschoß schwellender Früchte gehüllt.
Und hier schließt die Natur den Ring der ewigen Kräfte;
Doch ein neuer sogleich fasset den vorigen an,
Daß die Kette sich fort durch alle Zeiten verlänge,
Und das Ganze belebt, so wie das Einzelne, sei.

Wende nun, o Geliebte, den Blick zum bunten Gewimmel,
Das verwirrend nicht mehr sich vor dem Geiste bewegt.
Jede Pflanze verkündet dir nun die ew'gen Gesetze,
Jede Blume, sie spricht lauter und lauter mit dir.
Aber entzifferst du hier der Göttin heilige Lettern,
Überall siehst du sie dann, auch in verändertem Zug.
Kriechend zaudre die Raupe, der Schmetterling eile geschäftig,
Bildsam ändre der Mensch selbst die bestimmte Gestalt!

O, gedenke denn auch, wie aus dem Keim der Bekanntschaft
Nach und nach in uns holde Gewohnheit entsproß,
Freundschaft sich mit Macht in unserm Innern enthüllte,
Und wie Amor zuletzt Blüten und Früchte gezeugt.
Denke, wie mannigfach bald die, bald jene Gestalten,
Still entfaltend, Natur unsern Gefühlen geliehn!
Freue dich auch des heutigen Tags! Die heilige Liebe
Strebt zu der höchsten Frucht gleicher Gesinnungen auf,
Gleicher Ansicht der Dinge, damit in harmonischem Anschaun
Sich verbinde das Paar, finde die höhere Welt.“

IV. TURMGESELLSCHAFT

3. MERKUREPOCHE

30. Das Geheimnis des Geistselbst

Im Siebten Jahrsiebt erfolgt Entwicklung im Rahmen des Geistselbst, das vom Menschen für spätere Stufen der Evolution vorbereitet wird, dadurch aber einen weichenstellenden Charakter schon heute hat. Es ist das nächst-höhere Wesensglied nach der Bewusstseinsseele. Beide gehören innig zusammen. Wie der Blütenkelch den Keim einer neuen Pflanze birgt, so hüllt die Bewusstseinsseele das Geistselbst als Keim des nächsten Erdenlebens. Das ist nichts anderes als das dritte Ich, das wir in dem Bild von Wilhelm Meisters Sohn Felix vorgestellt haben, das sich in der Involution zu verdichten beginnt und im siebten Jahrsiebt ausgereift ist. Aber die Bewusstseinsseele bringt auch selber diesen Keim zur Entwicklung. Das hat mit dem Kind von Faust und Gretchen zu tun. Dieses Kind wird bereits im Jugendfaust geboren. Goethe zieht es in „Faust, ein Fragment" aber nicht mehr an „Land", das jetzt aber für die Entwicklung des Geistselbst einzubeziehen ist. In der Jugend-Faust Dichtung hat auch Faust ein Kind gezeugt. Als er Gretchen im Kerker vor der Hinrichtung retten will, sie sich jedoch seinem Versuch, sie zu befreien, widersetzt, deutet sie auf dieses Kind hin, um dessen Rettung sie Faust angeht. Sie meint, es drohe in einem Gewässer unterzugehen. In widersprüchlichen Wendungen deutet sie auf das Kind hin, das sie ihm geschenkt hat. Klagend ruft sie ihm zu, man würde ihr den Vorwurf der Kindstötung machen:

„Sieh das Kind! Muss ich's doch tränken. Da hatt ich's eben! Da! Ich habs getränkt! Sie nahmen mirs, und sagen ich hab es

um¬ge¬bracht, und singen Lieder auf mich! – Es ist nicht wahr – es ist ein Märchen das sich so endigt, es ist nicht auf mich dass sie's singen.“
Faust antwortet nicht, er hat kein Bewusstsein von dem Kind, nimmt aber Gretchen die Fesseln ab, was sie kaum begreift, denn sie fühlt sich schuldig und klagt sich selber an:

„Meine Mutter hab ich umgebracht! Mein Kind hab ich ertränkt! Dein Kind! Heinrich! (Fausts Vorname) – *Großer Gott im Himmel soll das kein Traum sein!“*

Sie erlebt sich wie in einem Traum, und zwar als Kindsmörderin, und will nirgends mehr hin als ins Grab, erwartet aber von Faust, dass er das Kind rettet, das demnach doch noch leben kann. Das ist möglich, wenn es gar kein Kind aus Fleisch und Blut, sondern ein Geisteskind oder Geisteskeim vorstellt, von dem Gretchen zuletzt sagt:

„Siehst du's zappeln! Rette den armen Wurm er zappelt noch! - Fort! geschwind! Nur übern Steg, gerad in Wald hinein links am Teich wo die Planke steht. Fort! rette! rette!“

Faust geht aber auf keinen der Hinweise ein. Er ist um Gretchen bemüht, bis im Morgengrauen die Henker erwartet werden und Mephisto urteilt: „Sie ist gerichtet“. So war es im Jugend-Faust in Goethes viertem Jahrsiebt. Da hat Faust kein Bewusstsein vom Kind, auch kein Bewusstsein vom „Teich wo die Planke steht“ und hört nicht den Auftrag es zu retten. Wir führen diese Szene erst jetzt an obwohl sie im Jugend-Faust steht.

Halten wir das Bild fest, dass das Kind im Wasser zu ertrinken droht. Gleichzeitig müssen wir Goethes Zustand festhalten, der 1775 diese Motive dichtet. Damals loderte in ihm bereits das Willensfeuer, das er alsbald in der Hingabe an das amtliche Engagement in Weimar dämpft. Er schrieb dann das Gedicht „An den Mond“, das ja nicht mit Bestimmtheit datierbar ist, jedoch aus der ersten Weimarer Zeit stammt. Hier spricht er in einer Strophe, die er dann bei der Umarbeitung gegen vier andere auswechselt noch von dem Feuer, das ihn umtrieb, wo er sein Herz in Brand sieht, und gleichzeitig seine Seele an den Fluss, das heißt ans Wasser gebannt erlebt.

Das du so beweglich kennst
Dieses Herz in Brand
Haltet ihr wie ein Gespenst
An den Fluss gebannt.[263]

Dem Mond klagt er sein Geschick als ob der ihn hören könnte. In diesem Seelenzustand kommt der Dichter also in Weimar an und es ist gut vorstellbar, dass er den Untergang von Gretchens Kind in diesem Element noch ahnt und Gretchen aussprechen lässt, selber aber fast mit untergegangen ist und das Kind dergestalt aus dem Auge verliert, dass es für ihn - in dieser Gestalt und in dieser Seelenverfassung - nimmermehr auftauchen wird. Nun finden wir die Elemente Wasser und Feuer aber auch bei der Probelamtik von Wilhelms und Marianes Kind Felix.

Wilhelm und Mariane zeugen ja den Sohn Felix im Glück des Erwachens der Liebe am Beginn der Jugend. Das wird jetzt in den Lehrjahren, in denen alle Jugendbegebenheiten dargestellt werden, (die theatralische Sendung ist ja nicht veröffentlicht worden) mit einem Traum beleuchtet, den Wilhelm erlebt. Mariane erzählt ihrer Dienerin und Vertrauten namens Barbara: *„Er schlief so ruhig an meiner Seite. Auf einmal hör ich ihn ängstliche, unvernehmliche Töne stammeln. Mir wird bange und ich wecke ihn auf. Ach, mit welcher Liebe, mit welcher Zärtlichkeit, mit welchem Feuer umarmt er mich! O Mariane! rief er aus, welchem schrecklichen*

---

263 3. Strophe der Erstfassung des Gedichtes „An den Mond“

Zustand hast du mich entrissen! Wie soll ich dir danken dass du mich aus dieser Hölle befreit hast? Mir träumte, fuhr er fort, ich befände mich, entfernt von dir, in einer unbekannten Gegend; aber dein Bild schwebte mir vor; ich sah dich auf einem schönen Hügel, die Sonne beschien den ganzen Platz, wie reizend kamst du mir vor! Aber es währte nicht lange, so sah ich dein Bild hinunter gleiten, immer hinunter gleiten, ich streckte meine Arme nach dir aus, sie reichten nicht durch die Ferne. Immer sank dein Bild und näherte sich einem großen See, der am Fuße des Hügels weit ausgebreitet lag, eher ein Sumpf als ein See ...",[264] und im Wasser versinkt die einzig Geliebte. Niemals wird dieses Original-Erlebnis wiederkehren können. Wilhelm muss das Schicksal erleben, Mariane gänzlich zu verlieren, seinen Sohn Felix jedoch wiederzufinden und zugleich Natalie als die alle Nöte ausgleichende Mutter und Geliebte. Ganz am Ende der Lehrjahre, als dieses Glück bevorsteht, träumt Wilhelm abermals vom Wasser. *„Sonderbare Traumbilder erschienen ihm gegen Morgen. Er fand sich in einem Garten, den er als Knabe öfters besucht hatte ... Mariane begegnete ihm, er sprach liebevoll mit ihr und ohne Erinnerung irgend eines früheren Mißverhältnisses ...* – Auch Felix ist im Garten und springt erst fröhlich, dann aber ängstlich fliehend fort – *Das Kind lief grade auf einen Teich los; Wilhelm eilte ihm nach, aber zu späte, das Kind lag im Wasser! Wilhelm stand wie eingewurzelt. Nun sah er die schöne Amazone an der andern Seite des Teichs; sie streckte ihre rechte Hand gegen das Kind aus und ging am Ufer hin, das Kind durchstrich das Wasser in gerader Richtung auf den Finger zu, und folgte ihr nach, wie sie ging, endlich reicht sie ihm ihre Hand und zog es aus dem Teiche. Wilhelm war indessen näher gekommen, das Kind brannte über und über, und es fielen feurige Tropfen von ihm herab ... doch die Amazone nahm schnell einen weißen Schleier vom Haupte und bedeckte das Kind damit. Das Feuer war sogleich gelöscht. Als sie*

264 MA 5, Seite 44, WML I,12.

den Schleier aufhob, sprangen zwei Knaben hervor, die zusammen mutwillig hin und her spielten, als Wilhelm zusammen mit der Amazone Hand in Hand durch den Garten ging ... "[265] Der erste Traum fand am Anfang und der zweite am Ende der Lehrjahre statt. Das Wasser als das Element, in dem Untergang und Aufgang erfolgen, scheint eine Art schöpferisches Feuer zu bergen, das aus dem einen Knaben zwei macht. Das ist ein Bild für die prinzipielle Kraft in der geistigen Fortpflanzung, die in der Involution wirksam ist. Den Untergang haben Fausts und Wilhelms Kind gemeinsam, nicht aber den Aufgang, der für Fausts Kind fehlt, das aber zweifellos ebenfalls als ein Bild angesehen werden kann, in dem sich der Geisteskeim ankündigt. Wie hängen beide zusammen? Beide sind neugeborene Wesen aus der fünften und sechsten Lebensepoche. Ihre gewisse Gleichheit kann in dem Bild von Zwillingen ausgedrückt werden, was in der siebten Epoche, in der es der Geist als Geistselbst (Manas) mit sich selbst zu tun hat, im Bild von Zwillingskindern erscheinen kann. In der Turmgesellschaft wird Wilhelm von einem oder zwei Männern begleitet, die ausdrücklich das Attribut von Zwillingsbrüdern aufweisen, der Abbé und dessen Zwilling. Man weiß gar nicht wie sie dazu gekommen sind; sie geleiten Wilhelm aber in die Turmgesellschaft, wo Wilhelm die Verdoppelung seines Felix träumt. Was der Dichter schon vorher weiß, lässt er dann im Roman in dem Abbé erscheinen und in Felix entstehen. Sie erscheinen uns als Eins und doch als Zwei, als geistige Zwillingsnatur.

In der Bewusstseinsseele war es die Seele, die sich selbst erfasst, im Geistselbst ist es der Geist. Seine Selbsterfassung wird als Zwilling vorgestellt.

---

265 Ebenda Seite 428.

31. Planetarische Umwandlung

Das Geistselbst beleuchtet nun die Stufen der Umwandlung, die der Astralleib bereits durchgemacht hat und auf dem Weg der Vollendung noch durchmachen wird. Zu diesem Zweck geht Wilhelm noch einmal durch seine Jugend und wird dabei von dem Abbé begleitet, der von Stufe zu Stufe immer wieder als ein „Unbekannter" neben ihm erscheint, ihn anspricht und – völlig freilassend – die Problematik erwähnt, die mit den jeweiligen Wandlungsstufen verbunden ist.

Dabei können die Planetenkräfte erahnt werden. Rudolf Frieling hat auf sie in dem Aufsatz: *„Die Frauengestalten in Wilhelm Meisters Lehrjahre"*[266] hingewiesen. Er findet, Wilhelm Meisters „Lehrjahre" *„deuten schon durch die Acht-Zahl der Bücher ein Prinzip ihrer Ordnung an. Die Zahl Acht schließt in sich ... den Weg durch die sieben Planetensphären und das Einmünden in eine überplanetarische, eigentlich sternenhafte Himmelswelt ..."* Frieling vergleicht das mit Dantes „Paradies", in dem der Aufstieg durch die Planetensphären als *„ein Weg durch innere Kräftebereiche, durch verschiedene geistig-seelische „Qualitäten"*, in der Reihenfolge Mond – Merkur – Venus – Sonne – Mars – Jupiter – Saturn beschrieben wird. Er meint, *„die Lehrjahre Wilhelm Meisters sind – neben anderem! – ein Weg durch eben jene planetarischen Bereiche. Diese finden ihre Verkörperung in den verschiedenen Frauen-Gestalten des Romans ... im Wesentlichen sind es sieben (die) so etwas wie Stationen eines inneren Weges"* bedeuten. *„Es ist auffällig, wie in jedem dieser Bücher (mit Ausnahme des letzten) eine Frauengestalt im Mittelpunkt des Interesses steht."* Mariane, Philine, die schöne Gräfin, Natalia und Aurelie kennt man schon aus der theatralischen Sendung und hinzu kommen jetzt: „die schöne Seele" und Therese. Während ihre Aufeinanderfolge in der

266 Rudolf Frieling, „Die Frauengestalten in Wilhelm Meisters Lehrjahre" in „Die Christengemeinschaft" Januar 1933.

Sendung durch jene Krise von 4 ½ Jahren zerrissen war, werden sie jetzt der Reihe nach, planetarisch geordnet, angeführt.

Im 1. Buch durchlebt Wilhelm die erste Liebe seines Lebens, in der Mariane das Kind von ihm empfängt und dann nach seinem Abgang gebären wird. In Marianes Wesen walten Mondenkräfte. Als Wilhelm, vom Glück der überirdischen Liebe erfüllt, Mariane zum letzten Mal besucht, taucht – vor dem unerträglichen Zusammenbruch – der Abbé zum ersten Mal als Unbekannter auf. Beide sprechen über ein Gemälde, das die Ödipus-Geschichte vorstellt, *„wie ein Königssohn sich über die Braut seines Vaters in Liebe verzehrte"*. Wilhelm kennt das Bild von Jugend an und bedauert den Prinzen, *„der die süßen Triebe, das schönste Erbteil, das uns die Natur gab, in sich verschließen, und das Feuer, das ihn und andere erwärmen und beleben sollte, in seinem Busen verbergen muß, so daß sein Innerstes unter ungeheuren Schmerzen verzehrt wird. Wie bedaure ich die Unglückliche,* – fährt Wilhelm fort – *die sich einem andern widmen soll, wenn ihr Herz schon den würdigen Gegenstand eines wahren und reinen Verlangens gefunden hat."* Wilhelm sieht gar nicht, dass es sich hier um die völlig unmögliche Ödipus-Tragödie handelt. Der Unbekannte spricht das auch nicht direkt an, macht ihn aber auf die Möglichkeit aufmerksam, dass die ästhetische Betrachtung, die ja über die Sinne geht und etwas Höheres, Übersinnliches darstellt oder darstellen kann, gut oder schlecht, wahrhaft künstlerisch oder minderwertig sein kann, und dass die Geschichte vom Kranken Königssohn künstlerisch so minderwertig dargestellt wird wie das Motiv selber. Wilhelm ist jedoch in dieser ödipalen Verstrickung befangen, die aus der Vermischung der selbstlos-sinnlichen und selbstbezogen-geistigen Liebe resultiert. Der Unbekannte macht Wilhelm dann lediglich auf seine blinde Schicksalsgläubigkeit aufmerksam, mit der er hier in einem ja unumgänglichen Irrtum verstrickt ist, später aber herausfinden muss, und dann wird es für ihn hilfreich sein zu entdecken, dass diese höhere Weisheit ihn begleitet und nicht allein gelassen hat.

Nur auf nüchterne Vernunft, die Wilhelm noch mangelt, kann er hingewiesen werden, von der der Abbé sagt „... *hier ist nur die Frage, welche Vorstellungsart zu unserm Besten gereicht. Das Gewebe dieser Welt ist aus Notwendigkeit und Zufall gebildet … und nur, indem sie* (die Vernunft) *fest und unerschütterlich steht, verdient der Mensch, ein Gott der Erde genannt zu werden.*[267]

Im 2. Buch ist Philine die im Mittelpunkt stehende Frauengestalt, in der Merkurkräfte walten. Das sind die zum Höchsten führenden aber durch den ahrimanischen Sündenfall am meisten malträtierten Kräfte. Diese Diskrepanz repräsentiert Philine. Wilhelm macht mit ihr und einigen anderen Schauspielern eine Bootsfahrt, auf der sie zum Zeitvertreib eine theatralische Übung machen. Jeder muss aus dem Stegreif eine Rolle spielen, wie zum Beispiel einen pensionierten Offizier, einen Fechtmeister, eine lustige Tirolerin usw. Plötzlich winkt am Ufer ein Unbekannter, der mitgenommen werden will: *„Das ist eben noch, was wir brauchten, rief Philine, ein blinder Passagier fehlte noch der Reisegesellschaft. Ein wohlgebildeter Mann stieg in das Schiff … Er begrüßte die Gesellschaft, die ihm nach ihrer Weise dankte und ihn bald mit ihrem Scherz bekannt machte. Er nahm darauf die Rolle eines Landgeistlichen an, die er zur Verwunderung aller auf das artigste durchsetzte, indem er bald ermahnte, bald Histörchen erzählte, einige schwache Seiten blicken ließ und sich doch im Respekt zu erhalten wußte …* Später beredet er sich mit Wilhelm. Abermals wird über das Schicksal gesprochen, und auch dieser Unbekannte meint „*‚Das Schicksal', versetzte lächelnd der andere, ‚ist ein vornehmer, aber teurer Hofmeister. Ich würde mich immer lieber an die Vernunft eines menschlichen Meisters halten. Das Schicksal, für dessen Weisheit ich alle Ehrfurcht trage, mag an dem Zufall, durch den es wirkt, ein sehr ungelenkes Organ haben. Denn selten scheint dieser genau und rein auszuführen, was jenes beschlossen hatte.' ‚Sie scheinen einen sehr sonderbaren*

---

267 MA 5, 69 f – ebenso alle weiteren Zitate.

Gedanken auszusprechen', versetzte Wilhelm. - ,Mit nichten! Das meiste, was in der Welt begegnet, rechtfertigt meine Meinung. Zeigen viele Begebenheiten im Anfange nicht einen großen Sinn, und gehen die meisten nicht auf etwas albernes hinaus?' ..." In diesem Sinne wird abermals Wilhelms Schicksalsgläubigkeit bewusst gemacht. – Am Ende der Wasserfahrt steigen alle aus dem Boot aus, sehen sich um, der Unbekannte aber ist verschwunden. „*,Ich habe mich die ganze Zeit her schon besonnen', sagte Laertes, ,wo ich diesen sonderbaren Mann schon ehemals möchte gesehen haben. Ich war eben im Begriff, ihn beim Abschiede darüber zu befragen.' ,Mir ging es ebenso', versetzte Wilhelm, ,und ich hätte ihn gewiß nicht entlassen, bis er uns etwas Näheres von seinen Umständen entdeckt hätte. Ich müßte mich sehr irren, wenn ich ihn nicht schon irgendwo gesprochen hätte.' ,Und doch könntet ihr euch', sagte Philine, ,darin wirklich irren. Dieser Mann hat eigentlich nur das falsche Ansehen eines Bekannten, weil er aussieht wie ein Mensch und nicht wie Hans oder Kunz.' ,Was soll das heißen', sagte Laertes, ,sehen wir nicht auch aus wie Menschen?' ,Ich weiß, was ich sage', versetzte Philine, ,und wenn ihr mich nicht begreift, so laßt's gut sein. Ich werde nicht am Ende noch gar meine Worte auslegen sollen.'*" Der zweite Unbekannte erweist sich später als der Zwilling des Abbé.

Im 3. und 4. Buch tauchen zwei Frauen auf. Zunächst steht die schöne Gräfin im Mittelpunkt, bei der äußere Merkmale, durch Schmuck und kostbare Kleider, erlesener Frisur und anderen Äußerlichkeiten einen eben äußeren Glanz von Schönheit darbieten. Sie hat eine Schwester, die den Glanz der geistigen Schönheit der Seele repräsentiert; das ist Natalie. Die Doppelgeschlechtlichkeit erscheint an der Gräfin in Form der Ehe gar nicht, an Natalie als Mannweiblichkeit, zu deren anderer Hälfte Wilhelm berufen sein wird, was aber erst am Ziel der Lehrjahre erreicht werden wird.

Der dritte und vierte Unbekannte sind Jarno und ein Freund von ihm, wobei nur Jarno entschieden auftritt. Er repräsentiert den

Stellenwert des fünften Jahrsiebts. Das ist eine Nachblüte, in der das theatralische Schicksal zuletzt überwunden wird, aber als Nachblüte unbedingt voll und ganz, mit Sinn und Verstand, Herz und Kopf durchlebt werden muss. Das vermag kein Abbé oder sonst in höherer Weisheit lebender Mensch zu bewirken, sondern nur der im fünften Jahrsiebt lebende und seine Jugend in verinnerlichter Form durchlebende Mensch. Jarno erfüllt diese Aufgabe für den Dichterjüngling, indem er ihn auf Shakespeare aufmerksam macht. Alsbald lebt Wilhelm in Shakespeares Dramen mit völliger Hingabe. Sie scheinen ihm *„ein Werk eines himmlischen Genius zu sein, der sich den Menschen nähert, um sie mit sich selbst auf die gelindeste Weise bekannt zu machen … man glaubt vor den aufge¬schla¬ge¬nen, ungeheuren Büchern des Schicksals zu stehen, in denen der Sturmwind des bewegtesten Lebens saust, und sie mit Gewalt rasch hin und wieder blättert.* – Wilhelm gesteht – *Ich bin über die Stärke und Zartheit, über die Gewalt und Ruhe so erstaunt … Alle Vorgefühle, die ich jemals über Menschheit und ihre Schicksale gehabt, die mich von Jugend auf, mir selbst unbemerkt, begleiteten, finde ich in Shakespeares Stücken erfüllt und entwickelt. Es scheint, als wenn er uns alle Rätsel offenbarte, ohne daß man doch sagen kann: hier oder da ist das Wort der Auflösung …“*[268] – Wille und Helm zusammen bilden das Wort „Wilhelm“, das auch zu William Shakespeare gehört. mit dessen Hamlet Wilhelm sich nun identifiziert. Diese Wirkung war einstmals durch Herder auf Goethe ausgegangen; jetzt wird sie von Jarno im fünften und Wilhelm im dritten Jahrsiebt gespiegelt. Das Drama „Hamlet“ ergreift nun Wilhelm mit allen Fasern seiner Seele.

268 Goethe, „Wilhelm Meisters Lehrjahre“, Münchner Ausgabe Bd. 5, S. 90.

Hamlet

Im Mittelpunkt der Tragödie steht »Hamlet« der Prinz von Dänemark, dessen Vater, König von Dänemark, der ebenfalls Hamlet heißt und ermordet wurde. Shakespeare führt als Ursache des Todes zwei Versionen an: einerseits sei der König von einer Schlange gebissen andererseits von seinem Bruder Claudius mutwillig vergiftet worden. Die Schlangenbiss-Version ist scheinbar, aber nur scheinbar, ein Vorwand des Mörders, der seine Untat verstecken will. Shakespeare benützt die Schlange als Bild, nicht um etwas zu verstecken, sondern um einen tieferen Gehalt zu offenbaren.

Die Schlange ist ja, wie eingangs gezeigt, auch ein Bild für Kräfte, die, wenn sie nicht erkannt werden, tödlich wirken, wogegen, wenn sie erkannt werden, zu einer höheren Geistigkeit führen, zu dem Sohn des Menschen als Geisteskind. Dieses Motiv hat Michelangelo anlässlich der Aufrichtung der ehernen Schlange gemalt und Goethe bezeichnet in diesem Sinn Wilhelm als das „erste großgeborene Kind. Auch den ermordeten Dänenkönig Hamlet können wir als eine Gestalt betrachten, in der dieses „großgeborene Kind“ verborgen ist aber nicht zur Blüte gelangt. In seinem Sohn Hamlet ist diese Geistgeburt ansatzweise geschehen, der aus diesem Grunde nicht voll lebensfähig ist und auch der ihm gestellten Aufgabe nicht gewachsen sein kann. Dass er aber überhaupt zutage tritt ist ein Ereignis sondergleichen. Wer diese Geistigkeit auch nur ansatzweise erlebt ist in die zugrundeliegenden Erdenkräfte eingeweiht. So haben wir hinter dem Dänenkönig Hamlet den inneren Menschen zu erblicken der nicht wie der äußere Mensch sterben kann sondern in diesen Kräftebereich zurückkehrt und das erlebt, was Shakespeare von ihm schildert, einen Geist der wie ein Gespenst erscheint.

In den ersten Szenen des Dramas erscheint er und weist auf die Ursache seines Todes hin. Es sind Kriegszeiten und drei Wächter halten vor dem Schloss Helsingör Nachtwache, von denen einer gerade abgelöst wird und zwei die Wache übernehmen. Diese beiden waren wiederholt vom Geist des verstorbenen Vaters als Gespenst aufs Äußerste erschreckt worden, was sie Hamlets Freund Horatio erzählten der die Erscheinung erst bezweifelt und sich dann zu ihnen gesellt um selber zu sehen wie es sich damit verhält. Auch ihm erscheint der Geist und erschrickt ihn tödlich. Alle drei beschließen nun Hamlet selber einzuweihen, der sie in der nächsten Nachtwache besucht. Der Geist des verstorbenen Vaters taucht auch jetzt wieder auf. Auch Hamlet erschrickt zu Tode, folgt aber mit viel Mut seinem Wink, mit ihm beiseite zu gehen, denn nur ihm – dem Sohn – will er erzählen was vorgefallen war:

...nun Hamlet höre:
Es heißt, dass, da ich schlief in meinem Garten,
Mich eine Schlange stach; so wird das Ohr des Reichs
Durch den erlognen Hergang meines Todes
Schmählich getäuscht; doch wisse, edler Jüngling,
Die Schlange, die deines Vaters Leben stach,
Trägt seine Krone jetzt.

Die Täuschung besteht darin, dass die Leute nur an eine wirkliche Schlange denken und nicht an die Schlangenkraft im Menschen. - Dann wird auch die andere Version erzählt, dass der Bruder des Verstorbenen dem König Gift ins Ohr geträufelt habe der dadurch sofort von schlimmem Aussatz befallen, wie der „arme Lazarus“ krank und entstellt wird:

„...Da ich im Garten schlief
wie immer meine Sitte nachmittags,
Beschlich dein Oheim meine sichre Stunde
Mit Saft verfluchten Bilsenkrauts im Fläschchen
Und träufelt in den Eingang meines Ohrs
Das schwärende Getränk ...
Und Aussatz schuppte sich mir augenblicklich

Wie einem Lazarus mit ekler Rinde
Ganz um den glatten Leib.[269]

Bilsenkraut – Hyoscyamus

Hier ist nun das Gift des Bilsenkrauts das Bild für das Schlangengift. Weder dieses Gift noch die Schlange sind leere Metaphern, sondern Bilder für die urgewaltigen, aus dem inneren der Erde zutage tretenden untersinnlichen Kräfte, die im Kindes – und Jugendalter einströmen. Wenn sie aber nicht erkannt werden können sie im Menschen eine moralische Entgleisung hervorrufen. Da der König im Schlaf überwältigt wird deutet sich die Bewusstlosigkeit an. Hätte er zu wachen vermocht, könnte er die Schlange geradeso erkennen wie jene Israeliten, die zu der an der Fahnenstange aufgehängten ehernen Schlange aufblicken. Diese Erkenntnis erlangt der König aber erst nach seinem Untergang von dem aus er auf seinen Schlaf deutet:

So ward ich schlafend und durch Bruderhand
Um Leben, Krone, Weib mit eins gebracht...

---

269 William Shakespeare, „Hamlet“, I,5 Winkler Verlag München, Seite 611

32. Überwindung des Brudermords

Goethe setzt sich mit der Hamlet-Problematik im dritten, fünften und siebten Jahrsiebt auseinander. Dabei hat er es mit besagten Erden-Willenskräften zu tun, die schon im ersten Jahrsiebt einstrahlen, was wir jetzt noch vertiefen müssen. Im ersten Jahrsiebt strahlen die Schlangenkräfte ein. Gemäß anthroposophischer Erkenntnis wirken sie da auch so, dass das Kind zur Nachahmung befähigt und zur Aufrichtung seines Leibes befähigt wird womit für später auch eine innere Aufrichtigkeit verbunden ist. *„Das ist etwas, was eine ganze Physiologie, die zu gleicher Zeit Anthroposophie ist einmal verstehen wird, dass in der Art, wie der Mensch seine Bewegungen physisch in die Welt hineinstellt, der Ausdruck liegt für seine moralischen Willenskräfte. Der Mensch, der sich heraushebt aus den Kräften, die das tierische Rückgrat parallel der Erdoberfläche machen ... indem er sich aufstellt, indem er seinen ganzen Bewegungsorganismus hineinorientiert gleichgewichtsgemäß in die Welt, das ist dasjenige, was physischer Ausdruck seiner moralischen Willensenergien ist. Das macht ihn als Menschen zum moralischen Wesen.“*[270] Aber erst viel später, nach einer Zeit von ca. vierzehn Jahren kommt das Moralische zur Geltung. Steiner beschreibt dann den Weg, auf dem sich diese Kräfte in der Jugend und auch danach durch die Biographie winden und benützt hierfür das Bild eines Flusses. Er deutet dabei auf den Rhythmus von sieben zu sieben Jahren, was er mit einem Fluss vergleicht der mehrmals abtaucht und wieder auftaucht. *„Nun ist es so, daß ich dasjenige, was damit eigentlich geschieht, vergleichen möchte mit einer gewissen Naturerscheinung. Es gibt zum Beispiel in den südlichen Gebieten des ehemaligen Österreich, die jetzt (1923) italienisch sind, einen Fluß, der entspringt im Gebirge, heißt Poik. Dann verschwindet er, ist nicht mehr zu sehen, dann taucht er wiederum auf Es ist nicht*

270 Steiner, Rudolf, „Anthroposophische Menschenkunde und Pädagogik“, Vortrag über „Pädagogik und Moral“ vom 26.3.1923, GA 304a,

eine neue Quelle, es ist derselbe Fluß, er heißt dann Unz. Dann verschwindet er wieder und taucht wieder auf. Er heißt dann Laibach. Der Fluß verläuft ein Stückchen seines Weges unsichtbar in den Tiefen der Erde. So verläuft dasjenige, was der Mensch seelisch-geistig im Kindestraum, im Kindesschlaf hineinlegt ... in die Art und Weise, wie er sich aufrichtet, das fließt als Kräfte zwischen dem Zahnwechsel und der Geschlechtsreife, ich möchte sagen ‚untermenschlich', ‚unterirdisch' im Menschen weiter, das wird da nicht bemerkt. Das ist nicht sichtbar... im Kinde und kommt wiederum zum Vorschein gerade mit der Geschlechtsreife ... das erscheint wieder als die Freiheit des moralischen Urteils, als die Freiheit des moralischen Menschenwillens." Dann, nach weiteren vierzehn Jahren kann sich diese moralische Aufrichtung wiederholen und noch höher wirken, denn jetzt erhebt sie gegebenenfalls das wiedergeborene zweite Ich, was in dem Moment geschieht, in dem bereits das dritte Ich gezeugt und dann geboren wird. In dem „Ich" ist ja eben das Wesen des Menschen in den drei aufeinanderfolgenden Gliedern gegeben und alle drei können zum ersten Mal im fünften Jahrsiebt hervortreten und, getragen von der moralischen Aufrichtekraft, auch erscheinen.

Das erste Ich, das sich am Beginn des Lebens inkarniert hinterlässt im bewussten Seelenleben das Bewusstsein von sich als Ich-Bewusstsein. Wenn dann im 21. Lebensjahr das zweite Ich geboren wird, kann dieses neue Bewusstsein vom Ich wie ein Bruder des ersten Ich-Bewusstsein erlebt werden. Zwei Brüder tauchen damit auf, ein älterer und ein jüngerer. Im fünften Jahrsiebt sind sie beide da. Wenn nun der ältere seine moralische Aufrichtung nicht genügend ausbildet, kann er die zartere Beschaffenheit des zweiten Ich für das Bewusstsein verdecken und bewirken, dass dieses überhaupt nicht mehr beachtet wird. Das ist der Brudermord. Wenn aber dieses zweite Ich, bevor es ausgelöscht wird, vorher schon das dritte Ich hervorgebracht hat, das dann seinen Vater verliert, dann ist das die Situation Hamlets. Moralisch ist er dem „Mörder“ überlegen, dessen Unmoral aber unterlegen.

Wenn das dritte Ich wirklich hervortritt erfolgt das durch die dritte Aufrichtung im fünften Jahrsiebt mit dem Wiederauftauchen der Erden-Schlangen-Kräfte. Diese Kräfte sind immer die im eigenen Land waltenden Erdenkräfte, und das dritte Ich ist erst berufen sie fruchtbar zu machen; das heißt, frühestens im 35. Lebensjahr. Goethe war seiner Zeit auch 35 Jahre alt als Felix zum ersten Mal im Roman auftaucht. Geboren auf dem „Turm“ der moralischen Aufrichtung fühlt sich der innere Mensch von dieser Moral getragen. So ist es für Felix. Für Hamlet hingegen ist dieser moralische Turmbau zusammengestürzt. Unmittelbar nach dem Königsmord heiratet der Mörder die Witwe. Keine Zeit des Trauerns wird zwischengeschaltet. Vom Gesichtspunkt der Schlange spricht Goethe im Gedichtepos „Der ewige Jude“ von *„schlangenknotiger Begier“*.

Wilhelm Meister und Felix sind nicht nur als einzelne Menschen sondern Aspekte des Gesamtgemütes. So erscheinen uns jetzt auch der Dänenkönig, sein Bruder und Hamlet. Aspekte der dreigegliederten Ich-Natur eines - und desselben Menschen hat Shakespeare dargestellt. Dasjenige Werden waltet zwischen ihnen das wir eingangs als Involution besprochen haben.

Historische Hintergründe des Brudermords

Der Brudermord ist ein uraltes Thema, das in der Bibel als Folge des Sündenfalls beschrieben wird, wo Kain seinen Bruder Abel erschlägt. Aber vorher, in einer sozusagen sagenhaften Vorzeit, in der auch der trojanische Krieg stattfand, lebten die Menschen in Gruppenseelen und waren durch Blutsverwandtschaft in stabile soziale Verbände eingegliedert, wo es den Brudermord noch nicht gibt. Damals herrschte noch jenes natur- und geistgetragene Zusammenleben der Menschen, das wir heute mit größter Anstrengung wieder aufbauen müssen, das in diesen uralten Zeiten – nur noch nicht individualisiert – als etwas Selbstverständliches existierte. Das alte Troja war ein Musterbeispiel. Einer der hervorragendsten Helden Trojas war Hektor, der damals in dem gruppenseelengetragenen Gemeinschaftsbund eine abgerundete, glänzende Persönlichkeit war. Er hat sich dann in der nachchristlichen Zeit in dem dänischen Prinz Hamlet wieder inkarniert. Darauf hat Steiner hingewiesen, als er die Problematik andeutet, die mit dem Verlassen der alten Gruppenseelen heraufkommt und die neue Gemeinschaftsbildung noch nicht da ist, aber doch zaghaft in Angriff genommen wird. Es ist wieder der Einfluss, der von dem Mysterium von Golgatha auf die Seelen im Verlauf ihres Weges aus der vorchristlichen in die nachchristliche Zeit ausgeht, der zu dieser Wiederherstellung der nun aber auf Freiheit und Individualität gebauten Gruppenseelenhaftigkeit hinführt, der die Menschen aber zunächst überfordert. An der in Hektor und dann in Hamlet inkarniert gewesenen Individualität und den beiden Erdenleben kann diese Problematik erahnt und dann auch ergründet werden.

So wird Hektor von Homer als abgerundete, mächtige Persönlichkeit geschildert, die als *„Mensch mit großer, umfassender Menschlichkeit"* erscheint. Als er sich als Hamlet wieder inkarniert, wird er von dem neuen Impuls so mächtig ergriffen, dass er die ganze Größe seiner Individualität zunächst nicht ausspielen und zum Gemeinwohl seines Volkes wirksam machen kann, was letztlich – noch nicht im 16. Jahrhundert, aber später – zu einer ganz neuen Belebung gruppenseelengetragener Gemeinschaften führen wird. Dieses *„Übergehen von der Gruppenseelenhaftigkeit zu dem Ausleben der Individualseele ist es, was einen so gewaltigen Ruck nach vorwärts gibt. Und das macht, dass Seelen die so fest geschlossen dastehen wie zum Beispiel Hektor in der nachchristlichen Zeit wankend erscheinen als ob sie dem Leben nicht gewachsen seien"*.[271]

271 Steiner, Rudolf „Das Markus-Evangelium", wie angegeben, Seite 30.

Goethe erkennt *„eine große Tat auf eine Seele gelegt die der Tat nicht gewachsen ist“* und Hamlet *„schließt mit dem bedeutsamen Seufzer: Die Zeit ist aus dem Gelenke! Weh dass ich geboren war sie wieder einzurichten!“*.[272] Wilhelm spielt nun in einer Aufführung des Hamlet-Dramas die Hauptrolle. Als die Aufführung ansteht, sind alle Rollen ideal besetzt, nur für den verstorbenen König, der als Gespenst erscheint, fehlt die geeignete Person, in die ganz unvorhergesehen der “Unbekannte“ einspringt. Er spricht mit Hamlet als Gespenst in der Oberwelt, ruft ihn aber auch aus der Unterwelt zur Vergeltung auf, und dabei steigen Flammen aus der Erde auf, welche die Stimme aus der Unterwelt elementar untermalen. Am Schluß der Aufführung findet sich von dem Unbekannten keine Spur mehr außer einem Schleier, auf dem die Worte geschrieben stehen: *„Zum ersten und zum letzten Mal! Flieh! Jüngling flieh!“*. Später stellt sich heraus, dass man nicht wisse, ob der Abbé oder sein Zwilling die Rolle des Vater-Gespenstes gespielt habe.

Diese Thematik, so entrückt sie anmuten mag, hat doch einen lebenspraktischen Bezug. Die vermeintliche Sendung Wilhelms wäre eine „Wilhelmiade“ geworden, wie Goethe einmal sagt. Der Tod der Theatralik wird vom Tod Hamlets gespiegelt, und der neu geborene Geist mit seinem neuen Schicksal entwindet sich diesem Tod. Das Abklingen der in der zweiten Jugend auflebenden ersten Jugend könnte man als Hamlet-Tod bezeichnen der für jeden älterwerdenden Menschen möglich und gewissermaßen nötig wird. Ohne den Begriff des Geistes und einer Erneuerung dieses Geistkeimes erscheint Wilhelm Meister nur als „Ein Schüler der kein Meister wurde“, wie Karl Otto Conrady es formuliert.[273] Demgegenüber ringt Goethe sich zu der Meisterschaft des Geistes empor, der gegenüber die vorige Unentschiedenheit wie ein „Entselbsten“

272 Goethe, „Wilhelm Meisters theatralische Sendung“, 6. Buch, 8. Kapitel, Hanser Verlag München, 1987, Seite 301 f.

273 Karl Otto Conrady, „Goethes Leben und Werk“, 2. Bd. Fischer Taschenbuch Verlag, Frankfurt, 1988.

erscheint, das durchgemacht und ausgehalten werden muss. Ohne das gerät man in seiner zweiten Lebenshälfte in Gefahr, Jugendlichkeit nur als abgebrauchte Nachblüte zu erleben, ja zuweilen nachzuäffen und sich als alternder Mensch so zu benehmen und zu verhalten und vielleicht auch anzuziehen wie die Jugendlichen zwischen dem 14. – 21. Lebensjahr. Damit würden die Erwachsenen ihr eigenes Wesen untergraben und die Jugend, die eigentlich doch immer erwartet, durch die Alten etwas von Lebensreife sehen zu können, enttäuschen. Der Weg geht aber durch das „Stirb und Werde" und dann darf *„der Zweifler, der Skeptiker Hamlet, der sich in den Lagen des Lebens nicht auskennt, der Zauderer"*[274], wenn er lange genug am Leben war, endlich sterben, und mit ihm verwelken dann Zweifel und Skepsis als Maske, die abfällt und den frischen, neuen Keim hervortreten lässt. Willig, der Hamlet-Krankheit nicht auszuweichen und dafür mit dem „Stirb und Werde" beschenkt zu werden, diese Haltung kann gewollt werden.

Wendepunkt

Das Theater, an dem Hamlet aufgeführt wird, gehört den Geschwistern Serlo und Aurelie. Hier wohnt Wilhelm mit dem Harfenspieler, Mignon und den anderen. Nach der Aufführung kommt es zu einer gewaltigen Feuersbrunst. Äußerlich ist eine Feuersbrunst eine tragische Katastrophe, hier aber wird die Not zum Fortschritt. Goethe beschreibt: *„Auf einmal stürzte Mignon in das Zimmer, faßte ihn an und rief: Meister! rette das Haus! es brennt! Wilhelm sprang vor die Türe und ein gewaltiger Rauch drängte sich die obere Treppe herunter ihm entgegen. Auf der Gasse hörte man schon das Feuergeschrei, und der Harfenspieler kam, sein Instrument in der Hand, durch den Rauch atemlos die Treppe herunter. Aurelie stürzte aus ihrem Zimmer und warf den kleinen Felix in Wilhelms Arme. – Retten Sie das Kind! rief sie, wir wollen nach dem*

274 Ebenda.

übrigen greifen. – Wilhelm, der die Gefahr nicht für so groß hielt, gedachte zuerst nach dem Ursprunge des Brandes hinzudringen, um ihn vielleicht noch im Anfange zu ersticken. Er gab dem Alten das Kind, und befahl ihm die steinerne Wendeltreppe hinunter, die durch ein kleines Gartengewölbe in den Garten führte, zu eilen, und mit den Kindern im Freien zu bleiben. Mignon nahm ein Licht ihm zu leuchten. Wilhelm bat darauf Aurelien ihre Sachen auf eben diesem Wege zu retten. Er selbst drang durch den Rauch hinauf; allein vergebens setzte er sich der Gefahr aus. Die Flamme schien von dem benachbarten Hause herüber zu dringen und hatte schon das Holzwerk des Bodens und eine leichte Treppe gefaßt; andre die zur Rettung herbei eilten, litten wie er, von Qualm und Feuer. Doch sprach er ihnen Mut ein und rief nach Wasser; er beschwor sie, der Flamme nur Schritt vor Schritt zu weichen, und versprach bei ihnen zu bleiben. In diesem Augenblick sprang Mignon herauf und rief: Meister! rette deinen Felix! der Alte ist rasend! der Alte bringt ihn um! Wilhelm sprang ohne sich zu besinnen die Treppe hinab und Mignon folgte ihm an den Fersen. – Auf den letzten Stufen die ins Gartengewölbe führten, blieb er mit Entsetzen stehen. Große Bündel Stroh und Reisholz, die man daselbst aufgehäuft hatte, brannten mit heller Flamme; Felix lag am Boden und schrie; der Alte stand mit niedergesenktem Haupte seitwärts an der Wand. Was machst du Unglücklicher? rief Wilhelm. Der Alte schwieg, Mignon hatte den Felix aufgehoben, und schleppte mit Mühe den Knaben in den Garten, indes Wilhelm das Feuer auseinander zu zerren und zu dämpfen strebte, aber nur dadurch die Gewalt und Lebhaftigkeit der Flamme vermehrte. Endlich mußte er mit verbrannten Augenwimpern und Haaren auch in den Garten fliehen, indem er den Alten mit durch die Flamme riß, der ihm mit versengtem Barte unwillig folgte. – Indessen hatte das Feuer gewaltsam mehrere Häuser ergriffen und erhellte die ganze Gegend. Wilhelm besah das Kind beim roten Schein der Flamme; er konnte keine Wunde, kein Blut, ja keine Beule wahrnehmen. Er betastete es überall, es gab kein

Zeichen von Schmerz von sich, es beruhigte sich vielmehr nach und nach und fing an sich über die Flamme zu verwundern, ja sich über die schönen, der Ordnung nach, wie eine Illumination, brennenden Sparren und Gebälke zu erfreuen. [...] *Er drückte den Kleinen mit einer ganz neuen Empfindung an sein Herz, und wollte auch Mignon mit freudiger Zärtlichkeit umarmen, die es aber sanft ablehnte, ihn bei der Hand nahm und sie fest hielt. Meister, sagte sie (noch niemals, als diesen Abend, hatte sie ihm diesen Namen gegeben, denn Anfangs pflegte sie ihn Herr, und nachher Vater zu nennen.) Meister! wir sind einer großen Gefahr entronnen, dein Felix war am Tode. Durch viele Fragen erfuhr endlich Wilhelm, daß der Harfenspieler, als sie in das Gewölbe gekommen, ihr das Licht aus der Hand gerissen und das Stroh sogleich angezündet habe. Darauf habe er den Felix niedergesetzt, mit wunderlichen Gebärden die Hände auf des Kindes Kopf gelegt und ein Messer gezogen, als wenn er ihn opfern wolle. Sie sei zugesprungen und habe ihm das Messer aus der Hand gerissen; sie habe geschrien, und einer vom Hause, der einige Sachen nach dem Garten zu gerettet, sei ihr zu Hülfe gekommen, der müsse aber, in der Verwirrung wieder weggegangen sein, und den Alten und das Kind allein gelassen haben."*

Hier ist der ahrimanische Doppelgänger sichtbar. Er ist der Träger der Pyromanie im Harfner, die das Theatergebäude in Flammen setzt, aber auch die Absicht verfolgt, den Knaben mit dem Tod zu beseitigen. Wie wenn eine dem Menschen fremde, aber aus seinem Inneren auftauchende Macht ersteht, sein menschliches Wesen überwältigt und als ein furchterregendes Gespenst erscheint. Einerseits trägt der Doppelgänger Schicksale aus der altägyptischen Zeit in die Gegenwart, wodurch er sozusagen rechtmäßig wirksam ist, andererseits will er Übermacht über das Menschsein gewinnen, was unrechtmäßig ist. Angst hat er vor der Macht, die in dem Ich des Menschen lebt, und die steckt in Felix. Der Harfenspieler – so heißt es – fürchtet sich seit jeher, durch einen Knaben sein Leben zu verlieren, dem er zuvorkommen und Felix opfern will.

Der Doppelgänger ist der Träger der von Innen entstehenden Krankheiten. So ist er auch der Verursacher von Goethes Jugendkrankheit die in der Pyromanie des Harfners erscheint. Im Bunde mit dem Doppelgänger hat Goethe diese Krankheit selber eingefädelt, indem er die oben beschriebenen französischen Talentverschiebung herbeiführt, die zur 4 ½ Jahre währenden Jugendkrise führt die wiederum die Erkrankung auslöst. Es liegt nahe zu denken, dass das, was er hier biographisch im Einklang mit dem Doppelgänger vollbringt bereits in seiner ägyptischen Inkarnation diesem Doppelgänger als Moses selber eingepflanzt hat; dass er damals den Willen zur Krankheit entwickelt damit er im Goethe-Leben durch diese Krankheit zur Initiation vordringt, die sich in Folge der Krankheit ergeben hat. Die Gefahr dabei war, dass der Doppelgänger über sein Ziel hinausschießt und das Leben wirklich gefährdet. Goethe war ja bei seiner Jugendkrankheit dem Tode nahe, als das „Haus seines Leibes" von der Feuersbrunst der Fieber-Krankheit abzubrennen drohte, wodurch der im Dichter verborgene Doppelgänger den Geisteskeim des Ich ausgelöscht und Herr über das Dichterleben geworden wäre. Die errettende Hand deutet der Dichter im Roman in jenem „jemand" an, der dem Harfner das Messer entwendet. Von diesem Retter spricht Goethe dann im Brief an Langer vom Heiland, der ihn nun findet.

Der Harfenspieler wird dann als psychiatrisch behandlungsbedürftig einem entsprechenden Arzt übergeben, der sich solcher Fälle annimmt. Gleichzeitig taucht ein Manuskript auf, dem Heilkräfte zugeschrieben werden, das nun in Form des sechsten Buches, als „Bekenntnisse einer schönen Seele" eingeschaltet wird.

Das sechste und siebte Buch

Das sechste Buch hat als einziges einen Titel: *„Bekenntnisse einer schönen Seele"*. Es schildert die Biographie von Frau von

Klettenberg, die sechsundvierzig Jahre alt war, als Goethe ihr in seiner Jugend während seiner Erweckung begegnet. Dadurch wird ihm die Verbindung mit dem Geist des siebten Jahrsiebts und der Lehrjahre vermittelt. Durch diese Verbindung wird in seiner Initiation die geistige Reichweite veranlangt, bis in die höchsten Entwicklungen des Alters zu dringen und die ganze Biographie im Licht ihrer sozialen Verflechtungen zu erfassen. Frau von Klettenberg konnte das durch die Innigkeit erreichen, mit der sie im religiösen Leben wirkt. Der Abbé wird neben sie als eine Gestalt gerückt, die zwar nicht ganz ihre Anschauung teilt, sondern ihrer Mystik die Außenwelt gegenüberstellt, aber mit liebevoller Toleranz ihr Wesen betrachtet. Daraus ist zu entnehmen, dass nicht allein Meinungen und Anschauungen das Entscheidende für die Wirkung des älteren Menschen auf die Jugend sind, sondern die geistige Reife der Seele, und die hat sie in einer für Goethes Begriffe zwar einseitig-mystischen Art, jedoch mit einzigartiger Innigkeit ihrer Seele durchlebt.

Die schöne Seele ist in ihrer gesunden Frömmigkeit eine alle Religionen einladende Mystikerin. Bei ihr werden Andacht und Verehrung zum idealen Mutterboden einer wunderbaren, lichtvollen Weisheit. „Gescheit" kann man auch ohne Frömmigkeit sein, „weise" nicht. Das Licht einer reifen Weisheit beleuchtet hier nicht nur die im engeren Sinn religiösen Gegenstände, sondern sie nimmt auch die Natur mit in sich hinein. Einige Zitate mögen das Wesen ihres Glaubens und Erkennens kennzeichnen. *„Ein Zug brachte meine Seele nach dem Kreuze hin, an dem Jesus einst erblasste; ein Zug war es, ich kann es nicht anders nennen, demjenigen völlig gleich, wodurch unsere Seele zu einem abwesenden Geliebten geführt wird, ein Zunahen, das vermutlich viel wesentlicher und wahrhafter ist, als wir vermuten. So nahte meine Seele dem Menschgewordenen und am Kreuz Gestorbenen, und in dem Augenblicke wußte ich, was Glauben war."* Lebenslang entwickelt sie sich aufwärts und ist immer bereit, von denen, die ihr vorangehen, sich weiterführen zu lassen. „*Wenn wir uns, sagte er* (der Oheim) *einmal, als möglich denken können, daß der Schöpfer der Welt selbst die Gestalt seiner Creatur angenommen und auf ihre Art und Weise sich eine Zeit lang auf der Welt befunden habe, so muss uns dieses Geschöpf schon unendlich vollkommen erscheinen, weil sich der Schöpfer so innig damit vereinigen konnte. Es muss also in dem Begriff des Menschen kein Widerspruch mit dem Begriff der Gottheit liegen ... Das ganze Weltwesen liegt vor uns wie ein großer Steinbruch vor dem Baumeister. Alles außer uns ist nur Element, ja ich darf wohl sagen, auch alles an uns; aber tief in uns liegt diese schöpferische Kraft, die das zu erschaffen vermag, was sein soll ...*“. Und von dem Arzt, der ihr das Naturwissen vermittelt, sagt sie: „*So leitete er meine Aufmerksamkeit von der Kenntnis des menschlichen Körpers und der Specereien auf die übrigen nachbarlichen Gegenstände der Schöpfung, und führte mich wie im Paradiese umher, und nur zuletzt, wenn ich mein Gleichnis fortsetzen darf, ließ er mich den in der Abendkühle im Garten wandelnden Schöpfer aus der Entfernung ahnden*“.[275]

Im siebten Buch gelangt Wilhelm nun zur Turmgesellschaft. Er ist auf dem Weg zum Schloss Lotharios. „*Der Frühling war in seiner völligen Herrlichkeit erschienen; ein frühzeitiges Gewitter, das den ganzen Tag gedrohet hatte, ging stürmisch an den Bergen nieder, der Regen zog nach dem Lande, die Sonne trat wieder in ihrem Glanze hervor, und auf dem grauen Grunde erschien der herrliche Bogen*“. Hier erfährt Wilhelm von dem Abbé und Jarno, das er am Ende der Lehrjahre angekommen ist. Auf dieser Höhe des Lebens angekommen, begegnet er der siebten Frauengestalt namens Therese.

Was sie in besonderem Maße besitzt, ist Treue, Zuverlässigkeit, Gewissenhaftigkeit, Beharrlichkeit, Tragekraft. Frieling ordnet sie dem Saturn zu: dieses Bewundernswerte an ihr ist die gute Gabe

275 Wilhelm Meisters Lehrjahre, Sechstes Buch, MA 5.

S a t u r n s. Der bleierne, düstere, tragische Saturn führt durch eine harte Schule, aber ohne ihn gäbe es keine „Gründlichkeit“, ohne sein Schicksalsgewicht würde die Seele nicht wahrhaft „zu Grunde gehen“ und sich in den „göttlichen Grundestiefen Tragekraft holen.“ Ihr Lebenspraktisches Wesen erscheint in der Verwaltung eines „Freigütchen“, wo sie ein Häuschen bewohnt, dessen Treppe so *„enge und steil war, daß man nur einzeln gehen konnte“*, und dessen Garten so klein war, daß man *„sich kaum herumdrehen konnte; so eng waren die Wege, und so reichlich war alles bepflanzt“*. In der Stimmung, die hier vorherrscht, ist Goethes Gartenhaus im Park an der Ilm erkennbar, wo er jene Verwaltungsarbeiten im Herzogtum Weimar wie in einem „Freigütchen“ unternimmt, wo er all seine Energien in diese Arbeit investiert. Auch stimmt mit Goethes Anschauungen Thereses Frömmigkeit überein: *„Ich kann überhaupt nicht begreifen ... wie man hat glauben können, daß Gott durch Bücher und Geschichten zu uns spreche. Wem die Welt nicht unmittelbar eröffnet, was sie für ein Verhältnis zu ihm hat, wem sein Herz nicht sagt, was er sich und andern schuldig ist, der wird es wohl schwerlich aus Büchern erfahren, die eigentlich nur geschickt sind unsern Irrtümern Namen zu geben.“*[276] Als Wilhelm und Therese einen Spaziergang verabreden, erscheint plötzlich ein Jägerbursche; Wilhelm stutzt, erkennt gleich darauf aber Therese, die der Dichter hiermit in das Kostüm der „Mannweiblichkeit“ kleidet.

Die Einweihung

Die „Einweihung“ vollzieht sich dann in Formen der Freimaurerei, was aber nicht vom Dichter ausgesagt wird. Er deutet nur auf eine besonders feierliche Stunde im Leben Wilhelms, dem seine Vaterschaft gegenüber seinem geistigen Sohn jetzt bewusst gemacht wird, was als eine herausragende Stunde seines Lebens markiert wird.

---

276 „Wilhelm Meisters Lehrjahre“ 7. Buch, 1. Kapitel, MA S. 423

Eines Morgens wird Wilhelm in einen Saal des alten Schlossturmes bestellt, der früher eine Kapelle war, jetzt aber für die Zwecke der Einweihung hergerichtet ist. Eine Stimme heißt den Eintretenden auf dem einzigen Stuhl Platz zu nehmen. Wo früher der Altar stand, sieht er einen Tisch, über dem ein zugezogener Vorhang ein Gemälde zu verdecken scheint. Dann öffnete sich der Vorhang, und ein Mann tritt hervor, der sich als jener erste Unbekannte zu erkennen gibt, der Wilhelm an das Gespräch über den kranken Königssohn erinnert. Als dieser sich besinnt, aber bevor er antworten kann, schließt sich der Vorhang, um sich bald darauf ein zweites Mal zu öffnen, den zweiten Unbekannten hervortreten lässt, der an das Gespräch anlässlich der Wasserfahrt über das Schicksal erinnert. Danach öffnet sich der Vorhang für den dritten Unbekannten zum dritten und für den vierten Unbekannten zum vierten Mal.

Der Abbé agiert als eine Art Hierophant, der Wilhelm erklärt, daß er nun am Ziel seiner Lehrjahre angekommen ist. Der Bund, der sich geheimnisvoll um ihn gekümmert hat und sich nun offenbart hat, besteht in nichts anderem als dem Zusammenwirken der Älteren zum Zweck der Förderung der Jugendentwicklung. Jeder der dies erfahren hat, erhält, wie auch Wilhelm, einen „Lehrbrief", der seinen Abschluss der Lehrjahre mit einigen weisheitsvollen Hinweisen dokumentiert und in dem Saal dieser „Initiation" sorgfältig aufbewahrt wird. An sich aber gibt es diese Gesellschaft, wie Wilhelm später von Jarno erfährt, gar nicht als einen bleibenden Verbund, da sie sich bei Gelegenheit eines jugendlichen Bedürfnisses immer aufs Neue formiert. Die Turmgesellschaft sei eigentlich ein sich immer wieder neu bildendes und hernach sogleich wieder auflösendes Unternehmen, das einzig und allein den Bedürfnissen, die jeder Mensch in seiner Jugend dem Leben gegenüber geltend macht, zu genügen. Das heißt, sie bildet sich immer dann, wenn die soziale Begegnung zwischen Menschen im dritten, fünften und siebten Jahrsiebt die diesen Epochen zugehörigen Lebensalter erlebbar werden lässt und dadurch das Bedürfnis nach wesensgerechter

Menschwerdung erfüllt. *„Dann tritt das schöne Gefühl ein, daß die Menschheit zusammen erst der wahre Mensch ist, und daß der Einzelne nur froh und glücklich sein kann, wenn er den Mut hat, sich im Ganzen zu fühlen."* – Am Ende der Zeremonie fragt Wilhelm:

»Darf ich eine Frage tun?«

»Ohne Bedenken! und Sie können entscheidende Antwort erwarten, wenn es eine Angelegenheit betrifft, die Ihnen zunächst am Herzen liegt und am Herzen liegen soll.«

»Gut denn! Ihr sonderbaren und weisen Menschen, deren Blick in so viel Geheimnisse dringt, könnt ihr mir sagen, ob Felix wirklich mein Sohn sei?«

»Heil Ihnen über diese Frage!« rief der Abbé, indem er vor Freuden die Hände zusammenschlug, »Felix ist Ihr Sohn! Bei dem Heiligsten, was unter uns verborgen liegt, schwör ich Ihnen: Felix ist Ihr Sohn! und der Gesinnung nach war seine abgeschiedne Mutter Ihrer nicht unwert. Empfangen Sie das liebliche Kind aus unserer Hand, kehren Sie sich um, und wagen Sie es, glücklich zu sein!« Wilhelm hörte ein Geräusch hinter sich, er kehrte sich um und sah ein Kindergesicht schalkhaft durch die Teppiche des Eingangs hervorgucken: es war Felix. Der Knabe versteckte sich sogleich scherzend, als er gesehen wurde. »Komm hervor!« rief der Abbé. Er kam gelaufen, sein Vater stürzte ihm entgegen, nahm ihn in die Arme und drückte ihn an sein Herz. »Ja, ich fühl's«, rief er aus, »du bist mein! Welche Gabe des Himmels habe ich meinen Freunden zu verdanken! Wo kommst du her, mein Kind, gerade in diesem Augenblick?«

»Fragen Sie nicht«, sagte der Abbé. »Heil dir, junger Mann! deine Lehrjahre sind vorüber; die Natur hat dich losgesprochen.«

Damit sind wir an dem Punkt angekommen, an dem einem Menschen das Tragische des noch unausgereiften Hamlet-Schicksals erspart bleibt. Im Kind kann die wahre Natur des Menschen erkannt werden. Wilhelm beobachtet Felix beim Spielen und erkennt.

„DU BIST EIN WAHRER MENSCH! RIEF WILHELM AUS, KOMM MEIN SOHN! KOMM MEIN BRUDER, LASS UNS IN DER WELT ZWECKLOS HINSPIELEN, SO GUT WIR KÖNNEN."[277]

Camphill – Anfang einer epochengetragenen Gemeinschaftsbildung

Goethes kulturelle Impulse sind in den Bereichen von Wissenschaft und Kunst von vielen Menschen beachtet worden. Sein sozialer Impuls, der mit dem Wesen der Siebenjahresepochen zu tun hat und deren soziale Tragekraft wirksam macht, wurde meinem Wissen nach nur von Karl König ergriffen. Das hat damit zu tun, dass König die soziale Tragekraft, die Goethe im Verlauf seines Lebens erfahren und zuletzt in dem Bild der Turmgesellschaft dargestellt hat, selber aus sich heraus regsam macht und damit junge Leute sozial inspirieren konnte.

Das hat sich im letzten Jahrhundert ergeben, als Jugendliche auf König zugehen, der als Arzt und Heilpädagoge eine bedeutende Ausstrahlungskraft hat, und ihn um Förderung für ihr Verständnis vom Wesen des Menschen und allem was im Hinblick auf die anthroposophische Erkenntnis vom Menschen dazugehört gebeten haben. König (1902-1966) geht darauf ein. Er war damals am Ende seines fünften und die jungen Leute überwiegend am Ende ihres dritten Jahrsiebts. Ihr gemeinsames Schicksal brachte es mit sich, dass die Begegnung zwischen dem dritten und fünften Jahrsiebt erfolgt. Aus dieser Begegnung ist der gemeinsame Wille mit dem

277 Wilhelm Meisters Lehrjahre, Achtes Buch, 7. Kapitel, MA 5, Seite 570.

Impuls zur Gemeinschaftsbildung entstanden. Sehr viel Arbeit und sehr viel Opferbereitschaft wurden dann in jahrelangem Bemühen in die Sorge um das Kind - in jeder Beziehung - investiert. Als König dann in sein siebtes Jahrsiebt vorrückt vermag er - ähnlich wie der Abbé - eine übergeordnete Orientierung über die Grundlagen der Camphill-Gemeinschaft schriftlich in Form von drei Memoranden niederzulegen. Er sorgte sich ansonsten immerfort mit großer Umsicht um das Gemeinschafsleben, das sich von Anfang an in Form von heilpädagogischen Einrichtungen im Sinne von Lebensgemeinschaften entfaltet, in denen aber nicht nur Heilpädagogik, sondern Kultur von der Landwirtschaft angefangen bis hin zu künstlerischen und wissenschaftlichen Zielen gepflegt wurde. In wenigen Jahrzehnten war daraus eine Bewegung mit Niederlassungen in vielen Ländern entstanden.

In dieser Gemeinschaft hat König das soziale Zusammenspiel der Lebensepochen ganz bewusst nur erst anfänglich thematisiert, hat aber Zeichen gesetzt, die auf die Begegnung zwischen den Lebensepochen als Ziel der Ziele hindeuten. Nur wenn diese Begegnung wenigstens bis zu einem gewissen Grad erfolgt, können die jungen Menschen in der ersten Lebenshälfte der Wiedergeburt in der Lebensmitte entgegengehen. Darauf hat König unausgesprochen mit dem Namen „Iphigenie" hingewiesen, der - wie angeführt – „die mit Stärke über die Geburten Herrschende" bedeutet. Die erste Halle in Camphill-Schottland nennt König: „Hall of Iphigeneia". In den Camphill-Einrichtungen ist immer - soweit das möglich war - eine Halle gebaut worden, in der das Gemeinschaftsleben gepflegt wird, und wenn die Gestaltung des Gemeinschaftsleben im Hinblick auf Iphigenie erfolgt, wird das unweigerlich zu den Begegnungen zwischen Lebensepochen führen.[278]

278 Königs umfassender Nachlass wird u. a. von Richard Steel in dem Karl König Archiv publiziert.

Goethe hat diese Begegnung in seinem Märchen von der grünen Schlange und der schönen Lilie in den Mittelpunkt gestellt. Es ist ja parallel zu den Lehrjahren entstanden und bringt gerade das soziale Anliegen zum Ausdruck. Auf dieses Märchen hat König immer wieder hingewiesen.

33. Die wohltätige Schlange

Das Bild der Schlange, die den großen Schlangen-Fluss überwindet und sich in den Schwanz beißt, dichtet Goethe in dem Märchen von der grünen Schlange und der schönen Lilie. Daran arbeitet er bereits im September 1795, das im Oktober 1795 in Schillers Zeitschrift „Die Horen“ erscheint. Damit nahen wir uns dem Ende der dritten Merkurepoche, und führen hier das Bild des Merkurstabs, den Caduceus, mit den beiden Merkurschlangen an.[279]

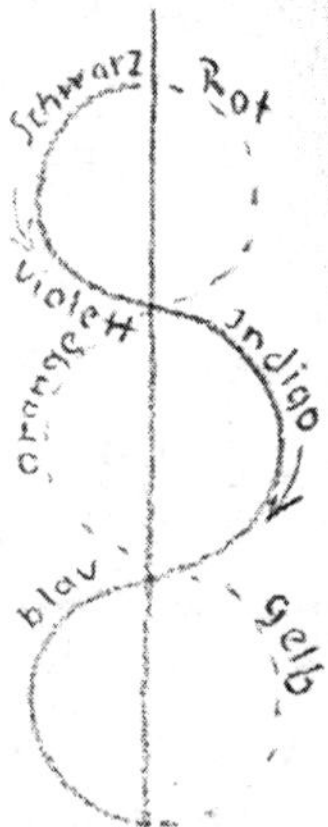

Wir nehmen es als ein Symbol für die drei Merkurepochen des fünften, sechsten und siebten Jahrsiebts. Der Merkurstab deutet auf zwei Wege, den Stab und den Schlangenweg.

Steiner erkennt, dass der Stab der gerade Weg ist, der von den Eingeweihten zurückgelegt wird. Den Schlangenweg hingegen gehen wir gewöhnlichen Menschen. – Der Eingeweihte ist im Roman der Abbé mit dem Attribut des Zwillings mit seinem Helfer Jarno. Er geht den Weg des Initiierten und ersinnt den Weg der Schlange. Wenn wir ihm folgen, lassen wir die grüne Schlange des Märchens zu Wort kommen: *„Diese Kraft* – so Steiner – *hat ihre Aufgabe auf dem Wege zu*

279 Steiner, Rudolf, „Goethes Geistesart in ihrer Offenbarung durch sein Märchen von der grünen Schlange und der schönen Lilie“, Verlag Freies Geistesleben, Stuttgart, 2005.

diesem Zustand. Sie bringt die Menschenseele mit den Lebenserfahrungen in Zusammenhang ... Sie verwandelt, was Wissenschaft und Leben offenbaren, in innere Lebensweisheit." Ihr Ziel ist, dass die Erfahrungen ausreifen. „*Wenn diese ausgereift sein werden, sollen sie das Ziel aus sich gebären. Sie sollen nicht durch ein voraus bestimmtes Ende verstümmelt werden.*"[280]

Das Entwicklungsprinzip des Ausreifens

Betrachten wir zunächst die Gesetzmäßigkeit, die gemäß anthroposophischer Erkenntnis dem Ausreifen von Ideen und Idealen zugrunde liegt und die wir dann in Goethes dichterischem Vorgehen verfolgen wollen. Steiner unterscheidet bei dem Prinzip des Ausreifens drei Kategorien von Gedanken oder Ideen: kleine, mittelgroße und große. „*Nehmen wir an, diese Idee sei zunächst eine kleine Idee, die nur irgendwelche Mitteilungen über wissenschaftliche oder künstlerische Fakta betreffe... die erste Art, wie diese Idee auftritt, (ist) zunächst ein Leben dieser Idee im menschlichen Astralleib ... Es wird nun in der Regel von Unheil sein, wenn der Mensch die Idee in diesem Stadium nicht in sich ruhen lässt, sondern sie gleich vor seine Mitmenschen oder vor die Welt trägt, denn zunächst muss diese Idee einen ganz bestimmten Weg durchmachen. Sie muss nämlich den Astralleib immer tiefer und tiefer ergreifen und sich dann wie ein Siegelabdruck einprägen in den Ätherleib. Wenn diese Idee nun eine kleine Idee ist, so kann das ein Prozess sein, der zum Beispiel in sieben Tagen verläuft. Aber diese Zeit ist notwendig... Am siebenten Tage findet nämlich bei einer kleinen Idee immer statt, dass man eigentlich nicht recht etwas damit anzufangen weiß, dass sie einem wieder in der Seele entschwindet. Man ist beunruhigt, innerlich vielleicht sogar gequält, mit allerlei*

280 Steiner, Rudolf, „Goethes Geistesart in ihrer Offenbarung durch sein Märchen von der grünen Schlange und der schönen Lilie", Verlag Freies Geistesleben, Stuttgart, 2005.

Zweifeln durchsetzt, während man aber doch die Idee, trotzdem sie zu etwas Quälerischem geworden ist, liebgewonnen hat. Der Enthusiasmus hat sich verwandelt in ein intimes Gefühl der Liebe. So ist diese Idee jetzt im Ätherleib drinnen...

Wenn sie nun weiter gedeihen soll, muss sie die äußere Astralsubstanz, die uns immer umgibt, ergreifen. Also von unserem Astralleib muss sie zunächst in unsern Ätherleib wandern und von dort in die äußere Astralität. Zu diesem Wege braucht die Idee wieder sieben Tage...wenn man acht gibt auf den Gang des Lebens, dann kann man nach dieser Zeit erkennen, dass etwas eintritt, was sich etwa so ausdrücken lässt: Ein äußeres Entgegenkommen findet man für seine Idee, so dass man sich sagt: Es ist gut, dass du vierzehn Tage gewartet hast, denn jetzt bist du mit deiner Idee nicht mehr allein. Es ist so, wie wenn du inspiriert wirst von dem Makrokosmos, so dass in deine Idee etwas eindringt von der äußeren Welt. - Man fühlt dann erst, dass man als Mensch im Zusammenklang ist mit der ganzen geistigen Welt, die einem etwas entgegenbringt, wenn man ihr etwas entgegenbringt. Das ist ein gewisses beseeligendes Gefühl, das dann auftritt nach einem Zeitraum von etwa zweimal sieben Tagen...

Dann muss diese Idee aber wieder den Weg zurück machen, und zwar zunächst wieder von der äußeren Astralität in den Ätherleib hinein. Dann spüren wir sie schon recht gegenständlich, und die Versuchung ist da eine recht große, sie der Welt zu übergeben. Da müssen wir nun wieder mit aller Kraft zurückhalten; denn es ist jetzt die Gefahr vorhanden, dass die Idee, weil sie noch in dem Ätherleibe ruht, in einer kalten Weise in die Welt eintreten würde und kalt, eisig der Welt mitgeteilt würde. Wenn wir aber einen weiteren Zeitraum von sieben Tagen abwarten, so geht das, was eisig ist, herauf und durchdringt sich mit der Wärme des eigenen astralischen Leibes wieder, gewinnt den Charakter des Persönlichen; so dass wir das, was wir erst geboren und von Göttern haben taufen lassen, nun der Welt übergeben dürfen als unser eigenes.

Diese letzten drei Stadien müsste eigentlich jeder Impuls, den wir in unserer Seele fühlen, durchmachen, bis er reif wird in uns selber. Das gilt für eine kleine Idee.

Für eine Idee, die bedeutungsvoller sein kann, werden längere Zeiträume, aber immer solche, die im Rhythmus von sieben zu sieben ablaufen, notwendig sein. So bilden die Wochen, nicht Monate, dann aber wieder Jahre einen solchen Rhythmus, so dass wir einen Ablauf von sieben zu sieben Wochen und dann von sieben zu sieben Jahren haben können... Menschen, die darauf angewiesen sind, Höheres in sich auszubilden und es reifen zu lassen, die beachten es, ohne eigentlich die Gesetze zu kennen. So würde man leicht nachweisen können, wie künstlerische Naturen einen gewissen Rhythmus, eine gewisse Periodizität in ihrem Schaffen zeigen, einen gewissen Rhythmus nach Tagen, nach Wochen, nach Jahren und so weiter. Das kann gerade bei Künstlern allerersten Ranges recht leicht gezeigt werden, zum Beispiel an Goethe: dass tatsächlich in seiner Seele irgend etwas auftritt und nach viermal sieben Jahren eigentlich erst reif wird, und dann in einer anderen Gestalt, als wir es zuerst in der Seele Goethes haben auftreten sehen, herauskommt.[281]

I. Die Konzeption der Idee **im Astralleib**			**III.** vom Weltgeist getauft **zur Welten-Astralität wird**			**V.** Geburt der ausgereifteren Idee **zum Astralleib des Menschen**
	7 Tage lang absteigend		7 Tage lang aufsteigend		7 Tage lang absteigend / 7 Tage lang aufsteigend	
		II. **in den Ätherleib** des Menschen		**IV.** **in den Ätherleib** des Menschen		

281 Rudolf Steiner, „Exkurse in das Gebiet des Markusevangeliums", Vortrag vom 7. März 1911

Als eine Art Urbeispiel trifft dieser Verlauf für das Erlebnis der Pubertät zu, das Goethe 1763 – im dritten Jahrsiebt - durchlebt. Im vierten Jahrsiebt taucht es in der Gretchentragödie in der Jugend-Faust Dichtung wieder auf, hernach 1777 wieder in „Wilhelm Meisters theatralischer Sendung, dann wiederum in der Faust-Dichtung „Faust, ein Fragment" in der Gretchenszene und zuletzt - nach 1791 - in „Wilhelm Meisters Lehrjahre". Man kann diesen Verlauf auch so ausdrücken, dass der Ich-Keim im dritten Jahrsiebt im Empfindungsleib entsteht, im vierten Jahrsiebt in die Empfindungsseele in der Sphäre Fausts abtaucht, dann als Meisters theatralische Sendung im fünften Jahrsiebt in der Verstandes-Gemütsseele wieder auftaucht, dann in der sechsten Epoche der Bewusstseinsseele nochmals in die Faust-Sphäre abtaucht und dann in der siebten Epoche in den Lehrjahren Wilhelm Meisters endgültig geboren wird. Dabei erstrecken sich diese Zeiten über fünf Lebensepochen. Das Gleich kommt auch für die Faust-Dichtergestalt in Betracht. Hier können wir von Goethes ästhetischem Erlebnis im zweiten Jahrsiebt ausgehen und verfolgen, wie es nach fünf Epochen in Goethes sechstem Jahrsiebt wieder auftaucht. Da muss dann einbezogen werden, dass solche Rhythmen von anderen Ereignissen durchkreuzt und variiert werden können, was bei der Entstehung der Faust-Dichtung eine erhebliche Rolle spielt. Nur erwähnt sei hier, dass dieses Prinzip bei Goethe auch im Wochenrhythmus bei der Entstehung von Gedichten und Dramen verfolgt werden kann.

Schiller hat dieses Prinzip bei Goethe in dem Bild vom Säen und Ernten verfolgt und in dem Schönen Hexameter ausgedrückt:

Siehe, voll Hoffnung vertraust du, der Erde den goldenen Samen
Und erwartest im Lenz fröhlich die keimende Saat.
Nur in die Furche der Zeit bedenkst du dich Taten zu streuen,
Die, von der Weisheit gesät, still für die Ewigkeit blühn.

Das Evangelium bringt das Prinzipielle dieses Vorgangs als Gleichnis zum Ausdruck.

Das Prinzip des Ausreifen im Markus-Evangelium (Markus 4, 1-34)

Prozesse des Reifens deutet das Evangelium im Gleichnis vom Sämann an. Das Wort wird einem Samen verglichen, der sowohl auf fruchtbaren Boden als auch daneben, auf den Weg fallen kann. Hier wird er von den Vögeln aufgepickt. Fällt er auf steinigen Boden, geht er schnell auf, aber ohne Wurzeln und verdorrt bald. Fällt er unter dorniges Unkraut, erstickt er, und nur wenn er auf gutes Land fällt bringt er Frucht, die dreißigfach, sechzigfach oder hundertfach Erfolg erbringt. Fünf Werde-Stufen werden sodann von diesem geistigen Säen und Ernten als Gleichnis angedeutet:

1. Die Samen als Worte Christi und der Boden, auf den sie fallen, ist das Gehör, das ihm die Mensch entgegenbringen, was so wie der Boden, entweder untauglich, steinig, wie von anderen Dingen gleichsam besetzt oder auch gut und fruchtbar sein kann, sodass die Ernte 30fach, 60fach oder 100fach Frucht einbringt.
2. In diesem Fall geht dem Hörer ein Licht auf, das aber eigentlich verborgen ist, jedoch gesehen werden sollte: *„Und er sprach weiter zu ihnen: Kommt etwa das Licht herein, damit es unter ein Gefäß gestellt wird oder unter das Bett? Ist es nicht dazu da, es auf einen Leuchter zu setzen? – Nichts ist irgendwo verborgen als dass es nicht irgendwann offenbar werden soll. Und nichts ist irgendwo geheim, als dass es an den Tag komme. – Wenn jemand Ohren hat zu hören so soll er hören.“* (Vers 21-23)
3. Wenn der Gehalt dann sozusagen aufleuchtet, dann sei auf das eigene Urteil Acht zu geben, um es im Spiegel anderer Menschen zu beobachten: *„Und er spricht zu ihnen: Achtet nun darauf wie euer Zuhören beschaffen sei. Mit dem Maß mit dem ihr messet werden eure Taten dereinst auch gemessen werden. – Und es wird euch noch hinzugegeben werden, denn wer da hat dem wird weiteres gegeben. Wer aber nichts erworben hat dem wird auch das genommen werden, was er hat.“* (Vers 24-25)

4. Das nun mit neuem, eigenen Bewusstsein und im Spiegel von engeren Freunden neu ergriffene Wort wird man nun noch einmal abtauchen lassen oder selber auf den Acker der eigenen Seele säen: *„Und weiter sprach er zu ihnen: Es ist mit dem Gottesreich beschaffen wie mit einem Mann, der seinen Samen auf einen Acker sät. – Er begibt sich zur Ruhe zur Nacht und erhebt sich wieder zum darauffolgenden Tag. Sein Same geht auf und wächst, sodass er selbst nicht weiß, wie alles geschieht. – Von sich aus bringt hervor die Erde die Frucht, zuerst einen grünen Halm, dann eine Ähre und schließlich die Ähre voller Körner auf dem Halm. – Wenn aber die Frucht herangereift ist, sogleich schickt er die Sichel, denn die Ernte ist bereit.“* (Vers 26-29)
5. Nun wird das ausgereifte Produkt der Welt übergeben. *„Und er sprach weiter zu ihnen: Wem sollen wir das Gottesreich weiter vergleichen und in welchem Bilde sollen wir es darstellen? – Wie ein Senfkorn, das geringer ist und kleiner als alle anderen Kräuter – und gibt große Zweige, sodass unter ihrem Schatten die Vögel des Himmels ihren Ort finden und ihre Nester bauen.“* (Vers 30-32)

I.	III.	V.
1. Das Hören des Wortes	**3.** Im Spiegel des Urteils	**5.** Ausgereift als neuer Same
im Astralleib	**Äußere – Astralwelt**	**zum Astralleib des Menschen**

7 Tage lang absteigend	7 Tage lang aufsteigend	7 Tage lang absteigend	7 Tage lang aufsteigend

II.	IV.
2. Es geht einem ein Licht auf	**4.** Eigenes Säen
im Ätherleib	**im Ätherleib**

Im Evangelium wird das Säen, Reifen und Ernten nicht nur als ein Gleichnis unter vielen anderen hingestellt, vielmehr als das Gleichnis der Gleichnisse oder Urgleichnis, das für das Verständnis aller anderen grundlegend ist. Hermann Beck hat das Markus-Evangelium mit dem Tierkreis verknüpft und das Sämanns-Gleichnis der „Jungfrau mit der Ähre“ zugeordnet. Der Tierkreis repräsentiert das Seelische zumeist in Form von Tieren wie Löwe, Widder, Stier, Skorpion, Adler usw., wogegen das Zeichen „Jungfrau“ eine gewisse Besonderheit darstellt. Gerade wenn man bedenkt, dass die astralen Eigenschaften durch die gewöhnlichen Lebensverhältnisse immerfort in Mitleidenschaft geraten, erscheint es sinnvoll, die Kraft der Geduld, des Durchhaltens und Ausharrens die im Durchtragen besagter Rhythmen gefordert wird, mit dem Element der Jungfräulichkeit zu verbinden. Unsere Gefühle, Empfindungen, Emotionen, Leidenschaften usw. leben im Astralleib, für den eine gewisse naturgegebene Reinheit durch das Beachten solcher Rhythmen wieder zurückerobert werden kann, was ein großer Anfang sein kann, von dem eben Shakespeares Drama „Hamlet“ handelt.

Die Jungfrau gibt es im Evangelium auch als ein Motiv der Auferweckung, und zwar in der Erweckung des Töchterleins des Jairus. Hier wird ein zwölf Jahre altes Kind auferweckt. Diese Perikope ordnet Beckh dem Tierkreiszeichen „Adler / Skorpion“ zu, das mit dem Prinzip des Ausreifens und dem Tierkreiszeichen „Jungfrau“ sehr geheimnisvoll verbunden ist. Beckh macht darauf aufmerksam, dass das Wort „Talitha kumi“, mit dem Christus das darniederliegende Mädchen anspricht, das meistens mit „Mägdlein, ich sage dir: steh auf“ übersetzt wird, korrekterweise ebenso gut mit Jungfrau übersetzt werden kann, sodass die Erweckung lautet: „Jungfrau, ich sage dir: steh auf“. Beckh führt dann Traditionen an, dass es ursprünglich den Skorpion, um dessen Erlösung es sich in der Erweckung handelt, gar nicht gegeben habe. Ursprünglich gab es nur das Zeichen Jungfrau; aber die Jungfräulichkeit sei durch einen Pfeil verletzt und partiell zum Skorpion verkehrt worden, und das soll der Pfeil des Schützen gewesen sein, der der Jungfrau einen

Teil ihrer Jungfräulichkeit geraubt und zum Skorpion gemacht hat. Er führt an:

„Man beachte, wie die beiden üblichen Zeichen Jungfrau ♍ und Skorpion ♏ einander ähnlich sind, wie das Skorpion-Zeichen dadurch entsteht, dass der für sich allein den Schützen ausdrückende Todespfeil nun von außen an die Jungfrau herantritt. Das Skorpionzeichen deutet auf ein einstiges Jungfräuliches, das den Todesmächten erlag. Um einen Teil des Jungfrauen-Gebiets dem Hinzutreten der Todesmächte zu entziehen, tritt dann zwischen Skorpion und Jungfrau trennend und schützend die Waage."[282]

♍ ♎ ♏

So gesehen, waren Jungfrau und Skorpion ursprünglich ein Zeichen, und keine dazwischenzustellende Waage war nötig, weil es auch keinen Skorpionsstachel gab. Dann aber büßte der Adler die Flügel des Geistes ein und statt dem Adler erscheint ein Wurm, bei dem die Kraft der Erhebung in den Giftstachel umgewendet ist und egoistische Sexualität anstachelt. Aber der Christus weckt die untergrabene Jungfräulichkeit in dem Jairus-Töchterlein wieder auf und stellt die Natur des wahren Menschen wieder her. Das Motiv der Jungfrau gibt es so in der zweifachen Form, in der Jungfrau mit der Ähre und in dem erweckten Töchterlein des Jairus. Das ist ein Zusammenklang von drei bzw. zwei Tierkreiszeichen. Nehmen wir zu Adler und Jungfrau den Löwen hinzu, so vereinigen sich diese drei zu der Sphinx, die aus dem Ödipus-Mythos als geflügelte Löwenjungfrau bekannt ist.

Die Sphinx stellte die Frage: „Wer geht am Morgen auf vier am Mittag auf zwei und am Abend auf drei Beinen". Am Ende der

282 Hermann Beckh, „Der kosmische Rhythmus im Markus-Evangelium", Verlag Freies Geistesleben, Seite 135 f.

ägyptischen Kultur konnte niemand diese Frage beantworten. Die Folge war, dass die Sphinx bedrohlich als Ungetüm, drachenartiges Ungeheuer wirkt. Um das zu verhindern, musste man ihr Jünglinge und Jungfrauen opfern. Die Stadt Theben, aus der Ödipus herstammt, die er aber nicht kennt, weil er früh ausgesetzt worden war, verwüstete die Sphinx besonders schlimm. Wer die Frage beantworten und Land und Leute von ihr erlösen kann, soll zum Lohn die Königin von Theben heiraten dürfen. Da kommt Ödipus und antwortet: das sei der Mensch, der am Morgen seines Lebens auf allen vieren krabbelt, in der Mitte des Lebens auf zwei und im Alter mit Hilfe einer Krücke auf drei Beinen geht. Alle glauben – zum Teil bis auf den heutigen Tag – dass das die richtige Antwort sei. Die Folge war, dass Ödipus zum Lohn die Königin von Theben heiraten durfte und, da er nicht weiß, dass das seine Mutter ist, ruft er mit dieser Heirat die Ödipus-Problematik hervor. Die richtige Antwort wäre gewesen, dass Kopf, Rumpf und Gliedmaßen auf der einen Seite den physischen Bereich des Menschen darstellen, der ja vierbeinig, zweibeinig und dreibeinig gehen kann, was aber nur das physisch Sichtbare ausmacht, demgegenüber die Seele unsichtbar bleibt und in dem Wesen der Sphinx selber dargeboten ist, jedoch nicht mehr erkannt wird.

Man kann den ganzen Menschen als Zusammenfluss aller Tierkreis-Kräfte nehmen und in der Form einer Kugel vorstellen, und dann den physisch-sichtbaren Bereich mit dem Sichelmond und die unsichtbare Geist-Seele mit dem unbelichteten Mond vergleichen. So wie der Mond als Sichelmond physisch sichtbar ist und der Rest unsichtbar, so auch der ganze Mensch.

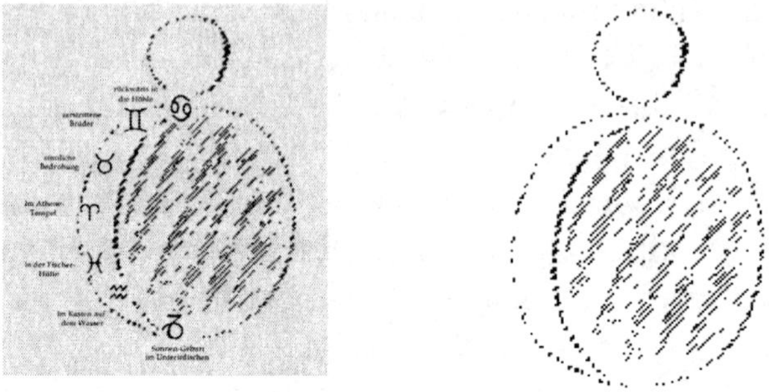

Rechts: Zeichnung Rudolf Steiners vom zweigliedrigen Menschen.
Links: Tierkreiszeichen vom Verfasser zugefügt
„Mysterienwahrheiten und Weihnachtsimpulse …“ Vortrag vom 12. Januar 1918

Das ist die Doppelnatur als Kopfmensch und Herzensmensch. Im unbelichteten Mond ergänzen sich die Tierkreisbilder Löwe, Jungfrau und Adler zu der als Sphinx bekannten geflügelten Löwenjungfrau mit Löwen-Leib, Jungfrauen-Haupt, Adler-Flügel. Die Waage ist für die Sonderung von Jungfrau und Skorpion nicht mehr nötig, weil der Skorpion verwandelt ist, den es nicht mehr gibt. Häufig wird diese Geistigkeit lediglich mit Hinweisen auf Kopf und Herz angedeutet. Zum Beispiel grüßt Mignon Wilhelm Meister einige Male mit so einer auf Kopf und Herz deutenden Gebärde. Sie *„legte die rechte Hand vor die Brust, und die linke vor die Stirne ...“*[283]

Die Lilie Mignons

Die letzte Zeit ihres Lebens verbringt Mignon bei Natalie, die allein ihrer würdig ist. Zuletzt wird sie als Engel verkleidet, um zum Geburtstage von Zwillingsschwestern Geschenke zu bringen. In ein langes, weißes Gewand gehüllt, offenbart Goethe Mignons Wesen sichtbarlich und stattet sie mit goldenem Brustgürtel, einem Diadem in den Haaren, goldenen Flügeln und einer Lilie in der Hand aus. *„Die Kinder traten gleichsam alle zurück! Endlich riefen sie aus: es*

283 MA 2.2, Seite 130; 3.Buch, 4. Kapitel.

ist Mignon, und getrauten sich doch nicht, dem wundersamen Bilde näher zu treten. Hier sind eure Gaben, sagte sie, und reichte das Körbchen hin. Man versammelte sich um sie, man betrachtete, man befühlte, man befragte sie. Bist Du ein Engel? fragte das eine Kind. Ich wollte ich wär' es, versetzte Mignon. Warum trägst Du eine Lilie? So rein und offen sollte mein Herz sein, dann wär' ich glücklich. Wie ist's mit den Flügeln? laß sie sehen! Sie stellen schönere vor, die noch nicht entfaltet sind. Und so antwortete sie bedeutend auf jede unschuldige, leichte Frage. Als die Neugierde der kleinen Gesellschaft befriedigt war, und der Eindruck dieser Erscheinung stumpf zu werden anfing, wollte man sie wieder auskleiden. Sie verwehrte es, nahm ihre Zither, setzte sich hier auf diesen hohen Schreibtisch hinauf, und sang ein Lied mit unglaublicher Anmut."

So laßt mich scheinen bis ich werde,
Zieht mir das weiße Kleid nicht aus!
Ich eile, von der schönen Erde
Hinab in jenes feste Haus.

Dort ruh ich eine kleine Stille,
Dann öffnet sich der frische Blick,
Ich lasse dann die reine Hülle,
Den Gürtel und den Kranz zurück.

Und jene himmlische Gestalten
Sie fragen nicht nach Mann und Weib,
Und keine Kleider, keine Falten
Umgeben den verklärten Leib.

Zwar lebt' ich ohne Sorg und Mühe
Doch fühlt' ich tiefen Schmerz genung.
Vor Kummer altert ich zu frühe,
Macht mich auf ewig wieder jung.[284]

---

284 Ebenda Seite 517.

Das Schicksal dieses Kindes geht weiter, indem es zum Keim eines neuen Werdens wird und sich die Verjüngung erbittet. Ihr Hingang erscheint als Untertauchen, um in zukünftigen Zeiten wieder aufzutauchen. In diesem Sinne kommt sie auch aus der Jahrtausende zurückliegenden Vergangenheit Ägyptens und Israels.

Das ägyptische Karma offenbart Goethe immer wieder als den tragenden Hintergrund seines Schicksals. Auf den letzten Seiten der Lehrjahre wird ein aus Italien hergereister Markese beschrieben, der sich als Bruder vom Harfenspieler Augustin zu erkennen gibt und Mignon auf dem Totenbett als seine Nichte wiedererkennt. Ihre Aussegnung geschieht im Hause des Oheims in einem Saal, an dessen Pforte *„zwei Sphinxe von Granit – liegen – Die Tür selbst war, auf ägyptische Weise, oben ein wenig enger als unten, und ihre ehernen Flügel bereiteten zu einem ernsthaften, ja schauerlichen Anblick vor; wie angenehm ward man daher überrascht, als die Erwartung sich in die reinste Heiterkeit auflöste, indem man in einen Saal trat, in welchem Kunst und Leben jede Erinnerung an Tod und Grab aufhoben"*.[285] Es wird vom *„Saal der Vergangenheit"* gesprochen – *„man könnte ihn eben so gut den Saal der Gegenwart und der Zukunft nennen"*.[286] Mignons verstorbene Leiblichkeit ist durch die Kunst des Arztes im Glanze ihrer geistigen Schönheit ansichtig. Alles wird für die letzte Feierlichkeit vorbereitet, die Gesellschaft von dem Abbé hereingebeten und ein unsichtbarer Chor beginnt mit holdem Gesang nach dem Kind zu fragen und in feierlichen Wechselgesprächen Auskunft zu geben. Der Markese ist nur in letzter Minute eingetroffen und mit nichts vertraut, darf aber teilnehmen. Als er näher tritt und das Kind genau beschaut, entdeckte er ein Bild des Gekreuzigten auf ihrem Arm das *„unter vielen hundert Punkten sehr zierlich abgebildet war"*.[287] Er erkennt das

285 Ebenda 541.
286 Ebenda 542.
287 Ebenda 578.

Kind als seine Nichte. Tiefst erschüttert vermag er kaum etwas zu sagen, bekennt sich zu dem Familienkreise, der dieses Kind eines Tages vermisste und glaubte, es sei schon längst gestorben. Nach Beendung der Feierlichkeiten vermeidet der Markese darüber zu sprechen, hat aber lange Gespräche mit dem Abbé, der dann einen ausführlichen Bericht von Mignons weiterer Herkunft gibt.

Der Markese war in Italien mit zwei Brüdern herangewachsen; sie hatten eine sehr viel jüngere Schwester namens Sperata. Ihr Vater hatte sich geschämt, in fortgeschrittenen Jahren noch von einer Leidenschaft überwältigt, ein Kind gezeugt zu haben, sodass er Speratas Geburt verheimlichte und das Kind Freunden in der Nachbarschaft anvertraute, die es als ihre eigene Tochter ausgeben. Auch den Brüdern ist zunächst unbekannt, dass sie eine Schwester haben. Als Sperata aber in die Reifejahre kommt, verliebt sich ihr Bruder namens Augustin in sie, der er von der Geschwisterschaft nichts weiß, und zeugt mit ihr das Kind Mignon. Als er dann erkennen muss, dass Sperata tatsächlich seine Schwester ist, will er an seiner Liebe dennoch festhalten und verweist auf die Geschwisterehe, die doch bei den Ägyptern als etwas Heiliges und Reines förmlich gepflegt wurde: *„Seht die Lilien an, entspringt nicht Gatte und Gattin auf Einem Stengel? verbindet beide nicht die Blume, die beide gebar, und ist die Lilie nicht das Bild der Unschuld, und ist ihre geschwisterliche Vereinigung nicht fruchtbar?...“*[288] Augustin wird dann in einem Kloster gefangen gehalten, jedoch gelingt ihm die Flucht, als Sperata gerade stirbt. Dann erscheint er nördlich der Alpen als Harfenspieler. Auf dem Hintergrund Ägyptens hat Goethe seine Aufgabe ergriffen und seine eigene Schwester-Liebe hier angedeutet. Der Name Sperata enthält Laute, die man auch zu dem Wort „Sarepta“ zusammensetzen kann. Das aber ist der Name einer Ortschaft im alttestamentlichen Israel, wo eine Witwe mit ihrem im Sterben liegenden Sohn lebt, die am Verhungern sind und von dem

288 Ebenda Seite 584.

Prophet Elias besucht und erhalten werden. Das Kind der Witwe ist gestorben und wird von Elias erweckt, die der alte Prophet mit Nahrung versorgt und am Leben erhält. Diese weckende und geistig ernährende Kraft wird auch uns zuteil durch Goethes Dichtertum, das Mignons Vermögen auch für uns als Leben-erweckende und mit geistiger Nahrung versorgende Kraft entfaltet. Der Tod ist für Goethe etwas ganz anderes als für die Gefühle vieler Menschen, die den Geist nicht so dicht und innig zu spüren vermögen wie der Dichter.

Euphrosyne

Als Goethe im Jahre 1791 die Leitung des Weimarer Hoftheaters übernimmt, nimmt er auch ein gerade dreizehnjähriges Mädchen namens Christiane Neumann als Schauspiel-Schülerin auf. Christiane, selber Kind von Schauspielern, wird von Corona Schröter, vor allem aber von Goethe selber unterwiesen, der in ihr zwar nicht ein größtes, aber ein anmutigstes Talent erkennt. Christianes Werdegang ist aber nur kurz bemessen. 1793 heiratet sie den Schauspieler Heinrich Becker, leidet jedoch an einem Lungenleiden, dem sie am 27. Juni 1797 neunzehnjährig erliegt.

Eine Besonderheit ihrer Beziehung besteht darin, dass Christianes drittes Jahrsiebt, in dem sie Goethe begegnet und erlebt, der sich dieser Zeit im siebten Jahrsiebt befindet, zu einer Begegnung auch dieser beiden Epochen führt. So war es auch zwischen ihm und Frau von Klettenberg. Diese Begegnung nimmt Christiane sozusagen mit über die Schwelle des Todes. Goethe erhält die Nachricht in den Schweizer Bergen und bekennt: *„Ich leugne nicht, dass der Tod der Becker mir sehr schmerzlich war. Sie war mir in mehr als einem Sinne lieb ... Die Nachricht von ihrem Tode hatte ich lange erwartet, sie überraschte mich in den formlosen Gebirgen. Liebende haben Tränen und Dichter Rhythmen zur Ehre der Toten, ich wünschte, dass mir etwas zu ihrem Andenken gelänge.“*[289] Auf der

289 Goethe an Böttiger am 25. 10. 1797, WA-dtv Bd. 105, Seite 345.

Bühne hatte Christiane zuletzt in einer Oper „Das Petermännchen“, von Joseph Weigl, die Gestalt einer Euphrosyne gespielt. Der Name bedeutete „Frohsinn“; so heißt eine von drei Chariten aus der griechischen Mythologie, und Goethe übernimmt diesen Namen als Titel für einen poetischen Nachruf. Er schildert, wie ihm als Wanderer im Hochgebirge, nach Einbruch der Dunkelheit, in Wolkenhöhen ein überirdischer Lichtglanz entgegenleuchtet, aus dem Euphrosyne hervorschimmert, den Dichter anredet und Erinnerungen ihres Zusammenwirkens weckt, als er sie *„auf dem Brettergerüste,* zu der *höheren Kunst ernstere Stufen geführt“*. Nun kleidete er das Totengedenken in den Glanz ihrer Jugend. Freunde des Dichters finden, es sei *„eines der naturseligsten zartesten Werke, die je von eines Dichters Seele durch die Feder geflossen; einzig, eigen und schön“*.[290] Goethe selber kommentiert: *„Überhaupt traf bei diesem Gedicht glücklicherweise zusammen dass das Poetische durchaus auf dem Wirklichen ruht, und dieses doch nichts für sich selbst gilt, sondern erst dadurch etwas wird dass es als Folie durch den poetischen Körper durchscheint.“* Er macht hörbar, was fast genau während der sieben Jahre in Goethes siebentem Jahrsiebt und Christianes drittem Jahrsiebt beide, noch über die Schwelle des Todes, bereichernd verbindet. Der Text des Gedichtes sagt: Am Abend, nach Sonnenuntergang, zwischen rauen, zackigen Felsen, wenn der Wanderer sich neben tosenden Gebirgsströmen bereits nach der Hütte sehnt, wo ihn heilig-göttlicher Schlaf erwartet, wird er plötzlich von einem überirdischen Licht überrascht, das eine Göttin oder eine Muse ankündigen mag, sich alsdann aber herrlich wie der Genius der Jugend als die abgeschiedene Freundin entpuppt, die nun *„den Lehrer, den Freund, den Vater“* als wandernden Mann im grausen Gebirge überirdisch verklärt. Beide erinnern sich mancher wirklichen Ereignisse auf der Bühne, als sie bei großen und kleinen Dichtern zu Gast waren, wie es eben bei Proben und Aufführungen

290 Knebel an Goethe, 12. Januar 1798.

der Fall ist. Aber zuletzt wird die zart-leuchtende Geist-Gestalt vom Gott Merkur, der die Seelen ins Jenseits führt, zurückgehalten;

„Denn aus dem Purpurgewölk, dem schwebenden, immer
bewegten,
Trat der herrliche Gott Hermes (Merkur) *gelassen hervor,*
Mild erhob er den Stab und deutete, wallend verschlangen
Wachsende Wolken, im Zug, beide Gestalten vor mir.–
Tiefer liegt die Nacht um mich her, die stürzenden Wasser
Brausen gewaltiger nur, neben dem schlüpfrigen Pfad,
Unbezwingliche Trauer befällt mich, entkräftender Jammer,
Und ein moosiger Fels stützet den Sinkenden nur.
Wehmut reißt durch die Saiten der Brust, die nächtlichen
Tränen
Fließen, und über dem Wald kündet der Morgen sich an."

Hier ist der Merkurstab ein Symbol für die durch Wolken zum Himmel aufsteigende Macht Hermes – Merkurs.

1. JUPITEREPOCHE

Goethes achtes Jahrsiebt fällt in die Jahre 1798 bis 1805, für Weimar eine Zeit des politischen Friedens. In Frankreich aber erhebt sich 1799 Napoleon durch einen Staatsstreich zum Ersten Konsul und erwirkt 1804 seine Kaiserkrönung. 1805 beginnt sein Siegeszug, der sich 1806 auch über Weimar erstreckt, das bis dahin Friedensluft atmet.

In Goethes Leben bilden sich neue Freundschaften, besonders mit dem Musiker Karl Friedrich Zelter (1758-1832) und dem Literaturhistoriker, Philologen und Schriftsteller Friedrich Wilhelm Riemer. (1774-1845). Er berichtet anfangs über Goethe: *„Ich habe auch den Menschen Goethe gesehen, voll allgemeinen und besondern Wohlwollens gegen seine Mitbrüder, den liebreichen Vater, den zärtlichen Gatten, den teilnehmenden Freund, den heitern Gesellschafter, den patriarchalischen Greis im Kreise seiner Enkel; den freundlichen und gütigen Herrn gegen Diener und Untergebene, den leutseligen und ansprächigen Mann gegen Niedere und Unglückliche … kein deutscher Mann hat so viel von Natur, Leben, Kunst und Wissen in sich aufgenommen, es mit seinem ganzen Wesen so innig verarbeitet und verschmolzen, es durch und in ihm selbst der Welt mitgeteilt … als Goethe.*“ Riemer wird 1803 Hauslehrer für Goethes Sohn August und ist dann neunundzwanzig Jahre lang Goethes engster Mitarbeiter bei der Herausgabe seiner Werke.

Die Entwicklungsstufe des achten Jahrsiebts führt Goethe zu einer neuen Verbindung mit dem Kosmos im Zeichen der Weltseele. In den Annalen zu 1799 lesen wir: *„Im August und September bezog ich meinen Garten am Stern* (Gartenhaus im Park an der Ilm), *um einen ganzen Mondwechsel durch ein gutes Spiegel-Teleskop zu beobachten, und so ward ich denn mit diesem, so lange geliebten und bewunderten Nachbar endlich näher bekannt. Bei allem diesem lag ein großes Naturgedicht, das mir vor der Seele schwebte,* *durchaus im Hintergrund.*" Von einem Lehrgedicht über die Natur ist in den Tagebüchern vielfach die Rede, das jedoch nicht ausgeführt zu sein scheint. Goethe lernt am 28. Mai 1798 Friedrich Wilhelm Joseph Schelling (1775-1854) in Jena kennen. Kurz zuvor liest er dessen „Ideen zu einer Philosophie der Natur", worüber mit Schiller gesprochen wird. Beide Dichter arrangieren seine Berufung nach Jena, die derselbe annimmt und als außerordentliche Professur bis 1803 innehat. Goethe hält fest: *„Schellings Weltseele beschäftigte unser höchstes Geistesvermögen. Wir sahen sie nun in der ewigen Metamorphose der Außenwelt abermals verkörpert. Alles Naturgeschichtliche, das sich uns lebendig näherte, betrachtete ich mit großer Aufmerksamkeit".*[291] Viele Gespräche bereichern die Teilnehmer wechselseitig. Am 19. Februar 1802 schreibt Goethe: *„Mit Schelling habe ich einen sehr guten Abend zugebracht. Die große Klarheit, bei der großen Tiefe, ist immer sehr erfreulich. Ich würde ihn öfters sehen, wenn ich nicht noch auf poetische Momente hoffte und die Philosophie zerstört bei mir die Poesie und das wohl deshalb, weil sie mich ins Objekt treibt. Indem ich mich nie rein spekulativ erhalten kann, sondern zu jedem Satze eine Anschauung suchen muß und deshalb gleich in die Natur hinaus fliehe."*[292] Dieser neue Bezug zum Kosmos prägt die Stimmung und Lebensverfassung Goethes während der nun darzustellenden Faust-Arbeit.

34. Faust und der Einfluss des Mysteriums von Golgotha

Am 23. Juni 1797 fertigt Goethe ein ausführliches Schema seiner bevorstehenden Faust-Arbeit an und dichtet am 24. Juni – dem Johannitag des Jahres – in vier Stanzen eine „Zueignung" zu dieser zentralen Dichtung:

---

291 MA 14, Seite 58.
292 MA 8,1; Seite 884.

Z U E I G N U N G
Ihr naht euch wieder, schwankende Gestalten!
Die früh sich einst dem trüben Blick gezeigt.
Versuch' ich wohl euch diesmal fest zu halten?
Fühl' ich mein Herz noch jenem Wahn geneigt?
Ihr drängt euch zu! nun gut, so mögt ihr walten,
Wie ihr aus Dunst und Nebel um mich steigt;
Mein Busen fühlt sich jugendlich erschüttert
Vom Zauberhauch, der euren Zug umwittert.[293]

Das Nahen der „Schwankenden Gestalten" beschreibt der Dichter nicht als etwas, was aus dem Gedächtnis kommt, sondern aus dem astralen Zeitstrom, in dem das Vergangene aus der Zukunft entgegen kommt. Novalis hat das Prinzip dieses astralen Geschehens mit dem wunderbaren Wort ausgesprochen: „Und was man geglaubt es sei geschehn kann man von weitem erst kommen sehn". (Aus dem Gedicht „Astralis" in Heinrich von Ofterdingen) Das zu vernehmen gehört zu Goethes Faust dazu; ist selbst ein Teil der Dichtung, was in der vierten Stanze angekündigt wird. Die letzte lautet:

„Und mich ergreift ein längst entwöhntes Sehnen
Nach jenem stillen ernsten Geisterreich,
Es schwebet nun in unbestimmten Tönen
Mein lispelnd Lied, der Äolsharfe gleich,
Ein Schauer faßt mich, Träne folgt den Tränen,
Das strenge Herz es fühlt sich mild und weich;
Was ich besitze seh' ich wie im weiten,
Und was verschwand wird mir zu Wirklichkeiten."

293 MA 6, 1, Seite 535.

Der astrale Zeitstrom ist für alles Ästhetische die Quelle, wogegen der ätherische Vorstellungsstrom für den Betrieb der Wissenschaften die Grundlage ausmacht. Religion hingegen ergibt sich aus beiden.

Auf die „Zueignung“ folgt das „Vorspiel auf dem Theater“, das wahrscheinlich auch 1797 entsteht, und danach kommt der „Prolog im Himmel“. Hier spricht Gott der Herr mit Mephistopheles über die Menschen im Licht der „Göttersöhne“, die sich durch die Ästhetik ihrer gottgegebenen Bestimmung bewusst werden mögen:

Doch ihr, die echten Göttersöhne,
Erfreut euch der lebendig reichen S c h ö n e ![294]
Das Werdende das ewig wirkt und lebt,
Umfass euch mit der Liebe holden Schranken,
Und was in schwankender Erscheinung schwebt,
Befestiget mit dauernden Gedanken.

Entstehung

Steiner hat ein wegweisendes Urteil über Faust I. Teil ausgesprochen, das ich weniger als Kritik sondern als Aufforderung ansehe, Goethes Faust weiter zu entfalten: *„Und schauen wir uns nun den ersten Teil dieses ‚Faust‘ an. Ist er denn nicht ein Werk, dem wir es genau ansehen, daß es zusammengeflickt ist aus dem, was zu verschiedenen Zeiten entstanden ist? Würden die Menschen nicht an traditionellen Urteilen hängen, so würden sie in dem ‚Faust‘ die grandioseste dichterische Idee, die jemals mit Bezug auf das einzelne Menschliche in die Welt gekommen ist, sehen. Und zu gleicher Zeit müßten sie sich gestehen, daß mit Bezug auf das Künstlerisch-Dichterische dieser ‚Faust‘ das uneinheitlichste, daß er ein durchaus unharmonisches Werk ist, in das man noch mancherlei hineinlegen könnte, was nicht darinnen liegt, das überall Risse und*

294 Hervorhebung vom Verfasser.

Sprünge hat, das künstlerisch durchaus nicht vollendet ist. Das große Genie Goethes konnte nur fragmentarisch immer vollenden, was vor seiner Seele stand. Und so sehr wir die grandiose Schönheit einzelner Szenen bewundern müssen, so wenig können wir, wenn wir uns nicht bloß an das traditionelle Urteil anhängen, das Literaturhistoriker gefällt haben, sondern wenn wir unbefangen sind, uns verhehlen, dass der ‚Faust', wie er ist, kein in sich harmonisches Kunstwerk ist, dass er an vielen Stellen geleimt ist, aber Risse und Sprünge überall zeigt."[295] Während in der Goethforschung die Idee der Faust-Dichtung vermisst wird, weil Goethe selber sie nicht erkannt hat, spricht Steiner von der *grandiosesten dichterischen Idee.* In diesem Sinn kann nur der mit Helena verbundene Motivkomplex angesehen werden, den Goethe ansatzweise jetzt als „Helena im Mittelalter" dichtet, aber nicht in Faust I. Teil zu integrieren vermag. Damit tauchen jetzt nur die gleichen Schwierigkeiten wieder auf, die dem Dichter schon in der zweiten Merkur-Epoche des sechsten Jahrsiebts unüberwindlich schienen, als „Faust, ein Fragment" nur wurde, und jetzt gesteigert wirken. Es soll gezeigt werden, dass Helena hätte integriert werden und Faust dadurch in die Sphäre der Weltseele geleitet werden können.

Für den Dichter steht sein Faust im achten Jahrsiebt im Zeichen einer nicht fassbaren Forderung. Am 27. Juni 1797 schreibt er Schiller, er habe es mit einer *„barbarischen Komposition"* zu tun, wo *„Verstand und Vernunft wie zwei Kopffechter sich grimmig herumschlagen, um abends zusammen freundschaftlich auszuruhen".*[296] Der Verstand, der die Einzelheiten festhält, kann sich mit der Vernunft, die ein harmonisches Ganzes erstrebt, wegen der Widersprüche nicht vereinigen. Im Jahre 1798 geht die Faustarbeit zwischen Januar und Mai trotzdem voran. Als der Archäologe Alois Hirt

295 Steiner, Rudolf „Das Ringen Fausts nach dem Christdurchtränkten Quell des Lebens" Dornach, 4. April 1915.

296 MA 6.1 Seite 364.

aus Berlin Aufsätze über Laokoon an Goethe schickt, antwortete er am 30. Januar: *„Ihre letzten Aufsätze über Laokoon habe ich noch nicht gesehen. Verzeihen Sie wenn ich über diese schwierige Materie mich sobald nicht äußern kann, ich bin für den Moment himmelweit von solchen reinen und edlen Gegenständen entfernt, indem ich meinen Faust zu endigen, mich aber auch zugleich von aller nordischen Barbarei loszusagen wünsche".*[297] Unter anderem beschäftigt er sich Ende Dezember 1797 mit der homerischen Gestalt des Achilles und lebt sich in diese Welt ein, sodass, als Faust dann doch wieder in den Vordergrund tritt, er am 14. April schreibt: *„Vor die schöne homerische Welt ist gleichfalls ein Vorhang gezogen und die nordischen Gestalten, Faust und Compagnie, haben sich eingeschlichen. Das wenige was ich an dieser Arbeit gegenwärtig tun kann fördert immer mehr als man denkt ...",*[298] und kurz darauf: *„Faust rückt alle Tage wenigstens um ein Dutzend Verse"* voran[299], und am 5. Mai an Schiller: *„Meinen Faust ... um ein gutes weiter gebracht. Das alte Manuskript ist abgeschrieben und die Teile sind in abgesonderten Lagen, nach den Nummern eines ausführlichen Schemas hinter einander gelegt."* Was während des Restes des Jahres 1798 an Faust geschieht, ist nicht mehr feststellbar. Am 2. Januar 1799 schreibt er an seinen Verleger Cotta: *„Mein Faust ist zwar im vorigen Jahre ziemlich vorgerückt, doch wüßte ich bei diesem Hexenprodukte die Zeit der Reife nicht voraus zu sagen. Wenn die Hoffnung näher rückt sollen Sie davon hören."*[300] Aber im ganzen Jahr 1799 kann er dem auf das Manuskript wartenden Verleger keinen Fortschritt melden.

Im Jahre 1800 geht die Arbeit weiter. Schiller zieht am 3. Dezember 1799 nach Weimar um, sodass der Kontakt der Dichter-Freunde anhaltender gepflegt werden kann. Als Goethe im Frühjahr 1800

297 AA 19, Seite 322.
298 WA – DTV 106, Seite 116.
299 Ebenda Seite 121.
300 WA – DTV 107, Seite 1.

immer noch keine Anstalten zur Weiterarbeit macht, wendet Schiller sich an Cotta, der daraufhin dem Dichter ein großzügiges Angebot von 4000 Gulden für den Faust unterbreitet, obwohl er vom Umfang des Werkes nichts weiß. Goethe schreibt Schiller: *„Cottas Freiheit ist mir sehr angenehm. Ich habe einen Brief von ihm über Faust, den Sie mir wahrscheinlich zugezogen haben. Wofür ich aber danken muß. Denn wirklich habe ich auf diese Veranlassung das Werk heute vorgenommen und durchdacht.“*[301] Dann wird gelegentlich im April, Mai und August fortgearbeitet. Ein besonderer Einschnitt erfolgt im September 1800, denn Goethe dichtet jetzt die Szene *„Helena im Mittelalter“*. Davon ist er selber wie überrascht. Die Inspiration zu diesem Zentralmotiv hat er nicht erwartet, weil ihm seine Faust-Arbeit dafür unempfänglich anmutet. Am 12. September 1800 gesteht er Schiller: *„Helena ist wirklich aufgetreten. Nun zieht mich aber das Schöne in der Lage meiner Heldin so sehr an, daß es mich betrübt wenn ich es zunächst in eine Fratze verwandeln soll. Wirklich fühle ich nicht geringe Lust eine ernsthafte Tragödie auf das angefangene zu gründen; allein ich werde mich hüten die Obliegenheiten zu vermehren, deren kümmerliche Erfüllung ohnehin schon die Freude des Lebens wegzehrt.“*[302] Am 23. September 1800 berichtet er: *„Meine Helena ist die Zeit auch etwas vorwärts gerückt. Die Hauptmomente des Plans sind in Ordnung und da ich in der Hauptsache ihre Bestimmung habe, so kann ich mit desto besserm Mute an die Ausführung gehen. – Ich mag mich diesmal gern zusammenhalten und nicht in die Ferne blicken; aber das sehe ich schon daß, von diesem Gipfel aus, sich erst die rechte Aussicht über das Ganze zeigen wird.“*[303] Dieser Gipfel deutet auf die Ästhetik Helenas, in der die „Idee“ die der Faust-Dichtung zugrunde liegt, gegeben ist, die Goethe hier aber noch nicht

---

301 MA 8,1; seite 795 – Brief vom 11.4.1800.
302 Ebenda Seite 812.
303 Ebenda Seite 817.

aufzugreifen und auszuführen vermochte. Sie urständet im zweiten Jahrsiebt. Auch hier kommt ja eigentlich der 4 x 7 Jahre- Rhythmus zum tragen der auch die Begebenheiten des zweiten Jahrsiebts nach diesem Rhythmus im sechsten Jahrsiebt ausreifen lässt. Aber der Keim des ästhetischen Lebens, der im zweiten Jahrsiebt im Licht Helenas gebildet wird, ist durch die französische Talentverschiebung in Mitleidenschaft gezogen worden und vermochte sich nicht genügend zu entfalten. Dennoch sieht der Dichter, wie er Schiller schreibt, „dass„ von diesem Gipfel aus, sich erst die rechte Aussicht über das Ganze zeigen wird."

Schiller antwortet am gleichen Tag mit einer Bestätigung; die Szene oder Teile davon hat Goethe ihm kürzlich vorgelesen: *„Ihre neuliche Vorlesung hat mich mit einem großen und vornehmen Eindruck entlassen, der edle hohe Geist der alten Tragödie weht aus dem Monolog einem entgegen und macht den gehörigen Effekt, indem er ruhig mächtig das tiefste aufregt. ... Gelingt ihnen diese Synthese des Edlen mit dem Barbarischen, wie ich nicht zweifle so wird auch der Schlüssel zu dem übrigen Teil des Ganzen gefunden sein und es wird ihnen alsdann nicht schwer sein, gleichsam analytisch von diesem Punkt aus den Sinn und Geist der übrigen Partien zu bestimmen und zu verteilen. Denn dieser Gipfel wie sie ihn selbst nennen, muss von allen Punkten des Ganzen gesehen werden und nach allen hin sehen.*[304] Nach knapp zwei Wochen ist die Helena-Szene am 26. September 1800 ausgeführt. Aber eine Verbindung zum gegenwärtigen Faust-Stoff gelingt dem Dichter überhaupt nicht, und deswegen stockt das Drama; er glaubt *„noch nicht daß sich eine erfreuliche Vollendung so bald hoffen läßt."* (17. November 1800 an Cotta)[305]

Im Januar 1801 stockt die Arbeit auch wegen einer sehr einschneidenden Erkrankung. Fieber, Krampfhusten und verschiedene

304 Ebenda Seite 817f.

305 WA – DTV 108, Seite 145.

Entzündungen, vor allem im Hals und am Gesicht, die man Rotlauf und Kehlkopfrose nennt, wobei auch die Augen befallen sind und vorübergehend erblinden, führen zu einer lebensbedrohlichen Krise. Die Ärzte geben ihn fast auf; etliche Tage vermag er wegen Erstickungsangst nur stehend verbringen. Das Bewusstsein ist so in Mitleidenschaft gezogen, dass er sich hinterher, nach etwa neun der kritischen Tage vom 5. bis 13. Januar kaum mehr zurückerinnern kann. Als die Besinnung zurückkehrt, erlebt er das als ein „Sich-Wiederfinden“; alle Themen, die ihn vorher beschäftigten, werden wieder aufgegriffen und kein Faden ist abgerissen, wie er vermerkt. – Die Unterbrechung hängt zweifellos mit den psychologischen Problemen zusammen, sie sich durch Faust ergeben haben. Auch Farbenlehrestudien werden betrieben, die aber keine gravierenden Probleme aufwerfen, aber durch das in Mitleidenschaft gezogene Auge tangiert sind. Am 24. Januar 1801 heißt es: *„Abends ging das Auge zum ersten mal auf ... durfte hoffen, frei und vollständig abermals in die Welt zu schauen“*[306] Während der Krise hat er auch in Fieberphantasien von naturphilosophischen Themen gesprochen sowie die *„beweglichsten herzergreifendsten Reden an den Erlöser“* gehalten.[307] – Im Februar ist der Dichter wieder hergestellt und mit neuer Intensität vor allem der Faustarbeit ergeben. 16 Tagebuch-Eintragungen bezeugen in diesem Monat die größte Arbeitsdichte. Im März und Anfang April wird nur noch sporadisch weitergearbeitet, und dann hörte die Faustarbeit für diesmal mehr oder weniger ganz auf. Weder weisen Briefe noch Tagebücher auf eine Fortführung hin. Am 17. Dezember schreibt er an Rochlitz: *„Von Faust kann ich nur so viel sagen: daß in den letzten Zeiten wohl manches daran gearbeitet worden; in wie fern er sich aber seiner Vollendung, oder auch nur seiner Beendigung nahen dürfte, wüßte ich wirklich nicht zu sagen.“* Schiller schreibt

---

306 GL IV, Seite 170.
307 Ebenda, Seite 168f.

am 10. Dezember 1801 an Cotta: *„Beinahe verzweifle ich daran, daß er seinen Faust noch vollenden wird“*. Bis nach Schillers Tod im Jahre 1805 bleibt Faust liegen. Erst im Frühjahr 1808 zwischen dem 3. März und 25. April geht Goethe das Manuskript mit Riemer durch und übergibt es im Mai Cotta, der es 1808 im 8. Band von Goethes Werken veröffentlicht.

Den Zeugnissen ist zu entnehmen, dass die Erscheinung Helenas der Gipfelpunkt ist, und Schiller schätzt ihr Wesen sogleich als entscheidendes Schlüsselmotiv ein. Nur weil sich der Dichter außerstande sieht, Helena in die Faust-Arbeit im achten Jahrsiebt einzubeziehen, schiebt er sie weg und in einen zweiten Teil der Dichtung; an sich aber gehört sie hier her. Wäre Goethe auf die Idee gekommen, die wir oben bereits für „Faust, ein Fragment“ geltend gemacht haben, die verschiedenen Faust-Produkte gesondert aufzuführen, hätte Helena jetzt zweifellos ihren zentralen Gipfelpunkt einnehmen können. Dann läge die Gretchentragödie längst hinter Helenas Erscheinung, die gerade zur entscheidenden Überwindung und Errettung Fausts hingeführt hätte. Barbarisch aber wäre allerdings Helenas Untergang in dieser Tragödie gewesen, der ihr Wesen vollkommen untergraben und Mephistos Sieg besiegelt hätte. Das hat Goethe freilich verhindert.

Helena

Helena ist ja das Ideal der Schönheit, auf das Goethe schon in „Faust, ein Fragment“ hingewiesen hat. Es handelt sich um das Geheimnis, daß in den elementarischen Untergründen jene Ur-Hässlichkeit herrscht, die das Verlangen oder die Liebe zur Schönheit aufregt, anstachelt und dadurch die Liebe des Menschen auf den Geist und die geistige Welt richtet. In der Hexenküche stehen das Hässliche der Hexe – als Scheusal bezeichnet – neben Helena als der Imagination vom Urbild aller Ästhetik nebeneinander, was Faust sich im Spiegel der Vorstellungen empfindet. Der Spiegel stellt Helena nur erst als ein Bild der Wirklichkeit hin. In der neuen

Szene „Helena im Mittelalter“ hingegen erscheint sie in sozusagen dreidimensionaler Wirklichkeit.

Goethe verknüpft nun das, was er durch seine Helene-Dichtergestalt sagen will, mit der griechischen Kulturmythe. Der trojanische Prinz Paris hat Helena entführt und ihr Gemahl, der König Menelaos, erobert sie durch den zehnjährigen Krieg gegen Troja zurück. Goethe schildert, wie Helena nach so langer Zeit zurückkehrt. Menelaos schickt sie nach der Ankunft der Schiffe, während er noch seine Krieger mustert, zum Königspalast und befiehlt ihr, alles zu einem Opfer herzurichten. Nur von keinem Opfertiere ist die Rede, und, weil sich ihr Gatte überhaupt wortkarg und mit einer irgendwie bedrohlich wirkenden Stimmung zeigt, taucht in Helena die bange Ahnung auf, ob etwa sie selbst zum Schlachtopfer wegen all des Kriegsleides ausersehen ist, das ihre Schönheit letztlich verursacht hat. Sie achtet jedoch nicht auf solche Gefahren, will ohne Säumnis den Auftrag erledigen, geht in ihr Haus, kommt jedoch gleich darauf in verstörtem Zustand wieder heraus. Sie erzählt dann, wie das Haus völlig leer und verlassen ist und nur am Herdfeuer an verglommener Asche ein großes Weib kauert, das ihr die Schaffnerin zu sein scheint. Auf Anrede reagierte sie nicht und streckte stumm mit wegweisender Gebärde ihren Arm aus. Zürnend wendet Helena sich weg, will eben die Stufen zum Ehe-Schlafgemach und der Schatzkammer hinaufgehen, als sich die Wundergestalt vom Boden aufreißt und ihr den Weg versperrt. Nun zeigt sie sich in hagerer Größe mit blutig trübem Blick gar nicht als Schaffnerin, sondern als eine der grausen, mythologischen Nachtgeburten, deren Anblick bis ins Mark erschüttert. Als Helena davon ihren Begleiterinnen erzählte, tritt auch diese als „Phorkyas“ bezeichnete Schreckgestalt heraus. Sie gehört zu den als Graien und Gorgonen genannten Nachtgeburten der griechischen Mythologie, die das Urhässliche in der allerschauerlichsten Form darbieten.

Ihr Wesen ist berufen, das Erleben der höchsten Schönheit anzustacheln, was im Anblick Helenas gelingen kann. Die Griechen vermögen aber diesen Geistgehalt nicht mehr zu fassen, den Faust jedoch für unsere Kultur wiederzugewinnen im Begriff ist. Im achten Jahrsiebt gelingt das noch nicht, sondern eben erst in Faust II. Teil. Aber der erste Teil birgt dennoch die eigentlichen biographischen Grundlagen für diese Idee, auf die es für uns ankommt. Ohne das kann man mit Faust nichts weiter tun als sein Drama anzuschauen.

Eigentlich kündigt sich jetzt Helenas leibhaftige Idealität viel wesenhafter an als in der Hexenküche, das heißt, Kunst oder Ästhetik vermag mit der von Helena ausgehenden Anziehungskraft die Seele des Menschen aus den mephistophelisch-verhexten Zwängen aller Barbarei herauszureißen, wirklich zu heilen, zu erheben und zu ihrem wahren Eigensein zurückzuführen. An und für sich ist Goethe im achten Jahrsiebt dazu gestimmt. Dieser Ursprungsglanz verklärt im Menschenleben Freundschaft und Liebe. Am Beispiel von Winkelmanns Leben, das der Kunst gewidmet ist, der selber als eine Art Ritter Helenas angesehen werden mag, schildert Goethe: *„Die leidenschaftliche Erfüllung liebevoller Pflichten, die Wonne der Unzertrennlichkeit; die Hingebung eines für den andern, die ausgesprochene Bestimmung für das ganze Leben, die notwendige Begleitung in den Tod setzen uns bei Verbindung zweier Jünglinge in Erstaunen ...“*[308] *Zu einer Freundschaft dieser Art fühlte Winkelmann sich geboren, derselben nicht allein sich fähig, sondern auch im höchsten Grade bedürftig; er empfand sein eigenes Selbst nur unter der Form der Freundschaft, er erkannte sich nur unter dem Bilde des durch einen dritten zu vollendenden Ganzen. Frühe schon legte er dieser Idee einen vielleicht unwürdigen Gegenstand unter, er widmete sich ihm,* (einem Freund) *für ihn zu leben und zu leiden, für denselben fand er selbst in seiner Armut Mittel reich zu sein, zu geben, aufzuopfern, ja er zweifelt nicht, sein Dasein, sein Leben zu verpfänden. Hier ist es, wo sich Winkelmann selbst mitten*

308 MA 6,2; Seite 354.

in Druck und Not, groß, reich, freigebig und glücklich fühlt, weil er dem etwas leisten kann, den er über alles liebt, ja dem er sogar, als höchste Aufopferung, Undankbarkeit zu verzeihen hat. Wie auch die Zeiten und Zustände wechseln, so bildet Winkelmann alles Würdige, was ihm naht, nach dieser Urform zu seinem Freund um ...[309]

Unmittelbar auf diese Ausführungen ethischer Art lässt Goethe das zentrale ästhetische Kapitel „*Schönheit*“ folgen: „... *Dagegen tritt nun die Kunst ein, denn indem der Mensch auf den Gipfel der Natur gestellt ist, so sieht er sich wieder als eine ganze Natur an, die in sich abermals einen Gipfel hervorzubringen hat. Dazu steigert er sich, indem er sich mit allen Vollkommenheiten und Tugenden durchdringt, Wahl, Ordnung, Harmonie und Bedeutung aufruft, und sich endlich bis zur Produktion des Kunstwerkes erhebt, das neben seinen übrigen Taten und Werken einen glänzenden Platz einnimmt. Ist es einmal hervorgebracht, steht es in seiner idealen Wirklichkeit vor der Welt, so bringt es eine dauernde Wirkung, es bringt die höchste hervor denn indem es aus den gesamten Kräften sich geistig entwickelt, so nimmt es alles herrliche, verehrungs- und liebenswürdige in sich auf und erhebt, indem es die menschliche Gestalt beseelt, den Menschen über sich selbst, schließt seinen Lebens- und Tatenkreis ab und vergöttert ihn für die Gegenwart, in der das Vergangene und Künftige begriffen ist.*“[310]

Erst nach dieser prinzipiellen, allgemeinen, auf alle Kunstgebiete anwendbaren Ausführung weist der Dichter auf die klassische Plastik als eine Art Paradigma: „*Von solchen Gefühlen wurden die ergriffen, die den olym¬pischen Jupiter erblickten, wie wir aus den Beschreibungen, Nachrichten und Zeugnissen der Alten uns entwickeln können. Der Gott war zum Menschen geworden, um den Menschen zum Gott zu erheben. Man erblickte die höchste Würde und ward für die höchste Schönheit begeistert. In diesem Sin-*

309 Ebenda.

310 Ebenda Seite 355.

ne kann man wohl jenen Alten Recht geben, welche mit völliger Überzeugung aussprachen: es sei ein Unglück zu sterben, ohne dieses Werk gesehen zu haben.“ Die Kunst kann den Menschen eben in einer höheren oder wahreren Form zum Ausdruck bringen als die Natur.

Von dem was Goethe in den angeführten Zitaten vom Wesen des Menschen schildert sagt Wilhelm von Humboldt: *„Es sind Stücke darin, die zu dem größten gehören, was je ausgesprochen worden ist“* (12. April 1806). Man kann dieses Größte als die durch die Naturreiche zum Menschen als ihrem Gipfel aufgestiegene Weltseele verstehen, die den Menschen zum Menschen macht. Hierzu noch einmal der oben schon angeführte Hinweis Steiners auf das Schaffen der Weltseele: *„... Das hat die alte Geheimwissenschaft in einem uralten Symbol ausgedrückt, im Kreuz, und hat gesagt, wie Plato es nach den alten Mysterien ausdrückt: Die Weltenseele ist ans Kreuz des Weltenleibes geschlagen. – Das heißt, die Weltenseele ist in allem enthalten, aber sie muß sich hinaufarbeiten durch diese drei Stufen hindurch; sie macht ihre Reise am Kreuz des Weltenleibes durch.*[311] Die Kunst, das heißt die von Helena entfachte Liebe zum Geist erhebt die Seele zu diesen Gipfelpunkten unseres Daseins:

„Wenn die gesunde Natur des Menschen als ein Ganzes wirkt, wenn er sich in der Welt als in einem großen, schönen, würdigen und werten Ganzen fühlt, wenn das harmonische Behagen ihm ein reines, freies Entzücken gewährt; dann würde das Weltall, wenn es sich selbst empfinden könnte, als an sein Ziel gelangt aufjauchzen und den Gipfel seines eigenen Werdens und Wesens bewundern. Denn wozu dient alle der Aufwand von Sonnen und Planeten und Monden, von Sternen und Milchstraßen, von Kometen und Nebel-

311 GA 94, Seite 84f.

flecken, von gewordenen und werdenden Welten, wenn sich nicht zuletzt ein glücklicher Mensch unbewußt seines Daseins erfreut?“[312]

Indem es im Prolog heißt, dass *„die echten Göttersöhne“* sich von *„der lebendig reichen Schöne!“*[313] als dem Werdenden Leben umfassen lassen, sodass *„das Werdende das ewig wirkt und lebt ... euch mit der Liebe holden Schranken“* beglückt, so ist das die Art der Erhebung, zu der die Ästhetik durch das Helena-Mysterium berufen ist.

Als Goethe einige Jahre später – im neunten Jahrsiebt – „Dichtung und Wahrheit“ schreibt, erkennt er dass er im zweiten Jahrsiebt zu dem *„Knabenmärchen, Der neue Paris“* inspiriert wurde, was direkt mit der Helena-Gestalt in Zusammenhang zu bringen ist. Er erkennt dass die kindlichen Entwicklungen, gleichsam prophetisch, das Schönheitsideal erfassen, was im Bereich der Luftimaginationen erfolgt, die für das Weisheits- und Schönheitsstreben des ganzen Lebenslaufes wegbereitend sind. Helena kann als mythologische Personifizierung dieses Lebens in der Schönheit im Rahmen der Biographie angesehen werden. Was Goethe jedoch im neunten Jahrsiebt einfällt, als er „Dichtung und Wahrheit“ schreibt, steht ihm im achten Jahrsiebt, als ihn die Faust-Inspirationen erreichen, noch nicht so deutlich zur Verfügung, sodass er Helena auch aus diesem Grunde noch nicht aus dem verhängnisvollen Kontext mit dem Jugend-Faust auszusondern vermag.

Vorschlag zur Gliederung von Faust I. Teil in eine Trilogie

Die Sonderung kann als eine Dreiteilung vorgestellt werden. Alle drei Teile können aus dem bestehenden Werk, das Goethe als „Faust I. Teil“ herausgegeben hat, herausgeschnitten werden, wobei keins der Motive verändert werden muss, sondern lediglich ins Ganze anders eingeordnet wird.

---

312 MA 6,2; Seite 350.

313 Hervorhebung vom Verfasser.

I. TEIL: JUGEND – FAUST *(die Szenen des Ur-Faust aus dem vierten Jahrsiebt in der Fassung von Faust I. Teil)*

a) Vers 354-613: NACHT, im Zeichen des Makrokosmos, im Zeichen des Erdgeistes, Wagner-Szene.
b) Vers 1868-2336: Schüler-Szene, AUERBACHS KELLER IN LEIPZIG,
c) Vers 2605-3217: STRASSE – Faust Margarete. ABEND – Gretchens Zimmer, SPAZIERGANG, DER NACHBARIN HAUS, STRASSE, GARTEN, EIN GARTENHÄUSCHEN.
d) Vers 3375-3834: GRETCHENS STUBE, MARTHENS GARTEN, AM BRUNNEN, ZWINGER. NACHT – Straße vor Gretchens Tür. DOM
e) (ohne Verszählung) TRÜBER TAG FELD
f) Vers 4399-4611: NACHT, OFFEN FELD, KERKER,

II. TEIL: ERKENNTNIS – FAUST *(die Szenen von „Faust, ein Fragment" aus dem sechsten Jahrsiebt, in der Fassung von Faust I. Teil)*

a) Vers 1770-1841: Poeten-Assoziation
b) Vers 2337-2064: HEXENKÜCHE
c) Vers 3218-3240: WALD UND HÖHLE
d) Vers 3241-3375: Verführung durch Ahriman

III. TEIL WILLENS – FAUST *(die Szenen des 8. Jahrsiebts)*

a) Vers 615-736: EIN ZUG VON FAUSTS INDIVIDUALITÄT
b) Vers 737-807: OSTERGLOCKEN
c) Vers 808-1177: VOR DEM TORE - Osterspaziergang
d) Vers 1178-1529: STUDIERZIMMER
e) Vers 1530-1842: STUDIERZIMMER
f) Vers 3835-4395: WALPURGISNACHT, WALPURGISNACHTSTRAUM,

***Der österliche Christus-Impuls in Goethes Faust* (Vers 615 – 736)**

Fausts Verlangen, sich mit der geistigen Welt zu verbinden, erscheint mir ein Zug vom ewigen Wesen dieser Individualität zu sein. Dieses Verlangen drängt in seiner geistergebenen Seele wie ein bedrohlich über die Ufer tretendes Gewässer zur Vereinigung mit dem Äthermeer der Astralwelt hin. Er kann und will die Gewalt dieses inneren Drangs nicht zurückhalten, die als *„des Geistes Flutstrom“* über die Schwelle der Geistigen Welt hindrängt, die ihn *„zu neuen Ufern lockt“*. Ihm schwant, er werde jenseits der Schwelle wie von einem *„Feuerwagen“* getragen auf *„leichten Schwingen“* und auf *„neuer Bahn den Äther ... durchdringen“*. So entschließt er sich *„der holden Erdensonne“* zu entsagen und mittels eines entsprechenden Trunks sich mit der Geisterwelt zu verbinden. Genau das hatte diese Individualität in jener griechischen Inkarnation getan, als er sich als Empedokles in den Ätna stürzt. Faust aber wird gerade in dem Moment, bevor das Gift seine Lippen berührt, von Osterglocken abgehalten, die ihm den Gifttrunk vom Munde wegziehen.

Steiner hat den Einfluss des Mysteriums von Golgatha auf diese Individualität auf ihrem Weg durch die Wiederverkörperungen erkannt. In der Inkarnation als Faust im 15. Jahrhundert war Faust von diesem Einfluss bereits erfüllt, aber nicht sogleich imstande, seine Individualität wirklich hervortreten zu lassen. Goethes Faust aber zeigt bereits diesen Zug auf, den der Dichter nun auch direkt mit dem Einfluss des Mysteriums von Golgatha verbindet. Unausgesprochen ist dieser Einfluss bereits im Jugendfaust wirksam, tritt aber erst im achten Jahrsiebt ausgesprochenermaßen hervor.

OSTERGLOCKEN (Vers 737 - 807)

Zunächst hört Faust einen Chor der Engel:

Christ ist erstanden
Freude dem Sterblichen
Den die verderblichen,
Schleichenden, erblichen
Mängel umwanden.

Der auferstandene Christus ermöglicht den Menschen die Prüfung mit der Überwindung zu erlangen und zu bestehen. Davon singt abermals ein Chor der Engel:

Christ ist erstanden!
Selig der Liebende,
Den die betrübende,
Heilsam' und übende
Prüfung bestanden.

Faust ist mitten im Ringen mit der Prüfung begriffen. Er kann die neutestamentliche Überlieferung nicht glauben:

Was sucht ihr mächtig und gelind,
Ihr Himmelstöne mich am Staube?
Klingt dort umher, wo weiche Menschen sind.
Die Botschaft hör' ich wohl, allein mir fehlt der Glaube;
Das Wunder ist des Glaubens liebstes Kind.

Während Faust den Wunderglaube von sich weist, rechnet er sehr wohl mit hohen Geistessphären, zu denen er allerdings noch nicht hinzustreben wagt: *„Zu jenen Sphären wag' ich nicht zu streben, / Woher die holde Nachricht tönt"*. Er unterscheidet Buchstaben-Frömmigkeit und geistige Wirklichkeit. Nun aber wird sein Blick tatsächlich auf die reife Kindheit gelenkt. Er erinnert sich an seine religiösen Gefühle in der Kindheit und spürt, wie ihn die Erinnerung vom letzten künstlichen Schritt über die Schwelle bewahrt hat:

Und doch, an diesen Klang von Jugend an gewöhnt,
Ruft er auch jetzt zurück mich in das Leben.
Sonst stürzte sich der Himmelsliebe Kuss
Auf mich herab, in ernster Sabbatstille;
Da klang so ahnungsvoll des Glockentones Fülle,
Und ein Gebet war brünstiger Genus;
Ein unbegreiflich holdes Sehnen
Trieb mich durch Wald und Wiesen hinzugehn,
Und unter tausend heißen Tränen
Fühlt ich mir eine Welt entstehn
Das Lied verkündete der Jugend muntre Spiele
Der Frühlingsfeier freies Glück;
Erinnrung hält mich nun mit kindlichem Gefühle
Vom letzten, ernsten Schritt zurück,
O tönet fort ihr süßen Himmelslieder!
Die Träne quillt, die Erde hat mich wieder!

Zuletzt singt der Chor der Engel zum dritten Mal und ruft den Menschen zur Tat auf: *„Christ ist erstanden ... / Reißet von Banden / Freudig euch los!“* Die Osterszene handelt von der Erhaltung der vorpubertären Liebe, deren Verlust in der Gretchentragödie als Schiffbruch erlitten wurde. Zweifellos hat Goethe den „Prolog im Himmel“ als eine auf den Geist des Kindesalters weisende „Stimme“ gedichtet.

Wir erfahren da, dass Mephisto und das von ihm repräsentierte Böse im Weltenplane zugelassen sind, wodurch der Mensch in die Gefahr kommt, von seinem Ursprung abgeschnitten zu werden. Mephistopheles will diese Verbindung abschnüren, der das zwar versuchen darf, aber erleben muss, dass der Mensch die Prüfung bestehen kann, wenn er es nur will. Im Hinblick auf dieses Ziel spricht Gott die Menschen als „Göttersöhne“ an, die sich durch das Element der Schönheit, gepaart mit strenger Gedankendisziplin, der göttlichen Kindeskräfte bemächtigen mögen: *„Doch ihr, die echten Göttersöhne, /Erfreut euch der lebendig reichen Schöne! / Das Werdende, das ewig wirkt und lebt, / Umfass‘ euch mit der Liebe holden Schranken, / Und was in schwankender Erscheinung schwebt, / Befestiget mit dauernden Gedanken.“* Dieses Ziel wird der Mensch im Erleben der im Kindesalter erwachenden Liebe zur göttlich-geistigen Schönheit erreichen und Helena ist das Urbild-Ideal des Strebens, an dem Faust anknüpft, das er – wie angeführt – erfahren hat und sich nun nach und nach erobern muss. Dadurch werden Menschen jene Göttersöhne, die sich *„der lebendig reichen Schöne“* weihen. Das ist die Quintessenz des Faustischen Strebens. Göttersöhne bewahren sich die vorpubertären, göttlichen Kindheitskräfte in der Liebe zur Schönheit. Helena repräsentiert die Macht, sich von dieser Schönheit zum Göttlichen anziehen zu lassen.

VOR DEM TORE – Osterspaziergang – (Vers 808 – 1177)

Faust hat im Zeichen des Makrokosmos und des Erdgeistes eine Art Initiation empfangen. Die da erlebten kosmischen Kräfte sind ja von den Kindheitskräften durchzogen. Sie bleiben dem Menschen zunächst verborgen. Sie dringen aus dem Kosmos in die untersinnlichen Erdenkräfte ein und steigen auch wieder auf. Dem Teufel Mephistopheles ist es gegeben, die untersinnlichen Kräfte zu beherrschen. Damit kann der auch diese Kindheitskräfte so lange unter Verschluss halten, bis die innere Reife erlangt ist, diese Willensnatur auch zu erfahren und sich nicht von ihr überwältigen zu lassen. Faust erlebt das nun mit einem neu erwachten Trieb. In der Szene *„Vor dem Tore“* macht er zusammen mit Wagner einen Osterspaziergang, und während die Menschen *„die Auferstehung* *des Herrn"* feiern, indem *„sie ... selber auferstanden"* sind und *„aus niedriger Häuser dumpfen Gemäuern"*[314] hinaus gehen und Frühlingsluft atmen, ist in Faust der neue *„Trieb erwacht"*, der den Wunsch gebiert, wie auf Flügeln dem Gang der Sonne zu folgen, wovon Wagner kopfschüttelnd sagt, so einen Trieb habe er noch nie gefühlt. Daraufhin antwortet Faust: *„Du bist dir nur des einen Triebs bewusst, / O lerne nie den andern kennen!"* Der eine Trieb ist das, was in der Vermischung der sinnlichen und geistigen Liebe scheinbar eine Einheit ist, an sich aber nur die gelähmte Triebkraft darbietet. Der andere Trieb zeigt sich erst nach der Trennung beider, stellt jedoch besagte Anforderung an die Reife des Menschen. Da offenbart sich eine geistige Gewalt, vor der Faust zunächst sogar warnt, denn sie äußert sich als eine zweite Seele: *„Zwei Seelen wohnen, ach! in meiner Brust, / Die eine will sich von der andern trennen; / Die eine hält, in derber Liebeslust, / Sich an die Welt, mit klammernden Organen; / Die andre hebt gewaltsam sich vom Dust / Zu den Gefilden hoher Ahnen."*[315] Faust muss die Initiation, die ihm anfänglich von Nostradamus geschenkt wurde, nun durch Selbstbeherrschung auch erwerben.

Die Spaltung des seelischen Innenlebens in zwei Seelen ist zunächst das Resultat der Sonderung der sinnlichen und geistigen Liebe, durch die das Feuer des Begehrens mit elementarer Gewalt entfacht wird. Faust ist gewillt, das zu erfahren, das heißt, in Mephistos Herrschaftsgebiet einzudringen und diesem „Herrscher" auch zu begegnen und ihm zu trotzen. Der Dichter stellt diese Bereitschaft in der Ahnung Fausts dar, in dem Bild eines schwarzen Pudels, der einen Feuerstrudel hinter sich herzieht, den Geist zu erahnen. Faust und Wagner sehen das Tier, wie es sich schnuppernd auf der Spur seines Herrn plagt, dessen *„Feuerstrudel"* Wagner allerdings nicht bemerkt, Faust hingegen als Ankündigung des Geistes vermutet,

314 MA 6,1; Seite 560.
315 Ebenda.

den er mit in sein Studierzimmer nimmt, wo nun der neuerwachte, geistige Trieb entfaltet wird.

STUDIERZIMMER (Vers 1178 - 1529)

Faust schlägt das Neue Testament auf und empfindet, wie sich die Menschenliebe und die Liebe Gottes zu regen beginnen:

> *Es reget sich die Menschenliebe,*
> *Die Liebe Gottes regt sich nun.*

Bei diesen Worten fühlt sich der Pudel bedrängt und wird unruhig. Faust entfaltet seinen neuen Trieb weiter und sehnt sich nach dem Wesen des Lebens:

> *Man sehnt sich nach des Lebens Bächen,*
> *Ach, nach des Lebens Quellen hin.*

Wiederum mobilisieren diese Worte zugleich den im Pudel verborgenen Widersacher, der zu knurren anfängt, so dass Faust ihn zurechtweist: *„Knurre nicht Pudel! Zu den heiligen Tönen, ... Wir sind gewohnt, daß die Menschen verhöhnen / Was sie nicht verstehn, / Dass sie vor dem Guten und Schönen, / Das ihnen oft beschwerlich ist, murren; / Will es der Hund, wie sie, beknurren?“*[316]

Faust steigert sein Ansinnen abermals, indem er mit einer Übersetzung des Prologs des Johannes-Evangeliums die Christuswirksamkeit tatkräftig wirken lässt, die den „Pudel“ zwingt, sich zu offenbaren. Nun werden gleichzeitig zwei Arten von Geistigkeiten erkennbar. Während im Pudel sich alsbald Mephisto als „Höllenluchs“ zu erkennen gibt, ertönt draußen auf dem Gang ein Geisterchor, der von den Kindheitskräften singt, die eigentlich das reine edle Wesen ausmachen, das Faust sucht. Sie singen:

---

316 Ebenda Seite 567 f.

Drinnen gefangen ist einer!
Bleibet haußen, folg' ihm keiner
Wie im Eisen der Fuchs
Zagt ein alter Höllenluchs.
Aber gebt Acht!
Schwebet hin, schwebet wider,
Auf und nieder,
Und er hat sich losgemacht.
Könnt ihr ihm nützen,
Laßt ihn nicht sitzen!
Denn er tat uns allen
Schon viel zu Gefallen.[317]

Zunächst erstaunt es, dass dieser göttliche Geisterchor dem „Höllenluchs" aus der Klemme helfen will. Mephistopheles habe diesen Geistern – was sehr merkwürdig klingt – schon viel zu Gefallen getan. Faust scheint die Worte gar nicht gehört zu haben. Noch zwei Mal wird dieser Geisterchor singen. Indem Mephisto den Zugang zum Geist dieser Kindheitskräfte unter Verschluss hält, bewahrt er sie als heilig reines Leben wie eine Art Hüter, der verhindert, dass unreife Menschen, ohne die prüfende Reinigung durchgemacht zu haben, Zugang zu diesen Kräften erlangen. Daher ist der „Höllenluchs" zunächst in gewisser Weise ihr Verbündeter, dem sie zu helfen geneigt sind und aus der Klemme heraushelfen möchten. – Faust erfüllt aber die Bereitschaft sich prüfen zu lassen und bedroht den sich immer noch halb verbergenden Ungeist im Pudel mit dem Kreuz und einem entscheidenden Spruch:

So sieh dies Zeichen!
Dem sie sich beugen
Die schwarzen Scharen.
Schon schwillt es auf mit borstigen Haaren.

317 Ebenda Seite 569.

Verworfnes Wesen
Kannst du ihn lesen?
Den nie entsprossnen,
Unausgesprochnen,
Durch alle Himmel gegossnen,
Freventlich durchstochnen?[318]

Christus ist der kosmische Geist, der nicht *„entsprossen“* ist, das heißt, nicht dem gewöhnlichen Werden entstammt, sondern den *„durch alle Himmel gegossnen“*, alles durchdringenden Weltgeist vorstellt, der Mephistopheles zu zwingen vermag, zu erscheinen. Dieser tritt, gemäß der Bühnenanweisung, *„indem der Nebel fällt, gekleidet wie ein fahrender Scholastikus, hinter dem Ofen hervor“*. Nach seinem Namen befragt, den er ungern nennt, bezeichnet er sich als *„ein Teil von jener Kraft, die stets das Böse will und stets das Gute schafft“*. Ein Aspekt dieses Guten ist, dass er – wie gesagt – die göttlichen Kindheitskräfte vor einer noch unwürdigen Seele verbirgt. Aber das Verneinen, die Sünde, Zerstörung, kurz das Böse überhaupt ist sein *„eigentliches Element“*, dem im Weltenplan die Aufgabe zufällt, allem Werden das Vergehen entgegenzusetzen. Faust nennt ihn *„des Chaos wunderlicher Sohn“*.

Mephisto will nicht erkannt und auch, nachdem das nun doch geschieht, nicht festgehalten werden. Die Umstände, die dafür arrangiert werden, beruhen auf dem Gesetz, dass die Lokalität, wo er erscheint, auf dem gleichen Weg verlassen werden muss. Mephisto muss also durch die gleiche Tür zum Studierzimmer heraus, durch die er eintrat. Nun befindet sich auf der Türschwelle ein Pentagramm, über das der Pudel nicht springen darf. Es ist aber so schlecht gezogen, dass er es beim Eintritt nicht erkennt, von innen aber gewahr wird und nun nicht mehr heraus kann. Faust erkennt darin einen Wink des Zufalls, hält Mephisto als seinen Gefangenen

318 Ebenda Seite 570.

fest, weil selbst die Hölle ihre Rechte hat und bedenkt, dass unter solchen Umständen ein Pakt möglich sei, was Mephisto bestätigt.

Das überschreiten der Schwelle ins Nachtodliche wird von dem Pentagramm symbolisiert, während ein Hexagramm auf das Überschreiten der Schwelle bei der Geburt bezogen ist. Bei der Initiation handelt es sich um die Schwelle zum nachtodlichen Leben, die während des Erdenlebens erfahren wird. Der ahrimanische Doppelgänger, den Mephisto vor allem repräsentiert, hat das schlecht gezogene Pentagramm und damit die Todesschwelle überschritten, muss aber gerade diese Schwelle auch bei seiner Rückkehr passieren, was er nun nicht kann. Faust hält ihn fest. Mephistopheles aber macht sich frei. Als Herr der untersinnlichen Willenskräfte lässt er die aus der Erde aufsteigen und in die geistige Welt zurückkehrenden kosmischen Willenskräfte abermals als Geister-Chor erklingen. Faust hört ihn, schläft aber ein. Der Dichter stellt den Geisterchor jetzt in einer Kolumne geheimnisvoller Worte zusammen:

Schwindet ihr dunkeln
Wölbungen droben!
Reizender schaue,
Freundlich der blaue
Äther herein!
Wärend die dunkeln
Wolken zerronnen!
Sternelein funkeln,
Mildere Sonnen
Scheinen darein.
Himmlischer Söhne
Geistige Schöne,
Schwankende Beugung
Schwebet vorüber.
Sehnende Neigung
Folget hinüber;

Und der Gewänder
Flatternde Bänder
Decken die Länder,
Decken die Laube,
Wo sich fürs Leben,
Tief in Gedanken,
Liebende geben.
Laube bei Laube!
Sprossende Ranken!
Lastende Traube
Stürzt in Behälter
Drängender Kelter,
Stürzen in Bächen
Schäumende Weine
Rieseln durch reine,
Edle Gesteine,
Lassen in Höhen
Hinter sich liegen,
Breiten zu Seen
Sich ums Genügen
Grünender Hügel.
Und das Geflügel
Schlürfet sich Wonne,
Flieget der Sonne,
Flieget den hellen
Inseln entgegen,
Die sich auf Wellen
Gaukelnd bewegen;
Wo wir in Chören
Jauchzende hören,
Über den Auen
Tanzende schauen,
Die sich im Freien

Alle zerstreuen.
Einige klimmen
Über die Höhen,
Andere schwimmen
Über die Seen,
Andere schweben,
Alle zum Leben,
Alle zur Ferne
Liebender Sterne
Seliger Huld.

Znächst ist von dem absteigenden Strom die Rede und nur zuletzt von ihrem Aufsteigen zu den Sternen. Faust hat – wie gesagt – im Eingangsmonolog im Zeichen des Makrokosmos erlebt: *„wie Himmelskräfte auf und nieder steigen / und sich die goldnen Eimer reichen"*. So steigen auch hier – nur in meditativ-differenzierten Bildern die kosmischen Kräfteströme herab und zuletzt auch wieder hinauf. Mephistopheles nennt die Sänger *„luftige, zarte Jungen!"*, erniedrigt sie aber als kleine, altkluge Geschöpfe. Faust kann sie noch nicht erfassen und Mephisto konstatiert:

Er schläft! So recht, ihr luft'gen zarten Jungen!
Ihr habt ihn treulich eingesungen!
Für dies Konzert bin ich in eurer Schuld.
Du bist noch nicht der Mann den Teufel fest zu halten!

Mephistopheles macht sich nun mit Hilfe von Ungeziefer, Ratten und anderen Geschöpfen dieser Art frei, die sein Pentagramm anknabbern. Aber er kann nun weder ganz in die Unkenntlichkeit untertauchen noch ist er Faust ganz ausgeliefert. Beide ringen jetzt um die Herrschaft.

STUDIERZIMMER (Vers 1530 - 1842)

Faust spürt nun mit aller Deutlichkeit, dass der Mensch wie mit geistigen Ketten an den mephistophelischen Doppelgänger gefesselt ist und flucht auf alles, was dadurch in der Seele des Menschen angerichtet wird.

So fluch' ich allem was die Seele
Mit Lock- und Gaukelwerk umspannt
Und sie in diese Trauerhöhle
Mit Blend- und Schmeichelkräften bannt! ...
Fluch sei dem Balsamsaft der Trauben!
Fluch jener höchsten Liebeshuld!
Fluch sei der Hoffnung! Fluch dem Glauben,
Und Fluch vor allem der Geduld!

Hier beleuchtet der Dichter nun den Hintergrund des früh von Faust empfundenen Scheiterns im ahrimanischen Sündenfall, wo er das ungeistige Erleben der Liebe mit den Worten charakterisiert: *„Ha bin ich nicht der Flüchtling, Unbehauste / Der Unmensch ohne Zweck und Ruh / Der wie ein Wassersturz von Fels zu Felsen brauste / Begierig wütend nach dem Abgrund zu ... Und ich der Gottverhasste / Hatte nicht genug / Dass ich die Felsen fasste / Und sie zu Trümmern schlug! Sie ihren Frieden musst ich untergraben, / Du Hölle wolltest dieses Opfer haben!"* – In dieser Art spürt Faust nun abermals in vertiefter Deutlichkeit das Resultat des ahrimanischen Sündenfalls mit der vollen Verzweiflung. Jetzt meldet sich der Geisterchor noch einmal und beklagt Fausts Verhalten und fordert ihn auf, umzukehren und aufzubauen, was er zerschmettert hat:

Weh! Weh!
Du hast sie zerstört,
Die schöne Welt,
Mit mächtiger Faust

Sie stürzt, sie zerfällt!
Ein Halbgott hat sie zerschlagen!
Wir tragen
Die Trümmern in's Nichts hinüber,
Und klagen
Über die verlorne Schöne
Mächtiger
Der Erdensöhne,
Prächtiger
Baue sie wieder
In deinem Busen baue sie auf!
Neuen Lebenslauf
Beginne
Mit hellem Sinne
Und neue Lieder
Tönen darauf![319]

Die „verlorene Schöne“ ist die im Prolog ausgesprochene Geistigkeit der Astralwelt, die der Mensch nur in seinem Inneren findet. Mephisto will sie unwirksam machen und sogleich den Ernst der geistigen Ermutigung herunterspielen.

Dies sind die Kleinen
Von den Meinen.
Höre wie zu Lust und Taten
Altklug sie raten![320]

So beginnt nun das innere Ringen Fausts mit dem Doppelgänger. Mephisto möchte am liebsten nicht entdeckt werden. Er kann nun nicht mehr ausweichen und bietet sich als Diener an, hofft aber, Faust von dem rechten Weg abhalten zu können. Faust ist sich nur seines unbedingten Taten- und Strebensdrangs bewusst und

319 Ebenda Seite 578..
320 Ebenda Seite 579..

erwartet nicht, daß so ein Teufel *„eines Menschen Geist, in seinem hohen Streben"* überhaupt begreifen kann. Er strebt aber danach, das gesamte Gebiet des Wollen zu erfahren, von der niedrigsten bis zur höchsten Art, und fordert von Mephisto, dass er ihm die Quintessenz dieser Kräfte offenbart. Sie äußern sich im seelischen Erleben als Unersättlichkeit des Begehrens, als unerfüllbare Sättigung, die sich nimmermehr befrieden lässt: *„Doch hast du Speise die nicht sättigt ... / Ein Spiel bei dem man nie gewinnt, / Ein Mädchen das an meiner Brust / Mit äugeln schon dem Nachbar sich verbindet ..."* In diesem Sinne führt er noch etliche merkwürdige Beispiele an und fasst die Gewalt der im Streben waltenden Kräfte des Begehrens, wenn sie sozusagen nackt ins Auge gefasst werden, in den Ausdruck zusammen: *„Zeig mir die Frucht die fault, eh man sie bricht, / Und Bäume die sich täglich neu begrünen!"*[321] *„Ein solcher Auftrag schreckt mich nicht"* erwidert Mephistopheles. Faust will alle Reize des Begehrens ergründen und vertraut auf seine innere Disziplin, keinem zu verfallen. Helena aber repräsentiert sozusagen den Magnet im Magnet, die Macht der Anziehung in allen Begehrungen, und ihr anzugehören führt im Sinne der Ästhetik an die Pforte zur geistigen Welt. Erst damit wird eine Kraft erfasst, die den geistigen Klimmzug zum Urquell der Weltseele ermöglicht. Das erfordert, dass Faust alle Lockungen erfährt, sich jedoch nirgends zum Verweilen und Genießen verführen lässt:

Werd' ich beruhigt je mich auf ein Faulbett legen;
So sei es gleich um mich getan!
Kannst du mich schmeichelnd je belügen,
Daß ich mir selbst gefallen mag,
Kannst du mich mit Genuß betrügen;
Das sei für mich der letzte Tag!
Die Wette biet ich!

---

321 Ebenda Seite 580.

Mephistopheles: Top!

Faust: *Und Schlag auf Schlag!*
Werd' ich zum Augenblicke sagen:
Verweile doch du bist so schön!
Dann magst du mich in Fesseln schlagen,
Dann will ich gern zu Grunde gehn!
Dann mag die Totenglocke schallen,
Dann bist du deines Dienstes frei,
Die Uhr mag stehn, der Zeiger fallen,
Es ist die Zeit für mich vorbei![322]

In diesem Sinne schließen Faust und Ahriman-Mephistopheles den Pakt. An sich verfügt Faust jetzt über die Kräfte, die ihn aus der Erdensphäre in die geistige Sphäre der Weltseele erheben. Er macht sich auch auf den Weg und erhebt sich zunächst zur untersten Ebene der Seelenwelt.

WALPURGISNACHT (Vers 3835 - 4395)

Die Seelenwelt hat verschiedene Regionen, in denen der Gegensatz der Schönheit und Hässlichkeit urständet. In der untersten Region herrschen geistig-substantiell Torheit, Hässlichkeit und Bosheit mit krassem Egoismus. In den höchsten Regionen hingegen waltet das sonnenklare, lichte Leben. Dazwischen gibt es mannigfaltige Abstufungen. Alles was der Mensch im Erdenleben erlebt, schreibt sich in die Seelenwelt ein. Im Leben nach dem Tod wird da alles noch einmal erlebt. Wer schon im irdischen Leben die Seelenwelt durchmisst, muss auch durch alle Regionen hindurch.

Faust erlebt nun die Sphäre, in die sich der Untergang Gretchens eingeschrieben hat. Was an der Grenze zwischen dem zweiten und dritten Jahrsiebt geschieht, ist zunächst ein biographisches Ereignis, das aber zugleich ein Ereignis in der Seelenwelt ist, und da

---

322 Ebenda Seite 581.

früher oder später auch durchgemacht wird. In diese Region führt Mephisto Faust in der Szene „Walpurgisnacht“.

Die „Walpurgisnacht“ ist die letzte der neu gedichteten Faustszenen, die Goethe unmittelbar nach der Szene „Dom“ eingereiht hat, wo Gretchens Gewissensqualen aufs Äußerste gesteigert sind, indem sie den Untergang ihrer Reinheit erlebt, der mit dem Untergang ihrer jungfräulichen Liebe identisch ist. Diese tragische Erniedrigung ist schon lange in die Seelenwelt gleichsam eingeschrieben.

Goethe wählt als Lokalität den Brocken im Harz, wo sich der Sage nach in der Nacht vom 30. April zum 1. Mai Hexen, Gespenster und sonstige abartige, in Dekadenz begriffene, in die unterste Region der Seelenwelt gebannte Wesen versammeln. Es ist zugleich die untergehende Elementarwelt, in die Faust und Mephisto nun eingehen. Faust beschreibt:

In die Traum- und Zaubersphären
Sind wir scheint es, eingegangen ...

In den weiten, öden Räumen
Seh' ich Bäume hinter Bäumen,
Wie sie schnell vorüber rücken
Und die Klippen, die sich bücken
Und die langen Felsennasen
Wie sie schnarchen, wie sie blasen!

[...]

Und die Wurzeln, wie die Schlangen,
Winden sich aus Fels und Sande;

[...]
Aber sag mir ob wir stehen?
Oder ob wir weiter gehen?
Alles alles scheint zu drehen,
Fels und Bäume, die Gesichter

Schneiden, und die irren Lichter,
Die sich mehren, die sich blähen ...

Sodann werden Hässlichkeit, Boshaftigkeit und Lüge in mannigfaltigen Formen dargestellt, wovon nur angeführt sei:

Ja den ganzen Berg entlang
Strömt ein wütender Zaubergesang.

Faust will eigentlich zu Orten, an denen die Geheimnisse des Bösen erkundet werden können, wovon er sich die Lösung mancher Rätsel erhofft. Mephistopheles aber, der diese Geheimnisse für sich behalten will und immer fürchtet, Faust könnte ihm entschlüpfen, hält ihn zurück. Beide gelangen nun zu allerlei Hexen, wobei das Getriebe immer bedrängender wird. Faust sieht dann eine Gestalt namens „Lilith“, die Mephisto als „Adams erste Frau“ bezeichnet. Gemäß alter Sagen soll Lilith sich von Adam getrennt und dem Bösen verbunden haben. Dann erblickt Faust

Ein blasses, schönes Kind allein und ferne stehen ...
Sie schiebt sich langsam nur vom Ort,
Sie scheint mit geschlossnen Füßen zu gehen.
Ich (Faust) muß bekennen, daß mir deucht,
Daß sie dem guten Gretchen gleicht.

Mephisto will ihm diese Identifikation als Trugbild ausreden und die rechte Selbsterkenntnis verhindern; jedoch glaubt Faust durch weitere Merkmale wirklich Gretchen erkennen zu können. Zuletzt sieht er etwas wie ein rotes Schnürchen um ihren Hals gehen. Mephisto aber drängt mit Nachdruck von diesen Bildern ab, was ihm gelingt, indem er auf ein Theaterschauspiel verweist, das mitten in der Walpurgisnacht gegeben wird, den so genannten „Walpurgisnachts-Traum“.

An dieses Ablenkungsmanöver knüpft sich dann die Überleitung der „Walpurgisnacht" zurück in die Gretchentragödie, wo Gretchen im Kerker dem Tod entgegengeht. Die Wirklichkeit aber ist, dass Gretchen am Schluss der Szene „Kerker" durch eine von oben kommende Stimme als „gerettet" ausgegeben wird. Die Seelenverfassung die Gretchen repräsentiert ist also nicht in der unteren Region der Seelenwelt stecken geblieben. Sie steigt also auf. Davon vermag der Dichter am Schluss der Kerkerszene allerdings nur zu sagen: *„Sie ist gerettet."* Das ergänzt er jedoch in Faust II. Teil dergestalt, dass Faust selber zum Himmel aufsteigt und dabei Gretchen wiederfindet. Eine Erhebung Fausts in die höheren Sphären der Weltseele steht nun eben nicht mehr in Goethes Dichtungen, kann aber für den Schluss des sogenannten I. Teils in Betracht gezogen werden, und zwar aus zwei Gründen: 1. Faust begibt sich ja zum Aufstieg in die Seelenwelt überhaupt und 2. hat Goethe für sich im Rahmen von Studien, die an dem Altertumsforscher Winkelmann anknüpfen, die Voraussetzungen dargelegt, seinen Faust auf so einem Aufstieg auch begleiten zu können. Daraus ergeben sich Fragen zur Weiterentwicklung der Faust-Gestalt.

35. Fragen zur Weiterentwicklung der Faust-Gestalt

Erst im hohen Alter, als Goethe Faust II. Teil dichtet und Helena aus Griechenland ins nördliche Europa holt, erkennt er dass dieses Leitbild der Ästhetik eigentlich in seinem zweiten Jahrsiebt urständet. Sein Leben lang hat er seine Faust-Gestalt immer nur an den Jugendfaust vom vierten Jahrsiebt angeknüpft und den Zusammenhang mit dem zweiten Jahrsiebt außer Acht gelassen. Dadurch ist aber nicht nur der biographische Ursprung der ästhetischen Blüteepoche – wie das zweite Jahrsiebt auch genannt werden kann – unberücksichtigt geblieben sondern auch der Ursprung der sozialen Fähigkeiten des Menschen. Dieses Motiv des Lebens wartet noch auf seine Entfaltung. Der Grund dafür liegt gemäß unseren obigen Ausführungen in dem Untergang Gretchens. Margarete, die Perle,

ist Faust hoffnungslos verloren gegangen bis er sie nach dem Tod in der Himmelfahrts-Szene wieder findet. Wäre dieses Wiederfinden nicht auch vor dem Tod im Rahmen der Biographie möglich und vor allem notwendigt?
Eine Ästhetik die das Seelenleben der Menschen zum Höchsten Göttlich-Geistigen zu erheben vermag muss die Menschen in sozialer Hinsicht verbinden. Man bedenke wie das Erleben großer Konzerte in den Konzertsälen der Welt ja gerade auf der Vereinigung von hunderten von Menschen beruht, deren Gemeinsamkeit diesen Werken erst Würde verleiht. So wie die Religion immer Gemeinden oder Gemeinschaften vereint ohne die das Menschheitliche des Göttlichen gar nicht erlebbar wäre, ebenso kann und muss die Kunst im Element des sozialen Lebens wirken wo Helenas Aufgabe liegt. Dazu kommen die Ergebnisse der Wissenschaft, die vielleicht auch erst durch einen Zusammenklang mit der Kunst ihre soziale Auswirkung entfalten können. Auf jeden Fall ist für Goethe absolut klar, dass Wissenschaft, Kunst und Religion zusammengehören, und hier möchte man glauben, dass Fausts Beitrag noch fehlt. In den Wilhelm Meister Werken gipfelt alles Streben in der Turmgesellschaft. Muss nicht für Fausts Ziele ebenso ein sozialer Raum erschlossen werden?
Goethes Kunstauffassung hängt mit dem wirklichen Leben zusammen, das er – gleichsam zusammen mit Faust – in der Metarmorphose erforscht hat, das aber das zentrale Element der Ästhetik ausmacht. Dafür liegt ein bedeutsames Zeugnis in einem Schreiben des Dichters an seinen Jugendfreund Hetzler vor, der Goethe nach seiner Meinung zur Ästhetik fragt und die Antwort erhält: *„Einige Gelehrte haben versucht die Schönheit wie einen Schmetterling zu fangen, und mit Stecknadeln für den neugierigen Betrachter festzustecken; es ist ihnen gelungen; doch es ist nicht anders damit als mit dem Schmetterlingsfang; das arme Tier zittert im Netze, streift sich die schönsten Farben ab und wenn man es ja unversehrt erwischt, so stickt es doch endlich steif und leblos da; der Leichnam ist nicht das*

ganze Tier, es gehört noch etwas dazu, noch ein Hauptstück, und bei dieser Gelegenheit wie bei jeder andern, ein sehr hauptsächliches Hauptstück: das Leben, der Geist der alles schön macht.“[323] - Und dieses Leben ist es, das Wissenschaft und Kunst und Religion verbindet. Goethe formuliert einmal:

Auf
Glaube Liebe Hoffnung
ruht des Gottbegünstigten Menschen
Religion Kunst Wissenschaft
Diese nähren und befriedigen
das Bedürfnis
anzubeten hervorzubringen zu schauen
alle drei sind eins
von Anfang und am Ende
wenn gleich in der Mitte getrennt.[324]

Auftrieb zur höchsten Region der Seelenwelt

Im Urbild der Ästhetik sind Schönheit und Leben vereint. So wie jener mit Stecknadeln für den neugierigen Betrachter festgesteckte Schmetterling endlich steif und leblos nur noch ein Leichnam ist, ebenso ist Kunst ohne die wahre, von Helena zugänglich gemachte Schönheit nur eine ohnmächtige oder besser gesagt keine Ästhetik im Sinne einer erhebenden Kraft. Erhebendes Leben ist ein im Bewusstsein zu belebendes lebendiges und immer mehr wesenhaft werdendes Ideal, das die aufwärts führenden oder ausstrahlenden Kräfte regsam macht, die von der Liebe zur Geistigen Welt ergriffen werden, wodurch wahre Kunst in ihre Rechte eintritt. Das gilt für alle Epochen eines am klassischen Ideal anknüpfenden Kunst-Lebens von den Griechen bis ins Mittelalter, weiter bis zur Romanik

323 FA II,1 Goethe an Hetzler vom 14.7.1770, Seite 211.

324 Goethe an Karl Ernst Schulbarth am 21. April 1819, AA 21, Seite 329.

und weiteren Epochen in den Bereichen Plastik, Dichtkunst, Musik, Architektur, Tanz, Eurhythmie, Sprachgestaltung, Schauspielkunst usw. Goethe fasst diese Erhebung von den ihm nahestehenden Aspekten zusammen, die wir bereits aus seinem Winkelmann-Aufsatz angeführt haben und noch einmal anführen:

„... denn indem der Mensch auf den Gipfel der Natur gestellt ist, so sieht er sich wieder als eine ganze Natur an, die in sich abermals einen Gipfel hervorzubringen hat. Dazu steigert er sich, indem er sich mit allen Vollkommenheiten und Tugenden durchdringt, Wahl, Ordnung, Harmonie und Bedeutung aufruft, und sich endlich bis zur Produktion des Kunstwerkes erhebt, das neben seinen übrigen Taten und Werken einen glänzenden Platz einnimmt. Ist es einmal hervorgebracht, steht es in seiner idealen Wirklichkeit vor der Welt, so bringt es eine dauernde Wirkung, es bringt die höchste hervor denn indem es aus den gesamten Kräften sich geistig entwickelt, so nimmt es alles herrliche, verehrungs- und liebenswürdige in sich auf und erhebt, indem es die menschliche Gestalt beseelt, den Menschen über sich selbst, schließt seinen Lebens- und Tatenkreis ab und vergöttert ihn für die Gegenwart, in der das Vergangene und Künftige begriffen ist.“[325]

Man wird sich das rechte ästhetische Urteil erringen müssen, um diese Erhebung in der Musik großer Komponisten, der Dichtkunst großer Meister usw. erfahren zu können. Nach der prinzipiellen, auf alle Kunstgebiete anwendbaren Ausführung weist Goethe paradigmatisch auf eine klassische Plastik hin:
„Von solchen Gefühlen wurden die ergriffen, die den olympischen Jupiter erblickten, wie wir aus den Beschreibungen, Nachrichten und Zeugnissen der Alten uns entwickeln können. Der Gott war zum Menschen geworden, um den Menschen zum Gott zu erheben. Man

325 Ebenda Seite 355.

erblickte die höchste Würde und ward für die höchste Schönheit begeistert. In diesem Sinne kann man wohl jenen Alten Recht geben, welche mit völliger Überzeugung aussprachen: es sei ein Unglück zu sterben, ohne dieses Werk gesehen zu haben."[326]

So wie hier die Kunst, ist auch Religion und Wissenschaft – sofern Wahrheit gesucht wird – zu wirken berufen. Die Ganzheit des Menschen wird erhoben. Dieser heute so beliebt-missbrauchte Begriff „Ganzheit" deutet an und für sich auf das Wahre, Schön und Gute des Menschen.

„*Wenn die gesunde Natur des Menschen als ein Ganzes wirkt, wenn er sich in der Welt als in einem großen, schönen, würdigen und werten Ganzen fühlt, wenn das harmonische Behagen ihm ein reines, freies Entzücken gewährt; dann würde das Weltall, wenn es sich selbst empfinden könnte, als an sein Ziel gelangt aufjauchzen und den Gipfel seines eigenen Werdens und Wesens bewundern. Denn wozu dient alle der Aufwand von Sonnen und Planeten und Monden, von Sternen und Milchstraßen, von Kometen und Nebelflecken, von gewordenen und werdenden Welten, wenn sich nicht zuletzt ein glücklicher Mensch unbewußt seines Daseins erfreut?*"[327]
Der Mensch ist Ziel und Zweck des unermesslichen Weltalls, das aufjauchzt wenn die Verwirklichung des wahren Menschseins im Menschen irgendwo erfolgt. Für die Verbreitung seiner Ästhetik gründet Goethe 1798 die Zeitschrift „Propyläen". Das Wort „Propyläen" bezeichnet tempelartige Gebäude, durch die im alten Athen derjenige schreiten muss, der zu den Tempelanlagen auf der Akropolis steigt. Es ist der „Raum zwischen dem Innern und Äußern", zwischen dem „Heiligen und Gemeinen", der aus „Stufe, Tor, Eingang, Vorhalle" besteht. Goethe will diesen baulich-räumlichen Zwischenbereich als Bild für das Streben verstanden wissen,

326 Ebenda.
327 MA 6,2; Seite 350.

das sich zwischen der Jugend und dem späteren Leben hinzieht: *„Der Jüngling, wenn Natur und Kunst ihn anziehen, glaubt, mit einem lebhaften Streben, bald in das innerste Heiligtum zu dringen; der Mann bemerkt, nach langem Umherwandeln, dass er sich noch immer in den Vorhöfen befinde. Eine solche Betrachtung"*, fährt Goethe fort, *„hat unsern Titel (Propyläen) veranlasst"*. Das übergreifend Verbindende aber, das insbesondere durch Freundschaft zu einem schönen Leben führt, findet seine Erfüllung im Menschheitlichen.

Nachdem die ersten Nummern vom Publikum erfolgversprechend entgegengenommen werden, kommt es zu bösartigen Angriffen auf die Zeitschrift, sodass dieselbe im Jahre 1801 eingestellt werden muss. Goethe sagt in den Annalen: *„Wie sich bösartige Menschen diesem Unternehmen entgegengestellt, sollte wohl zum Trost unserer Enkel, denen es auch nicht besser gehen wird, gelegentlich näher bezeichnet werden."* Unterstützt von Schiller und Meyer, gibt Goethe als Ergänzung zur Zeitschrift Preisaufgaben aus. Das erste Thema ist eine Szene aus dem 3. Gesang von Homers Ilias, in dem Helena von Aphrodite dem Paris zugeführt wird. Homer stellt Paris hier als zwar schönen, aber feigen und von Freunden und Fremden verachteten, sowie der sinnlichen Liebe ergebenen Mann dar. Helena erscheint so in einer gedemütigten Rolle, in der sie diesem unehrenhaften Paris auch noch in sinnlicher Liebe untertan sein muss. Eine solche Thematik mag Goethes Meinung über die Künstler seiner Zeit ausdrücken, deren Schönheitssinn dem wahren Schönen so unangemessen ist wie der von Homer beschriebene Paris. Alle späteren Preisaufgaben der Weimarischen Kunstfreund, unter welchen Titeln die Themen angekündigt werden, sind des griechischen Antike entnommen. Viele fassten das zweifellos zu Recht als eine Einseitigkeit auf. Auch ärgerte man sich über die von Meyer verfassten Rezensionen zu den Preisaufgaben, die teilweise auch Schiller missfielen. Hier bahnt sich der Streit zwischen den Weimarer Klassikern und den Romantikern an. Die Preisaufgaben werden

1805 abgebrochen. Sie sind auch ein bedeutendes Phänomen dieses achten Jahrsiebtes.

Der Januskopf im dritten Mondknoten

Goethes Produktionen des achten Jahrsiebtes, zu denen neben Faust vor allem auch das Drama „Die natürliche Tochter" gehört, gehen aus dem menschheitlichen Erleben der Freundschaft hervor. Gleichzeitig steigert sich Freundschaft und Liebe in dem einzigartigen Verhältnis zwischen Goethe und Schiller. Der schmerzliche Tod des Freundes am 9. Mai 1805 besiegelt diese Himmelsgabe im Erdensein. In dieser Zeit dichtet Goethe unter Schmerzen die Winkelmann-Schrift und verewigt dabei auch das Wesen der Freundschaft im Gedenken an Winkelmann.

Als ob der Himmel seinen Segen zu dieser Hinterlassenschaft gibt, geht Goethe am 14. Juni 1805 zum dritten Mal durch die kosmische Förderung des Lebens, die im Alter von 55 Jahren, 9 Monaten und 27 Tagen der dritte Mondknoten erbringt, der genau am Ende des 8. Jahrsiebt liegt.

Der 1. Mondknoten – 18 Jahre 7 Monate 9 Tage, 1 2 3 4 **5** 6 7
Der 2. Mondknoten – 37 Jahre 2 Monate 18 Tage, 1 2 **3** 4 5 6 7
Der 3. Mondknoten – 55 Jahre 9 Monate 27 Tage, 1 2 3 4 5 6 **7**

Der 1. Mondknoten liegt mit dem 19. Lebensjahr im 5. Epochenjahr und hat den Stellenwert eines zu erstrebenden Momentes, um das Ziel der Ichgeburt möglichst intensiv zu erleben. Der 2. Mondknoten im 37. Lebensjahr fällt in das dritte Epochenjahr, das mehr am Anfang der Epoche liegt und als eine Impulsierung für die bevorstehende Epoche ausgeschöpft werden kann. Der 3. Mondknoten aber fällt in das siebte Epochenjahr auf die Grenze zum neunten Jahrsiebt. Der Grenzpunkt kann zu einer höheren Verbindung gesteigert werden. Das betrifft Faust und Wilhelm Meister, jener im achten, dieser – wie gleich zu zeigen sein wird – im neunten Jahrsiebt. Die

Blickrichtung geht hier vorwärts und rückwärts. Wie ein Januskopf, der in beide Richtungen schaut, waltet der dritte kosmisch-biographische Quellpunkt in Goethes Leben über dem Jahr 1805 und mag als ein Gedenkpunkt vom Wesen der Freundschaft erscheinen.

Friedrich Wilhelm Riener

Johann Wolfgang von Goethe

Johann Joachim Winkelmann

Rekonstruktion der Propyläen

2. JUPITEREPOCHE

Mit einschneidenden Veränderungen im inneren und äußeren Leben setzt Goethes neuntes Jahrsiebt ein, das von 1806 bis 1813 währt. Die äußeren Veränderungen sind ja unübersehbar: Das alte „Heilige römische Reich deutscher Nation" wird von Napoleon bedrängt und geht zu Ende, indem Kaiser Franz II. am 6.8.1806 die Kaiserkrone niederlegt. Kurz darauf schlägt Napoleon Preußen in der Schlacht von Jena und Auerstedt, bei der Weimar unmittelbar in Mitleidenschaft gezogen wird. Goethe notiert am 14. Oktober ins Tagebuch: *„Abends um fünf Uhr flogen die Kanonenkugeln durch die Dächer. Um halb sechs Einzug der Chasseurs. Sieben Uhr Brand, Plünderung, schreckliche Nacht. Erhaltung unseres Hauses durch Standhaftigkeit und Glück."* Man sagt, die Erhaltung von Goethes Haus und Bewahrung vor Plünderung sei besonders auch ein Verdienst von Christianes entschlossenem Verhalten gewesen. Die Erschütterung nötigt den Dichter zu dem Entschluss, Christiane Vulpius nun durch Eheschließung *„völlig und bürgerlich"* anzuerkennen.

Die inneren Veränderungen in Goethes Leben äußern sich zuerst anlässlich einer neuen Ausgabe seiner Werke, (Ausgabe A) die zwischen 1806 und 1808 erscheint. Zunächst ist auch der Entschluss zu dieser zweiten Gesamtausgabe durch Plünderung und Brandschatzung Weimars aufgedrängt. In diesem Sinne schreibt er am 24.10.1806 an Cotta: *„In jener unglücklichen Nacht waren meine Papiere meine größte Sorge, und mit Recht. Denn die Plünderer sind in andern Häusern sehr übel damit umgegangen und haben alles, wo nicht zerrissen, doch umhergestreut. Ich werde nach dieser überstandenen Epoche um desto mehr eilen, meine Manuskripte in Druck zu bringen. Die Tage des Zauderns sind vorbei, die bequemen Stunden, in denen wir uns mit Hoffnung schmeicheln, unsre Versuche zu vollenden, und was wir nur entworfen hatten,* *auszuführen.“*[328] Bei dieser Gelegenheit geht er wieder alle seine Produktionen durch, ohne große Veränderungen zu machen. In den Annalen zu 1806 schreibt er: Eine *„neue Ausgabe meiner Werke nötigte mich sie* (die alten Produktionen) *sämtlich wieder durchzugehen, und ich widmete jeder einzelnen Produktion die gehörige Aufmerksamkeit, ob ich gleich bei meinem alten Vorsatze blieb nichts eigentlich umzuschreiben oder auf einen hohen Grad zu verändern.“*[329]

An Zelter schreibt er am 7. Mai 1807: *„Habe bei Herausgabe meiner Werke sehr lebhaft gefühlt, wie fremd mir diese Sachen geworden sind, ja dass ich fast kein Interesse mehr daran habe. Das geht so weit, dass ich, ohne freundliche treu fortgesetzte Beihilfe, diese zwölf Bändchen gar nicht mehr zusammengebracht hätte.*[330] Der Verlust des Interesses am bis dahin entstandenen dichterischen Werk ist ein Symptom vom Überschreiten der Grenze des dritten Mondknotens. Vergleichen wir seine Lebensverfassung anlässlich der ersten Ausgabe zur Zeit, als er den zweiten Mondknoten passiert.

Als er im sechsten Jahrsiebt bei der ersten Ausgabe seine Werke einer Durchsicht unterzieht, bedeutet das eine wichtige Selbsterfassung in Bezug auf das geistige Fundament, auf dem dann alle weiteren Produkte wachsen werden. Jetzt hingegen schaut er auf das Entstandene als etwas, was in gewisser Weise fertig ist und sich von ihm ablöst. Keinesfalls distanziert er sich von früheren Meinungen und Standpunkten, steht sich selber aber betrachtend gegenüber und wird sich selber immer mehr historisch.

---

328 FA I, 14, Seite 995.
329 MA 14, Seite 167f.
330 FA II. 6; Seite 182.

35. Wilhelm Meisters Wanderjahre und der Einfluss des Mysteriums von Golgatha

Das Ich äußert sich in zwei Formen: einerseits ergreift es die Anlagen des vorgeburtlichen Lebens, das Denken, das Erkennen und die Weltanschauung, andererseits wendet es sich nach Innen und gebiert die neue Ich-Natur, die dem höheren Leben zugewandt und mit dem Lebensende verbunden ist. Die nach außen gewandte Seite stellt Goethe durch „Faust" dar, und die nach innen gewandte, mystische Seite durch Wilhelm Meister. An Schiller hatte Goethe am 12. Juli 1796 noch geschrieben: Es *„wird die Hauptfrage sein: wo sich die Lehrjahre schließen, die eigentlich gegeben werden sollen, und in wie ferne man Absicht hat, künftig die Figuren noch einmal auftreten zu lassen. Ihr heutiger Brief deutet mir eigentlich auf eine Fortsetzung des Werks, wozu ich denn auch wohl Idee und Lust habe ... was rückwärts notwendig ist muss getan werden, so wie man vorwärts deuten muss, aber es müssen Verzahnungen stehen bleiben, die, so gut wie der Plan selbst, auf eine weitere Fortsetzung deuten."*[331] Das sind nicht ausgedachte Verzahnungen, sondern vom Schicksal sich bildende Zusammenhänge in den Untergründen der Seele. Wilhelm Meisters Übergang von den Lehrjahren zu den Wanderjahren besteht in der Suche nach dem Weg, diese vorgegebenen Schicksale zu erkennen.

Goethe sucht für die im Seeleninneren sich stellenden Fragen, die dann dichterisch dargestellt werden, immer nach einem Vorbild in der Umwelt oder in der Kulturgeschichte. Er fragt seinen Freund Heinrich Meyer in einem Brief vom 10. Mai 1799: *„Sagen Sie mir doch was ist die gewöhnliche Suite von Gemälden, wenn die Geschichte des heiligen Josephs des Pflegevaters vorgestellt wird."*[332] Der heilige Joseph als Pflegevater des Jesuskindes wird tatsächlich ein Vorbild für Wilhelm Meister und seinen Sohn Felix. Aber

331 Wilhelm Meisters Lehrjahre, FA I,10; Seite 777.
332 FA 10, Seite 780.

nicht nur das, sondern überhaupt erweist sich die Heilige Familie mit Vater, Mutter und Kind als Wegweiser zu den bevorstehenden Entwicklungen. Goethe dichtet eine Begegnung mit einer erdichteten Heiligen Familie, die vier Anfangskapitel der Wanderjahre ausmacht:

Erstes Kapitel
„Die Flucht nach Ägypten" gedichtet am 17. Mai 1807

Zweites Kapitel
„Sankt Joseph der Zweite" gedichtet am 18. Mai 1807

Drittes Kapitel
„Die Heimsuchung" gedichtet am 19. Mai 1807

Viertes Kapitel
„Der Lilienstängel" gedichtet am 20. Mai 1807

Alle vier Kapitel werden bereits 1809 für sich veröffentlicht. – Vater und Sohn überqueren ein Grenzgebirge und beim Abstieg auf halber Höhe erscheinen plötzlich hinter einem Felsen auftauchend, zwei Knaben, schön wie zwei Engelkinder: *Wilhelm hatte nicht Zeit, diese beiden sonderbaren und in der Wildnis ganz unerwarteten Wesen näher zu betrachten ... hatten ihn die Kinder in Verwunderung gesetzt, so erfüllte ihn das, was ihm jetzt zu Augen kam, mit Erstaunen. Ein derber, tüchtiger, nicht allzugroßer junger Mann, leicht geschürzt, von brauner Haut und schwarzen Haaren, trat kräftig und sorgfältig den Felsweg herab, indem er hinter sich einen Esel führte, der erst sein wohlgenährtes und wohlgeputztes Haupt zeigte, dann aber, die schöne Last, die er trug, sehen ließ.* der die Mutter Maria mit dem Kind trägt, wie sie im Evangelium als „Flucht nach Ägypten" geschildert und von vielen Malern dargestellt werden. Felix aber freundet sich augenblicklich mit den beiden Kindern an, und die Väter verabreden für den nächsten Tag einen Besuch. Davon schreibt Wilhelm Meister seiner Gemahlin Nathalie, die ihre Lieben aus der Ferne begleitet:

So eben schließe ich eine angenehme, halb wunderbare Geschichte, die ich für dich aus dem Munde eines gar wackern Mannes aufgeschrieben habe. Wenn es nicht ganz seine Worte sind, wenn ich hie und da meine Gesinnungen, bei Gelegenheit der Seinigen, ausgedrückt habe, so war es bei der Verwandtschaft, die ich hier mit ihm fühlte, ganz natürlich. Jene Verehrung seines Weibes gleicht sie nicht derjenigen die ich für dich empfinde? und hat nicht selbst das Zusammentreffen dieser beiden Liebenden etwas Ähnliches mit dem unsrigen? Mit diesem Geburtsmotiv beginnen Wilhelm Meisters Wanderjahre.

Vater, Mutter und Kind spiegeln Leib, Seele und Geist. Ähnliche Bilder finden sich zum Beispiel auch im Alten Testament. Als Moses zum Führer seines Volkes Israel berufen wird und sich dafür bei seinem Schwiegervater Jethro in der Wüste vorbereitet, wird das

Ergebnis dieser Vorbereitung ebenfalls im Bild vom Esel, der die Gemahlin trägt, die zwei Söhne mit sich führt, ausgedrückt: *„Also nahm Mose sein Weib und seine Söhne und führte sie auf einem Esel und zog wieder nach Ägyptenland ...“* (2. Moses 4, 19, 20)

Die dreifache Ichhaftigkeit entfaltet sich dann im Laufe des neunten Jahrsiebts weiter und die zweiten Wanderjahre werden im Spiegel der Heiligen Familie angetreten.

Diese Familie wohnt in einer halb erhaltenen, halb zerfallenen Klosteranlage. Der Mann nennt sich Joseph und nach ihm das Kapitel „Sankt Joseph der Zweite“. Er wohnt in einer selbst restaurierten Kapelle, an deren Wänden Fresken von der Geschichte des heiligen Josephs gemalt sind. So, wie der Leib das Leben der Seele prägt, ist das auch bei dem in der Kapelle beschriebenen Leben der Fall. Wie die Prägung aussieht, wird in dem Bilderzyklus in zehn Bildern angedeutet. Zunächst werden nur neun angeführt:

1. *Hier sah man ihn mit seiner Zimmerarbeit beschäftigt;*
2. *hier begegnete er Marien, und eine Lilie sproßte zwischen beiden aus dem Boden, indem einige Engel sie lauschend umschwebten.*
3. *Hier wird er getraut .*
4. *Es folgt der englische Gruß.*
5. *Hier sitzt er mißmutig zwischen angefangener Arbeit, läßt die Axt ruhen und sinnt darauf, seine Gattin zu verlassen.*
6. *Zunächst erscheint ihm aber der Engel im Traum, und seine Lage ändert sich.*
7. *Mit Andacht betrachtet er das neugeborene Kind im Stall zu Bethlehem und betet es an.*
8. *Bald darauf folgt ein wundersam schönes Bild. Man sieht mancherlei Holz gezimmert; eben soll es zusammengesetzt werden, und zufälliger Weise bilden ein paar Stücke ein Kreuz. Das Kind ist auf dem Kreuze eingeschlafen, die Mutter sitzt daneben und betrachtet es mit inniger Liebe, und der Pflegevater hält mit der Arbeit inne, um den Schlaf nicht zu stören.*

9. Gleich darauf folgt die Flucht nach Ägypten."[333]

Das achte Bild ist entscheidend. Hier ist das schlafende Kind auf dem Kreuz eingeschlafen. Das Kreuz, Bild des Todes den Christus überwindet, trägt das Geisteskind. Während sich in der Urgeschichte selbstverständlich zuerst die Geburt und dann Tod und Auferstehung abspielen, liegt hier das Kreuz der Geburt zugrunde, eben der Geistgeburt. Das ist der höhere Sinn dieser Komposition, der sich erschließt, wenn die Geburt eben auf die Geistgeburt bezogen wird. In dieser Weise vergegenwärtigt Goethe die Geburtsgeschichte Jesu in ihrer Wirkung auf die Menschheit, die erst nach Tod und Auferstehung Christi wieder möglich wird, und zwar im Zeichen des Kreuzes. Dann muss diese Geistgeburt aber weiterhin geschützt werden. Davon spricht das zehnte Bild der Josephskapelle:

„Dem heiligen Joseph war nichts Geringeres aufgetragen, als einen Thron für den König Herodes zu machen. Zwischen zwei gegebene Säulen soll der Prachtsitz aufgeführt werden. Joseph nimmt sorgfältig das Maß von Breite und Höhe und arbeitet einen köstlichen Königsthron. Aber wie erstaunt ist er, wie verlegen, als er den Prachtsessel herbeischafft: er findet sich zu hoch und nicht breit genug. Mit König Herodes war, wie bekannt, nicht zu spaßen; der fromme Zimmermeister ist in der größten Verlegenheit. Das Christkind, gewohnt, ihn überall hin zu begleiten, ihm in kindlich demütigem Spiel die Werkzeuge nachzutragen, bemerkt seine Not und ist gleich mit Rat und Tat zur Hand. Das Wunderkind verlangt vom Pflegevater: er soll den Thron an der einen Seite fassen; es greift in die andere Seite des Schnitzwerkes und beide fangen an zu ziehen. Sehr leicht und bequem, als wär' er von Leder, zieht sich der Thron in die Breite, verliert verhältnismäßig an der Höhe und paßt ganz

333 „Wilhelm Meisters Wanderjahre", FAI, 10 Seite 271f.

vortrefflich an Ort und Stelle, zum größten Troste des beruhigten Meisters und zur vollkommenen Zufriedenheit des Königs.“[334]

Der das Kind beschützende Vater erfüllt seine Pflicht durch die Flucht nach Ägypten, zugleich aber schützt auch das neugeborene Kind den Vater vor dem Zugriff des Bösen durch das Wunder der Thronanpassung.

Im neunten Jahrsiebt gleicht der physische Leib einer bereits halb zerfallenen, halb erhaltenen Wohnung. So charakterisiert der Dichter die Klosteranlage, in der die Heilige Familie wohnt. Klösterlich mutet das Haus des Leibes an, wenn die Seele sich der Entsagung widmet. Die „Entsagenden“ lautet ja der Untertitel der Wanderjahre. So repräsentiert die Klosteranlage den physischen Leib, in dem Joseph, Träger des väterlichen Ich, wohnt. Sein Leib beherbergt gleichzeitig die Seelenmutter, die das Geisteskind empfängt und gebiert.

Wilhelm Meister wird in diese mystischen Geheimnisse eingeweiht. Joseph erzählt ihm sein Leben. Der klösterliche Wohnraum wird als etwas geschildert, von dem eine lebendige Wirkung ausgeht. Joseph sagt: *„wenn das Leblose (*Haus*) lebendig ist, kann es auch wohl Lebendiges hervorbringen“* So wird das klösterliche Anwesen als ein alter Bau beschrieben der dem Leben dient. Wilhelm geht darauf mit den Worten ein: *„O ja! ... Es sollte mich wundern, wenn der Geist, der vor Jahrhunderten in dieser Bergöde so gewaltig wirkte ... wenn er nicht auch aus diesen Trümmern noch seine Lebenskraft auf ein lebendiges Wesen ausübte.“* An eine Verchristung ist hier zu denken, die sich durch den Strom der Vererbung erstreckt und auch von da aus die geistige Entwicklung des einzelnen Menschen beeinflusst.

In der Epoche der Wanderjahre geht es dann um die Suche nach dem eigenen Schicksal, die sowohl für Felix, als auch für Wilhelm

334 Wilhelm Meisters Lehrjahre, FA I,10; Seite 276.

Meister ansteht. Sie vollzieht sich unter dem Geleit von Natalie und der Turmgesellschaft. Sie empfehlen Verpflichtungen, die Wilhelm sich selber auferlegen muss. Er weiß zunächst nur: *„Mein Leben soll eine Wanderschaft werden. Sonderbare Pflichten des Wanderers habe ich auszuüben und ganz eigene Prüfungen zu bestehen, die mir der Verein, die ich mir selbst vorschrieb. Nicht über drei Tage soll ich unter Einem Dache bleiben. Keine Herberge soll ich verlassen, ohne dass ich mich wenigstens eine Meile von ihr entferne. Diese Gebote sind wahrhaft geeignet, meine Jahre zu Wanderjahren zu machen und zu verhindern, dass auch nicht die geringste Versuchung des Ansiedelns bei mir sich finde.“*[335]

Das Ansiedeln ist erst am Platz, wenn er das neue Ziel gefunden hat. Nun folgt eine außerordentlich bunte Fülle von Erfahrungen, die wir hier außer Acht lassen müssen, um uns unmittelbar dem Ziel zuzuwenden.

Nach der Begegnung mit der Heiligen Familie wandert er weiter durchs Gebirge und kommt zu einer Höhle. Felix klettert hinein, verschwindet und erscheint erst auf die Rufe seines Vaters. Zunächst guckt er aus der Erde hervor, wie wenn er ein Teil derselben wäre. Goethe schildert das in einem bemerkenswerten Satz: *Man konnte wirklich sagen, aus der Erde: denn die Felsenspalte, durch die er herausschaute, war kaum breit genug, um seinen Kopf durchzulassen.* Hier offenbart der Dichter in Bildern auch etwas von der Beziehung des Kleinkindes zum Inneren der Erde, die er mit der Wurzelbildung vergleicht und Steiner mit den untersinnlichen Erden - Willenskräften verknüpft.

Felix bringt nun ein geheimnisvolles Kästchen aus der Höhle mit. Er hat es unten in der Höhle in einer Truhe gefunden. Höhle und Truhe deuten auf Natur und Kultur im Menschen, das heißt auf die Erdenkräfte im Menschen. Das Kästchen scheint aus Gold zu sein, ist prächtig schön und hat die Größe eines Oktavbandes, das heißt

335 FA I, 10, Seite 268..

eines Buches. Fortan wird es da „Prachtkästchen“ genannt. Aber kein Schlüssel ist vorhanden. Es birgt ein Geheimnis, das sich im Verlauf des weiteren Schicksal erschließt. So wie das Schicksal eines Menschen nach der Geburt wie ein noch unerschlossenes Geheimnis anmutet, ebenso das Schicksal des von Felix gespiegelten dritten Ich im neunten Jahrsiebt.

Desgleichen handelt es sich um das Schicksal Wilhelms, das er als Weg des Suchens erfasst, als Wanderung, die zu einem letzten und tiefsten Durchwandern des eigenen Lebens führt. Zuletzt gelangt Wilhelm zu der Schicksals-Erkenntnis mit dem Entschluss, Wundarzt zu werden. Als Wundarzt ist er weniger für Kranke als für Gesunde, die sich auf ihren Wegen verletzt haben und verunglückt sind, zuständig.

Die letzte, ausschlaggebende Förderung von Wilhelms Entschluss gewährt ihm der Freund Jarno, der in den Wanderjahren als Montan erscheint, der in die Mysterien der Erde eingeweiht ist und Wilhelms vorsichtiges Fragen willensstark auffasst und auf dessen Zaghaftigkeit *„mit heftigen und bittern Worten“* reagiert: *„Es sei nichts mehr der Mühe wert … zu lernen und zu leisten, als dem Gesunden zu helfen, wenn er durch irgendeinen Zufall verletzt sei: durch einsichtige Behandlung stelle sich die Natur leicht wieder her;die Kranken müsse man den Ärzten überlassen, niemand aber bedürfe eines Wundarztes mehr als der Gesunde. In der Stille des Landlebens, im engsten Kreis der Familie sei er ebenso willkommen als in und nach dem Getümmel der Schlacht; in den süßesten Augenblicken wie in den bittersten und grässlichsten; überall walte das böse Geschick grimmiger als der Tod, und ebenso rücksichtslos, ja noch auf eine schmählichere, Lust und Leben verletzende Weise. Willst du dich ernstlich dem göttlichsten aller Geschäfte widmen, ohne Wunder zu heilen und ohne Worte Wunder zu tun“*[336],

336 ebenda Seite 555..

dann kann er von der Verpflichtung des Wanderns befreit werden und sein Studium in Angriff nehmen.

Die Verwirklichung der Meisterschaft erbringt dann die Wiedergeburt des dritten Ich, die für Wilhelm zu einem Akt der Selbsterkenntnis wird, zu der er andererseits – als „Wundarzt" – den Menschen verhelfen kann, die sich an ihn wenden.

Als Wilhelm Meister dann den Beruf des Wundarztes ergriffen hat und Felix zu einem flinken Jüngling herangereift ist, unternimmt der Vater eine Schifffahrt, bei der sein Kahn an einem überhängenden, ausgewaschenen Ufer vorbeikommt, wo Felix zufällig reitet, der aber nicht gleich erkannt werden kann. *„Ganz oben, auf dem schroffsten Rande ... sah der Freund einen jungen Mann herantraben, gut gebaut, von kräftiger Gestalt. Kaum aber wollte man ihn schärfer in's Auge fassen als der dort überhangende Rasen losbricht und jener Unglückliche jählings, Pferd über, Mann unter, ins Wasser stürzt. Hier war nicht Zeit zu denken, die Schiffer fuhren pfeilschnell dem Strudel zu und hatten im Augenblick die schöne Beute gefasst. Entseelt scheinend lag der holde Jüngling im Schiffe, und nach kurzer Überlegung fuhren die gewandten Männer einem Kiesweidicht zu, das sich mitten im Fluss gebildet hatte. Landen, den Körper an's Ufer heben, ausziehen und abtrocknen war ein's. Noch aber kein Zeichen des Lebens zu bemerken, die holde Blume hingestreckt in ihren Armen!*

Wilhelm griff sogleich nach der Lanzette, die Ader des Arms zu öffnen, das Blut sprang reichlich hervor und mit der schlängelnd anspielenden Welle vermischt folgte es gekreiselt dem Strome nach. Das Leben kehrte wieder; kaum hatte der liebevolle Wundarzt nur Zeit, die Binde zu befestigen, als der Jüngling sich schon mutvoll auf seine Füße stellte, Wilhelmen scharf ansah und rief: „Wenn ich leben soll, so sei es mit dir!" Mit diesen Worten fiel er dem erkennenden und erkannten Retter um den Hals und weinte bitterlich. So standen sie fest umschlungen, wie Kastor und Pollux, Brüder, die sich auf dem Wechselwege vom Orkus zum Licht begegnen."

– Erkennen und Erkanntwerden ist das entscheidende Motiv der Zwillinge.

Was Goethe hier im hohen Alter als Selbsterkenntnis der neu geborenen Ichhaftigkeit darstellt, ist wie ein Spiegelbild der neu geborenen Leiblichkeit am Anfang des Erdenlebens. An sich wird die Geburt des Leibes im ersten Jahrsiebt durch die Geist-Geburt im neunten Jahrsiebt, der zweiten Jupiter-Epoche, gespiegelt. Obwohl Goethe den Schluss der Wanderjahre erst im zwölften Jahrsiebt dichtet, ist es dennoch gleich zu Anfang der Wanderjahre im neunten Jahrsiebt veranlagt. Treffend wird in der Frankfurter Ausgabe charakterisiert: „Zu einem sehr frühen Zeitpunkt der Romanentstehung, nämlich 1810, ist also ein Großteil der Wanderjahre schon konzipiert und entworfen, ein kleinerer Teil immerhin niedergeschrieben … Wie viel Mühe Goethe auch später für sein Werk aufgewendet hat, die Arbeit beschränkt sich im Wesentlichen auf die Ergänzung und Reorganisierung des Romans; seine stoffliche Substanz bestand im Großen und Ganzen schon 1810.[337]

36. Autobiographische und soziale Aspekte

Mitten im neunten Jahrsiebt nimmt Goethe die Schilderungen von *„Dichtung und Wahrheit"* in Angriff. Nach einer Mitteilung Riemers äußert Goethe an seinem neunundfünfzigsten Geburtstag am 28. August 1808 zum ersten Mal das Vorhaben, sein Leben zu beschreiben.[338] Die Tagebuchzeugnisse beginnen ein Jahr später, am 11. Oktober 1809 mit dem Vermerk: *„Schema einer Biographie"*[339]. In den darauffolgenden Tagen werden *„alte Tagebücher vorgesucht"*[340], *„biographische Übersichten"*[341] erstellt und

337 FA I,10, Seite 786.
338 WA – DTV 30, Seite 345.
339 WA – DTV 81, Seite 69.
340 Ebenda Seite 70.
341 Ebenda

„biographische Untersuchungen“[342] gemacht. Dann erkundigt er sich bei allen zur Verfügung stehenden Bekannten über die frühen Jahre und befragt unter anderem Knebel, Jakobi, Klinger, Schlosser und Bettina Brentano, die ihm die Erzählungen von seiner Mutter mitteilt. Goethes Mutter stirbt am 13. September 1808. Aber auch historische Werke, wie zum Beispiel ein Lexikon über deutsche Dichter, werden benutzt. Etwa am 12. Oktober 1809 wird mit einem großen, umfassenden „Schema der Biographie“ begonnen, das von der Ernennung von Goethes Vater zum Kaiserlichen Rat im Jahre 1742 bis zum Jahre 1809 reicht. Daraus geht hervor, dass Goethe seine ganze Biographie vor Augen hat, als er die Niederschrift plant. Im Herbst 1811 diktiert er den 1. Teil von „Dichtung und Wahrheit“, das sind die beiden Kindheitsjahrsiebte. Wenn man bedenkt, dass Goethe sich im 8. Jahrsiebt in die Sphäre der Weltseele erhebt und schon vorher die planetarischen Kreise mit dem Seelenleben verbindet, dann kann man nachvollziehen, dass er auch bei seiner Geburt den Stellenwert der Geburt aus den eigenen höheren Erfahrungen erringt. Für sein geistiges Auge und das ästhetisch geschulte Bewusstsein erschließt sich das kosmische Geburtsgeheimnis, das er gleich im ersten Satz von „Dichtung und Wahrheit“ ausdrückt:

„Am 28. August 1749, Mittags mit dem Glockenschlage zwölf, kam ich in Frankfurt am Main auf die Welt. Die Konstellation war glücklich;die Sonne stand im Zeichen der Jungfrau, und kulminierte für den Tag; Jupiter und Venus blickten sie freundlich an, Merkur nicht widerwärtig; Saturn und Mars verhielten sich gleichgültig: nur der Mond, der so eben voll ward, übte die Kraft seines Gegenscheins um so mehr, als zugleich seine Planetenstunde eingetreten war. Er widersetzte sich daher meiner Geburt, die nicht eher erfolgen konnte, als bis diese Stunde vorübergegangen.“ Für unser gewöhnliches Vorstellungsvermögen erscheinen solche Sätze bloß

342 Ebenda

als astrologische Gläubigkeit. Für Goethe liegen aber eben innerlich errungene Erfahrungen zugrunde.

Ein Jahr später wird im Oktober 1812 der 2. Teil und damit das dritte Jahrsiebt diktiert, und im November 1813 der 3. Teil, der die Wanderjahre bis 1774 umfasst. Später werden die Wanderjahre noch bis zur Übersiedlung nach Weimar im Jahre 1775 ergänzt. Hier bricht die Autobiographie ab.

Soziale Aspekte

Wilhelm Meisters Wanderjahre führen den Dichter zugleich und vor allem auch in die Region des vierten Jahrsiebtes. In seinem eigenen vierten Jahrsiebt gab es ja eine Fülle von besonderen, gerade an dieses Lebensalter gebundenen Freundschaften. Dieser soziale Aspekt macht sich auch in dem die Wanderjahre dichtenden neunten Jahrsiebt wieder geltend. Es gibt einer ganze Reihe von jungen, im vierten Jahrsiebt lebenden Menschen, die plötzlich eine ganz innige Beziehung zu dem alten Dichter entwickeln und umgekehrt.

Urbildhaft für die hier schlummernden Möglichkeiten erscheint mir Goethes Begegnung mit der erst dreiundzwanzigjährigen österreichischen Kaiserin Maria Ludovica, Gemahlin des Kaisers Franz im Sommer 1810 in Karlsbad. Auf Bitten des Kreishauptmanns macht Goethe Gedichte zu deren Empfang. Dann gibt es Gespräche und auch Briefe von Goethe. Seiner Frau Christiane schreibt er 1812, *„man kann sich kaum einen Begriff von ihren Vorzügen machen“. „Ihr werdet über gewisse Dinge, die ich zu erzählen habe, erstaunen, beinahe erschrecken.“* An Reinhard schreibt er, *„Eine solche Erscheinung gegen das Ende seiner Tage zu erleben, gibt die angenehme Empfindung, als wenn man bei Sonnenaufgang stürbe und sich noch recht mit inneren äußeren Sinnen überzeugte, dass die Natur ewig produktiv, bis ins Innerste göttlich, lebendig,* ihren *Typen treu und keinem Alter unterworfen ist.“* Schon 1816 stirbt die Kaiserin. In den Tag - und Jahresheften zu diesem Jahr steht, *„Der Tod der Kaiserin versetzte mich in einen Zustand,* *dessen Nachgefühl mich niemals wieder verließ.“* Noch 1821 bekennt er, *„den Tod der hochseligen Kaiserin noch nicht verwunden zu haben“*. Conrady meint treffend: *„Es müssen für den, der dies schrieb, erhöhte Stunden gewesen sein, die er in ihrer Gegenwart verbrachte. Vielleicht sah er in der jugendlichen Kaiserin eine leibhaftige Eugenie, wie er sie in der Natürlichen Tochter gedichtet hatte, und war beglückt, dass „die Natur ewig produktiv“ solche Gestalten wirklich hervorbrachte.“*[343]

Obwohl ganz verschieden, lebt doch eine ähnliche Innigkeit auf, als Goethe zwischen 1806 und 1812 Sulpiz Boisseree (1783-1854), Bettina von Arnim (1785-1859), Wilhelmine Herzlieb (1789-1865) und Sylvie von Ziegesar (1785-1858) begegnet, alle in den Zwanzigerjahren.

Es ist ja die Geburt des zweiten Ich, dessen Entwicklung in deren vierten Jahrsiebt ansteht. Sie suchen unbewusst alle auch die Verbindung zu den tragenden Erdenkräften. Goethe hatte sie eben gerade als „Wanderer“ erlebt, sie sich anhand von Shakespeare vergegenwärtigt und dann selber ein Prometheus-Drama angefangen, in dem Menschen aus Erde geformt werden, denen die Seele durch die Luft eingeblasen wird. Ein Gewahrwerden dieser elementaren Kräfte lebt unbewusst in jedem jungen Menschen im vierten Jahrsiebt, und Goethe belebt diese Erfahrungen nun von Seiten des hohen Alters im neunten Jahrsiebt.

1807 besucht ihn Bettina von Arnim, als zweiundzwanzigjähriges Mädchen. Als Tochter von Maximiliane von La Roche, einer Jugendfreundin Goethes, hat sie zuvor innigen Kontakt zu Goethes Mutter aufgenommen, die ihr aus dessen Knabenjahren viel erzählt, was sie dem die Autobiographie scheibenden Dichter berichtet. Es begann ein Briefwechsel zwischen den beiden, der nach Goethes Tod unter dem Titel *Goethes Briefwechsel mit einem Kinde* berühmt wurde. Ihren ersten Besuch stattete sie ihm im April 1807 in Weimar ab,

---

343 Conrady, Bd. 2, Seite 376.

und den letzten am 13.September 1811. *„Kein Wesen in der ganzen Natur war mir* (Bettine) *so angemessen, gab so, was ich begehrte, als eben das seinige...“*, schrieb die etwa Zweiundzwanzigjährige an Achim von Arnim, den sie 1811 heiratet. Ihren Briefen kann man entnehmen, dass sie sich in ihren eigenen Wanderjahren befindet und von Goethe zum Erleben der in ihrem Eigenwesen waltenden elementaren Natur ermuntert wird. Es sprechen Kunst und Natur in Zusammenhang mit dem Göttlichen so intensiv aus ihren Briefen an Goethe, dass der Dichter aus diesem Grunde am 17.8.1810 einmal sagt: *„Deine Briefe, allerliebste Bettine, sind von der Art daß man jederzeit glaubt der letzte sei der interessanteste.“*[344]

Das wird nun nicht ohne ein Aufflammen von Leidenschaft erlebt, welche Gefahr Goethe einmal im Auge hat, als er ihr an einem heißen Augustabend sagt: *„Weib! Weib! wenn du wüßtest, wie süß du bist, dann! ja dann erst könntest du's begreifen, wie streng die Fesseln sind, die deine Unschuld mir anlegt, daß ich's nicht vermag, sie zu zerreißen.“*[345]

Auch das Ende dieser Beziehung sei vermerkt. Als Goethes neuntes Jahrsiebt zu Ende geht, kommt es nach einer öffentlichen Auseinandersetzung zwischen Bettina und Goethes Ehefrau Christiane zum Bruch mit Goethe. In einer Gemäldeausstellung hatte sich Bettina von Arnim abfällig über Werke geäußert, die Christiane am Herzen lagen; es entstand heftiger Streit, und als Christiane ihr die Brille von der Nase riss, nennt Bettina sie *„wahnsinnige Blutwurst“*. Sofort verbietet Goethe ihr und ihrem Ehemann fortan sein Haus. Als er das Ehepaar ein Jahr später in Bad Teplitz trifft, nimmt er von ihnen keine Notiz und schreibt seiner Frau: *„Ich bin sehr froh, daß ich die Tollhäusler los bin.“* Wiederholte Briefe, in denen Bettina ihn verzweifelt um erneute Kontaktaufnahme bittet, lässt er unbeantwortet.

---

344 FA II,6; Seite 597.

345 Ebenda Seite 594.

Goethe hat den Charakter dieser Lebensalter-Beziehungen zwischen dem neunten und vierten Jahrsiebt in einer Sonnette einprägsam dargestellt. Er dichtet im Kreise von Freunden, die sich wetteifernd der Sonnettenform zuwenden. Goethes Verse beginnen:

Im weiten Mantel bis ans Kinn verhüllet
Ging ich den Felsenweg, den schroffen, grauen,
Hernieder dann zu winterhaften Auen,
Unruh'gen Sinns, zur nahen Flucht gewillet.

Auf einmal schien der neue Tag enthüllet:
Ein Mädchen kam, ein Himmel anzuschauen,
So musterhaft wie jene lieben Frauen
Der Dichterwelt. Mein Sehnen war gestillet.

Doch wandt' ich mich hinweg und ließ sie gehen,
Und wickelte mich enger in die Falten,
Als wollt' ich trutzend in mir selbst erwarmen;

Und folgt ihr doch. Sie stand. Da war's geschehen!
In meiner Hülle konnt' ich mich nicht halten,
Die warf ich weg, Sie lag in meinen Armen.

Die gesellige Runde, in der Goethe mit Riemer, dem Dichter Werner und anderen sich gegenseitig ihre Sonette vortragen, hat einen Mittelpunkt in Christiane Friderike Wilhelmine Herzlieb, genannt „Minchen Herzlieb". (1789-1865).
Nun sei noch Sulpiz Boisseree (1783-1854) und sein jüngerer Bruder Melchior erwähnt. Beide waren Gemäldesammler und ersterer auch Kunst- und Architekturhistoriker sowie ein bedeutender Förderer der Vollendung des Kölner Domes. Nach längeren Bemühungen kann er Goethe endlich im Mai 1811 besuchen. Zuerst ist Goethe *„steif und kalt"*, und reagiert mit *„ja ja! und hem hem!"*. *„Erst als wir von der alten Malerei sprachen, taute er etwas auf"*,

und am nächsten Tag meldet Boisseree, *“mit dem alten Herrn geht mir´s vortrefflich, bekam ich auch den ersten Tag nur einen Finger, den andern hatte ich schon den ganzen Arm“*. Goethe gefiel plötzlich der junge Mann, und eine lebenslange Verbindung entsteht mit einem wiederum ganz eigenen, besonderen Briefwechsel.

Bettina von Arnim

Wilhelmine Herzlieb

Sylvie von Ziegesar

Kaiserin Maria Ludovica

37. Das Erbe Zarathustras

In der fünften Kulturepoche gibt es – wie dargestellt – das Wiedererstehen der dritten Kulturepoche. Ebenso wird es ein Wiedererstehen der zweiten Kulturepoche in der sechsten und der ersten in der siebten Kulturepoche geben.

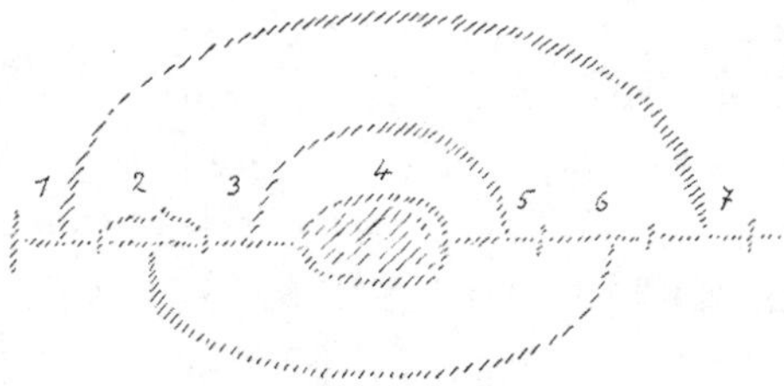

Die sieben Kulturepochen und ihre Beziehung untereinander mit Hervorhebung der 2. und 6. Epoche

In der zweiten Kulturepoche war Zarathustra der Begründer und Lenker der Kultur, und es obliegt uns, die Entwicklung von Zarathustra abzuleiten, die dann über Moses in Ägypten zu Goethe in unserer Zeit und darüber hinaus bis zur sechsten Kulturepoche in Betracht kommt.

Von Zarathustra stammt die Lehre vom Strom der Zeit und das Vermögen, das im Strom der Zeit dahinfließende Leben zu dirigieren und zu gestalten. Das ist nichts anderes als das Geheimnis der Schlange. Steiner hat es uns auch einmal in Form eines geometrischen Bildes verdeutlicht. Es komme auf eine höhere Einheit von Vergangenheit und Zukunft an. Man müsste sich vorstellen „*dass der Blick sowohl in die Zukunft wie in die Vergangenheit zu demselben Punkte führt. Das ist eine Vorstellung, die für den heutigen*

Menschen außerordentlich schwer zu vollziehen ist. Denken wir uns dazu einen Kreis: wenn wir von dem untersten Punkte nach einer Seite gehen, kommen wir zu dem gegenüberliegenden Punkte oben; wenn wir nach der anderen Seite gehen, kommen wir ebenfalls zu demselben Punkte. Nehmen wir den Kreis größer, so müssen wir einen weiteren Weg machen, und der Bogen wird dadurch flacher und flacher. Nun können wir den Kreis immer größer und größer machen, dann ist das Ende, dass die Kreislinie zuletzt eine Gerade wird. Dann geht der Weg nach der einen Seite in die Unendlichkeit und nach der anderen Seite auch. Aber kurz vorher, wenn wir nicht so weit gehen, wenn wir den Kreis nicht so groß machten, dann würden wir, wenn wir nach der einen Seite wie nach der andern Seite gingen, zu einem und demselben Punkte kommen. Warum sollte nun, wenn der Kreis so flach wird, dass seine Linie eine Gerade wird, nicht dasselbe gelten?"[346]

Das ist nun ein geometrisches Bild für die Schlange, die sich in den Schwanz beißt. Zarathustra war im Besitz der Macht, die in einem vollkommen entwickelten Ätherleib gegeben ist, und einer seiner Schüler war die Individualität, die sich später in Moses inkarniert hat. Das besondere von Moses Schülerschaft war, dass Zarathustra ihm nicht nur die Lehre, sondern auch die geistige Potenz der Beherrschung der Lebenskräfte gewährt, indem er ihm seinen eigenen Ätherleib in die Inkarnation in Ägypten mitgegeben hat. In Vorträgen über das Matthäus-Evangelium bespricht Steiner dieses Geheimnis und erklärt, dass Moses in ganz früher Kindheit den vollkommenen Lebenskräfteleib des Zarathustra erhalten habe: „*Moses erhält einverleibt in ganz früher Kindheit den erhalten gebliebenen Ätherleib des Zarathustra*". Er hat diesen Lebenskräfteleib „*als ein Wunder-Erbstück von Zarathustra erhalten*". Das „*wird erzählt in jener Symbolik: dass er in ein Kästchen gelegt und in den Fluss*

346 Rudolf Steiner, „Zarathustra", Vortrag vom 19. Januar 1911, GA 60, Dornach 1959, S. 268 f.

versenkt worden ist, was sich wie eine merkwürdige Initiation ausnimmt ...“[347] Damit wird die oben angeführte Darstellung von Moses Geburt und Wiedergeburt ergänzt, bei der seine Schwester und die Pharaonentochter zugegen sind.

Rudolf Steiner hat einmal in vier Vorträgen über die Mysterien des Morgenlandes und das Christentum über die ägyptischen Mysterien gesprochen und dabei auf Moses und auf Goethe hingewiesen, ohne beide zu identifizieren, was er eben nie öffentlich getan hat. Aber er führt hier aus, dass die in Goethe inkarniert gewesene Individualität in den ägyptischen Mysterien einstmals über eine absolute Selbstbeherrschung verfügt. Dann seien die altägyptischen Mysterien untergegangen und später in unserer Zeit in den Gralsmysterien wieder aufgetaucht. Auch hier gilt das Bild vom Fluss, der versickert, unterirdisch weiterfließt und später wieder an die Oberfläche kommt. So seien die ägyptischen Mysterien untergegangen, ca. zwei Jahrtausende verborgen geblieben und dann in Europa wieder aufgetaucht. Das sind nun die Gralsmysterien, von denen im 12. Jahrhundert viel beachtete Dichtungen geschrieben wurden, von denen Wolfram von Eschenbachs „Parzival“ in vielen Kreisen am Bekanntesten geworden ist. In diesen wiederauftauchenden ägyptischen Mysterien als den Gralsmysterien ist von der antichristliche Gegenmacht des Schwarzmagiers Klinschor die Rede, auf den Steiner hinweist. Diese Mitteilungen sind für die Einschätzung von Goethes inneren Kämpfen wichtig. Die antichristliche Macht „*... gliedert sich um eine Gestalt herum, die sagenhaft aus dem Mittelalter herüberschimmert, die aber der mit dem Mysterienwesen Bekannte ganz gut kennt, um eine Persönlichkeit, die eine reale war um die Mitte des Mittelalters, um Klinschor, den Herzog von Terra de labúr, eine Gegend, die wir zu suchen haben örtlich in dem heutigen südlichen Kalabrien. Von dort aus erstreckten sich*

347 Rudolf Steiner, „Das Matthäus-Evangelium“ , Vortrag vom 2. September 1910, GA 123, Dornach 1971, Seite 38f.

die Streifzüge des Feindes des Grals besonders hinüber nach Sizilien. Ebenso wie wir, wenn wir heute den Boden Siziliens betreten ... Nachwirkungen des großen Empedokles (haben) ... *so sind auch in ihr heute noch wahrzunehmen die bösen Nachwirkungen Klinschors, der einstmals sich verbunden hat von seinem Herzogtum Terra de labúr aus über die Meerenge hinüber mit jenen Feinden des Gral, die dort sesshaft waren in jener Feste, die man im Okkultismus und in der Legende nennt Kalot bobot.“*

Betrachten wir Wolfram von Eschenbachs legendenhaften Bericht. Die Königin Arnive, die auf Klinschors Schloss gefangen gewesen und von dem Ritter Gawan befreit wurde, berichtet: „*Klinschor wurde mit einem Schnitt zum Kapaun gemacht. – Da musste Gawan lachen. – Sie aber erzählte ihm weiter: Auf Kalot Embolot wurde er der Welt zum Spott. Das ist eine berühmte, feste Burg. Der König fand den Klinschor bei seinem Weibe liegen, er schlief in ihrem Arm ... aber für diesen Genuss musste er ein erhebliches Pfand hinterlegen: er wurde von königlicher Hand zwischen den Beinen glatt gemacht. Der König hielt das für sein gutes Recht. Er beschnitt ihn so, dass er keiner Frau mehr Vergnügen machen konnte. Aber das hat über viele Leute Kummer gebracht. Nicht, wie manche meinen, im Lande Persia, sondern in der Stadt die Persida heißt, wurde das Zaubern zuerst erfunden. Dorthin reiste Klinschor, und von dort holte er sich die Kunst, dass er mit listiger Zauberei alles schafft, was er will. Die Folge seiner Schändung war, dass er weder Mann noch Weib mehr Gutes gönnte...“*[348] Die Anti-Gralswirkung wird in den Parzival-Dichtungen für den Gralskönig Anfortas symbolisch durch eine vergiftete Lanzenspitze zum Ausdruck gebracht, mit der Anfortas eine äußerst schmerzhafte und zunächst unheilbare Wunde am Hoden zugefügt wurde. Parzival aber ist dann der, dem es gelingt, Anfortas zu erlösen und Gralskönig zu werden. Anfortas

---

348 Wolfram von Eschenbach, „Parzival“, in „Die Geschichte von Klinschor“ (655,2-661,5).

und Parzival zusammen sind eine Doppelnatur. Sie gehören in gewisser Weise zu ein und demselben Menschen. In diesem Zusammenhang spricht Steiner nun von Goethe.

Goethe ist die im Strom dieser Mysterien lebende Individualität, die mit den Attacken des Gralsgegners Klinschor ringt, und zwar in der Art, dass die Reinheit des Geistes, auf die es in der Liebe zum Geist ankommt, angegriffen wird und mit eigentlich übermenschlichen Kräften nur erhalten werden kann. In den mittelalterlichen Epen wird so etwas in Form von Ritterkämpfen ausgedrückt. So wie ein Ritter bei einem Schwertkampf, den er zwar gewinnt, im Verlauf des Kampfes jedoch auch einmal in die Knie gezwungen wird, sich aber wieder erhebt, war auch Goethe ein Ringen abverlangt worden, das er ja gewinnt, jedoch auch zuweilen wie in die Knie gezwungen erscheint. Steiner sagt davon: *„Gar oft wird von Menschen, die sich noch nicht genügend Begriffe in dieser Sache angeeignet haben, etwa auf folgendes hingewiesen: Wie kann zum Beispiel ein Mensch wie Goethe auf der einen Seite in seiner Seele gewisse Geheimnisse dieser Menschenseele tragen und auf der anderen Seite oftmals so von Leidenschaft durchwühlt sein, wie es die Menschen nun eben finden, die in einer etwas äußerlichen Weise die Goethe-Biographie verfolgen. Und in der Tat: Wir haben ja in Goethe, wenn wir ihn so zunächst betrachten, etwas vor uns, was im krassen Sinne eine "Doppelnatur" ist. Für einen oberflächlichen Blick lassen sich auch kaum die beiden Seiten bei ihm in Einklang bringen: Auf der einen Seite steht die hochsinnige, große Seele, welche gewisse Partien des zweiten Teiles des „Faust" aushauchen durfte, die manche tiefe Geheimnisse des Menschenwesens zum Ausdruck gebracht hat in dem „Märchen von der grünen Schlange und der schönen Lilie"... und dann wiederum tritt auf bei Goethe, ihn selber quälend, die andere Natur `menschlich allzumenschlich´ in vieler Beziehung".*[349]

349 Rudolf Steiner, „Die Mysterien des Morgenlandes und des Christentums", Vortrag vom 6.2.1913, S.73, Dornach 1960.--

Nach diesem Hinweis sagt Steiner: *„Man muss nur verstehen, wie die Seele, die in Goethe lebte, einst auch zu den ägyptischen Initiierten gehörte"*. Damals hat Moses, als er dann die Israeliten durch die Wüste führt, mittels einer vollkommenen Beherrschung seiner Lebenskräfte Gotteserkenntnis und Gottestreue gewahrt und die Feinde der Israeliten abzuwehren vermocht, von denen die Bibel am laufenden Band spricht. Heute hat Goethe die in unserer Zeit agierenden Feinde, die nicht mehr Feinde eines Volksstammes sondern Feinde der Menschheit sind wiederum abgewehrt und den Weg für unsere Entwicklung des Seelenlebens in die Zukunft vorgezeichnet, wobei uns das Abwehren von Feinden – vor allem im eigenen Inneren – nach wir vor abverlangt wird.

38. Ausblick zur Nachfolge

Vom 21. bis zum 63. Lebensjahr verstreichen 42 Jahre, in denen Goethe drei Faust - und drei Meister Dichtungen niederschreibt. Damit wird der Wege ausgestaltet, auf dem ihm jeder, der es will, folgen kann, um das Leben in der Wiedergeburt mit Hilfe sozialbiographischer Unterstützung zu erlangen. Früher waren solche sozialen Stützen in den vom Blut der Vererbung getragenen Gemeinschaften gegeben, was heute nicht mehr der Fall ist. In freien Formen nur können sich heute Individualität und Gemeinschaft ergänzen.

Im Zentrum stehen die sechs Schaffensepochen mit dem Wechsel zwischen Vergangenheit und Zukunft. Indem nun Faust rückwärts und Wilhelm Meister vorwärts geht, können diejenige, die an beiden Werken den entsprechenden Anteil nehmen, zeitlich gesehen auf seinem Standpunkt verweilen, aber einen überzeitlichen, der Zeit übergeordneten Standpunkt finden und auf die Ebene der zweiten und dritten Ichhaftigkeit erheben, welches Ziel in der Dichtergestalt des Felix als „Glück" ausgedrückt wird.

Der von Moses in der Bibel und von Goethe in der Biographie ausgewiesene Weg hängt mit dem Maß der Zahl 40 zusammen, der Goethe eine symbolische Bedeutung beimisst. Sie scheint ihm *„dem Beschauen, Erwarten, vorzüglich aber der Absonderung gewidmet zu sein. Die Sündfluth, welche Noah und die Seinen von aller Welt abtrennen sollte, nimmt vierzig Tage zu; nachdem die Gewässer genugsam gestanden, verlaufen sie während vierzig Tagen ... Gleiche Zeit verweilt Moses zweimal auf Sinai, abgesondert von dem Volk, und so soll denn auch das ganze Volk durch so viel mühselige Jahre abgesondert von allen Völkern gleichen Zeitraum bestätigt und geheiligt haben. Ja in ´s Neue Testament geht diese Zahl in ihrem vollen Wert hinüber; Christus bleibt vierzig Tage in* *der Wüste, um den Versucher abzuwarten.“*[350] Ein Absondern vom Alten ist immer beim Übergang in etwas Neues nötig. Nur mittels Absonderung von einer alten, verbrauchten , brachliegenden Seelenlandschaft kann Goethe uns in eine neue fruchtbare Seelenlandschaft führen.

Goethe und Moses gehen ihren Nachfolgern mit ihrem eigenen Leben voran, indem das Lebensmaß von 40 Jahren in ihrem Leben obwaltet. Moses wurde – laut Bibel – 120 Jahre alt, was drei Mal 40 Jahre sind, und Goethe ist mit seinen ca. 83 Lebensjahren ungefähr zwei Mal 40 Jahre alt geworden, sodass auch bei ihm die Zahl 40 maßgebend ist. Dazu kommt bei ihm das Maß von 40 Jahren ein drittes Mal in Betracht, indem vom 23. bis 63. Lebensjahr die geistigen Bestrebungen verlaufen die zur Entstehung der drei Faust – und Meisterdichtungen geführt haben. Sie gehen sozusagen parallel zu den Kalenderjahren. Das sind die Schaffensepochen, die in Goethes Leben mit dem IV. V. VI. VII. IIX. und IX. Jahrsiebt zusammenfallen.

Neun Jahrsiebte
Sechs Schaffensepochen IV. V. VI. VII. IIX. IX.
-------------40 Jahre-------------

Zwölf Jahrsiebte ----------40 Jahre---------- --------------40Jahre--------------
in Goethes Leben: I. II. III. IV. V. VI. VII. IIX. IX. X. XI. XII.

In Goethe sind diese 40 Faust - und Meisterjahre aus den Siebenjahresepochen herausgewachsen und spiegeln ja die Entwicklungsmöglichkeiten wieder, können und müssen aber von uns auch von dieser Grundlage losgelöst werden. Wir können uns diese 40 Jahre mit ihrem Rhythmus im Sinne eines freien Gedankenspiels in anderen Zeiten vergegenwärtigen, und auch in 40 Wochen, ja sogar

350 Goethe, „West-östlicher Divan“, MA 11.1.2, Seite 230f

auch in 40 Tagen mit dem gleichen Rhythmus durchdenken und erleben. So kann an einer Bildung gearbeitet werden, die nach und nach den einen oder anderen von uns, von unseren nachwachsenden Kindern und Kindeskindern usw. instandsetzen wird, diesen Entwicklungsstrom auch im Zusammenschluss mit der Biographie und den Siebenjahresepochen zu verwirklichen. Für Moses war das Ziel der Wüstenwanderung das Heilige Land. Das war aber nicht nur eine äußere Landschaft, sondern eine Seelenlandschaft, die mittels der Wiedergeburt aus Wasser und Luft erlangt wird. Damals ging es darum, diese Wiedergeburt, die es zuvor schon immer gab, noch zu erhalten. Heute geht es darum, sie wiederzugewinnen. Das aber ist ein Ziel, für das der Einzelne durch neu zu bildende Gemeinschaften unterstützt werden muss. Jene geist - und naturgegebene Sozialordnung, in der die Begegnung der Lebensepochen zwischen den Menschen gepflegt wird, womit die Camphill-Gemeinschaft eigentlich einen grandiosen Anfang gemacht hat, wird die Wiedergeburt in der Lebensmitte ermöglichen, indem die Älteren die Jüngeren entsprechend vorbereiten. Auf diese Weis können wir der sechsten Kulturepoche entgegengehen und die Seelenlandschaft des fünften Jahrsiebts, das durch die Wiedergeburt betreten werden kann, als das zu erreichende „Heilige Land" betrachten. Da wird dann nicht der Jordan, sondern der Grenzfluss des Seelenlebens überwunden werden, über den uns die „grüne Schlange" im 26./27. Lebensjahr Goethes die Brücke gebaut hat.

V. PATRIARCHENALTER

VENUSEPOCHE

39. „Patriarchenluft"

Im zehnten Jahrsiebt empfindet Goethe „Patriarchenluft" und dichtet den West-östlichen Divan. Er beginnt mit den Versen:

HEGIRE
Nord und West und Süd zersplittern,
Throne bersten, Reiche zittern,
Flüchte du, im reinen Osten
Patriarchenluft zu kosten,
Unter Lieben, Trinken, Singen,
Soll dich Chisers Quell verjüngen.

Patriarchen waren im Alten Testament Abraham Isaak und Jakob. Durch das Zusammenwirken aller drei entsteht das althebräische Volk. Abraham ruft den Strom der Vererbung hervor der dem gesamten Schicksal der Hebräer bis zur Geburt des Messias zugrunde liegt, zunächst aber den zweiten Patriarchen zeugt, den Erzvater Isaak, der geopfert aber errettet wird und dessen Sohn der dritte Patriarch wird, der Erzvater Jakob, dem die Aufgabe zufällt das Volk zu strukturieren. Er hat zwölf Söhne, von denen sich die zwölf Stämme der Israeliten herleiten, die alle vom Blut Abrahams zusammengehalten werde. Heute gibt es so ein physisches Blut der Vererbung nicht mehr, das mit diesen Wirkungen vergleichbar wäre. Heute tritt ein geistiges Blut an die Stelle des physischen und allenfalls in dieser Form sind Vergleiche mit den alten Patriarchen denkbar. Goethe wird jedoch genau in seinem zehnten Jahrsiebt zum Vergleich mit altpersischen und mohammedanischen Überlieferungen angeregt und gleichsam historisch inspiriert. Historische, scheinbar unscheinbare Begebenheiten, lenken seinen Blick in den Osten. Im Herbst 1813 bringen Krieger die in Spanien an den Befreiungskriegen teilgenommen haben eine arabische Kalligraphie mit, die sie Goethe schenken. Der Orientalist Lorsbach erklärt und übersetzt die Handschrift und schreibt Goethe am 29. Oktober 1813: „Die arab. Worte … sind der Anfang von dem 114 ten oder letzten Capitel des Korans, und lauten deutsch also: `Im Namen Gottes des barmherzigen Erbarmers! Sprich: Ich fliehe zum Herrn der Menschen – vor dem Übel der Einflüsterungen des Flüchtlings´. (das ist des Teufels). Die kleine Schrift, die darunter stehet, enthält dasselbe in persischer Sprache.“[351]Goethe wird dadurch am Anfang seines zehnten Jahrsiebtes wieder auf den ihm gut bekannten Koran und Islam aufmerksam gemacht. Ein zweites Ereignis dieser Art folgt zu Beginn des Jahres 1814, als baschkirische Truppen, die für Russland im Kampf gegen Napoleon gekämpft haben nach Weimar kommen und im protestantischen Gymnasium der Stadt eine Gebetsversammlung abhalten, der mehrere Honoratioren beiwohnen, darunter auch Goethe, der tief beeindruckt am 5. Januar an seinen Freund Wilhelm Friedrich von Trebra schreibt: *„Da ich von Weissagungen rede, so muss ich bemerken, dass zu unserer Zeit Dinge geschehen, welche man keinem Propheten auszusprechen erlaubt hätte. Wer durfte wohl vor einigen Jahren verkünden, dass in dem Hörsaal unseres protestantischen Gymnasiums mahometanischer Gottesdienst werde gehalten und die Suren aus dem Koran würden hergemurmelt werden.“*[352] Als gleich darauf im Februar 1814 ein Kunsthändler acht arabische Manuskripte anbietet, die Goethe, der die Oberaufsicht über die Weimarer und Jenaer Bibliotheken inne-

351 Zitiert aus „Goethe und der Islam“ von Katharina Mommsen, Insel Taschenbuch, 2001, Seite 121 f

352 Ebenda Seite 123

hat, nach einiger Zeit anschaffen lässt, stellt er fest: *„Da ich einmal, zufällig genug, nach dem Osten hingeführt worden, so ist es mir sehr angenehm den Grund einer kleinen orientalischen Bibliothek hier gelegt zu sehen, da ohnehin dazu schon ein Anfang gemacht ist. ... Man muss dergleichen Handschriften wenigstens sehen ... um sich einen Begriff von der orientalischen Poesie zu machen. Die unendliche Verehrung gegen ihre Dichter, Weltweisen und Gottesgelahrten, sowie die größte Geduld und Sorgfalt drücken sich in diesen Handschriften aus.“*[353] 1814 beginnt Goethe in Anlehnung an den persischen Dichter Mohammed Semscheddin, genannt Hafis, mit der Niederschrift von *„Gedichte an Hafis“*, die dann zu dem West-östlichen Divan erweitert werden. Am 23. Januar 1815 teilt er Christian Heinrich Schlosser mit, nun in der arabischen Welt seine Zelte aufgeschlagen zu haben: *„Was mich aber jetzo beynahe ausschließlich beschäftigt, gestehe ich ... ich habe mich nämlich, mit aller Gewalt und allem Vermögen, nach dem Orient geworfen, dem Lande des Glaubens, der Offenbarungen, Weissagungen und Verheißungen ... Wenig fehlt; dass ich noch arabisch lerne, wenigstens so viel will ich mich in den Schreibezügen üben, dass ich die Amulette, Talismane, Abraxas und Siegel in der Urschrift nachbilden kann. In keiner Sprache ist vielleicht Geist, Wort und Schrift so uranfänglich zusammengekörpert.“*[354] Schritt für Schritt betritt Goethe nun eine Welt, die ihm einerseits völlig neu, andererseits ebenso bekannt ist. In den Annalen zu 1815 schreibt er: *„Schon im vorigen Jahr waren mir die sämtlichen Gedichte Hafis in der Hammerschen Übersetzung zugekommen, und wenn ich früher den hier und da in Zeitschriften übersetzt mitgeteilten einzelnen Stücken dieses herrlichen Poeten nichts abgewinnen konnte, so wirkten sie doch jetzt zusammen desto lebhafter auf mich ein, und ich musste mich dagegen produktiv verhalten, weil ich sonst vor der mächtigen*

353 Ebenda Seite 125
354 Ebenda Seite 126

Erscheinung nicht hätte bestehen können. Die Einwirkung war zu lebhaft, die deutsche Übersetzung lag vor, und ich musste also hier Veranlassung finden zu eigener Teilnahme. Alles was dem Stoff und dem Sinn nach bei mir Ähnliches verwahrt und gehegt worden, tat sich hervor, und dies mit umso mehr Heftigkeit als ich höchst nötig fühlte mich aus der wirklichen Welt, die sich selbst offenbar und im Stillen bedrohte, in eine ideelle zu flüchten, an welche vergnüglichen Teil zu nehmen meine Lust, Fähigkeit und Willen überlassen war.[355]

So wie die alten Israeliten Jahrhunderte lang in der Babylonischen Gefangenschaft weilten und ihren vom Erb-Strom getragenen Glauben an ihre Mission dem Messias entgegenzugehen nur in einer ideellen Welt treu bleiben konnten, ebenso befindet sich Goethe in einer neuzeitlichen „babylonischen Gefangenschaft". Seine kulturerneuernden Taten müssen noch lange warten bis sie verstanden und verwirklicht werden. Einerseits sind die Zeitgenossen noch nicht in der Lage zur Nachfolge, andererseits stellen sich die politischen Verhältnisse „quer". Das Schicksal muss den Dichter aus der wirklichen Welt, die sich selbst offenbar und im Stillen bedrohte noch im ideellen Paradies verweilen lassen. Während im Europa Napoleons und der französischen Revolution „Nord und West und Süd zersplittern, / Throne bersten, Reiche zittern" spiegelt er sich und seine Mission im Spiegel jener geheimnisvollen Gestalt namens „Chiser". Dieser war – so berichtet der Kommentar in der Münchner Ausgabe – *„ein Weiser, zu Moses Zeit geboren ... Ihm ward das Glück, das Wasser des Lebens zu finden und seitdem ist er zum Hüter desselben bestimmt auf Erden. Der Quell des Lebens sprudelt im Lande der Finsterniß, von grünem Schein umleuchtet, gehütet von Chisr, dem ewig blühenden Jüngling in grünem Kleide... "*.[356] Das sind die verjüngenden Kräfte, die in einer ganz

355 „Tag- und Jahres-Hefte" MA 14, Seite 239
356 MA11.1.2 Seite 435

anderen Kultur vor Goethes Augen auftauchen. In seiner Jugend war er in sie eingeweiht worden und im Umkreis seines fünfunddreißigsten Lebensjahres ist er sich derselben in dem Gedichtepos „Die Geheimnisse“ zum ersten Mal voll bewusst geworden, in dem „Chisers Quell“ sich spicgelt.
Gehen wir ein wenig auf das Epos ein. Humanus heißt hier der Lenker, der sich im Patriarchenalter befindet, aber die Leitung bald einem Nachfolger übergibt. Beim Erzählen seines Lebens verschweigt er seine Errungenschaften und nicht er selber erzählt sie sondern ein dritter:

Und so verschwieg er auch, daß eine Quelle
Vor seinem Schwert aus trocknem Felsen sprang,
Stark wie ein Bach, sich mit bewegter Welle
Den Berg hinab bis in die Tiefe schlang;
Noch quillt sie fort so rasch, so silberhelle,
Als sie zuerst sich ihm entgegendrang,
Und die Gefährten, die das Wunder schauten,
Den heißen Durst zu stillen kaum getrauten.

Den Quell des Lebens gefunden zu haben, zu hüten und auszuspenden verdankt er sich selber. Davon handelt die folgende Strophe:

Wenn einen Menschen die Natur erhoben,
Ist es kein Wunder, wenn ihm viel gelingt;
Man muß in ihm die Macht des Schöpfers loben,
Der schwachen Ton zu solcher Ehre bringt.
Doch wenn ein Mann von allen Lebensproben
Die sauerste besteht, sich selbst bezwingt,
Dann kann man ihn mit Freuden andern zeigen
Und sagen: Das ist er, das ist sein eigen!

Das ist die Frucht der Mysterien der Selbsterkenntnis, um die Goethe ringt und im fünften Jahrsiebt, im Umkreis des 35. Lebensjahres, als Bruder Markus zum Ausdruck bringt. Dieser ist zum Nachfolger von Humanus bestimmt, bei dem die patriarchalische Ausstrahlung durch das Medium weisheitserfüllter Kindheitskräfte und demütiger Bescheidenheit schon in jungen Jahren ausstrahlt; in ihm lebt der Hüter des Quells, der *„ewig blühende Jüngling"* der ebenso im alten Patriarchen wirksam bleibt. Seine ewige Jünglingsnatur strahlt ein überreligiöses Christentum aus mit dem Goethe den ganzen West-östlichen Divan durchdringt. Er legt uns damit am Ende des zehnten Jahrsiebtes eine Gedichtsammlung vor, die in zwölf Bücher eingeteilt ist: Jedes Buch hat ein eigenes Motiv das an einen alten persischen oder islamischen Dichter anknüpft. Der wichtigste von allen ist Mohammed Semscheddin, genannt Hafis.

1. Buch des Sängers
2. Buch Hafis
3. Buch der Liebe
4. Buch der Betrachtungen
5. Buch des Unmuts
6. Buch der Sprüche
7. Buch des Timur
8. Buch Suleika
9. Das Schenkenbuch
10. Buchder Parabeln
11. Buch des Parsen
12. Buch des Paradieses

Als „Vater einer neuen Ästhetik" wirkt Goethe als geistiger Stammvater und so deutet er in diesen zwölf Büchern auf einen Weg der Erhebung zu dem höchsten Ziel im Bild vom Paradies. So wie die hebräischen Patriarchen die Wegbereitung zum Messias als ihr Ziel anstreben richten heutige Patriarchen – wenn man es denn so sagen will – den Blick auf die Wiedergewinnung der geistigen Welt, die unter anderem im Bild des Paradieses anvisiert wird:

Wisset nur, dass Dichterworte
Um des Paradieses Pforte
Immer leise klopfend schweben,
Sich erbittend ew´ges Leben.

Im einleitenden Gedicht „Hegire“ des 1. Buches weist der Dichter uns auf das Ziel, dem er sich dann in den folgenden Büchern annähert bis ihm im 12. Buch Einlass ins Paradies gewährt wird. Unterwegs wird *„unter Lieben, Trinken, Singen“* eben auch viel getrunken, könnte man sagen, doch hat der Wein die Bedeutung, die ihm *„Chisers Quell“* verleiht, von dem es einmal heißt:
Trunken müssen wir alle sein!
Jugend ist Trunkenheit ohne Wein;

Dann folgt als eine der vielen Stationen des Weges das Erleben des Mysteriums der Liebe in der so oft zitierten „Seligen Sehnsucht“: *„Sagt es niemand, nur den Weisen, / Weil die Menge gleich verhöhnet, / Das Lebend´ge will ich preisen / Das nach Flammentod sich sehnet ... Und solang du das nicht hast, / Dieses: Stirb und Werde! / Bist du nur ein trüber Gast /Auf der dunklen Erde.“*
Dann gelangt der Dichter zuletzt ans Tor des Paradieses. Himmlisch-göttliche Jungfrauen, Huri genannt, halten Wache und empfangen die wackeren Krieger und prüfen, ob sie auch echte Kämpfer sind. Eine von ihnen, die gerade Wache hält, empfängt nun auch unseren Dichter, der sich – wie oft in seinem Leben – bei den höchsten Motiven mit wunderbarem Ernst ganz humoristisch ausdrückt:

Huri

Heute steh´ ich meine Wache
Vor des Paradieses Thor,
Weiß nicht grade wie ich´s mache,
Kommst mir so verdächtig vor!
Ob du unsern Moselminen
Auch recht eigentlich verwandt?
Ob dein Kämpfen und Verdienen
Dich an´s Paradies gesandt?
Zählst du dich zu jenen Helden?
Zeige deine Wunden an
Die mir rühmliches vermelden
Und ich führe dich heran.

Dichter

Nicht so vieles Federlesen!
Lass mich immer nur herein:
Denn ich bin ein Mensch gewesen
Und das heißt ein Kämpfer sein.
Schärfe deine kräft´gen Blicke!
Hier durchschaue diese Brust,
Sieh der Lebens- Wunden Tücke,
Sieh der Liebes- Wunden Lust.

Dann folgt ein zauberhafter Dialog, in dem davon die Rede ist, das die Huris jedem Menschen sein Verhalten und seine Gesinnung spiegeln, die er auf der Erde gepflegt hat. Dem Dichter zugewendet, erklärt ihm seine Huri:

Huri

Nun sieht ein jeder was er sah,
Und ihm geschieht was ihm geschah.
Wir sind die Blonden, wir sind die Braunen,

Wir haben Grillen und haben Launen,
Ja, wohl auch manchmal eine Flause,
Ein jeder denkt er sei zu Hause,
Und wir darüber sind frisch und froh
Dass sie meinen es wäre so.

Dem Dichter sagt sie dann:

Du aber bist von freyem Humor
Ich komme dir paradiesisch vor,
Du giebst dem Blick, dem Kuß die Ehre
Und wenn ich auch nicht Suleika wäre.
Doch da sie gar zu lieblich war,
So glich sie mir wohl auf ein Haar.

Dichter
Du blendest mich mit Himmelsklarheit,
Es sey nun Täuschung oder Wahrheit,
Genug ich bewundre dich vor allen.

Liebe eröffnet die Pforte ins Paradies. Dazu verhilft dem Dichter eine Begegnung mit Marianne von Willemer, der Frau des Frankfurter Bankiers Johann Jakob Willemer, der mit Goethe schon länger befreundet ist. Nach dessen Heirat erwacht zwischen Marianne und Goethe eine geistige Liebe, die nicht als asketische Liebe angesehen werden sollte, sondern als eine dichterisch getragene Seelenfreundschaft, die von vorne herein weit über den zur Askese nötigenden Trieben anzusiedeln ist. In den Gedichten erscheint diese Frau hinter dem Namen *„Suleika"*. Vom Licht dieser Freundschaft und dem Schicksal, das es ermöglicht, wird der Dichter nun mit „Himmelsklarheit" geblendet. Auch sein karmischer Bezug zum Arabismus spielt natürlich eine Rolle, der uns bereits in dem Kind Mignon hervorgetreten ist, als es zum Beispiel auf der obersten

Sprosse einer Leiter mit übereinandergeschlagenen Füßen sitzt wie die Türken auf ihren Teppichen oder sich mit verbundenen Augen im Tanz um die Eier herumbewegt und Takt und Melodie mit dem Schlag der Castagnette begleitet. Diese Kräfte haben in Goethes Dichtertum unausgesetzt gewirkt und können gerade auch in einer Epoche, in der wie der zehnten, in der weder Faust noch Wilhelm Meister im bewussten Seelenleben federführend sind, in deren Zustandekommen sie aber tätig waren, ihren kulturhistorischen Hintergrund hervortreten lassen und eine Divan-Epoche ermöglichen. Es ist, als ob die „Leiter", auf deren oberster Sprosse Mignon im Türkensitz erscheint, gerade mit diesen Kräften an des Paradieses Pforte hinauf langt. Diese Geistigkeit gehört zur Menschheit und nur in der Menschheit lebt der Geist des Christentums.

Goethes Christentum

„...wer ist denn noch heutzutage ein Christ, wie Christus ihn haben wollte?" fragt Goethe den Kanzler von Müller und fährt fort, „... Ich allein vielleicht, ob ihr mich gleich für einen Heiden haltet." (F. v. Müller, 7. 4. 1830) Goethe hat sich selber nicht nur für einen Christen, sondern in gewisser Weise auch für einen Heiden gehalten, der in allen sogenannten heidnischen Religionen eine Berechtigung sieht. Sein Christentum schließt alle wahren Religionen ein. Er kennt das Christentum nicht nur als eine Religion sondern als eine Geistigkeit, die es dem Menschen gewährt sein Sein auf dem Weg von sieben zu sieben Jahren zu entfalten.

Manche meinen, Goethe für sich in Anspruch nehmen zu können. Der katholische Philosoph Peter Wust sieht in Goethe eine „anima naturaliter catholica", - eine katholische Seele von Natur aus. Sogar ein Jesuit meldet sich zu Wort: Friedrich Muckermann meint „im Leben Goethes und in seinem Werk liegt eine Auseinandersetzung mit dem Christentum, die zu den großen aller Zeiten gehört". Aber das Ringen um Freiheit und der hundertprozentige Verzicht auf äußere Macht unterscheidet ihn von allen konfessionell organisierten Katholiken.

Goethes Religiosität zollt auch dem Gott des Islam, den griechischen Göttern, den altpersischen und eigentlich allen Gottheiten der wahren Religionen, so weit er sie kennen gelernt hat, seine Verehrung. Richard Wilhelm, (1873-1930) der feinsinnige Experte der chinesischen Kultur (Sinologe) Verfasser des Aufsatzes „Goethe und die chinesische Kultur", hat sich in den Geist der chinesischen Anschauungen eingearbeitet und meint, wir müssten alles „tun, was in unseren Kräften steht, um mit den höchsten Kräften, die die chinesische Kultur gebaut haben, im Bunde zu stehen ... Auf diese Weise wird sich hier das Wort Jesu erfüllen: Ich bin nicht gekommen aufzulösen, sondern zu erfüllen". Desgleichen gehört hierher der Satz dieses Gelehrten: „Nicht mehr der Christ oder der Mohammedaner oder Buddhist, sondern der rechte Mensch wird die Erscheinung der zukünftigen Religion sein." In diesem Licht will Goethe gesehen werden. Katharina Mommsen führt in ihrem Buch, „Goethe und der Islam" den erstaunlichen Satz des Dichters an, *„er lehne ´den Verdacht nicht ab, dass er selbst ein Muselman sei´"*. Er, der sich für einen christlichsten Christen ansieht, kann sich auch als Muselman sehen. In ähnlicher Weise, spricht Naoji Kimura in seinem Aufsatz „Goethe und die japanische Mentalität". Er konstatiert eine geheimnisvolle Affinität zwischen Goethe und den Japanern als ein „offenbares Geheimnis" und meint „dass die Japaner der Gegenwart leichter Zugang zu Goethe finden als zur alten taoistischen oder konfuzianischen Philosophie", und, „jeder nicht dezidiert antireligiöse Japaner würde gern das allgemein menschliche Glaubensbekenntnis, wie es in Goethes Dramenfragment Die Geheimnisse ausgesprochen ist, unterschreiben."

Die Geheimnisse gehören in das fünfte Jahrsiebt, das im Reigen der neun Lebensepochen eine Mittelpunktstellung einnimmt. Hier beginnt das Selbsterkennen, das sich dann im sechsten Jahrsiebt auf das vierte, im siebten auf das dritte, im achten auf das zweiten und im neunten auf das erste Jahrsiebt ausdehnt.

Dieser Stellenwert der Mittelpunktepoche wird durch das zehnte Jahrsiebt noch ergänzt und erhöht. Das wird anschaulich, wenn wir die Epochen des Lebens als Kreis von zehn Gliedern vorstellen und die zehnte Epoche oben, gleichsam im „Zenit“ und die fünfte unten, im „Nadir“ dieses Lebenskreises einordnen. Dadurch stehen sich fünftes und zehntes Jahrsiebt senkrecht und alle anderen waagrecht gegenüber.

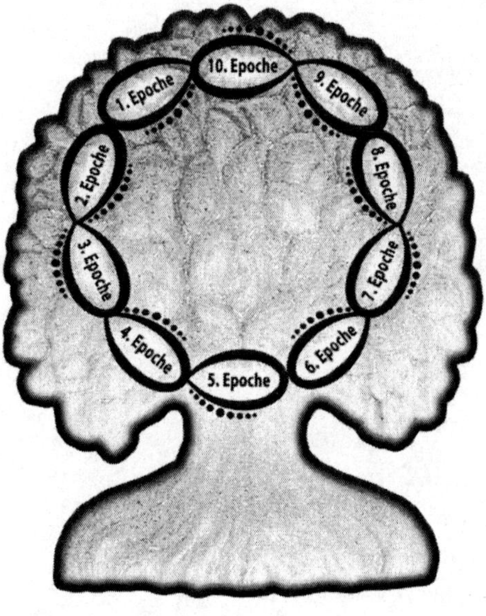

Die unter – und übersinnlichen Kräfte die in der Kindheit in den Menschen einstrahlen und sich dann durch die Epochen schlangenartig winden und dem Selbsterkennen zugrunde liegen strömen gleichsam durch die Wurzeln von unten und die Öffnung in der „Baumkrone“ von oben in diesen „Lebensbaum“ ein.

Die konkrete Gestaltung einer Gemeinschaft braucht ein fest stehendes Gerüst wodurch das strömende Leben letztlich auch gestaltet wird. Dies Leben fließt in den Beziehungen, welche die Begegnungen ausmachen, in denen die Lebensepochen miteinander korrespondieren. Schon in einer einzigen Begegnung zwischen den Lebensepochen wird dieser menschheitliche Kosmos fühlbar, weil der „Saft“ des Gemeinschaftsbaums der Menschheit zu strömen beginnt. Karl König hat in Form eines großen „Wurfes“ wie ein Stammvater des sozialen Lebens so eine Gemeinschaft zum ersten Mal ins Leben gerufen.

40. Ausblick auf die Natur – und geistgemäße Gemeinschaft am Beispiel der Camphill-Bewegung

Wie einleitend vermerkt, ist die vorliegende Arbeit vor allem von dem Arzt und Heilpädagogen Karl König angeregt worden der mit zwei Jugendgruppen die Camphill-Bewegung aufgebaut hat. Hier hat sich ein Gemeinschaftsleben gebildet, dessen Kern auf der Begegnung und dem Zusammenspiel der Lebensepochen beruht. Bei den ersten Begegnungen schöpfte König aus Kräften, die dem Menschen eigentlich nur in den frühen Dreißigerjahren zur Verfügung stehen können in deren Mitte er sich als 33, 34, 35- Jähriger damals befindet. Eine Teilnehmerin der ersten Jugendgruppe Barbara Lipsker berichtet von den jungen Leuten: „*Diese jungen Menschen waren zum Teil Schulkameraden gewesen, die gerade mit ihren verschiedenen speziellen Studien anfingen. Sie kamen fast ausschließlich aus jüdischen, kleinbürgerlichen Familien und suchten nach neuen Wegen und einer neuen Zukunft in einer Zeit, in der Wien noch fühlbar unter den Nachwehen des ersten Weltkrieges stand und sich schon die ersten dunklen Wolken einer neuen katastrophalen Weltkrise am Horizont sammelten ...* Von der zweiten Gruppe berichtet König: „*Das waren junge Leute, die eine fundierte Bildung hatten, die auch materiell gut gestellt waren und in der von mir vertretenen Geisteswissenschaft etwas fanden, das sie zutiefst interessierte und ansprach. Ich versuchte diese beiden Schicksalsgruppen zusammenzuführen: die mehr kleinbürgerliche, melancholisch tingierte, wie ´alt´ wirkende Jugend und die neu Herangekommenen, die noch ein gutes Maß an Lebensfreude und ´Savoir vivre´ besaßen.*“

Die Jugendlichen beider Kreise hatten immer wieder die Frage diskutiert, „*ob der moderne Mensch gemeinschaftlich leben könne ... und König hat ... in der ersten Zeit in Wien eine eher skeptische Auffassung vertreten*“, was sich im Laufe weniger Monate änderte. Eine Teilnehmerin berichtet, seine *„Zweifel an der Möglichkeit einer wahren Gemeinschaftsbildung begannen sichtlich in... unserer wachsenden Gemeinsamkeit und in der Erkenntnis der Zeichen der Zeit zu schwinden."* König sagt dann, *„ich war dankbar dem Schicksal, dass diese außerordentlichen Repräsentanten einer jungen Generation sich meiner Fürsorge und Führung anvertrauten"*. Das Vertrauen der Jugend und Königs Führung beruhen einerseits auf der individuellen Bildungsbereitschaft, andererseits auf dem schicksalsgetragenen Zusammenklang der betreffenden Lebensalter, dem fünften und dritten Jahrsiebt. König gehörte zu den besonderen Persönlichkeiten, bei denen jener innere Mensch, der sich im Jugendalter noch im geistig- embryonalen Zustand befindet und im fünften Jahrsiebt durch die Wiedergeburt hervortreten kann, auch voll zur geistigen Geburt gekommen ist. Dadurch wurde die Begegnung mit ihm für die jungen Menschen im dritten Jahrsiebt zu einem einzigartigen Erlebnis aus dem sich der Kern der Gemeinschaft gebildet hat und sich dann zur Bewegung einer sozialen Erneuerung entfaltet. Nach außen hin erscheint diese Bewegung als „Therapeutische Gemeinschaft" für seelenpflegebedürftige Kinder und Jugendliche, die in wenigen Jahrzehnten zu einer kleinen Weltbewegung geworden ist, die sich auf Wunsch vieler Eltern und Freunde in den meisten Ländern Europas sowie in Amerika und Afrika niedergelassen hat. Aber die soziale Keimkraft in dieser Camphill-Bewegung ist in der Begegnung zwischen dem fünften Jahrsiebt Karl Königs und dem dritten Jahrsiebt seiner jungen Freunde entstanden. Wann König und seine jungen Freunde sich zum ersten Mal konkret begegneten konnte ich nicht immer ganz genau ermitteln. Manche Begegnungen kamen erst am Ende oder auch kurz nach dem 3. Jahrsiebt zustande. Aber das Schicksal der Geburt hat jeden Einzelnen so ins Leben geführt, dass sich das dritte Jahrsiebt der jungen Leute und das fünfte Jahr-siebt Königs weitgehend überschneiden wodurch einer Begegnung beider Epochen der Boden bereiten ist.

Kalenderjahre		1930	1931	1932	1933	1934	1935	1936	1937	1938	
Karl König, 1902-1966,	5. Jahrsiebt	28.	29.	30.	31.	32.	33.	34.	35.	36.	Lebensjahr
Alex Baum, 1910-1975,	3. Jahrsiebt	20.	21.	22.	23.	24.	25.	26.	27.	28.	Lebensjahr
Barbara Lipsker 1912-2002,	3. Jahrsiebt	18.	19.	20.	21.	22.	23.	24.	25.	26.	Lebensjahr
Anke Weihs, 1914-1987,	3. Jahrsiebt	16.	17.	18.	19.	20.	21.	22.	23.	24.	Lebensjahr
Thomas Weihs, 1914-1983,	3. Jahrsiebt	16.	17.	18.	19.	20.	21.	22.	23.	24.	Lebensjahr
Peter Roth, 1914-1997,	3. Jahrsiebt	16.	17.	18.	19.	20.	21.	22.	23.	24.	Lebensjahr
Carlo Pietzner, 1915-1986,	3. Jahrsiebt	15.	16.	17.	18.	19.	20.	21.	22.	23.	Lebensjahr
Marie Korach, 1915-2002,	3. Jahrsiebt	15.	16.	17.	18.	19.	20.	21.	22.	23.	Lebensjahr
Trude Ammann, 1915-1987,	3. Jahrsiebt	15.	16.	17.	18.	19.	20.	21.	22.	23.	Lebensjahr
Mix Roth, 1916-1987,	3. Jahrsiebt	14.	15.	16.	17.	18.	19.	20.	21.	22.	Lebensjahr

Die Jahre des dritten Jahrsiebts der Jugend, die maximal bis zum 22. Lebensjahr gerechnet werden können und die Jahre des Älteren im fünften Jahrsiebt, das ebenfalls um ein Jahr gestreckt werden kann, sind unterstrichen. In den Kalenderjahren 1930 bis 1937 überschneidenden sich 3. und .5. Jahrsiebt, wodurch die Möglichkeit einer soziale Begegnung in diesen Lebensepochen prinzipiell möglich, das heißt vom Schicksal vorprogrammiert ist.

Schematische Darstellung von der Überschneidung des fünften Jahrsiebts Karl Königs mit dem dritten Jahrsiebt seiner jungen Freunde

Der Abstand zwischen dem 5. Jahrsiebt Karl Königs und dem 3. Jahrsiebt der Jugend liegt zwischen 14 Lebensjahren bei Alex Roth und zehn Jahren bei Alex Baum. An sich werden immer sieben bis vierzehn Jahre überbrückt wenn eine Begegnung zwischen den beiden Lebensepochen zustande kommt.

Lange vor der Begegnung tauchte in den Idealen der Jugend und Königs der Wunsch nach einer sozialen Erneuerung auf. Die Erfüllung bahnt sich dann konkret durch die Begegnung an und kumuliert im März 1936, als König als jüdischer Arzt den Nationalsozialisten ausweichend, von Schlesien nach Wien umzieht, wo er eine Arztpraxis aufbaut, die aber nur bis August 1938 möglich ist, weil dann abermals den Nazis ausgewichen werden muss. In diesen zweieinhalb Jahren verbinden sich alle dergestalt dass im Verborgenen die soziale Keimkraft zur Entfaltung der Camphill-Bewegung entsteht.

Camphill auf dem Hintergrund der Epochengemeinschaft und der Turmgesellschaft

Die britische Regierung gestattet König und seinen Freunden, dass sie die Arbeit in Großbritannien in Angriff nehmen dürfen was dann in Schottland bei Aberdeen geschieht. Als nun die jungen Leute im vierten und König im sechsten Jahrsiebt leben wird mit großen Anstrengungen an der Art des sozialen Zusammenlebens und Zusammenhaltens gearbeitet. Immer aber steht – allem voran - die Sorge um das seelenpflegebedürftige Kind im Mittelpunkt und dabei bildet sich die Epochengemeinschaft aus. Die Kinder und Jugendlichen repräsentieren das zweite und dritte Jahrsiebt und die Mitarbeiter das vierte, fünfte und sechste Jahrsiebt.

Als dann die jungen Freunde ins fünfte und König ins siebte Jahrsiebt vorrücken etabliert sich die Gemeinschaft in einer neuen Form. Zwischen 1945 und 1951, genau in seinem siebten Jahrsiebt, formuliert König schriftlich die Ideale der Gemeinschaft in Form von drei Memoranden. Diese Memoranden werden jedem vorgelegt der damals nach Camphill kommt und sich für die Gemeinschaft interessiert.

Als König dann 60 Jahre alt wird und die Entwicklungsfrüchte seines neunten Jahrsiebts reifen, kommt es zum Bau der ersten Halle in Camphill. Das war ein zentraler Schritt in der Entwicklung des Gemeinschaftslebens, das nun für Jahresfeste und Sonntagsfeiern und alle herausragende Begebenheiten wie Taufen, Konzerte, Faschingsbälle usw. ein Haus der Gemeinschaft hatte. König gibt diesem Bau den Namen „Hall of Iphigenia“ und zusätzlich den Namen: „Hall of memory and conscience“, was ja Erinnerung und Gewissen bedeutet. Iphigenie deutet – wie oben angeführt – auf die Wiedergeburt der Seele, und Erinnerung und Gewissen sind die geistigen Seelenkräfte, durch die jene Gewissenserforschung verwirklicht werden kann, die das Tor zur Wiedergeburt öffnet. Erinnerung und Gewissen leben in den zwei Zeitströmen der Seele in denen Goethe seine Faustdichtungen und Wilhem Meister-Dichtungen entwickelt. Wir können uns gerade durch diese beiden Dichtungen zur Wiedergeburt der Seele führen lassen und werden dadurch das Gemeinschaftsleben so weiter entwickeln wie König es für die Zukunft in Aussicht gestellt hat. Das entspricht dem Vorbild der

Turmgesellschaft. Entsprechend dem Turm der Turmgesellschaft bilden die höheren Jahrsiebte die Spitze und gleichzeitig bilden die nachfolgenden Generation die Verbindungen aus bei denen Begegnungen zwischen dem fünften und dritten Jahrsiebt möglich werden. Während wohl nur wenige zunächst die Spitze der Turmgesellschaft mit selbständigen Innenleben gleich erreichen können ist dagegen die Jugend im Prinzip immer bereit die Begegnungen mit dem fünften Jahrsiebt eizugehen, für die sich die mittlere Generation durch die Wiedergeburt der Seele bereit machen wird. Dadurch aber werden die Grundlagen für das heute erst möglich werdende soziale und kulturelle Leben gebildet.

Anhang zu „Faust, ein Fragment“

Fausts Blick ist ein Adlerblick, der vorher von Kräften der niederen Natur in Beschlag genommen war, die ja jetzt nicht etwa aufgelöst sein können, die nun aber von der höheren Natur gesondert sind. Beide Naturen nennt Steiner die Doppelnatur im Menschen. Zunächst sind die höheren Erkenntniskräfte verborgen, walten aber im Schlafzustand. Steiner spricht in diesem Zusammenhang auch von einem äußeren und einem inneren Menschen: *„So zerfällt uns die menschliche Natur gleichsam in zwei Teile. Wir haben eigentlich in jedem Menschen zwei Menschen vor uns: den einen Menschen, der wir sind vom Aufwachen bis zum Einschlafen, und den anderen Menschen, der wir sind vom Einschlafen bis zum Aufwachen. In dem einen Menschen sind wir fortwährend bemüht, unsere Natur bis zur Tierheit herabzuquälen mit allem, was nicht Erkenntnis ist, was nicht rein im Geiste erfasst wird. Mit alledem sind wir immerdar bemüht, unsere Natur zur Tierheit herabzuquälen. Dies ist während des Wachzustandes. Was uns aber über diesen Menschen erhebt, waltet zunächst als holdselige Kraft unschuldsvoll während der Kindheit innerhalb der Generationskräfte, und waltet, wenn diese Kräfte erwachen, im Schlafe, wenn regeneriert wird, was durch das Tagwachen zerstört worden ist.“* Der eine Mensch ist verwandt mit den schöpferischen Kräften im Menschen und der andere zerstört sie. *„Das Bedeutsame aber in der Doppelnatur des Menschen ist, dass man eigentlich hinter alledem, was die Sinne wahrnehmen, zu vermuten hat einen anderen Menschen, einen Menschen nämlich, in dem die schöpferischen Kräfte walten.“*[357] Werden diese Kräfte für Faust von dem Einfluss des Mysteriums von Golgatha erweckt? Kosmisch betrachtet kommen hier die beiden Tierkreiszeichen Skorpion und Adler in Betracht und die Frage lautet dann: Kann das

---

357 Rudolf Steiner, „Die okkulten Grundlagen der Bhagavad Gita“, GA 14, Vortrag vom 3. Juni 1913, Verlag der Rudolf Steiner Nachlassverwaltung 1962, Seite 116 f.

Gift des Giftstachels des Skorpions sozusagen entgiftet und in die geistige Erhebung gleich Adlerflügeln umgewandelt werden?

Die Auferweckung des Jairus-Töchterleins (Markus 5, 21-43)

Es gibt einen Bericht im Evangelium von zwei Heilungen, die mit den Fortpflanzungsvorgängen zu tun haben, was so geschildert wird, dass man ohne Weiteres auch an die Doppelnatur in ein und demselben Menschen denken kann. Es ist die Auferweckung des Jairus-Töchterleins und die Heilung einer am Blutfluss leidenden Frau. Jairus, ein Oberster der Juden, hat eine krank darniederliegende zwölf Jahre alte Tochter, ruft Christus zu ihrer Heilung herbei, der sogleich kommt und unterwegs eine ebenfalls um Heilung bittende Frau, die zwölf Jahre am Blutfluss leidet, berührt und heilt. Beide Heilungen erstrecken sich über einen zwölf Jahre alten Zustand.

5,21 Als nun Jesus im Schiff wieder auf das andere Ufer kam und eine große Schaar Menschen sich versammelte – er war noch am Ufer des Meeres –

5,22 kommt einer von den Obersten der Schule mit Namen Jairus.

5,23 Und da er ihn sah, fiel er nieder zu seinen Füßen und bat ihn von Herzensgrund, da seine Tochter aufs Letzte darniederliege, er möge kommen und ihr die Hand auflegen, damit sie geheilt werde und leben könne.

5,24 Und er ging mit ihm. Es folgte ihm wieder eine große Volksmenge, sodass sie ihn arg bedrängten.

5,25 Und eine Frau, die schon 12 Jahre lang den Blutfluss hatte

5,26 und viel erlitten hatte von Ärzten, sodass sie ihr ganzes Gut verzehrte, aber nichts erreichte, es war vielmehr noch schlimmer geworden mit ihr –

5,27 als die hörte, dass Jesus da sei, kam sie in der Volksmenge heran und berührte von hinten sein Gewand.

5,28 Sie sagte sich, wenn ich nur eben die Quaste seines Gewandes berühren könnte, so würde ich geheilt werden.

5,29 In dem Augenblick war ihre Krankheit geheilt, der Fluss des
Blutes stand. Sie aber erkannte, da die Bewegung des Blutes
aufgehört hatte, dass sie von ihrer Plage geheilt war.
5,30 Jesus fühlte in dem Augenblick, dass eine Kraft von ihm
weggegangen war, wandte sich in der Volksmenge um und
sprach: wer hat meine Gewänder berührt?
5,31 Seine Jünger antworteten ihm: Du siehst, wie die Menschen
sich drängen. Da fragst Du, wer hat mich berührt?
5,32 Und er blickte um sich, zu sehen, wer es gewesen war.
5,33 Die Frau aber, voller Angst erzitternd, als sie sah, was mit
ihr geschehen war, kam, fiel vor ihm nieder und erklärte den
wahren Zusammenhang.
5,34 Er aber antwortete ihr: Meine Tochter, dein Glaube ist es, der
dich geheilt hat. Erlöst sollst du sein von deiner Plage von
jetzt an. Gehe hin und lebe in Frieden.
5,35 Während er noch so sprach, kamen die Boten des Obersten
der Schule und sprachen: Deine Tochter ist gestorben, wa-
rum willst du den Meister weiter bemühen?
5,36 Jesus aber, als er das Wort hörte, spricht zu dem Obersten der
Schule: Fürchte dich jetzt nicht, glaube fest dem Worte, das
ich sagen will.
5,37 Und er erlaubte nicht, dass einer von ihnen ihm folgte, außer
Petrus, Jakobus und Johannes, der Bruder des Jakobus.
5,38 Sie kommen in das Haus des Obersten der Schule. Da sieht
er das Getümmel und wie sie alle weinten und mit vielen
Worten klagten. Und er ging hinein und spricht zu ihnen:
5,39 Was macht ihr für einen Lärm, warum solches Geschrei? Das
Kind ist nicht gestorben, es schläft.
5,40 Aber sie verlachten ihn. Da trieb er sie alle miteinander hin-
aus und nahm zu sich den (40) Vater des Kindleins, seine
Mutter und seine drei Genossen und tritt ein in die Kammer,
wo das Kindlein lag.

5,41 Er ergriff es bei der Hand und spricht zu ihm: Talithá kumi, d. h. verdolmetscht, du Kindlein, ich sage dir, stehe auf.
5,42 Und sogleich stand das Kind auf und konnte gehen. Es war etwa 12 Jahre alt. Und alle Anwesenden entsetzten sich und waren wie außer sich.
5,43 Er aber verbot mit großem Ernst, dass niemand etwas erfahren sollte von dem Geschehen und sagte, sie sollten ihm zu essen geben.

Die Erweckung und die Heilung ergänzen sich. Beide erscheinen dann als zwei Seiten ein und derselben Begebenheit in der Doppelnatur des Menschen. So gesehen kann die am Blutfluss leidende Frau den Menschen am Tag vom Aufwachen bis zum Einschlafen repräsentieren und das Kind den anderen Menschen in der Nacht, vom Einschlafen bis zum Aufwachen. In diesem Menschen walten die Kräfte, die auch als Erkenntniskräfte erweckt werden können; das ist für das höhere, von Faust erfahrene Welt- und Selbsterkennen offenbar geschehen. Das Jairus-Töchterlein gleicht damit Gretchen, deren Untergang ein Bild für das Nicht-Festhalten-Können der geistigen Kräfte dargeboten hat, das aber jetzt in dem Welt- und Selbsterkennen Fausts auferweckt erscheint.

Beide Naturen vom Menschen sind schon immer mit den Tierkreiszeichen Skorpion und Adler verknüpft worden. Gewöhnlich wird immer nur vom „Skorpion“ geredet, aber es ist das gleiche Zeichen, das auch der Adler symbolisiert. Die schon seit alten Zeiten bekannten und von der Anthroposophie bestätigten Zusammenhänge zwischen den Tierkreiszeichen und der menschlichen Leiblichkeit verknüpfen die Sexualorgane mit dem Skorpion. Der „Adler“ wird nur in besonderen Fällen als Symbol benützt, zum Beispiel bei der Zuordnung zu den Evangelisten, wobei der „Adler“ zu dem Evangelisten Johannes gehört. Die Jairus-Erweckung, in welchem Ausdruck die beiden Heilungen zusammengefasst seien, kann wie eine Wegweisung zu dem johanneischen Erkennen angesehen werden.

Es ist gemäß Steiner möglich, ja nicht nur möglich, sondern direkt notwendig, den Zusammenhang des Evangeliums mit dem Kosmos zu verbinden. Er weist hier ausdrücklich auf das Markus-Evangelium hin und formuliert ermutigend: *„Versuchen sie dahinter zu kommen, was es heißt: Irdische Vorgänge sind ein Schattenbild makrokosmischer Vorgänge – und sie werden den ersten Schritt getan haben, um eine der größten Urkunden der Welt, das Markus-Evangelium, nach und nach verstehen zu können.“*[358] Unwillkürlich erinnert dieser Hinweis an Bruder Marcus aus „Die Geheimnisse“. Auch ersinnt Goethe diese Dichtung ja wie eine Art Überschrift an der Pforte zum sechsten Jahrsiebt und damit auch zur Metamorphosen-Lehre und zur zweiten Lebenshälfte. – Die Kosmologie im Markus-Evangelium hat der Indologe und Theologe Hermann Beckh in seinem Buch „Der kosmische Rhythmus im Markus-Evangelium“ in einem ersten aber genialen Entwurf ausgearbeitet, der mich auf den Zusammenhang der Jairus-Heilung mit Skorpion und Adler aufmerksam gemacht hat.[359]

Ganz allgemein kann die Christus-Wirkung so zusammengefasst werden, dass sich das „Ich“ in der Frau im Glauben an die erwartete Hilfe in dem Erleben der Kindheitskräfte mit erwachtem Bewusstsein gefunden hat. Das ist eine geistige Selbst-Findung oder Selbsterfassung, die sich in der Mitte zwischen Kopf und Stoffwechsel-Gliedmaßen Organismus im Herzen vollzieht. Da wird der Sexualregion der Zugriff auf den Geist durch den Giftstachel des Skorpions entzogen. In einem Wahrspruch hat Steiner dieses Verhältnis des Menschen zu sich selbst mit der Liebe des Herzens verbunden:

---

358 Ebenda Seite 89.

359 Hermann Beckh, „Der kosmische Rhythmus im Markus-Evangelium“, Verlag Freies Geistesleben & Urachhaus GmbH Stuttgart, 1997.

Im Kopfe Glaubenskraft
Im Herzen Liebesmacht
Im vollen Menschen starkes Hoffen
Hält und trägt das Leben[360]

360 Rudolf Steiner, persönlich gegebenes Wahrspruchwort, abgedruckt in „Wahrspruchworte", GA 40, Rudolf Steiner-Nachlassverwaltung Dornach/Schweiz 2005, Seite 263.

Literaturverzeichnis

Goethe-Ausgaben

AA = Artemis Gedenkausgabe.
FA = Frankfurter Ausgabe.
GL = Goethes Leben von Tag zu Tag.
HA = Hamburger Ausgabe.
MA = Münchner Ausgabe, Hanser Verlag.
WA – dtv = Weimarer Ausgabe, Deutscher Taschenbuch Verlag.

Rudolf Steiners Werke

GA 2 Grundlinien einer Erkenntnistheorie der Goetheschen Weltanschauung, Dornach.

GA 4 Philosophie der Freiheit, Dornach 1978.

GA 10 Wie erlangt man Erkenntnisse der höheren Welten, Dornach 1961.

GA 66 Geist und Stoff – Leben und Tod, Dornach 1988.

GA 115 Anthroposophie, Psychosophie, Pneumatosophie, Dornach 1965.

GA 123 Das Matthäus-Evangelium.

GA 124 Exkurse in das Gebiet des Markusevangeliums, Dornach 1963.

GA 135 Wiederverkörperung und Karma.

GA 147 Die Geheimnisse der Schwelle, Dornach 1969..

GA 153 Inneres Wesen des Menschen und Leben zwischen Tod und neuer Geburt.

GA 170 Das Rätsel des Menschen.

GA 174 Die Geheimnisse der Schwelle.

GA 178 Individuelle Geistwesen und ihr Wirken in der Seele des Menschen, Dornach 1974.

GA 180 Mysterienwahrheiten und Weihnachtsimpulse, Dornach 1966.

GA 187 Wie kann die Menschheit den Christus wiederfinden.

GA 201 Entsprechungen zwischen Mikrokosmos und Makrokosmos, Dornach 1987.
GA 206 Menschenwerden, Weltenseele und Weltengeist – zweiter Teil.
GA 211 Das Sonnenmysterium und das Mysterium von Tod und Auferstehung, Dornach 1963.
GA 219 Das Verhältnis des Menschen zur Sternenwelt und der Sternenwelt zum Menschen.
GA 273 Geisteswissenschaftliche Erläuterungen zu Goethes Faust, Dornach 1974.
GA 294 Erziehungskunst Methodisch-Didaktisches.
GA 301 Die Erneuerung der pädagogisch-didaktischen Kunst durch Geisteswissenschaft, Dornach 1977.
GA 302 Menschenerkenntnis und Unterrichtsgestaltung.
GA 304 a Anthroposophische Menschenkunde und Pädagogik – Pädagogik und Moral.
GA 306 Die Pädagogische Praxis vom Gesichtspunkt Geisteswissenschaftlicher Menschenkenntnis, Dornach 1982.
GA 323 Allgemeine Menschenkunde als Grundlage der Pädagogik.
GA 350 Tb. 724: Rhythmen im Kosmos und im Menschenwesen.

Weitere Literatur

Albrecht Schöne, „Götterzeichen, Liebeszauber, Satanskulte", Verlag C. H. Beck, München.
Bettina von Arnim, „Goethes Briefwechsel mit einem Kinde", Insel Taschenbuch 1984.
Dante Alighieri, Philipp Reclam Junior. Stuttgart 2000.
Diether Lauenstein, „Die Mysterien von Eleusis", Stuttgart 1987.
Friedrich Hiebel, „Goethe, Die Erhöhung des Menschen", Bern 1961.
Friedrich Husemann, „Goethe und die Heilkunst", Stuttgart 2002.
„Goethe über den Faust", herausgegeben von A. Dieck, Vandenhoeck & Ruprecht.

Hahn, Herbert, „Von den Quellkräften der Seele“, Stuttgart 1974.
Hegel-Lexikon, herausgegeben von Hermann Glockner, Fr. Frommanns Verlag, Stuttgart 1957.
Jean Piaget, „Theorien und Methoden der modernen Erziehung“, Fischer Taschenbuch.
Kerényi, Mythologie der Griechen, Bd. 1.
Karl König, „Brüder und Schwestern, Geburtenfolge als Schicksal“ E. Klotz Verlag Stuttgart.
Karl Julius Schröer, „Goethe und die Liebe“, Dornach 1989.
Katharina Mommsen, „Goethe und der Islam“ Insel Taschenbuch, Göttingen.
Nicholas Boyle, „Goethe“ München 1999.
Rüdiger Safranski, „Goethe und Schiller“, Carl Hanser Verlag, München 2009.
Rudolf Meyer, „Goethe, der Heide und der Christ“, Stuttgart 1965.